CAMBRIDGE

Talking With Evil

Principled Negotiation and Mediation
in the International Arena

与邪恶对话

国际舞台上的原则性谈判与调停

【美】保罗·J. 茨威尔 / 著　　张德美 / 译
Paul J.Zwier

中国政法大学出版社

2015·北京

与邪恶对话

国际舞台上的原则性谈判与调停

译者序

　　这本书是我接受国家留学基金委及中国政法大学"中青年骨干教师海外提升专项资助计划"的资助，在埃默里大学法学院访学期间翻译的我的合作教授保罗·J. 茨威尔（Paul J. Zwier）的作品。

　　书的原名是 *Talking with Evil*，我把它译为《与邪恶对话》，它让我想起美国的一部影片《与狼共舞》。

　　书的内容同样引人入胜。作为在辩护、谈判、调停等领域卓有建树的学者，保罗教授旨在把美国律师在解决国内争端时所使用的谈判与调解方法应用于国际舞台。在长达七章的篇幅中，作者先后考察了中东、朝鲜半岛、南美以及非洲乌干达、苏丹、肯尼亚、利比里亚等地区争端的历史和现状，讲述了争端当事人背后的故事，分析了饱尝战争苦难的争端地区人民内心的目标和需要，并试图在此基础上提出满足所有当事人愿望的创造性解决方案。这种分析与解决问题的框架，与作者在第一章提到的解决一个橙子所引发的纠纷时所使用的方法如出一辙。在替代性纠纷解决机制（ADR）的研究与应用方面，美国走在世界前列。作者将相关案例信手拈来，不断为国际争端的谈判与调停提供灵感。

　　在国际争端的当事人中，不乏美国政府所谓的"邪恶"国家与"邪恶"分子。对于美国政府将"邪恶"这个带有宗教意味的标签强加于人，并且拒绝与所谓"邪恶"对话的外交政策，保罗教授借书名给予了明确的否定。在检讨"二战"以后美国的外交政策时，书中不乏这样尖锐的反讽："为什么每一次美国干预中南美洲的事务似乎都让事情变得更糟？为什么最终那些国家的公民视美国为问题的一部分而不是解决问题的一部分？是因为出于自私的目的、增强自己实力的行为，使美国自己参与了邪恶吗？"（边码第 10 页）作者希望美国的政治家可以用一种有原则的实用主义为美国的外交政策确立方向，"美国一定不要做的是停止和当事人对话。美国倒不必直接与冲突方进行对话，但一定要与所有当事人保持开放的沟通渠道。"（边码第 435 页）无论是面对所谓"邪恶轴心"之一的朝鲜，还是面对臭名昭著的约瑟夫·科尼，美国都"应该尽量进行调停，但不应该让事情恶化。它需要阻止种族灭绝，但如果别人认为它是企图增进其自身利益时，它就不应该介入。它应该在自身需要与长期发挥作用两方面考虑干预的代价。它应该把使用武力作为最后的手段，并不断意识到它的行为在以后会被诠释为首要促进自身利益的殖民主义者的力量"（边码第 434 页）。在这些谦卑务实的调停策略背后，是本书贯穿始终所强调的原则：和平优先，最低代价，最易执行，最小负面影响，最可持续的结果（参见边码第 50 页）。在一个可以坦然面对关于它实际奉行"强权即公理"的批评的国家，坚持以和平优先作为国际谈判与调停的首要原则，其意义是不言而喻的。

在谈到可持续发展问题时，保罗教授认为，它应该建立在民主政治、一体化经济与法治基础之上，它可以帮助某些内乱中的国家打破萃取式体制与暴力的恶性循环。尽管强调政治可以容忍差异，但是对于剥削和压迫大多数人民以维护少数精英利益的萃取式体制，保罗教授不以为然。与很多对中国的人权状况持严厉批评态度的美国教授不同，作者认为："对于中国来说，国家的经济与国际一体化被看作是社会政治改革的推动力。美国将会看到一个从经济权利到正当程序、再到全面人权保护的发展进程。虽然这并不容易，但在人们的生存不受到威胁的环境下才会更好地实现繁荣，这是合理的逻辑。"（边码第 202 页）在中国人迎合美国与美国人批评中国同样成为习惯的情况下，保罗教授着眼于中国的未来。

今天，世界许多地区的持续动荡依然威胁着公正和持久和平。保罗教授结合自己参与国际调停的亲身经历撰写的这部富含政治智慧的著作能否在外交实践中发挥作用，这是只有美国政治家才能回答的问题。在本书的结论部分，保罗教授列举了国际社会对于地区冲突当事人行为目的与动机的追问："他们在理性地行动吗？他们会铤而走险吗？他们处于生存危机之中吗？他们是被拒绝放弃权力的动机所驱使吗？他们已经忘了他们的首要义务——保护无辜人民免于死亡和毁灭了吗？"（边码第 434 页）这大概也是那些国际争端的当事方应该追问自己的问题。

把这部数十万字的著作译成中文并非易事，特别是这本书跨越法律、政治、外交、历史、哲学各个领域，翻译起来倍感艰辛。译者的目标是在准确表达本书原义的基础上做到文字通畅，起码能让中国的读者看得懂，至于能否达到这个目的，将来读者会给出答案。

所幸在翻译过程中，可以直接向原作者请教。保罗教授也总能不厌其烦地回答我所提出的各种问题，其中有些必要的名词解释也已在译文中标明。对于保罗教授的耐心与细心，在这里表示真诚的感谢。同时，感谢我的导师朱勇教授，他对于本书的翻译和出版，给予了极大的关注。另外，本书在翻译过程中，还得到了中国政法大学国际法学院 2012 级国际经济法专业硕士生王晓通同学的帮助，对于她的热心，这里一并表示感谢。

照例要感谢我的妻子杨兰女士，在长逾半年的翻译工作中，她承担了大部分家务，还要照顾刚刚两岁的儿子。在美国为期一年的访学生活中，可以享受其自然风光之美，同时也感受到异域漂泊的艰难，更无时无刻不在思念远在家乡的父母。在这样的辛苦生活中，幸有妻子和儿子相伴，特别是每天看到我儿雨杨的成长，更是难得的天伦之乐。

最后，特别感谢中国政法大学出版社编辑部主任彭江先生及编辑于函玉女士，他们的敬业精神与严谨求实的作风，使本人在校订此书过程中受益良多。

当然，由于译者水平有限，本书讹误之处在所难免，其责任均由译者本人承担。

张德美
2014 年 7 月 2 日初稿于美国佐治亚州迪凯特
2015 年 1 月 18 日改定于北京

序　言

2008 年 12 月 20 日，约旦河西岸（the West Bank），拉马拉（Ramallah），加沙（Gaza）停火的最后期限即将来临。我坐在巴解组织（PLO）高级主管拉菲克·侯赛因（Rafiq Husseini）的旁边，可以感受到他的沮丧。经过一段由叙利亚经约旦刚刚赶到这里的痛苦旅程，我们的会面时间延迟了。屋里荧光灯的亮光使我们都眯缝着眼睛。这里有些闷热，你甚至能够闻到经过一整天的出租车旅行身上所散发的微弱气味。我的同伴，卡特中心（The Carter Center）和平与冲突解决程序主任哈莱·巴里安（Hrair Balian）与卡特总统的前国家安全拉丁美洲事务主任罗伯特·帕斯特（Robert Pastor）代表卡特中心正着手最后关头的穿梭外交。此前，他们已经陪同卡特总统去黎巴嫩，去叙利亚与阿萨德总统会谈，还去了哈马斯（Hamas）。他们带来了各方希望延长停火期限的消息，此时卡特总统返回美国，试图说服就职前的奥巴马政府向各方施压以延长停火期限。如果每个人都能相互沟通，或许可以打破加沙的僵局，回到两国解决方案的重大问题上面。

美国驻以色列大使理查德·坎宁安（Richard Cunningham）对于卡特中心（TCC）穿梭外交的努力并不太感兴趣。小布什（Bush II）的外交政策是不与恐怖分子对话。美国与以色列正式达成一致，认为在哈马斯承认以色列的生存权之前以色列同哈马斯对话将带来不良后果，双方已宣布哈马斯为恐怖组织。美国还允许以色列根据需要全权决定如何保卫自己的安全。此外，美国还拒绝与被它称之为"邪恶"的人们进行对话。

x

巴里安与帕斯特的工作并不是在布什政府指导下进行的。他们认为巴以之间延长停火期限的一个主要障碍在于巴勒斯坦人不能够发出同一种声音来，他们试图在哈马斯与巴解组织之间尽快谋求和解。当巴勒斯坦人的掌权者们还在争论由谁来负责时，巴勒斯坦人民对于将来会在加沙发生什么事情基本上没有发言权。

拉菲克·侯赛因是巴解组织主席马默德·阿巴斯（Mamoud Abbas）的密友，代表他的立场发言。拉菲克严重怀疑巴里安与帕斯特带来的信息。他们带来的信息是哈马斯——至少他们的领导人哈立德·米萨尔（Kahlid Mishal）——对于解决与巴解组织的分歧并分享权力、有关两国解决方案由巴解组织代表巴勒斯坦感兴趣。米萨尔提出，如果哈马斯能够统治约旦河西岸和加沙，马默德·阿巴斯就有权代表巴勒斯坦与以色列谈判。

作为哈马斯的代表，米萨尔看来愿意停止所有火箭弹的发射，只要以色列能够履行承诺，把允许进入加沙的卡车增加到 2008 年 6 月同意的数额。哈马斯觉得，它停止从加沙发射火箭弹才比承诺晚了一个星期，以色列就拒绝卡车进入，它除了鼓励修建地下通道别无选择。这让它有理由心照不宣地支持加沙更激进的组织继续发射火箭弹。如果以色列允许足够多的卡车进入加沙，哈马斯将承诺再次致力于停止发射所有火箭弹。如果能够带来帮助，哈马斯甚至愿意在交换囚犯的问题上让步。最后，巴里安与帕斯特重申哈马斯在与卡特总统谈判时形成的立场——只要两国解决方案得以执行、巴勒斯坦人对承认以色列问题进行投票，哈马斯不会阻止巴勒斯坦人承认以色列。如果停火期限能够延长，双方在监控边境问题上能相互合作，关于两国解决方案的谈判就能够得以推进。

拉菲克·侯赛因有些抓狂地问我们："卡特中心的代表在对待哈马斯问题上是不是太天真了？哈马斯做事可不会那么真诚的，2008 年 11 月他们同意在埃及开会，结果根本没去，这就是个例子。"在侯赛因看来，哈马斯不过是争

xi

取时间武装自己，并接管所有巴勒斯坦人的统治权。"难道过去的这个夏天哈马斯没有试图暗杀阿巴斯吗？难道他们没有继续向以色列发射火箭弹吗？如果他们真想善意行事为什么要做这些？"

帕斯特代表卡特总统表示愤慨："不管你如何评价卡特总统，你都不能说他天真。事实上，卡特总统不是用他多年来在中东地区的工作证明他在谈判中采取了一个大胆而可行的办法吗？想想他在中东的历史，他在中东地区的工作不是让他付出了巨大代价（可能是他的第二个总统任期）吗？他非常了解在中东地区谋求和解需要付出的代价。"帕斯特建议先撇开卡特总统的私利，"目前以色列的形势不是要求巴解组织与哈马斯共同努力吗？卡特中心还能帮些什么？"至于巴解组织可以由卡特中心带给哈马斯的合作意愿，侯赛因同意，尽一切可能在以色列面前形成统一战线的想法值得一试，并承诺尽力与哈马斯分担统治职能，只要这些可以结束僵局并延长加沙停火期限。

这样，巴里安与帕斯特把这个信息带到哈马斯，然后寻求与以色列联络。巴勒斯坦人现在面对以色列似乎已经有了一个统一的立场。他们准备签订一个新的延长停火期限的协议，包括停止发射火箭、关闭地下通道、提高进入加沙的卡车数量、交换囚犯等。但是没有一个以色列团体愿意谈判。没有美国官方的压力，以色列似乎决心对加沙的哈马斯杀一儆百。一切太晚了。

2008 年 12 月 21 日，停火期限来临，剩下的正如他们所说就是历史。超过 1300 名巴勒斯坦人以及 13 名以色列人被杀死；4000 幢建筑全部毁坏，20 000 幢建筑部分毁坏；成千上万的巴勒斯坦人无家可归。作为一个紧急关头外交的见证者，接下来的这一切在我看来是毫无必要的。如果美国能够和敌人开启对话并且愿意促进各方的沟通，那么这一切都可以避免。接下来的2012 年，暴力和不信任陷入了另一轮循环。对加沙的情况感到沮丧的巴勒斯坦人变得更加支持哈马斯。哈马斯从伊朗运来火箭弹，向以色列发射火箭弹。以色列再次轰炸加沙的目标，并且以入侵相威胁，直到他们在埃及调停下达成了一个停火协议。具有讽刺意味的是，这次停火是由哈马斯完成的。从这些经历来看，美国不与哈马斯对话的政策并没有起作用。现在摆在第二任期伊始的奥巴马政府办公桌上的一个问题是：是不是该换种方法了？

2008 年拉菲克·侯赛因向帕斯特提出了一个问题，这个问题是美国国务卿希拉里·克林顿和奥巴马政府在试图表述一种能有效地把美国推向前进的新外交政策时所必须回答的：美国在与恐怖分子对话问题上的立场是什么？

如何同恐怖分子对话却不鼓励并使其合法化？如何同发誓毁灭你的人对话而不至于导致拖延、欺骗以及更多的暴力？是否可以引入第三方调停者以促成一个新的调停方法？

换言之，当需要与邪恶对话的时候，美国如何应对在中东地区和世界各地发挥影响力的使命？美国会促成与古巴、朝鲜的对话吗？美国会与那些对本国人民犯下战争罪行的反叛组织，譬如乌干达、刚果、索马里、苏丹的叛乱组织领导人对话吗？或者，美国会与那些镇压本国人民的政府，比如苏丹、肯尼亚、津巴布韦和伊朗政府对话吗？美国会同那些假意实行民主却躲在贪腐无能的法院后面压制反对派、并资助那些妄想实行统治的精英的人进行交易吗？美国会天真地假定那些自由民主的敌人能够醒悟过来现身于和解进程、真诚地采取措施结束冲突，因而与他们进行对话吗？或者，美国会以卷入冲突的人民的公平正义作为代价在中东地区谋求私利吗？美国会改变支持一方并让其放手（比如以色列）对付敌人的做法吗？用什么来指导美国在中东及世界各地的外交政策？小布什的办法到底错在哪里？最后，也是最重要的，美国会任用一个调停者根据它的原则开展工作以谋求和解吗？在使用调停者的问题上，美国是否有些连贯一致的、甚至可以用于同邪恶对话的原则方法？ xiii

本书认为，如果美国任用一个调停者与"邪恶"——也就是恐怖主义及其他不良分子——对话，而调停者既能遵循美国的原则又具有一定的务实性，那么这一策略对于美国是有利的。该研究表明，如果美国采用一个既有原则又务实的办法同那些自己并不认同的人对话，那么美国不仅能够做出更好的外交决策，同时又能在推动民主人权方面保持诚信。但是，由于它作为一个超级大国的动机经常面对质疑，本书认为美国需要把对话工作移交给一个调停者。

美国将会看到它所任用的辅助型调停者会像在国内争端中那样在国际舞台上发挥作用。这样一个调停者将会在帮助争端方确定历史事实过程中保持中立，并且支持可以促进其价值观的解决方案。这个调停者可以把自己视为国内公民代理人那样的角色，遵循一套连贯的原则在国际行为者之间推动调停进程。这些原则是：首先是为了和平而行动，其次是为了经选举产生的合法政府，再次是为了推动促进私有财产和机会均等的自由市场的发展，最后是促进持久公平的法治实践的发展。这个调停者在聚焦最后一项原则时不能追求自身的市场利益，而是确保国内市场激励措施能够体现个人对社会贡献的价值和功绩的实际值（如国家公民所设定的那样）。通过这种办法，国家能够更好地提升妇女及弱势群体的权利。这个计划可以帮助美国外交政策的制定者更好地鼓吹促进这些原则的选项，更好地保证这些决定本身为争端方的公民所"拥有"。

xiv　　有些作者已经试图描绘一个促进和平与正义的谈判和调停过程［参见布鲁姆菲尔德（Bloomfield）、纽旁（Nupe）和哈里斯（Harris）《民主与根深蒂固的冲突：谈判者的选择》（*Democracy and Deep-Rooted Conflict: Options for Negotiators*）］。有些人发表著作聚焦于解决问题的语言，以此为创造性地解决冲突提供一种工具［参见费希尔（Fisher）和尤瑞（Ury）《谈判力》（*Getting to Yes*）；费希尔等《处理国际冲突》（*Coping with International Conflict*）］。还有些人用社会学的方法研究冲突的解决之道［考勒曼（Coleman）和道茨（Deutsch）《冲突解决指南》（*Handbook of Conflict Resolution*）］。但据我所知还没有一本著作试图把法治发展的理论同解决冲突的办法结合起来。也没有任何人用律师谈判与调解策略规划出外交政策的决策方法，这些一体化的决策既是原则性的，又允许国家利益在务实的考虑中发挥作用；既权衡每一种选择期待中的得与失，又避免过分关心美国的经济利益。

　　美国的外交政策需要建立在一个更好的理论基础上，让它的动机能得到更好的理解，防止它的对手把干预归结为帝国主义的野心。特别是战争以外的干预，甚至连美国的盟友在理解何种原则将指导美国与邪恶（恐怖主义及其他不良分子）对话时都争论不休。在对其原则与务实的自身利益之间的关系缺乏清晰理解下的行动会削弱美国的效率。在那些对于它的原则和务实考虑均无仔细分析的地方，如果它冒险选择支持冲突中错误或者不合法的一方，就会进一步破坏它所奉行的原则。

　　另外，本书提出一种新的见解，即美国不要草率地采取行动，一定要确保它的行动简单易行。执行国际战略总是要冒险，特别是在那些美国缺乏进行干预的丰富经验的地方。结果对于美国而言可能难以控制。这是美国政府选择的一个特色，因为根据法律，政府至少每8年要轮换一次。这样一种轮换可以防止腐败和滥权，但每一个政府的学习曲线中国际政策制定者那部分xv总是大起大落的。通常，最简单易行的选择，将承担最少的风险。

　　随着国际刑事法院（International Criminal Court）登上国际舞台，更好地理解原则与利益的关系显得尤为重要。美国的选择通常与采取最佳方法促进国际法治发展的立场有关。美国会支持国际刑事法院对它所指控的战争罪犯的起诉吗？关于真相与和解委员会（Truth and Reconciliation Commissions）美国将持何种立场？围绕着确定以何种原则——如果存在这些原则的话——在这些事务中指导美国的外交政策；围绕着如何平衡诸如和平优先、民主、机会均等、法治之类的原则，与不要卷入一场没有国际社会支持的、没有明确目标的、没有退出策略的战争这些外交政策箴言之间的关系，很多人争论不休。

本书试图面向一个广泛的读者群，包括一切关注美国在国际舞台上如何行动，以及关心如何在和解与法治之间进行权衡的人们。除了政策的制定者以外，本书还试图吸引那些虽然没有经过律师训练，但对国际研究以及法治如何影响国际冲突充满兴趣的大学生，这部分读者可能是政治学、国际研究、国际关系或者冲突解决等专业的学生。本书还面向那些学习国际研究、国际关系和国际发展等研究生课程的学生，那些研究博弈论以及战略决策的制定，或者在更广泛的意义上研究争端解决的人们。本书的目标还指向法律市场，特别是那些研究国际比较法或者法理学的人们，这部分读者将从对法律如何运作的更好理解中获益，它不只看法律如何规定，还要看法律如何在实践中用来为解决冲突提供合法性。法律对于公平解决任何冲突都是至关重要的一部分。在真相与和解委员会、国际刑事法院和国内法院之间的权衡将告诉读者，当美国作为一个调停者或任用他人来调停冲突时应该追求何种定位。把冲突看作是一个从战争到和平、到选举、至法治（持久和平）的连续体，将有助于促使美国外交政策变得更好、更细致。 xvi

本书旨在展示我们如何在自身利益与关于好和坏的道德教条之间徘徊、迷失以至于造成今天的状况。它展示一种兼具原则性与实用性的程序。我们将用这个程序分析中东、朝鲜、南美以及非洲乌干达、苏丹、肯尼亚、利比里亚等地区发生的争端。所以，这项研究可能会引起历史学者，特别是研究这些国家冲突的当代史学者的兴趣。本书采用一种叙事方法，选取作者在卡特中心以及从事司法辩护培训的亲身经历，为读者提供了对这些国家的当前形势的多方位理解，同时展示了一种讲原则的实用主义如何更好地为美国的外交政策指引方向。

致　谢

　　我想对在写作本书过程中给予我帮助的导师、同事、辅助教师和同学们表示感谢。当我在天普大学法学院（Temple Law School）做研究生助理的时候，我的导师约瑟夫·哈博（Joseph Harbaugh）第一次向我讲授了谈判理论。他指导我阅读，向我推荐了费希尔和尤瑞的《谈判力》，以及卡里·门克尔·迈道（Carrie Menkel Meadow）的重构谈判的问题解决理论。他还邀请我加入了实务法律协会谈判（PLI Negotiation）项目，共同执笔了互动谈判计划 HSN v. OCN（约瑟夫·哈博出版的实务律师协会档案文件编号）。另外，他鼓励本书写作并对原稿提出了许多有价值的建议。

　　然后是我的朋友和导师汤姆·根西（Tom Guernsey），汤姆和我一起在律师事务所、银行和其他社区组织讲授课程。我的大部分教学故事和实例来自于汤姆。

　　另外，约翰·道格拉斯（John Douglass）是我的一个非常重要的同事和老师，因为在根西离开瑞奇蒙德大学法学院（Richmond University School of Law）到南伊利诺伊（Southern Illinois）担任院长之后，他和我一起继续提供程序设计。

我想向我的朋友和同事安东尼·J. 博基诺（Anthony J. Bocchino）表示感谢，在他担任国家庭审辩论学会执行主任期间，委托我设计和指导国家庭审辩论协会内部的谈判训练研讨会。他给我提供了很多明智的建议，包括为谈判训练而进行的问题设计与实习建议。

很难表达对于我在国家审判辩护协会时请教过的那些同事的感谢之情。迪安尼·西莫（Deanne Siemer）向我讲授了法律策略的基础理论，包括如何根据我们的原则去甄别选项，运用风险评估对潜在的解决方案进行全面仔细 xviii 的分析。莫德·波威尔（Maude Pervere）是我所知道的最具创造性和洞察力的谈判教师。我还从斯蒂夫·鲁伯特（Steve Lubet）和罗伯特·伯恩斯（Robert Burns）身上学到了不少东西。

我还希望向高级谈判研究班（Advanced Negotiations Seminar）的辅助教师们表示感谢，他们打开了谋求国际和平与和解的世界。他们与我分享代表卡特中心工作的故事和经历，这是怎样的一件礼物！马休·霍兹（Matthew Hodes）告诉我一种背景下的谈判可以在别的谈判中为解决问题提供替代性方案。汤姆·克里克（Tom Crick）在解决冲突方面是技艺高超的专业人才，他告诉人们在国内合作中所强调的精心准备、温和劝导，以及劝人向善的耐心和勇气是谋求持久和平的基石。

特别感谢我的辅助教师哈莱·巴里安，他很大方地吸纳我担任卡特中心的中东代表。他在巴尔干以及中东的经历，为我的大多数想法提供了信息。他对于中东和平的热情，据我所知除了他的老板卡特总统以外无人能及。卡特总统在细致准备、理解冲突的历史背景和关键事实、坚持自由选举和人权方面，在基于单一文件进行谈判、热心和平不达目的绝不罢休，以及勇敢面对人身威胁及政治冷遇方面，所提供的价值经验一直以来都是研究班的范例。

哈莱·巴里安对于我了解中东至关重要，他还是埃默里法学院谈判研究班（Negotiation Seminar at Emory Law School）上一位很优秀的辅助教师。他的同事，内森·斯多克（Nathan Stock）也为整本书的编辑提供了细心的很有价值的见解。我还要对卡特中心的实习生们为我们研究班的模拟设计提供的研究支持表示感谢。他们对很多章节提出了宝贵见解。特别是，汤姆·克里克对苏丹和乌干达的研究、汉纳·坎普（Hanna Camp）对玻利维亚、秘鲁、智利的研究提供了很大帮助，卡特中心的约翰·墨菲（John Murphy）就边界争端的实质问题提供了一份论文。辩护中心的同事阿力克斯·巴尼（Alex Barney）对于利比里亚一章的研究和准备也是非常重要的。

我还特别感谢埃默里大学发展中国家研究院（Emory University's Institute for Developing Nations，IDN）主任西塔·兰彻德－尼尔逊（Dr. Sita Ranchod-Nilsson）博士，他在很多层面对本书提供了宝贵支持。

我要对埃默里大学法学院学生在高级谈判研究班的辛勤工作、他们的洞察力和所做的研究表示感谢。卡莫尔·麦肯（Carmel Muchin）关于中东定居点的论文是极有价值的。亚历山大·金（Alexander Kim）对朝鲜一章的研究提供了很大支持。乔纳森·斯太尔（Jonathan Stair）对玻利维亚之于出海通道的需求富有洞见。拉塞尔·罗斯（Russell Ross）对第四章秘鲁形势提供了精彩的分析。马特·戈沃博（Matt Gewolb）为达尔富尔（Darfur）问题做了背景研究。丹尼尔·戈德斯（Danielle Goldstone）对国际刑事法院指控约瑟夫·科尼（Joseph Kony）进行了绝妙的分析。亚历山大·霍普（Alexander Hope）则对苏丹石油管道问题提出了精彩的见解。研究班上的所有同学们，我从你们身上受益良多。

特别感谢盖伦（Gaylen）和苏·拜克（Sue Byker），在密歇根湖（Lake Michigan）畔他们美丽的家中，我完成了本书最后部分的写作。

最后，对我的夏季研究助理泰勒·奥康纳（Tyler O'Conner）的细心阅读和建议表示感谢。

CONTENTS

目　录

1 语言和策略

　　那是 1983 年春天，罗纳德·里根（Ronald Reagan）总　　1
统在佛罗里达州奥兰多（Orlando）全美福音派协会（Na-
tional Association of Evangelicals）发表演讲。他想号召宗教
右派支持军事与核武器建设。他告诉群众，他认为这对于
迫使苏联进行真正的削减核武器谈判是必要的。在这次演
讲中，他称苏联为"邪恶帝国"。

　　许多人现在已经忘记，里根总统在那次演讲中小心翼翼
地声明，他将继续与苏联对话并尽力向他们表明他想得到公
正的和平。他接下来提醒听众在整个 20 世纪 40 年代及 50 年
代大部分时间里，美国虽然垄断核武器，但它并没有自私地
对世界其他地方强制推行以实力为后盾的殖民主义。那些热
衷于强硬路线的人们指出，里根总统并没有从美国有权使用
核武器反对日本的道德立场上后退，并且宣称美国使用武力
的道德优势立基于美国的自由民主原则。

　　里根总统谈到朱里奥－克里斯蒂安（Judeo-Christian）
对于善与恶的理解，为星球大战防御系统（Star Wars De-
fense System）及与苏联开展军备竞赛提供正当理由。[1] 为

---

　　〔1〕　在演讲中，里根总统用他提倡校园祷告、反对堕胎的立场及通过立法赋予残疾人合法权利
为他的善行提供证明。他宣称共产主义是无神论者，宁愿相信人也不信仰上帝。Remarks at the Annual
Convention of the National Association of Evangelicals in Orlando, Florida, March 8, 1983, http://www. re-
agan. utexas. edu/archives/speeches/1983/30883b. htm.

了增加说服力，他引用了一个加利福尼亚公民的故事，当这位公民宣称宁愿自己的女儿们在年轻的时候死去，也不愿她们在共产主义统治下活到老时，听众们为之激动地站了起来。里根揭示了这个故事的寓意：即便去死也比活在一个公民必定丧失信念的政权下要好。他说："世界上存在着罪孽与邪恶，我们遵照圣经和主耶稣的命令尽力与它们抗争。"[2]为事业的正义性所鼓舞，美国拒绝满足于与苏联限制核武器的现状，美国国会通过立法同意建设星球大战防御系统。在里根演讲那天以后不到7年的时间，1989年11月9日，柏林墙轰然倒塌。

对于许多确定外交政策的人（至少共和党那边）来说，在以自由民主的名义竭力与邪恶斗争同结束冷战之间，存在着直接的因果关系。[3]在他们看来，有些文化你只需要与之抗争。对付我们敌人的最极端的观点就是宁愿杀死敌人，事实上是杀光他们所有人。[4]想要有效率就不要软弱。它也意味着不要通过与敌人对话的方式姑息邪恶。

对于美国的官方代表特别是总统、国务卿、大使或者特使而言，就更是如此。这种观点认为美国的代表永远都不可以显露出安抚不良分子，或者奖赏他们的恶劣行为。这种绥靖行为的后果是鼓励别人做同样的事情。美国就会丧失道德高地，在某些情况下还会失去采取行动的合法地位。如果与邪恶对话，它必然滑向相对主义，拿自身利益与和平做交易以接受或者迎合不良分子。

本章分析的问题是，美国是否——如果是的话，又如何——在国际舞台上接触邪恶分子。首先要问的就是称某人为"邪恶"意味着什么。它试图在自私行为者、非理性行为者之间进行区分，并在最后厘清，当一个国家把"邪恶"的动机归咎于个人或国家时意味着什么。其次，本章回顾美国拒绝与

---

〔2〕 Id.

〔3〕 Bolton, J. R. (2007), *Surrender Is Not an Option：Defending American at the United Nations and Abroad*, Threshold Editions, A Division of Simon & Schuster, Inc., New York, NY, Chapter 2.

〔4〕 在2012年春南卡罗莱纳州初选辩论中，据称纽特·金里奇（Newt Gingrich）引用安德鲁·杰克逊（Andrew Jackson）的话作为权威，描述杰克逊对待某些恐怖主义组织的态度，杰克逊的方法会是"杀死他们"。金里奇说安德鲁·杰克逊知道怎样对付我们的敌人："杀死他们"。不幸的是，金里奇引用的是"石墙"杰克逊（"Stonewall" Jackson）在费雷德里克斯堡（Fredericksburg）战役中说过的话——杰克逊处于叛乱阵营，讨论的是杀死美国人。一位参谋人员问杰克逊："我们怎样对付那些人？"（联盟士兵占领费雷德里克斯堡——联邦士兵捍卫宪法），杰克逊回答："杀死他们，杀光他们。"

其认定的邪恶进行对话的外交政策学说的历史，以及外交政策制定者如何形成这样的观点。之后，本章将把注意力转移到国内法舞台，考察法律谈判者和调解者在刑法与民事诉讼法语境下如何处理类似问题。它将描述对抗型谈判策略和问题解决策略的概念，并且展示谈判中问题解决策略的发展如何影响现在某些调解者帮助解决最棘手争端的方法。接下来本章探讨相同的问题解决策略如何渗入到美国外交政策制定者的思想与策略之中。它将讨论是否以及如何任命特使或策略性地使用非政府组织（NGOs），[5]可以给国际争端的解决带来与处理国内问题时相同的益处。本章认为一旦正式的国家行为者尝试与"邪恶"行为者对话出现困难，则此时既讲原则又务实的调停者能够提供相应的工作策略。接下来，它将探讨何种原则可以在国际舞台上为非政府组织调停者提供指导。特别是调停者在帮助各方评估解决方案以确保它们能够带来长期和平时所能扮演的角色。在这方面，它将探讨和平、民主与法治发展之间的关系。它还将研究国际刑事法与国际刑事法院的存在如何使问题复杂化，以及法律调停者的经历和策略如何给最棘手的冲突的原则性解决带来希望的曙光。

────────────

〔5〕　Wolleh, O., "Track 1. 5 Approaches to Conflict Management: Assessing Good Practice and Areas for Improvement", http://www.berghof-peacesupport.org/publications/MED_Documentaion_Hueninggen_Retreat.pdf.

　　See also, United States Institute for Peace, "Glossary of Peacemaking Terms", http://glossary.usip.org/resource/tracks-diplomacy. 多年以来，学者们描绘了几个层次的外交。一轨和二轨是最经常使用的术语。一个复合术语是"多轨外交"。

　　一轨外交：高层政治和军事领导人参加的正式讨论，聚焦于停火、和谈、条约和其他协议，第三方干预者大多数通常是正式的——比如一国政府或国际组织。

　　二轨外交：非官方对话和解决问题活动，目标在于建立关系并且鼓励可以为正式进程提供信息的新思维。典型的二轨活动参与者包括有影响力的学术、宗教和非政府组织领导人，以及比高级别政府官员更自由互动的社会活动家。非官方干预者的范围同样广泛——宗教协会、学术界、前政府官员、非政府组织包括智囊团。一些分析家用一轨半这个术语来指代高级别政治人物和决策者参与的非正式对话与解决问题方式。这些活动由一轨的参与者介入，但采用二轨的方法，试图在政府的正式努力与公民社会之间搭建桥梁。一轨半也用来指代官方代表授权非政府人士进行谈判或作为官方媒介采取行动的状况。

　　三轨外交：人民对人民的外交，由个人或私人组织承担，鼓励敌对共同体之间的相互理解与互动，包括共同体内部的认识提高与权力下放。这种类型的外交通常聚焦于草根阶层，包括组织会议与协商，制造媒体曝光，为边缘化的人群或团体进行政治、法律宣传。

　　多轨外交：一个同时操作几种轨道外交的术语，包括正式或非正式的为解决冲突进行的努力，公民和科技交流，国际商业谈判，国际文化体育活动。这些努力可由政府、专业组织、商业界、教会、媒体、公民个人、教育协会、活动家或金融家等主导。

在这里我们必须暂停一下，探讨"邪恶"一词的准确含义。虽然我们没有时间就邪恶这个主题提供全面的讨论，但就我们的目标而言，特里·伊格尔顿（Terry Eagleton）在他的《关于邪恶》（*On Evil*）一书中所做的区分很有裨益。伊格尔顿界定了宣布任何人为"邪恶"的问题，即自由意志与决定论的结果所导致的哲学问题。任何人的行为有多少真的是他们选择的结果？他们的行动在多大程度上是环境的产物或者外力强加？伊格尔顿用与杀人理由相联系的"理性"区分单纯的罪恶与邪恶。相对于"邪恶"而言，一个恐怖分子是"罪恶"，因为在某些程度上，他们是被拯救其种族或文化的合理愿望驱使的，或者为了服从上帝，消灭那些反抗他的人（包括无辜——也就是敌人的女人和孩子）。恐怖分子（就像里根做的那样）宁愿牺牲也不愿意屈服于其他文化或宗教的统治。虽然他们在思考"上帝"的需求时犯了很大的错误，但他们不是邪恶。他们实际上是高度原则性的，也是英勇无畏的。

那么，邪恶的概念是为一种特殊类型的行为保留的。这里，杀人的动机要么是为了愉悦，要么是作为行为者神似权力的声明——这个人能做他或她选择做的任何事情，仅仅是因为他或她选择这样做了：这个人有权这样做。[6]动机显得随意且无目的。如果动机是完全合理的，就能够唤起一种心理学意义上的愉悦的情感。如果他或她杀人只是为了克服自己对于无能的恐惧，或者为自己的神圣提供说明，或者仅仅是因为他（她）能，那么这个人就是邪恶。

显然，罪恶与邪恶、理性与非理性只有一线之隔。毕竟，一旦个人以邪恶的方式行事之后试图逃避惩罚，他就会为了生存而理性地行动。另一方面，杀害无辜平民、妇女和儿童的恐怖分子如果明知他们的手段实际上不利于自己的事业，那么他们就不单是罪恶，而是真正的邪恶。在某些时候，他们从事这些行动仅仅是因为他们能做。或者，他们不再做自由战士，而成为杀人图利的冷血杀手。那些不再把自己当作经过动荡战争最终实现民主的桥梁的专政者，也和邪恶同类。问题是，他们什么时候清楚自己的动机只是为了个人权利，而不再与某些崇高的事业存在合理关系？

把"邪恶"一词用在国际行为者身上，意味着根据美国的判断，这个国

---

〔6〕 Eagleton, T. (2010), *On Evil*; Dostoyevsky, F. (1917), *Crime and Punishment*, Part 6, Chapter 8.

际行为者没有理性行事。他们的行为只是出于自力和神圣地位的心理需要。比如，像用在金日成（或者他的儿子或他的孙子）身上，美国可能意思是不要进行对话或谈判，因为这样做是无用的，并且只会给这些领导人提供合法性。［当然，我们在第四章将要讨论，当权力变化时存在着一个新的对话机会，可以观察是否有机会创造和解与合作。或者用在上帝抵抗军（Lord's Resistance Army，LRA）领导人约瑟夫·科尼（Joseph Kony）身上，我们同样可以确定对话是无用的，唯一的方法是"把他们从战场上清除"。或者对叙利亚总统巴沙尔·阿尔-阿萨德（Bashar al-Assad），美国可能拒绝对话，而是开始武装反叛组织，作为政权更迭的一种手段。］

  对某些人来说区别或许是，邪恶分子非常清楚地知道他们在做什么，而单单是罪恶的人则是在缺乏足够信息的情况下行动。他们的动机因为罪恶而存在着理性上的缺陷，与邪恶分子相比，他们并不知道杀害无辜不能给他们的组织带来更高的生存机会。［用谈判的语言讲，罪恶行为者需要对他们对于谈判协议最佳替代方案[7]的理解进行调整，以表明在他们拒绝放下武器的同时谋求和解是徒劳无功的。他们需要说服自己，如果不停下来他们就给自己带来毁灭。］与被误导的战士对话，要么向他们提供更多的信息使之对非理性情况进行评估，要么鼓励他们采取更加"非理性"的办法来改变他们对手的谈判协议最佳替代方案。换句话说，把铤而走险的人同邪恶行为者区分开来总是非常困难的。那些似乎愿意同绝对优势敌人进行战斗的人可能只是想吸引国民关注他们的困境。或者，他们的目标是使对手认为试图抵抗是徒劳的。不管怎样，对话的过程，可以向这些罪恶行为者披露关于他们敌人强弱的信息。因此对话，不能断然说它是一个坏的策略，但如果冒险改变罪恶者想法的机会太低，而披露弱点的风险又太高的话，对话可能就不是一个好的策略，它不值得权衡。

  然而，同真正的邪恶者对话，永远不值得冒险。邪恶者假装理性只是为

---

  〔7〕 谈判协议最佳替代方案（BATNA），根据戴维·文特（David Venter）的观点，是由费希尔、尤瑞和巴顿（Patton）在哈佛谈判计划中首次创造出来的术语。它不同于谈判者的底线，意图描述谈判者如不能达成协议，他（她）可以做出的选择。谈判协议最佳替代方案经常通过提出如果不能解决，谈判者还有何选择这样的问题为和解提供信息。还有，如果继续对抗，怎样才能成功？进入诉讼程序后，他们在法庭上怎样才能成功？参见戴维·文特对谈判协议最佳替代方案的解释，http://www.negotiationtraining.com.au/articles/next-best-option/.

了给敌手带来更大的伤害。同魔鬼一样，邪恶是不可以登堂入室的。邪恶永远不值得信任，不管它说目前如何，或者它说将来怎样做。对于确是邪恶的人必须有所保留，美国永远不要被任何对话所诱惑，也不要天真地认为可能会有真正的改变。所以，与单纯罪恶的人对话有时值得冒险，但与邪恶的人对话永远不会起作用。

伊格尔顿评论的中心思想是，模糊邪恶与罪恶之间的区别会否认我们所有人中间存在的邪恶。他向调停者表明，在分析与个别"不良分子"对话效果的时候，有一些连续的行为需要加以理解。这个标签可以用于一个国家，用于它的领导人，或者用于坐到谈判桌旁的他们的代表吗？在国际舞台上，当"邪恶"标签贴在由迥然不同的行为者组成的领导集团上面时，情况就会更加复杂。当发现邪恶只存在于领导集团的某个成员身上时，将如何影响美国对这个集团整体的态度和策略？

确定邪恶是否在发挥作用，需要我们去观察个体行为者以及他们每个人的动机。观察后的发现既可以为我们与某些人对话、而拒绝与其他的人对话提供理由，也可以为考虑置身幕后与较低层级的人对话的策略提供理由，还可以考虑使用非政府调停者进行对话以便深入了解一个集团内部不同人的行为动机，而无须违背原则，也不会造成与邪恶对话问题相关的风险。

描述一个族群、国家或种族沦为邪恶的动机，会忽视在人类的互动中理性与非理性因素是混合发生作用的。但我们正在超越自我。我们首先需要简单地回顾历史，看看"邪恶"一词的用法如何出现在美国的词汇里。"二战"以来美国的外交政策表明了当外交忽视这些差异时所隐藏的危险。它展示了当美国在中东、亚洲和非洲地区谋求和解，试图游走于自身利益、与苏联的冷战政治以及原则性的民主政策之间时它所遭遇的困难。

我们是怎样逐渐称呼别国为邪恶的？
可以不一样的政治

在"二战"将要结束的时候发现存在着大屠杀。这样很容易看清希特勒是邪恶者，而纳粹是邪恶政权。早前，给日本人贴上邪恶标签还有一点点困难。终究，他们投降了，元首自杀。与"一战"后战争被视为很少值得付出代价的问题的策略不同，"二战"以后战败方的领导人被视为邪恶。他们作为战犯接受审判。美国终于找到参战的理由，至少在某种程度上是为了阻止邪恶的领导人伤害他们的人民。[8]

"二战"以后美国作为一个超级大国的兴起，是讨论美国外交政策的一个明显的起点，这种政策似乎回避道德问题，欣然接受国家关系上的利己主义与现实政治理论。任何关注从朝鲜战争至越战时期及以后美国外交政策的人都已经看到美国外交官所做出的反应乃至过度反应，这是因为每一任美国总统都试图让自己的政策有别于前任。根据全国的政治学理论家的观点，在20世纪70年代，开明的利己主义成为驱动美国外交政策的新的动力，它取代了战后反对共产主义、实现自由与民主以期赢得冷战的基本理念。[9]

美国的动机是混合的。大概"一战"以后至"二战"期间美国在中东外交政策与英法政策的区别在于它的动机更加单纯，而少了些赤裸裸的利己主义。[10]冷战和对共产主义的恐惧使美国在遏制共产主义过程中采取了一种越来越立足于自身利益的策略。尼克松去中国，在某种程度上是为了遏制共产主义。尼克松的中国行被视为外交政策采取国家利益方法的优越性的范例：打开一扇通往中国的大门，然后听任中国去实现民主和他们版本的自由市场。人权处于次要地位，任由个别国家根据自己的情况计算其价值。

作为梅特涅（Metternich）和奥托·冯·俾斯麦（Otto von Bismarck）（他们自己是马基雅维里的学习者）的学习者，尼克松的国务卿亨利·基辛格（Henry Kissinger）描述了用现实政治动机而不是伍德罗·威尔逊（Woodrow Wilson）时代残存的理想主义，来决定美国政策的需要。尽管20世纪70年代反对越战，但多数美国校园的政治学家们还是对于基辛格的韧性及其永不服输地捍卫美国追求自身利益、特别是把石油作为基本的安全权益充满敬意。

---

〔8〕 从人类最早进行战争时，人们就已经把对手是邪恶者当作战争与征服的理由。旧约里描述的战争经常以对手邪恶作为判断的基础。人们只要想想中世纪十字军东征，这就是一个以此为理由的例子。至于美国，林肯总统也是这样的例子，他以让这个国家摆脱奴隶制度的邪恶为内战进行辩护。

〔9〕 基辛格是这种更马基雅维里式（Machiavellian）方法的主要支持者。参见 Alan Dobson and Steve Marsh, *U. S. Foreign Policy Since 1945*（2000），它探讨关键问题、决策以及他们对美国外交政策的影响。同时可参见国际关系网站上的相关论文，http://www.e-ir.info/2011/06/10/the-un-during-the-cold-war-a-tool-of-superpower-influence-stymied-by-superpower-conflict/.

〔10〕 Oren, M. B., *Power Faith and Fantasy*, *American in the Middle East: 1776 to the Present*, W. W. Norton & Company（2007）.

被学术团体中的某些人贴上无原则的、甚至马基雅维里主义的标签，基辛格成为一个新的、明目张胆的以国家利益为基础的外交政策的倡导者。他帮助尼克松重新制订越南撤军计划，以便通过把战争移交给南越，体面地实现和平。美国现在需要更多依据打击苏联的能力，而不是促进"二战"后国家民主或独立运动（利在他们自己）的兴趣，来控制与其他国家的关系，不管其同伴采用何种价值观和策略。

根据自身利益所驱动的政治学，美国在中东的利益在于开发和对可靠石油供应的需要，它优先于帮助发展独立民主的需要。美国不需要再担心人权或者一个特殊国家是否镇压自己的人民。伊朗的萨哈之所以能够得到支持，很简单就是因为他赞同美国；阿拉伯的沙乌德，还有南非和南美国家，包括哥伦比亚与智利都是如此。

当然，特别是在冷战中基于其自身安全的保护，确定何者为美国的国家利益，还是一个微妙的问题。美国仍然在从干预他国事务过程中学习。首先，朝鲜和随后的越南向美国提出了一个在经济利益（战争的代价）和在全世界反抗共产主义以保护自身安全之间进行选择的问题。如此"开明"的国家利益激励美国外交政策在更加实用的基础上干预世界事务。比如，与独裁者做生意可以提升美国的经济利益，特别是当它会给苏联造成伤害时，它就成了现在可以接受的政策。但是，陷入一个看不到终点的冲突的泥潭中，即便没有危险也是代价高昂的，因为它占用了其他地方对抗苏联的资源。指导性的原则是：只有在世界舆论明显对你有利的情况下才去干预；只有当你的国家利益定义清晰并得到美国公众的支持，而且在一个有着清楚的退场策略的地方，才去进行军事干预。

问题困扰着这种新思想。为什么每一次美国干预中南美洲的事务似乎都让事情变得更糟？[11]为什么最终那些国家的公民视美国为问题的一部分而不是解决问题的一部分？是因为出于自私的目的、增强自己实力的行为，使美国自己参与了邪恶吗？它的行动只是为了增加自己的财富和实力，还是真的为了阻止苏联统治世界？不管是封锁古巴，还是干预哥伦比亚、危地马拉或洪都拉斯，正是美国介入的事实，才造成国内公众由支持转向反抗或激进的

---

〔11〕 Pastor, R. (2001), *Exiting the Whirlpool: U. S. Foreign Policy toward Latin American and the Caribbean*.

叛乱。当地人把美国的利益完全等同于美国在该地区的商业利益。比如"香 11
蕉共和国"（Banana Republic）事件，从早期在中美洲及加勒比海地区对美国
联合水果公司（United Fruit Company）［奇基塔香蕉（Chiquita Banana），现在
的奇基塔品牌国际公司（Chiquita Brands International）］提供某些支持，到随
后介入危地马拉、洪都拉斯和阿根廷，最终让人感到美国的干预就是为了支
持它的商业利益伙伴，而这些伙伴通常违背劳工和人权准则。甚至美国反麻
醉品战的动机也受到了质疑。美国真正的政治动机就是商业动机吗？拒绝毒
品集团出售对一个国家具有经济价值的东西的权利真的有意义吗？美国枪支
制造商卖枪挣钱，而美国未能禁止枪支被越境贩卖到墨西哥，这又如何呢？
各种类型的麻醉品之间在名义上却有着令人惊奇的差别，这一切难道是因为
美国立法者的偏好：酒精好，而大麻不好吗？

美国外交政策的共识似乎认为：美国的行动将由美国自身利益所引导，
面对苏联和中国，确立自己的实力和国家经济优势。在那些地方政权被丑化
为激进组织恐怖分子的国家，美国支持政府。这些政府拒绝与叛乱者对话时，
美国也拒绝与叛乱者对话，当然除非这个政府在某些国际事务中不支持美国。
如果是这种情况，美国不仅随时与叛乱组织对话，还武装叛乱组织鼓励发动
政变。[12]一旦新政府上台，新一轮循环又开始了。

所以，如果你是新当选的总统吉米·卡特，又想不同于尼克松，那么你
该做些什么？首先，你采取一个更慷慨的办法，试着把中东各方召集在一起。
确实，石油和安全利益处于危险关头，但和以色列、埃及一起，美国能够在
一定的原则基础上进行调停。此外，你可以和苏联寻求核裁军，并致力于把 12
苏联带到逐步削减武器的谈判桌上来。这不是说尼克松不关心核裁军，但你
更优先处理这件事可以使你自己有别于尼克松。如果你的动机是单纯的，为
了和平不屈不挠，那么争端方就会从你的热情中得到教益，学会对各方在该
地区共同分享的目标与需要的同情和理解。

对于卡特总统而言，不幸的是，这些努力很快因为伊朗事件蒙上阴影，
不仅发生劫持人质事件，还出现了军事行动失败的令人尴尬的状况，当直升

---

［12］ 刚果和联合国就是美国根据这些国家在联合国支持美国行动的意愿，变换美国对其支持的
一个显著的例子。http：// www. e-ir. info. 2011/06/10/the-un-during-the-cold-war-a-tool-of-superpower-influ-
ence-stymied-by-superpower-conflict/.

机试图解救人质时，却因沙漠风暴而坠毁。在首先尝试派出军队并且失败以后，卡特总统试图通过谈判解救伊朗人质。使用老办法已经失败，他试图采用一个更原则的方法：先是讲和，接下来再谈自己的利益。他和人质劫持者对话并通过谈判成功地迎回了人质。但是政治代价是巨大的。

卡特的方法被视为软弱，在派出武装人员时代价惨重，表现无能。这给里根宣称美国在这个世界上一直因为软弱、与敌人谈判而受到伤害提供了弹药。他称之为"绥靖",[13] 它让人回忆起在"二战"前张伯伦（Chamberlain）努力同希特勒谈判所遭遇的失败。

这把我们带回本章开头的讨论。在人质回家的那天，里根接任美国总统。与敌人对话大概已经削弱了美国在世界上的地位。根据里根政府的说法，美国将不再与恐怖分子及邪恶帝国对话。它将永远以一种美国价值观中存在的强力与自信的姿态处理问题，并且将使用军事力量代表美国人民执行它的意愿。为了证明这一点，里根派兵入侵格林纳达（Grenada），投资星球大战导弹防御系统，以显示只要美国利益许可，他不惜进行核战争。

但对于那些为卡特工作过的人而言，有许多挥之不去的疑问。他们看到了一个调停者能够在两个死敌之间寻求和解所带来的效果。埃及与以色列间的戴维营协议（Camp David Accords）为美国更多地作为调停者，而不是一个有实力的掮客采取行动所带来的后果提供了重要范例。

不久以后，里根自己因总统国家安全委员会成员奥立弗·诺斯（Oliver North）陷入了政治麻烦。诺斯的角色是秘密支持南美及中美洲的反叛组织，因为违背美国法律而承担了许多风险。这种带有不良后果、被看作帝国主义的和剥削的外交政策，会促使当地人民抗击反叛组织，因为后者得到了美国

---

〔13〕 Sarasota Herald Tribune, Jan. 26, 1980. http: // news. google. com/newspapers? nid = 1755 & dat = 19800126 & id = T60cAAAAIBAJ & jid = 1WcEAAAIBAJ & pg = 4226, 4548780. See also, Robert G. Kaufman, "The First Principle of Ronald Reagen's Foreign Policy", http: // www. heritage. org/research/reports/2011/11/the-first-principles-of-ronald-reagens-foreign-policy（摘要：一种新里根主义的宏伟战略为恢复和保持美国20世纪的伟大提供了最可靠的指引。它具体表现为建国原则，不能轻视不断出现的权力和地缘政治的需要。它防止我们感染不切实际的现实主义者的悲观，低估有条件的正义的可能性；也防止我们抱有理想主义的危险幻想，低估国际政治成功道路上的障碍。它能够促进自由民主和经济繁荣的稳步发展，减少美国所面临的威胁的数量和压力。它对美国例外主义和美国军事卓越的承诺是不仅可以增加威慑，还可以减少为美国必须进行的战争而付出的鲜血、辛劳、眼泪和汗水。它与其他看似合理的选择相比更令人满意，不管是不切实际的现实主义、自由的国际主义、孤立主义，还是不受地缘政治要求束缚的新保守主义的乌托邦版本）.

的支持。〔14〕或许美国并不能总是占据道德高地。或许美国总是，或者很多时候基于赤裸裸的自身利益行事。

接替里根后，乔治·赫伯特·沃克·布什（George Herbert Walker Bush）〔15〕成为一个新的对苏强硬的外交政策的设计师。不过，布什也是一个越战的研究者。他重视自身利益，但把自身利益植根于更加务实的考虑之上，像在干预他国事务之前把联合国牵扯进来，在动用武力之前取得邻居和伙伴的支持。他还坚持认为美国不应参加混乱的国家重建事务。他停止接管伊拉克，相信没有一个退出策略，美国的更深介入将是一个错误。后来，他在竞选中输给比尔·克林顿，或许主要是因为他不够关心国内问题。美国外交政策需要退居国内问题之后。

14

如果你是克林顿总统，你将怎样使你的外交政策与众不同？至少在他的任期开始，克林顿总统聚焦于国内问题，对于外交政策关注太晚，以至于没能取得多数人期望的成就。他的国内政治三角战略（通过把对手的政策据为己有而巧妙地控制自己的对手——结束福利、缩减政府规模和减税）也让那些国际政治的玩家对于他在国际范围的动机感到担心。索马里（Somalia）灾难之后，他通过谈判结束了波斯尼亚（Bosnia）战争，他对中东的介入似乎是一种政治作为，但被视为后知后觉。直到卡特总统以调停技巧干预之前，他对朝鲜执行传统的强硬路线。卡特总统能够在不削弱美国世界声望的情况下采取和平优先的方法，因为他在没有美国正式授权的情况下接近朝鲜。国际社会在跟随美国采取惩罚或其他外交行动时极其辛苦，因为他们认为美国执行着一个令人迷惑的外交策略，时而被原则、时而被务实的利己主义所驱动，很少为其行使权力表达一套清晰的、连贯的目标。

小布什被里根和老布什的外交政策专家所包围。〔16〕这些顾问欣然接受里

---

〔14〕 Pastor，R.，*Exiting the Whirlpool*.

〔15〕 乔治·赫伯特·沃克·布什指的是老布什，乔治·沃克·布什是小布什。

〔16〕 2002年1月29日，在"9·11"之后布什总统第一份国情咨文中，布什一开始这样说道："当我们今晚聚集在一起的时刻，我们的民族处于战争状态，我们的经济衰退，文明世界面临前所未有的威胁。"在演讲中间，布什开始描述察觉到的危险，并且创造出了三个字的短语："邪恶轴心"，适用于三个特殊威胁：伊朗、伊拉克和朝鲜，"在其中任何一个情况下，漠不关心的代价都是灾难性的。" http://www.c-spanvideo.org/program/168239-1. 邪恶问题在国际舞台上不只是一个哲学问题。在伊拉克，它为军事入侵提供理由，即便是在没有联合国授权的情况下。虽然没有发现大规模杀伤性武器，美国仍继续选择称呼它的几个敌人为邪恶，10年以后，美国继续把伊朗和朝鲜视为邪恶政权。

15   根时代的成功（最著名的是结束冷战），认识到老布什（美国不愿意完成它
在伊拉克发动的事情）和克林顿（在巴尔干、非洲、中东做得太少也太晚
了）的失败。小布什的外交政策更加集中：它被一系列规则和原则所驱动。
美国驻联合国代表约翰·博尔顿（John Bolton）在对联合国的批评中清晰地
表述了这些原则。美国将再次以里根为楷模，认定其竞争对手是不民主的、
暴虐的、恐怖的和邪恶的，美国将不再退缩。它将发挥它的影响力及其军
事力量打倒这些政府和组织，如果它认为必要，可以优先使用武装力量。
美国将不会接受联合国的指导。它不会同对美国怀有敌意的组织进行谈判。
在他的敌人表明放弃使用邪恶手段的愿望之前，美国绝不会同他们对话。
即便美国单方面确定对手拥有大规模杀伤性武器，也将诉诸战争。甚至科
林·鲍威尔（Colin Powell）也同意这些，直到康多莉扎·赖斯（Condoleez-
za Rice）取而代之。[17]

布什的新保守党声称克林顿的外交政策不是很成功。[18]虽然在克林顿时
代美国相对而言在世界上受到尊重，但它在改善非洲方面做得很少，在索马
里失败了，也没能阻止卢旺达暴行。它对墨西哥、委内瑞拉和哥伦比亚的政
策鲜有成效。苏丹一片混乱，巴尔干至多是个好坏参半的大杂烩。而且，尽
16   管美国国务院努力就援助行动采取一种更连贯的做法，但是面对中国影响力
的增长，很难把美国不讲原则提供外交援助的政权同这个新竞争对手援助的
政权区别开来。

小布什外交政策的交战规则背后的推理呈现出更多的宗教色彩。给政权
和行为者贴上"邪恶"的标签源于一种固有的自信，即认为美国"不是"邪
恶的，而是更加单纯、站在更高的地方。它让美国回忆起在历史上的一个更
早时期，美国领导人鼓励美国基于命定说的认识实行扩张。这是在为墨西哥

---

〔17〕 国务卿赖斯是位使用一种原则方法指导外交政策的领导人。不像新保守派那样教条，她将
领导国务院制定一系列原则指导美国提供援助，并以调停者的身份进行干预。不幸的是，这些进展
被伊拉克形势所压倒。任何与采用一种原则方法相伴随的价值观都在国际社会丧失，因为在最终证明
不存在大规模杀伤性武器以后，美国在伊拉克丢掉了所有道德制高点。

〔18〕 对于克林顿外交政策的批评来自新保守党人如查尔斯·克劳塞默（Charles Krauthammer）、副
总统理查德·切尼（Richard Cheney）和约翰·博尔顿。See citations infra. Bolton, J. R. (2007), *Surrender
Is Not an Opinion*.

战争和把美国土著族群赶出他们拥有的土地、从"海洋再到闪耀的海洋"辩护时发出的召唤。这也是一个让美国人回忆起林肯的正当理由，他用上帝谴责奴隶制度为内战进行辩护。内战是上帝因为邪恶的奴隶制而对南方的惩罚。布什为反对邪恶的战争辩护基于美国自视伟大的观点。上帝号召美国抗击邪恶、致力于人权。（布什拒绝用伊拉克的石油收益为战争买单，他似乎想释放出的信息是自身利益并未支配美国的行动。美国要在世界范围内建立自由与民主，而不是追求自己的利益。[19]）

根据当时的美国总统候选人巴拉克·奥巴马（Barack Obama）的观点，小布什八年的外交政策就是一场灾难。他挥霍了"9·11"以后全世界对美国的善意和同情，美国现在被看作是傲慢的、自以为是的行为者，违背了它自己基于自身利益与"邪恶"定义的正义战争理论。全世界似乎忘记了"9·11"，而是根据阿布格莱布（Abu Ghraib）监狱酷刑和关塔那摩海湾（Guantanamo Bay）无休止的监禁来识别美国的政策，更不用说水刑和表演了。相反，奥巴马似乎更愿意同独裁者对话，也似乎更愿意把和平放在第一位，人权放在第二位，美国的短期利益放在第三位。在第一个任期，他并不急于行动，在选边站时采取了更加务实的办法。

奥巴马的立场似乎与布什一样，不仅基于政治，也基于宗教信念。奥巴马总统吸收了基督教神学家莱茵霍尔德·尼布尔（Reinhold Niebuhr）的观点，认识到基督徒被号召起来在中间时代的世界采取行动，这个时代处于基督死于十字架和归来时刻的中间。奥巴马承认世界上存在邪恶，在谋求和平时不能天真地希望你的对手不再致力于你的毁灭。一种现实主义的良好感觉必须节制总统个人追求和平的本能。他必须首先保护美国人民免受伤害。他一定不要忽视美国人民的生命健康面临的真正的风险。他必须是既讲原则又务实的。

但是奥巴马的方法前后矛盾，这使他的原则诉求难于辨明。考虑一下奥巴马政府对洪都拉斯政变的反应。针对当时总统曼努埃尔·塞拉亚（Manuel Zelaya）的军事政变得到了奥巴马政府一个意想不到的反应。与小布什时代相比（那时候美国将很快支持他的朋友，宣布他的朋友的敌人就是民主、自由

17

---

[19] Bolton，J. R.（2007），*Surrender Is Not an Opinion*，Chapter 2.

和军方的敌人），虽然奥巴马政府对于总统独裁的夺权企图做出了反应，但政变领导人的行动却遭到了奥巴马政府的谴责。[20]美国没有支持军事政变，因为政变逃避面对洪都拉斯选举法，后者使得政府的改变必须服从人民的表决。出现在美国外交政策中的似乎是民主原则战胜了美国的经济利益。政权改变不要来自外界的强加，而是应该由人民的意志来决定。同样，美国不愿宣布对伊朗叛乱的支持，部分原因是不清楚谁将真正赢得伊朗选举。但是这种不情愿好像又是对民主原则的一种坚持，如果伊朗人民选择接受一个伊斯兰政权的领导，美国支持非法叛乱可能让事情变得更糟糕。在这种情况下，关于邪恶的宣告并没有战胜民主的原则。而且，对于支持军方的效果的务实分析（可能像在巴基斯坦一样，会导致新政府失去民众的支持，因为它被看作美国政府的傀儡），促使美国只是批评这次军方行动。

　　另一个例子，可以考虑一下美国在"阿拉伯之春"过程中拒绝采取任何有意义的行动。到目前为止，美国在埃及、利比亚、突尼斯、叙利亚只是袖手旁观，或者只是发挥极小的作用。这既是由于美国占领伊拉克、阿富汗需要足够的军队以至于美国资源匮乏，也是由于经济衰退，或者由于自己的任何行动都可能被误判为受自身的经济利益所引导，所以美国既没有支持任何叛乱组织，也没有支持任何现在掌权的领导人。根据一个特定国家领导人的邪恶程度挑选胜利方或失败方，以此作为美国介入的理由是不是更好些？美国需要像对付萨达姆·侯赛因那样，宣布卡扎菲为邪恶然后采取军事行动清除他吗？这是否同样适用于叙利亚的阿萨德，以及伊朗的阿亚图拉（Ayatollah）？

　　还有人担心给某些人贴上邪恶标签、给某些人贴上好人标签的有效性。[21]与这些人对话难道意味着软弱或者对于个人原则的正当性沉着的自信吗？怎样才能架起战争、和平与正义之间的桥梁？可能存在某些中间路线吗？这个中间道路取决于谁在进行对话吗？

---

　　〔20〕　Mark Weisbrof, "Does the US Back Honduran Coup?" *The Guardian*, July 1, 2009. http://www.guardian. co. uk/commentisfree/cifamerica/2009/jul/01/honduras-zelaya-coup-obama.

　　〔21〕　我主要讨论卡特中心的外交家，虽然克林顿总统、理查德森（Richardson）州长或者乔治·米歇尔（George Mitchell）在适当背景下作为调停者可能取得同样的效果。他们进行调停时愿意遵循的原则将为各方所知晓。

　　国务卿希拉里·克林顿（Hillarg Clinton）已经为未来几年美国的外交政策战略指出了方向。[22] 她谈到一种新策略、一种"讲原则的实用主义"策略将指导美国外交政策。不过，那篇演讲并没有讲清美国应对极坏分子以及流氓国家的策略。美国会同哈马斯对话吗？美国会诉诸武力阻止种族灭绝吗？直到今天，这些问题仍然在国际舞台上给美国的政策带来困扰。 **19**

　　不管宣称争端一方为邪恶与拒绝对话之间有多少因果关系，以及争端方是否曾经达成长期和解，很清楚至少有一个理由可以怀疑在对话与安抚或认可你的对手之间存在着必然联系。倾听并不意味着同意。基于某种原则观点去对话与根本拒绝对话也是不同的。在一个中立的调停者——这个调停者不正式代表美国官方利益出现的场合，对话的益处会被更好地发掘出来。在各方认识到当前形势实在不能继续下去，因而决定走到一起并试图解决分歧的时候，对话是一种可以首先导致倾听、其次达成理解的过程必需的第一步。 **20** 而且，在倾听与对话过程中，各方可以更好地理解哪些因素组合通常会激起对手及其领导人的兴趣。我们在下一章将要看到，为了理解而倾听可以带来更具体、更有创造力的领悟，它可以带来更持久的解决。

---

[22]　国务卿克林顿在 2009 年 12 月 14 日乔治城大学（Georgetown University）演讲中说：

呼吁责任不会始于或止于认定犯罪者。我们的目标是鼓励——甚至要求——通过在法律中注入人权、使之在政府的制度中扎根，通过建立起强大的独立的法院、称职的有纪律的警察和执法者队伍，政府必须负起责任。一旦权利确立，当批评四起时，人们期望政府能够抵制限制自由表达的诱惑，小心防止把法律变成压迫的工具，比如乌干达的一项法案就在考虑给同性恋定罪。

我们知道所有政府、所有领导人有时都会有不足，所以当权利被冒犯时，存在一个内部责任机制。通常对政府最严厉的考验就是理解和接受批评，这对于保护人权是十分必要的。这里也是，我们应当以身作则。过去六十年我们就是这样做的——有时会有不足但取得了重要成果——我们对二战中被拘禁的日裔美国人做出补偿，为南部黑人种族歧视的牺牲者设立追索权，通过立法把袭击男女同性恋者列为仇恨犯罪。当非正义在任何一个地方被忽视，正义就会在所有地方被否定。承认和弥补错误并不会使我们更软弱，它再次肯定了我们的原则和制度的力量。

其次，我们必须务实而且灵活地追求我们的人权议程——不是就我们的原则进行妥协，而是尽最大可能让它们成为现实。我们将使用我们所能支配的所有手段。当我们碰壁的时候，我们不会相互埋怨或带着听天由命的态度退却下来，或者一次次地去碰壁，而是报之以战略决心去探寻其他途径，以实现改变并提高人民的生活。

我们承认，一种方法并不适合所有人。当旧的方法不再适用的时候，我们不要害怕尝试新的方法。比如今年，我们结束了孤立的僵局，寻求与缅甸达成慎重的协议。在伊朗，我们提出直接与政府就核问题举行谈判，但同时向伊朗内部为追求民主改革而斗争的人们表示团结。正如奥巴马总统在诺贝尔演讲中所说："他们让我们站在他们一边。"http://www.state.gov.sectretary/rm/2009a/133544.htm.

某些人对此会感到惊讶，但由于在法律体系内解决家庭争端的经历，我们了解对话、甚至与我们极度厌恶的人对话所带来的好处。设想一下你和前配偶在离婚之后为谁该得到那架大钢琴而争吵。可能他或她破坏了婚姻誓言、离开你投向了另一个人的怀抱。如果你是一个像汤姆·腊斯克（Tom Rusk）一样的精神病学家、讲授社区调解的专家，那么你以前已经看到过这种情况。在他的著作《伦理说服的力量》（*The Power of Ethical Persuasion*）中[23]，腊斯克描述了在任何情况下都可以适用的调解策略，这种策略不仅开始于对话，还要让争端方相互倾听。腊斯克表明在倾听与认同对方观点之间并无必然联系，哪怕是抱着检讨自己的行为是否导致了纠纷的心愿去倾听。说"我想我是生气了，而且我知道当我生气的时候我就会说出一些对解决问题毫无益处的话"，并不意味着我认同你做的事情。说"我想静下来一会，听听你是怎么看待这件事的，以确信我在整个过程中没有漏掉什么"，意思就是说的这样。

如同与个人一样，国家代表在面对一个声称危害这个国家人民的对手时很难不往心里去。作为一个谈判代表，很难不生气、不报以威胁使形势升级。而谈判代表不要求让步，或者不为下一步谈判设立前提直至对手认识到代表方的权利与尊严，更是几乎不可能的事情。正是在这种形势下，谈判方求助于调停者以打破僵局。

21 　中立的调停者必须创造一个理解性倾听得以进行的环境。带着真心理解对方的愿望倾听之后，调停者可以让双方学习如何表达真正的共鸣，如何用清楚地复述对方所说过的话显示他们在倾听。腊斯克建议调解者指导争端方如何说明自己的观点，而不要声称这是认清形势或事实真相的唯一路径。正是在这些时候，因倾听而产生的敬意会给讲话者带来一些特别的说服力。换言之，同感不是同情，对话和倾听不意味着同意。人们应该如何进行对话，同时又不在和你对话的他或她的正当性问题上做出让步？难道有时简单的对话就像是尊重和淡化犯罪者过去实施的暴力所造成的伤害吗？

虽然对话有时会带来合法性，慈悲和宽恕也总是廉价的，但不进行对话却常常导致妖魔化，往往会进一步导致暴力。调停过程从争端方相互介绍情

---

　〔23〕 D. Patrick Miller and Tom Rusk, M. D., *The Power of Ethical Persuasion：Winning though Understanding at Work and at Home*, (paperback, 1994).

况开始，但在叙述故事过程中，他们会让自己与历史事实之间保持一定的距离。讲述或者叙述故事的行动，可以创造一个空间使各方发现嵌入在他们叙事里的神话。一个好的调停者能够展示这种复杂性、混合动机以及在重述个人历史与族群故事过程中可能出现的错误。调停者还可以帮助双方发现"邪恶"，每一方都有无辜的旁观者因此承受痛苦。调停者可以帮助双方发泄那种痛苦，帮助各方追究邪恶行为。在这个过程中双方能够重新发现每一个人类悲剧中心埋藏的真相：人类苦难的共性以及对各方在将来采取负责任行动的人类共同需求的认可。对话、调停的过程能够导致理解，它能够启发争端方发挥他或她的想象力，发现是否存在一条不同的或者更好的前进道路。[24]

这本书讨论的是关于非政府组织（NGO）或者其他参与者如卡特中心（TCC）作为调停者在搭建和平与正义桥梁过程中所扮演的角色，以及非政府组织如何营造一种环境和安全场所，他们可以置身其中向政府行为者讲授如何相互引起共鸣。但这本书还讨论调停者要求争端方完善自我的能力——指导争端方如何首先倾听，其次运用来自伦理、原则的说服力进行规劝。它探讨如何采用最好的原则性谈判和调停策略，并且把这些手段有效地应用于国际舞台。它还讨论如何基于强烈的优先和原则意识进行谈判和调停，同时考虑务实的有创造力的问题解决方案。当这些原则没有得到遵循的时候，僵局和延误通常会使局势更加恶化。在这种情况下，无辜者受到牵连、孤立、绝望和自杀式炸弹战术常常随之而来。进行原则性调停，而不是让一方带着对政府行为者采取高压、剥夺尊严手段的憎恶拂袖而去，使争端方能够真正倾听对方的委屈，并一起寻求解决问题的创造性方法。

这不意味着美国永远不调停自己所介入的争端。在后面的章节中，我们将分析一些可能的争端，并且看看美国政府是否有能力在解决争端过程中扮演调停者的角色。美国通常承担着太多的风险。比如，考虑一下你是前往中东、或朝鲜、或非洲的特使，被授权代表美国发言，那么你怎样看待你的角色？你是一位形势的裁决者，宣布谁胜谁负、决定谁对谁错吗？你是一位利己主义者，竭力推动自己的议程，时而向这边、时而向另一边施加影响，这

22

---

〔24〕 在这段我试图捕捉哲学家保罗·里克伊尔（Paul Ricoeur）的洞察力，如同理查德·科尔尼（Richard Kearney）在他的书 [*On Paul Ricoeur: The Owl of Minerva* （2004）] 中所描述的那样。

样给双方带来一个和平解决方案吗？事实上你将不可避免地带上利己主义这一污点。美国的历史、政治和自身利益不能简单地因为自称改为中立而被抹去。实际上美国也不可能一下子被视为中立的调停者。

23　　相反，适当的非政府组织可以承担这一角色。最有效率的非政府组织将有策略地采取行动把自己定位为一个中立方。而且，与国内争端中一个辅助型调解者所扮演的角色相比，最有效的非政府组织不会在白纸一张或全无兴趣的状态下进行调停，而是根据某些原则——这些原则对双方是透明的，如果调停者开始以一种不适当的方式使用权力，争端方可以根据这些原则对于调停者的立场进行质疑。什么原则将指导调停者的策略？调停者何以确定他的分析足够务实或现实以至于对方不会视之为天真或软弱？换句话说，非政府组织调停者确实有可能在解决国际争端中扮演中立且有原则的调停者的角色吗？

　　这种角色转变是微妙的，但它对非政府组织调停者发挥影响力的方式具有重要的实际意义。看到美国从有实力的掮客转换为调停者是可行的也是值得期待的，你会首先想考察国际大事与美国政治之间的相互作用，后者导致当前美国对于其在国际外交政策中角色的看法。毕竟，谁忽视了过去的错误必将会重蹈覆辙。[25]在美国对世界事务的重要干预中，你想确信在总统与国务院及特使之间，就非政府组织调停者即将带到谈判桌旁的原则达成一致。你还想仔细筹划如何将调停者纳入到这个进程中，你还想确定形式公开的水平以及调停程序使用的时间框架。最后，你还要弄清楚最好务实到什么程度，以至于实用主义不被当作利己主义的借口来腐蚀非政府组织，使之丧失中立性，最终或许被视为美国的爪牙。

　　此外，使用调停策略的需求因为国际刑事法院在国际舞台的出现而增加。作为联合国的一个永久机构，建立在海牙（Hague）的国际刑事法院根据《罗
24　马规约》（Rome Statute）（超过 100 个国家签署）对追诉战争罪犯具有有限的

---

　　[25]　温斯顿·丘吉尔（Winston Churchill）对乔治·桑塔亚纳（George Santanya）的著名语录所做的改写，来自他的《理性生活（1905～1906）》[*The Life of Reason（1905～1906）*]："进步，远不在于改变，而在那些不变的东西。只有当再无任何改进之处，而且也无可能改进之方向时，才是必须改变之时。如果没有将过去的经验保留下来，便如同身陷蛮荒，永远处于童稚时期，忘记历史的人，注定只能重蹈覆辙。"

管辖权。由于美国不是《罗马规约》的签署国，所以它经常面临是否支持国际刑事法院对个人提出指控的尴尬境地。比如，美国是否支持国际刑事法院检察官对苏丹总统巴希尔（Bashir），或者乌干达的约瑟夫·科尼（Joseph Kony），利比里亚的查尔斯·泰勒（Charles Taylor）的起诉，或者将来可能的对于肯尼亚选后暴力相关责任人的起诉？小布什政府的外交政策宣称自己不关心而且经常反对国际刑事法院行使管辖权，却发现自己在符合所谓自身利益的时候，支持国际刑事法院卢旺达法庭、前南斯拉夫法庭及其他特殊法庭的工作。就是说，国际刑事法院把美国推向了一个两难境地。如果美国支持国际刑事法院，国际刑事法院显然要照它的规矩去做；如果美国不支持国际刑事法院，它似乎需要制裁起诉行为，这将会削弱国际刑事法院威慑未来的战争罪犯的能力。

对奥巴马政府的诱惑是反应性地界定自己：使自己有别于小布什的政府，避免在打击恐怖主义与邪恶问题上的教条主义，进而做出改变——但是用什么改变呢？美国面临的挑战已经很大了：什么时候从伊拉克脱身，在阿富汗做些什么，是否对以色列施压停止建设定居点，如何对付朝鲜，在伊朗选举后是否选边站，对洪都拉斯政变如何回应，美国会和它的敌人或者它的朋友的敌人对话吗？什么原则指导这些讨论？利己主义将扮演何种角色？务实意味着什么？最后，在影响美国运用自己的实力方面，联合国和（或者）国际法将发挥何种作用？美国会支持制定国际刑事法规吗？

最后一个问题提供了一个不同于美国外交政策通常采用的政治学方法的特殊视角。毕竟，联合国和它的管理机构，包括国际刑事法院，即便以一种相当脆弱的方式，还是为指导美国同敌人对话提供了一个新的工具。法治对于一个国家的合法性而言是必要的，这种认识的提高为美国在调停发展中国家的争端，并在它们谋求和解、进行选举并创立解决纠纷的长期机制的时候与之合作，提供了一个特定的专家角色。这样一来，各种力量的汇集使得美国可以避免在解决争端中发挥明显作用。美国的唯一选择是远离公众视野在幕后工作。事实上，它对于解决冲突唯一切实可行的选择是，引入非政府组织调停者找到一个谈判方案。

另一方面，一个非政府组织并非完全不受这些相同力量的影响。法治的影响把调停者推到一个不得不在世界上为他的行为（以及指导其行为的原则）合法性提供理由的位置上。虽然非政府组织不用太担心赤裸裸的自身利益会被人

25

看作干预他国内部事务的理由，但他们也必须考虑倘若他们的调停使暴行永续，[26]这会不会给他们未来的有效性带来影响。当非政府组织作为调停者采取行动时，就像在中东那样，它可以确保它的角色更多的是一个辅助型调停者，而不是法官或判决者。

　　作为一个调停者或中立方，在解决纠纷中采取行动究竟意味着什么？与此相关的问题不少。一个像卡特中心这样的非政府组织，在一个充满了复杂的宗教、利己主义和甚至对最基本人权的存在都有着深刻分歧的世界，作为一个中间人和调停者究竟应该如何采取行动？这样一个角色与调停者作为对结果有着自身利益的一个当事方的通常角色有着怎样的不同？

理解一个中立调停者的角色如何促进
领导外交政策的政治家的效能？

26　　对于上一节最后提出的重大的、抽象的外交政策问题，至少可以在国内层面进行操作的谈判者和调解者的日常实践中找到部分答案。外交官们了解这些技巧，但那些企图留下自己政治遗产的政治家们或许不会去学习，直到为时已晚。[27]谈判者和调停者的角色与国内在法律和法院的影子下每天进行谈判与调解的律师们相似。发达的律师谈判及调解理论可以为美国筹划是否在国际法框架下引入一个调停者提供信息。在调停者已经知晓指导他们工作的原则的情况下，他们将非常富有效率。有原则的调停者也可以用来促使国家将其行为指针透明化，还可以用来为争端方试图了解美国使用中立的非政府组织的幕后情况提供指南。

　　我们从谈判者经验的发展开始谈起，然后看看这些经验如何引导出有经

---

　　[26]　利比里亚是个很好的例子。卡特中心认可了1999年查尔斯·泰勒的选举，不得不被视为应对将来的暴行承担某些责任。这是泰勒含蓄地表示他的合法性将依赖于被统治者同意的总体效应，所以选举被合理地与他自愿妥协并放弃权力联系在一起。

　　[27]　国务卿希拉里·克林顿似乎已经了解采取一种新的、更有原则性和实用性的方法来指导美国外交政策的重要性。参见她在12月乔治城大学演讲中关于美国需要一种建立在有原则的实用主义基础之上的美国外交政策新指针的演说。国务卿希拉里的观点参见她2009年12月14日在乔治城大学的演讲。关于整个演讲内容，参见 http://www.state.gov/secretary/rm/2009a/12/133544.htm.

验的、但中立的、有原则的调解者解决国内争端的需要。与家庭法语境下的协同型调解者或者"9·11"、卡特里娜飓风（Hurricane Katrina）索赔调解者的行动，或者多数侵权索赔的解决方式相似，有原则的调解者可以促成哪怕是最具有争议的、最复杂的纠纷的和平解决。

在 20 世纪 80 年代以后，律师谈判理论经历了质变。[28] 在传统上，律师们把他们的角色看成是个体当事人利益的积极代表。律师的工作绝不是调解，而是为当事人在个人与商业竞争中谋求利益最大化。这种方法符合律师的经济利益。[就像赋予战士（或军队）凌驾于外交政策策略之上的权力，权力和安全成为首要的关心，则冷战的心理是不可避免的。]一种流行的传授法律谈判策略与手段的理论被称为对抗型谈判。它基于在商场讨价还价的经验，而且具有一个经济理论基础。

根据对抗型谈判理论，[29] 每一个谈判都包含一种或几种可替代或交换的东西（比如钱），谈判可以用图形术语来表示。谈判的项目——比如，损害（或者国际竞争场合的赔款）——放在一个连续统上，谈判者沿着连续统选取立场并相向移动，直到他们的立场重合或形成僵局。对抗型议价也被认为是立场的讨价还价。在解决个人伤害行为或战争犯罪案例的谈判中，连续统始于被指控的坏人零赔付，朝着无穷大数额的美元方向移动。反方连续统的范围从可能得不到任何东西或只是得到一个道歉，朝着一个使他或她处在假定"恶行"没有发生、他或她可能所持立场相当的金钱数量方向，以美元计算移动。用典型的诉讼术语，原告和被告每方沿着连续统做出一个决定，从这里他们开始谈判——他们的"开启位置"。他们每人沿着连续统选择一个位置，超出这点以外的地方，他们不会继续——他们的"底线"。（有时称之为承诺

---

〔28〕 许多作者在 20 世纪 90 年代公布了对州管辖范围内与法院有关的替代性纠纷解决机制（ADR）程序的全面调查。我最倚重的是两个：ELIZABETH PLAPINGER & MARGARET SHAW, COURT ADR: ELEMENTS OF PROGRAM DESIGN（Center for Public Resources, 1992）and ELIZABETH PLAPINGGER & DONNA STIENSTRA, ADR AND SETTLEMENT IN THE FEDERAL DISTRICT COURTS: A SOURCEBOOK FOR JUDGES & LAWYERS（1996）. 这一节包含的信息大部分来源于此。还补充了来自全国纠纷解决研究所、国家州法院中心的最新研究，以及与其他管辖程序管理者讨论中的信息。由于全国范围内各县或地方程序的数量及种类十分庞大，我的研究大部分依据州范围内的程序，特别是家庭领域调解程序的调查，程序是自愿的（尽管在调解是否可行方面要求律师必须见面协商）。

〔29〕 Bastrass, R., Harbaugh, J.（Aspen 2005）, *Interviewing, Counseling and Negotiation.* Zwier, P. and Guernsey, T.（NITA 2005）, *Advanced Negotiation and Mediation Theory and Practice, a Practical Approach.*

点、反抗点或走开点）。他们可以做出让步，但这些让步必须是经当事人允许、为了达成满足当事人目标和需要的最终解决而谋划的。

28 　　在每一方的出发点和底价之间的区域被称为"议价范围"。在诉讼案例中，协议的范围在于原告议价范围与被告议价范围相互重叠的部分。精确地说，任何解决方案都将发生在这个达成协议范围里。

　　只存在损害赔偿问题的谈判连续统如下图：

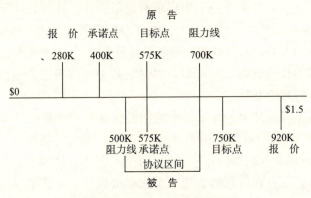

对抗或议价表——人身伤害诉讼

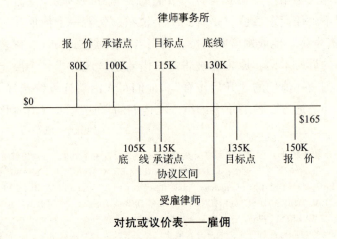

对抗或议价表——雇佣

　　根据这个场景，可以接受的解决方案将在 500 000 美元与 700 000 美元之间。

29 　　这种框架建立在经济以及试图把经济价值与有形的或无形的东西结合在一起的基础之上。想想另一个关于雇主和雇工之间达成协议的例子。相同的图表将勾画出各方的立场，并且帮助他们做出可以达成协议的选择。

用这种方式观察谈判有许多实际的好处，并且就对抗型谈判程序的某些基本要素提出了建议。首先，这种图表方法显示，在任何谈判中，作为一个谈判者必须尽早确定你的当事人（或者如果是为你谈判，那就是你自己）的底线。其次，图表建议你在谈判中花大部分时间尝试确定你的对手的底线。虽然看上去很明显、但实际上并非如此的是图表的暗示，你的底线是理性决定的产物。

同样，如果你的底线是合理的，那么一个暂定的假设是，你的对手的底线也是有合理依据的。如果是这样的，那么你要花谈判中的大部分功夫寻找信息，让你再现你对手的决策观点，但愿这是他们的底线。以后我们将讨论，这不仅为你和你的当事人（国家）的协商会议提供信息，而且在你寻找对方信息的过程中，你还会发现在你的对手同他（她）的当事人（国家）之间可能带来一个特殊底线的经济的、心理的、社会联系的信息。有经验的调停者也习惯于寻找能有助于确定双方底线是否存在任何重合的信息。

不过，这种零和与对抗型方法逐渐被认识到带有明显的不足。这种方法把谈判当作一场争夺，参与者标出立场，然后经历一番让步和妥协。这种对抗型模式意味着存在一个明显的赢家和一个明显的输家。比如，在达成协议区间内，如果一方得到一美元，另一方就失去一美元。同样的理论在国际舞台一样适用。如果智利在他们实际不必要的时候为玻利维亚（如果他们知道玻利维亚的真正底线）提供土地和出海通道，那么，智利失去的正是玻利维亚得到的。如果一方得到了耶路撒冷的主权，另一方也就失去了它。如果一方承认另一方存在的权利，它就已经放弃它仅有的可以换取对方让步的讨价还价的筹码。如果一方放弃核武器，它就在世界上失去了显要的权力位置，同时也失去了向它的人民证明自己合法性的能力。

立场式议价依赖于理性重叠部分的存在——就是说，每一方都理性地评估他们的立场，如果他们的评估是诚实的话，那么就会存在一个解决问题的点，在这一点上每一方都没有得到他（她）想要的每件东西，但都守住了他们的底线。如果没有理性的重叠，那么从利己主义观点出发，那将会是一个僵局。果真如此的话，没有什么策略和语言还可以带来和解。

理性重叠的关键在于对谈判协议最佳替代方案（BATNA）概念的理解。对于律师而言，他们的最佳替代方案由法律和法院提供。如果律师没有提前

30

解决纠纷，那么将不得不在法院审理这个案件，所以他们试图预测在法庭达成的结果。在国际舞台上，在国际刑事法院存在之前，谈判最佳替代方案是由军事力量的使用以及对使用军事力量的可能结果的预测提供的。战争的代价，包括生命和经济的损失，都是各方深思熟虑的一部分。

律师谈判者很快认识到，如果双方形成僵局（他们不得不对簿公堂，相当于国内"开战"），斗争的代价对于他的当事人经常是不值得的。这就出现了个人代表需要克服的心理障碍问题。一个代表为某个特殊立场的合理性辩护得越多，他（她）就越执着于或将成功定义为取得这样的结果。辩护者越着眼于胜利，对于谈判者来说越难于达成妥协。

另外，对抗型方法可能与当事人或国家在一个特定谈判阶段试图保持或发展的善意刚好相反。比如，设想一下你正在为两家医院的和平兼并进行和谈。如果双方只关注它们中间是否出现胜利者或失败者，这样一种对抗型方法实际上从谈判开始便注定了它的命运。在国际舞台上也是一样。如果以色列在与哈马斯的谈判中采取过于强硬的态度，它可能失去与美国之间的友好关系，妨碍它日后获得美国合作帮助创造一个两国解决方案的能力。

31

对抗型方法可以在预测谈判的可变性方面做得不错。比如，对抗型方法导致谈判者在谈判开始就设定一个底线，并担心任何改变都不当地影响谈判者的信誉。事实上，谈判者对于一个可接受的谈判解决方案的看法自然会随着他（她）在谈判中获取更多的来自另一方的信息而发生变化。律师们已经了解一个中立的调停者能够面对这种可变性，从而促成问题的解决。下一节我们将更多地讨论这是如何发生的。

在律师和法官（以及国际谈判者[30]）领域发展起来的第二个理论是从解决问题的观点看待谈判。根据这种理论，谈判者参与一个共同问题的解决。问题解决者，和对手一样，当然都关心他们自己的利益、需求和愿望。不过，真正的问题解决者，同样对另一方的需求、利益和愿望感兴趣，以便帮助确定如果他们合作便取得成功的道路。问题解决者可以被看作是为了利益而不

---

[30] 亨利·基辛格第一次在国际竞争中创造了"建设性模糊"这样一个短语。他的意思似乎是，在谈判中，谈判者不要公开强调他们的分歧之处或者冲突的立场。谈判者将强调合作的目标、继续交换看法的意愿、共同致力于和平愿望的相互理解以及对于成功和公正持久和平的坚定信念，而不是一味坚持人权。对于对抗型程序而言，它可能只是一个"公共形象"。如我们讨论的，语言和侧重点的变化可能会开启创造性解决问题的新的可能性。

是立场讨价还价。[31]像这样，问题解决者回避了立场，而寻求让双方公开表示他们的需求、利益和愿望，以便双方共同创造一个所谈问题的适当解决办案。问题解决者把对抗型谈判者的"立场"仅仅视为潜在问题的解决方案之一。

三个例子可以帮助证明这一点。设想一下，当事人双方在打烊前被派到一个午夜食品店。[32]两人都想要一个橙子。两个人同时选中了同一个橙子，并且都紧紧抓住这个橙子。他们怎样解决橙子的归属？他们的选择似乎将是诉诸暴力。更强壮或者更无情的那个人将拿走橙子。

现在，想象一下双方代之以相互对话。一个人想要橙子是想用橙汁做蛋糕。另一个人想要橙子皮，给饮料做个装饰。如果双方能够发现每方想要橙子的理由，问题解决者就能够推荐一个双赢的问题解决方案。他们可以共同出钱买下这个橙子，削去橙子的皮，每个人拿走他们需要的部分。

问题解决的一个主要好处是，通过提出每一方的潜在需求（比如立场背后的利益），可以形成更有创造性的解决方案。通过摒弃谈判中的对抗性，这种语言创造了一个可以给双方达成的解决方案带来明显不同的范式的转变。[33]律师在许多语境下使用创造性地解决问题的方法，以至于这种方法在同业范围内被制度化。来自医疗事故行为领域的第二个例子同样是有帮助的。数年来，医疗事故的原告律师都要求一笔钱，比如说 100 万。如果说有什么区别的话，被告律师将会提供一个较低的数额。经过一系列让步与妥协之后，双方朝着某个中间立场挪动，这是一个典型的对抗型谈判。

不过，律师已经开始在这些案例中使用问题解决的方法，比如问，原告要求 100 万美元的潜在原因是什么？如果他们能够确认并且解决原告的需求，解决方案可能会少花些钱。例如，原告声称他需要这笔钱以确保长期医疗、教育子女以及弥补薪金上的损失。保险公司可以安排一个赔付计划，对这些事情做出保证。在这种结构下，最后支付的数额可能远远低于原告对抗性的

32

33

〔31〕 Menkel-Meadow, Carrie (Aspen Casebook Series 2010). *Dispute Resolution*: *Beyond the Adversarial Model*; (with Lela Poter Love, Jean R. Sternlight, and Andrea Kupfer Schneider).

〔32〕 Fisher, R., and Ury, W., *Getting to Yes*, Random House, p. 32 (1981). 作为一个国际实例，可以考虑一下美国在朝鲜六方会谈中扮演的角色的不同——比如，六方包括韩国、中国、日本在内——美国与这些国家存在双边对话。如果美国能把自己的角色改为中立的调停者，各方之间双赢的解决方案就会丰富起来。当问题被看作是有核武器国家与无核武器国家之间的斗争，立场式议价似乎是唯一的前进道路，僵局是不可避免的。

〔33〕 Rusk, T. (1994), *The Power of Ethical Persuasion*, p. 108.

要求，保险公司除了一整笔款项外，还能够提供多样的赔付方法。所以结构性解决方式逐渐变得更加流行。这种解决方法被认为是双赢的，因为各方均维护了他们的目标———方对于他们需要支付的费用得到了补偿，另一方确定他们不用为不必支付的费用多花钱。

还有许多通常使用问题解决策略的其他例子。对于国际舞台非常重要的第三个例子，来自家庭法领域。某些共同监护子女的安排实质上就是问题解决方案。（我们将在下一章讨论共同监护安排与争端方在控制耶路撒冷或波斯尼亚问题上已经尝试的方案没有什么不同。）许多当事人都在寻求创造一个迎合双方合法要求的灵活安排，而不是以分割父母时间为前提的谈判。

创造性解决问题的力量在对抗型谈判导致僵局的场合就更加明显。切记，为了让对抗型谈判者达成一致，他们的议价范围必须要重叠。如果范围不能重叠，对抗型谈判者就不能达成和解。让我们看一看非法律的例子。在 20 世纪 70 年代晚期，按揭利率为 13%～19%，处于增长势头。银行业与借款公众的谈判基本上是对抗性的，商业蒙受损失。在与公众的谈判中，银行业标明一个 17%～18% 的房屋抵押贷款的底线。但是，公众的底线是近 12%。议价范围没有重叠。

一个简单的数字表示——12 < 17——表明如果双方继续对抗，他们不会达成协议。在银行的立场与消费者支付能力之间没有重叠。不过，银行业改变了策略。不是继续进行对抗型谈判，他们问自己，消费者定位后面潜在的东西是什么？什么样的需求、利益和愿望导致消费者只愿支付 12% 的立场？如果消费者潜在的需求、利益和愿望能够被发现，那么一种既非 12% 也非 17%～18% 的解决方案或许是适当的。

当然，银行很快认识到消费者的立场基于他们不能支付更高的利率。另外，他们害怕即便他们支付了 17% 的利率，利率将很快下降，那么他（她）就会被 17% 的抵押率困住。银行业开始尝试同时满足自己的需要——靠借钱赚钱——以及公众的需求：既能支付得起，又免于陷入高利率。当然，银行业提出了可调整的抵押利率，在减少费用的同时又能防止利率下降。

在许多日常谈判中，律师都可以使用相同的技巧。在与离婚有关的财产协议的谈判中，可能双方都想要同样的东西——比如，一个中式橱柜。如果只有这一个中式橱柜，他或她又都坚持要得到它的立场，那么双方达成协议就会成为问题。不过，一个问题解决者，会考察为什么每一方都想要这个东西。如果一方想要它，是因为对那个人已经从财产中拿走了大部分东西而感到不公，而另一个人想要它是因为它是个传家宝，那么把橱柜给其中一个人，并用其他财产对另一方进行补偿，就可以打破僵局。问题解决者也可能发现一方想得到它的唯一理由是防止另一方得到它。如果是那样的话，自然出现许多解决办法，比如卖掉它然后把钱分了，或者把它留给孩子们，或者捐给慈善团体。

　　除了创造多种解决方法外，问题解决的优势是它通常更为平和。气氛虽然不总是但一般是合作的，所以对于长期关系可能更有保护性。问题解决的最大障碍基本上是一种信任问题。其前提是每方必须能够表达自己的需求、利益、愿望。问题解决者通常要比对手们分享更多的信息。需求、利益和愿望，这些问题解决者的工作材料，在敌对者们而言是害怕会削弱其立场的那类信息。一个试图避免公开信息的对抗型谈判者可能视披露潜在的需求、利益和愿望为一种错误。事实上，在一方是问题解决者而另一方是个明显的对抗型谈判者的情况下，就会存在一种真正的风险，即问题解决者在评估可以接受的解决方案时会向对手披露有价值的信息，而对手却不会透露关于他们自己的相同类型的信息。

　　举一个大家共同的买车经历做例子吧。过去，当你买车时，你提出某个报价（采取某种立场），卖车人马上采取另一种立场。你们将做出让步和妥协直到达成一个折中方法——典型的对抗型谈判。今天，更常见的情况是你采取一种立场，"我出 15 000 美元买这辆车"，推销员回来后，用一种显然属于问题解决的方法问："如果每月付款，你想要什么样的？"这是一个典型的问题解决型的提问。这个推销员通常是正确地假定，你的报价是你意识到的对潜在需要的解决方案，即需要一辆自己买得起的车。这当然是一种问题解决的冒险。如果你告诉推销员你的立场基于你每月只能支付 300 美元的能力。"问题解决"型的推销员会考虑到各种解决方案，而不是以 15 000 美元把车卖给你。比如，他或她会以 18 000 美元卖给你，把借款期限从 36 个月延长到 48 个月。进行这种"问题解决"，当然不需要从推销员的观点中分享同等的信息。你作为消费者，不会发现这样的信息，诸如这辆车花了交易商多少钱，推销员是否用这辆车挣来奖金或提高每个月的佣金，或者在出售新车的情况下，交易商是否从厂家获得奖励，或者任何你可以用来确定交易商是否接受一个较低价格的其他信息。

36　在双方相互信任并意识到需要发展一种长期关系的场合，移情体验将极大地增进双方的利益，问题解决技巧将会更有效也更高效。不过，在双方只有短期关系，或者认为封锁或隐瞒交易优势对自己有利的情况下，立场式议价技巧如果不是太冒险的话会更安全。之所以还是很有风险，是因为对抗型方法几乎没有提供挽回面子的手段，可以既改变立场而又不伤害谈判者的信誉。（比如，"我不能花超过 10 000 美元"，接着 "15 000 美元是我的最后报价"。）事情的核心关乎对人类本性的看法。议价者能把自私的关切放在一边、无私地为对手的长期利益讨价还价吗？[34] 或者，议价者会不会只是装出这种无私关怀从而使自己处于利用对手的位置上？

我们将会看到，一个谈判者很难从对抗开始，之后却转换为问题解决。如果一个律师已经表明自己的主要兴趣在于取胜或者简单地击倒另一方，那么人们怎么相信这个律师所说的话？律师们开始寻找调解者帮助为他们的谈判提供一个新的开端。在某些特别不易改变的情况下（争端方的身份存在风险或者正义问题特别麻烦），双方会寻找一个真正保持中立的调解人而不是裁判者。如果需要的是裁判，双方会求助于法院或仲裁。对于一种特殊类型的——一个在问题解决艺术方面富于技巧的调解人的需要不断发展。这些调解人被称为"辅助型调解者"。他们小心翼翼地保持中立，着眼于帮助或促进双方对于对方想法的理解。他们拒绝在双方之间充当法官或者宣布一个明显的胜利者或失败者。事实上，一旦双方代表经历过辅助型调解技巧的体验，他们就能自己尝试这些技巧，并且探讨避免局势升级和陷入僵局的方法。所以，我们需要更仔细地考察问题解决型调解者能够为解决争端带来何种好处，同时考虑美国如何转变角色，在它处于争端一方时引入一个非政府组织调停者，因为情况经常如此。

重新强调问题解决

37　在推荐第三方调停者之前，美国可以首先尝试通过明确转换语言和策略使自己处于一个更加中立的辅助型调停者的位置上。比如，美国外交官可以

---

[34]　在第二章关于以色列和巴勒斯坦之间关键问题的调停部分，我们将再次探讨这一问题。

说："看来我们遇到了僵局，大家集思广益，看看可以给我们的决策者带回去什么，能够战胜我们之间的分歧，这样不是更有用吗？也许我们可以再考虑一下我们的目标，看看哪些是双方共同的目标，哪些至少是独立的目标，哪里我们可以做交易，让我们都有利可图，这样不是很有意义吗？"

　　在经过允许或者能够承担调停者角色的情况下，谈判者可以采取一个更现实的综合方法。这是因为，当事人都想看到他们的讨价还价进入一个新阶段，而不是陷入僵局。现在作为调停者，谈判者有一个新的机会，启发当事人重新理解立场式议价与问题解决并不是相互排斥的。问题是，转换一种不同的语言和策略是否还可以提供创造性解决方法。

　　事情的核心是信息交换。立场式议价可以带来考验对方诚意的信息。如果双方形成了彼此的信任，他们就能很快转向问题解决策略。即便双方没有建立信任，议价者在立场式议价失败后，仍可改用问题解决方法。在陷于僵局的情况下，双方仍可以尝试使用能够带来更多的双赢解决方案的积极的倾听、重述和反应技巧去跨越僵局。综合性谈判可以运用问题解决、监督的技能与方法建立通往创造性解决方案的桥梁，或者进一步检验对方用立场式议价技巧所确立的定位。

　　当然，如果双方不进行对话，人们就不能利用这种以语言为基础的谈判策略的优点。比如，在一种特殊情况下，一种新外交政策行动的起点可能是建议引入一个中立调停者。特别是在双方为对话设置前提的情况下，至少同意通过一个秘密渠道的调停者进行对话可能是打破僵局的唯一办法。推荐一个调停者对于获取信息帮助双方理解对方底线及其潜在的需求和目标，可能是关键的第一步。

38

　　为对话设置前提破坏了信任。在美国宣布另一方是恐怖分子或邪恶的形势下，美国要想得到当事人的足够信任，以形成关于利益和目标的坦诚的、有创造性的讨论或许是不可能的。作为美国愿意考虑放弃某些权力以探讨创造性解决方案的一个让步，可以由美国推荐并邀请一个中立调停者参与谈判。但是美国不能强迫实行这个策略。只有在各方同意的情况下，这个策略才会发挥作用。权力让步是双方面的。如果现在双方同意一个第三方参与倾听、提供帮助和建议，那么双方都承认国际社会在解决双方争端方面存在某些利益或权威。

　　说美国暂时放弃它通过使用武力进行强制解决的能力是公平的，这是美国提议进行调停所暗含的信息。一个新的开始通常值得冒险。美国谈判者必须重视调停者如何发展一种解决问题的公共语言。如果美国自己作为一方谈判者，就更是如此。特别是在陷入僵局的情况下，美国必须利用调停者使用问题解决策略重构问题并探索双赢解决方案的能力。以后，我们将探讨美国在不同形势下，从中东冲突到核裁军再到人质谈判，这种新语言将意味着什么。

　　另外，如果美国不想看见自己像世界警察那样行事，那么就需要务实语言的策略和原则在塑造和形成美国外交政策过程中发挥更为公开和显著的作用。对话比使用武力代价要小得多，外交的务实使用具有长期的经济意义。而且，美国在使用调停策略时，不必放弃它的原则。把原则与问题解决的新

39 语言结合在一起，可以为开始指导美国国际关系的更连贯策略创立一套程序或模板。这些如何能成为现实？这里，再次考察法律谈判与调解理论可以为美国如何变得更有效率提供一个新的侧重点。一个特殊方法是美国找到一种清晰的方法，把自己屈尊服从一个调停者、但不是随便哪个调停者的位置上。不是说一个绝对中立的调停者，而是说双方同意有一个对指导争端解决的原则有着清晰理解的调停者。对于一个有原则的调停者，双方知道他们能通过谈判得到什么。当调停者提出的解决方案掺入其自身利益的某些方面的时候，他们也可以利用这些原则约束调停者负起责任。[35]

有原则的实用主义在法律谈判与调解中的发展

　　在国内当事人之间及国际行为者之间受邀帮助解决争端的调停者的共同语境是，每一方都认识到，他们如何解决任何单个争端将会影响到未来争端的解决。调解者和国际调停者被一种看法所影响，即他们达成的解决方案会

─────────

　　[35]　一个重要的例子是小布什的政府拒绝使用伊拉克石油帮助为美国军事行动买单。它试图确立自己将来在中东作为一个中立调停者的角色，并且认识到用石油为侵略买单将危及美国前进的能力。这显示了美国如何依原则行事，并保护自己在其他争端中作为各方调停人的形象。

对其他纠纷的解决构成先例，并且释放出可以教育、或阻止抑或不能阻止未来争端者的信息。在国内法律争端中的调解者不得不开发策略，以应对个别解决方案对未来相似状况的影响。

因为调解者既非裁判者，也非仲裁者，他们没有权力执行一个谁胜谁负的决定。他们的决定没有法律效力。法律谈判者和调解者可以解决什么主要取决于个体行为者的自主选择，至少在个体行为者构建一个可以成为他们未来行为法则的合同之前是如此。在每一种情况下，双方都有可能发生争执、诉诸武力或者为解决争端求助于法院或国际法庭。但是，这种争端解决机制的代价往往是很高的。于是双方求助于一个调停者作为替代的争端解决者，帮助促进双方交流，并为灾难性的问题提供灵活的有创造性的解决方案。通常，双方能够诉诸国际司法机构的事实，使当事人和解决争端的调停者处于国际法的庇护之下。

家庭争端的律师谈判者和调解者为权衡使用正式或非正式的争端解决机制以谋求和解而纠结。每一种争端解决系统各有优劣。正式的法庭程序重在发现导致双方之间发生争端的事实。全面的信息和热心的辩护抬高了费用，但这对于当事人相信程序已完全表达出他们的不满并理解他们的看法是十分重要的。正式语境下的解决是宣布一个胜利者和一个失败者。一旦当事人能够理解每方不得不说什么，他们通常愿意在没有法院判决的情况下解决问题。

另一方面，对于解决方案轻易做出结论——非正式解决方法的一个特征——也要付出代价。所在争端方都出现在谈判桌旁了吗？没有全面的信息，当事人可能后来才了解其中一个人并没有进行真诚的协商。对于更复杂的事情而言，没有对解决过程加以监督，整个程序可能只是为其中一方或另一方通过其他办法积蓄力量，或者为改变现场的规则和状况而拖延时间。谈判的愿望也被视为一种软弱的信号，这可能导致另一场灾难：其他人被吸引过来提出要求，相反的情况下则没有人会提出来。例如，乌干达总统穆塞韦尼（Museveni）花钱让叛乱组织放下武器，这可能是个不必要的先例，其他叛乱组织或许想得到同样的东西。和被宠坏的小孩的例子一样，父母同一个孩子谈话并给予奖励，可能会鼓励其他孩子尝试利用父母心软进行表演。在过去的伤害所造成的损失可以勒令给予补偿，一方拥有巨大资源且被视为对和好相处过于热心的环境下，情况就更是如此。所以，在家庭争端中，调解者必须确保任何结果都是公正的和可持续的。然后，调解者可以诉诸"子女最大利益"之类的原则，或呼吁不要使用一方的力量不公正地惩罚另一方。

根据原则来衡量解决方案的办法在其他领域解决争端过程中同样得到了发展。看看石棉生产商遇到了什么事情。他们设立补偿资金，只是徒然成为因不断增加的各种疾病而不断增加的索赔人的目标。

随着应对"滑坡"问题法律谈判与调解策略的发展，最近几年很多事情都发生了变化。在商品的批量生产和分销过程中，法庭里充斥了大量产品缺陷案件，一个引人注目的时代应运而生了。石棉案件后面接着反烟草公司和生产商的案件，然后是瑕疵麻醉品的危害后果导致的反药品生产商案件。一开始，这些生产商对于进行问题解决谈判非常犹豫。烟草商断然拒绝谈判，直到他们被查出隐瞒烟草的有害后果。石棉商开始同样采取不谈判策略，随后求助于替代方案，再后来，当索赔的数量上升到一个难以想象的水平的时候，他们回头求助于更正式的破产方法。回过头来，许多人明白，求助于一个有原则的调解策略本来可以成为一个更为有效的策略。[36]

为了让参与者开发出能应对众多索赔人及可能的破产要求的商务模式，法院和当事人提出了解决这些争端的法律策略。这些战略家通常把解决争端当作一个程序。为了谋求迅速和解，他们特别地倚重一种混合办法去梳理如何更好地解决每个人的要求。战略家则依靠原则指引各方的决策，继而通过判断原则是否得到适用来制约每一个决定。在索赔人声称的大范围伤害可能是由与产品的不同关系所导致的情况下，当事方期待调解人根据预先确定的原则行使他或她的裁量权。[37] 然后使用调解方法，直到他们获取足够的信息以及对于问题的理解，以便开始采用更为严格的规则导向的或者说法律的方法来解决这些争端。

我所说的根据原则是什么意思？与基于规则的系统（依据不断增加的规则条款、对每一种情况下不断增加的复杂性做出例外规定）相比，原则像一个"思维停止地"，确保调解人能够让当事人清楚那些表明他们的总体策略是

---

〔36〕 与维西集团（Wilsie Group）的迪安尼·西莫（Deanne Siemer）的谈话，后者在90年代末20世纪初向石棉商被告提供咨询意见。

〔37〕 作者2010年秋在埃默里大学法学院就肯尼思·费恩伯格（Kenneth Feinberg）对"9·11"与卡特里娜飓风申诉进行调解所做的访问。

否成功的标准。[38]通过允许当事人请求调解者帮助理解一项特殊选择如何与调解者的原则相背离，原则还为当事人提供了一个约束调解人承担责任的办法。换句话说，原则提供了一个框架让所有人意见一致，朝着一个方向前进。

举一个用原则体系解决争端的例子就足够了。这样的体系对于任何一个在医学决策语境下处理过新生儿和临终老人照顾问题的人都会知晓。今天大多数医院都有伦理委员会，在法律和风险处理办法的庇护下进行工作。医院 43 伦理委员会是以程序及原则为指导的决策机构。他们坚持对所有问题的突出的医学特征进行全面展示与理解。这个委员会不为当事人做出决定，但是指导和促成当事人根据一套原则做出决定。它帮助当事人根据四个原则，即自主、行善、不伤害和正义，来确定和讨论各种选项及其后果。[39]全美医疗中心的生物伦理学家采纳这些原则作为指导绝大多数生物伦理决定的最好准则。在涉及很多由不同价值观支配的行为者，以及生物医学环境变化太快以至于法律难以企及的情况下，生物伦理学家了解有原则的实用主义对于做出决定的价值。直到法律赶上变化之前，有原则的决策策略主要依靠沟通、移情和自主提供解决争端机制。[40]

在当事人（医生、患者和医院）决定是否听从委员会的建议或者诉诸法院的时候，使用原则可以给各方提供一个审查建议的方法。这些原则或因素，帮助各方密切注意他们所做决定的普遍性和连贯性，并为创造力和每个个案的特质提供灵活性。医院伦理委员会推动各方举行会谈，从对突出医学特征的清晰理解开始，然后分析患者自主的各种选择，医疗保健提供者在行善、不伤害方面承担的义务，最后是对正义的关切和对平等及公平待遇的要求。

---

[38]　我马上举一个圣经的例子。当大卫（David）进行一场战斗的时候，他和他的战士感到很饿。仅有的一块面包本来是打算供奉给上帝的。法律禁止世俗享用这种献祭用的面包。不过，大卫判定这是一种紧急情况，所以这块面包是允许吃的。法律禁止使用，但一个紧急情况制造了一个例外。

原则是为了法律所服从的更高的目标和需要从法律语言中提炼出来的。大卫并不担心法律如何规定，他或许可以说他被一种信念所统治，即相信上帝是慈爱的，上帝希望他的人民互爱互助。上帝的法律将从属于一种更高的法律和原则，它将指导大卫如何去做。大卫可以辩称即便把献祭用的面包喂给了战士，他对上帝的崇敬依然如故。或者，耶稣可以辩称在安息日（Sabbath）治愈疾病符合上帝的法律。这种抽象过程的能力取决于统治的原则。所以一个人可以辩称杀害无辜公民违背了神的法律，但以圣战的名义例外。

[39]　这些原则最早见于 Tom L. Beauchamp and James P. Childress, *Principles of Biomedical Ethics*（Oxford University Press, 2001）.

[40]　Id.

问题不在于什么是合法的，而是在讨论中显现所要做的所有最好的和人道的事情。

法律战略家同样利用原则开发解决大量争端的系统。利用原则指导决定，而不是卷入到要么太务实、要么又过分教条的体系中，有着显而易见的好处。基于规则的系统以权利为基础，根据权利及相关义务的条款宣布胜利者和失败者。另一方面，调解人若只是促成当事人的自主愿望，则可能因为过度鼓励当事人主张权利而制造出意料不到的后果，特别在一方是常客的情况下，调解者会逐渐被利用来向行为者索要付款，仅仅因为行为者有财力支付。比如，至少一个该领域的著名顾问声称，调解人被他们集中索赔的能力所腐化，并丧失了独立性，于是把他们赶走了。[41] 在清理伤害的规则缺失，或者在提出多种索赔要求的情况下，索赔人的数量可能扩大到超出系统的能力之外。

法律战略家们决定必须在两个极端之间找到某种办法。拒绝对话或谈判会带来不必要的金钱和时间的消耗，特别是在一方欺骗另一方的情况下。例如，在一个医疗背景下如果患者的后果意外地糟糕，而医生拒绝同患者或者患者的亲人们讨论发生了什么，患者无从选择，只能提出诉讼以确定发生了什么事情。虽然医生只是打算拒绝承认不法行为，从而阻止其他人提出申诉，但其效果却是提高了患者无助和孤立的感觉。在这种形势下，重要的是建立一种促进沟通的程序，而不必担心对话的愿望被理解为对不法行为的一种忏悔。

在存在大量民事侵权行为的背景下，烟草商在诉讼中采取一种非战策略是重要的，尤其是在你的对手是州总检察长而风险自负的抗辩不再起作用的情况下。需要一种有原则的问题解决的折衷办法，既考虑当事人的合法权利，但也兼顾解决问题的代价，尝试找到一种务实的能给所有相关方都创造价值的双赢解决方案。

由于在"9·11"受害者、卡特里娜飓风、海湾漏油索赔等状况中汲取了教训，调解人逐渐在解决争端中发挥了重要作用。肯尼思·费恩伯格就是那个在当事人和政府之间、在当事人和私营部门之间帮助解决成千上万个争端的"风云人物"。在求助于调解人时，当事人被要求放弃以法律手段正式解决争端。一旦他们理解了调解人在解决争端时所适用的原则，他们同意这个交

---

[41] 作者于2004年秋与维西集团的迪安尼·西莫谈话，后者是石棉商被告的顾问。

易，相信调解人会面对有限的资源对个体争端做出公正的解决。（有原则的实用主义方法似乎也在筹划金融改革的立法道路上发挥着作用。）

国内层面的经验显示，有些争端真的压垮了正式司法体系。此外，律师谈判者不能自己处理争端。他们不会协商一套原则适用在自己身上。他们不能操纵当事人同意与另一方合作。律师已经受雇成为一方当事人的法律斗士，转变成为一名协同型谈判者对于他们来说太难了。

即便当事人首先尝试正式法律程序，调解人仍然可以给双方提供一个新的开端。一旦双方同意把争端提交调解并且选择了一个他们都信任的调解人，调解人就会规定双方之间的行为规则以及鼓励创造性解决问题的程序。双方自愿同意调解为调解者提供了一个为双方建立信任创造前提的机会。通常，在国内争端中，调解者会请当事人签署一份协议。调解者承诺中立并保守双方向调解者讲述的秘密。当事人承诺不会滥用自己的语言和行为，说出事实，坦诚对待调解者和另一方当事人，在程序中相互提供信息。

当然，调解人缺乏正式司法解决程序中确保双方交换事实信息的通常手段。调解人没有发出传票的权力。调解人没有强制执行双方之间达成的任何协议的能力。调解人鼓励当事人在调解后签订一份由法院强制执行的合同，但调解人并没有执行双方协议的行政权力。调解人可以敦促当事人设立一个 46 监控程序帮助双方遵守协议，也可以推荐一个共同决策机关帮助执行。这里的要点是产生自我实施程序，并具体化为当事人在解决争端时同意使用的条款。在法律争端中，警察可以介入协议执行。在调解中，法院可以在未来行为削弱协议合法性的时候作为后盾参与进来。调解并不从属于法律，但它在法律的庇护下行动。

基于几个理由可以把调解的优势与国际舞台联系起来。首先，成熟的国际刑事司法体系的缺失，加重了在国家利益发生冲突的形势下非政府组织调停者发挥私人调停作用的需要。另外，在国际舞台，许多相同的心理学因素影响了政府行为者达成协议的能力。特定官员被选举出来是由于他与国际威胁做斗争的能力而不是因为他是个和事佬。没有正式法律程序，任何协议都取决于当事人协议的自我执行性质。所以，带来国内法律争端各方对于调解者的需要的相同力量也会存在于国际舞台。

当事人需要一个调停者，但绝不是随便任何一个调停者。作为一个有效率的、保持中立的调停者，它必须能够清楚表述它的原则。没有一套共同分享的法律，调停者必须按照最高原则向国际社会提出申诉。比如，调停者必须要求当事人认识到所有人民都有获得尊严、尊重，免于极度贫困和压迫的基本权利。他们必须推动解决方案可以为社会普遍创造财富，而不单是为了精英，所有人都可以自由地选择工作、宗教和信仰。我们前面已经说过，调停者不能被看作仅仅基于自身利益行事。即便是美国被邀请进行调停（比如在朝鲜与韩国之间），要保持中立也几乎是不可能的，特别是因为它早就宣布有权根据自身利益行动。要美国充当调停人，相当于要求当事人认可任何对美国有利的事情就是对世界有利的。在美国担任调停者的情况下，它对于美国利益强加于各方之上的看法是毫不隐讳的。美国坦然面对关于它实际奉行"强权即公理"的批评。基于这样一种理论的暴政并没有在国际社会消失。

当美国试图调停的时候，它已经了解到，就像大多数侵权争端及其他法律争端中的调解者一样，它的权力并不是无限的。此外，当美国作为调停者采取行动的时候，当事国的公民有权质疑美国为何花费它的资源去解决争端。虽然美国能够调停它自己的争端，但它拥有的胁迫、收买或者强加某种解决方法的实力将总是破坏任何一种解决方案的中立性。但它还有一种选择。

当美国选择让自己服从一个调停程序时，它需要的是一个根据更高原则进行调停的人。这个调停者必须对将来的行为有所限制。他必须拒绝成为任何不法行为或欺骗的一方。调停者还必须能够对自身或任何当事人在调停中所使用的力量加以限制。调停者手中的资源有限，他必须对独立资助者负责。所以，要成为有效率的调停者，原则性和务实性需要齐头并进。调停者与在公共领域行动的任何机构行为者没有什么不同。在公平、透明行动的同时，调停者必须承诺保守秘密。很显然调停者自己拥有权利：存在并维护其主顾的利益的权利。这些权利必须是明确的，以便当事人能够理解调停者在指导双方讨论过程中如何受这些利益的影响。调停者的一份任务声明对于给调停过程带来透明度、努力征得各方认可未来的行为标准以及未来协议的参考目标是大有帮助的。

一个中立的、既讲原则又务实的调停者实际扮演着什么角色？民族－国家对于使用这样一个折衷战略（原则性和务实性）解决世界范围内的争端有何期待？它实际上像什么以及如何运作？如何使用一个有原则的调停者对开明的利己主义施加足够的控制，以便在各种选择中为调停者及相关当事人提供一个需要由高级同感、监督机制和精心的成本核算所构成的决策模式？

律师、军方、商业的争端解决策略集于一点：原则性的务实策略能够成为非政府组织调停者解决国际争端的基础吗?

　　某些原则可以为律师解决当事人争端的谈判与调解策略提供指导，相同的原则如何为美国的外交政策及其是否把世界上的困难点提交调停的考虑提供指导？在回答这一问题之前，我们必须首先探讨用来在国际舞台上指导这样一个调停者的那些原则。然后，我们必须弄清如何把务实的考虑融入现实争端的解决策略中去。

　　一种界定调停者指导原则的方法是把它们与过去指导美国外交政策的、历史学家们描述为专一的那些原则如中立（乔治·华盛顿的政策）、帝国主义［被社会达尔文主义（Darwinism）所指导］、孤立（第一次世界大战以后）、国际主义（第二次世界大战以后）、冷战（对抗共产主义），还有如某些人所说的世界新秩序（似乎在布什政府期间指导了新保守主义）相对照。虽然，最后小布什的外交政策发展到采取更有原则的办法进行援助或提供军事帮助，但他的外交政策主要是在一方是好人抑或邪恶的基础上阐述的。所有这些原则的共同之处，是美国把出于利己主义的行动视为理所当然。向中东、朝鲜，或者苏丹派出外交特使，并不能够改变美国利益的阐释方法。在一次又一次被号召控制这个世界以后，美国试图参与调停其他地方的国际争端并宣称保持中立，只是没有人会相信。

49

　　如果它不能通过谈判达成解决，那么有一套即便美国也愿意服从的不同的原则。这套原则来自于美国宣称将在国际舞台上用于指导自己行为的那些原则。这个原则性的方法最初被欧洲人用来为那些寻求加入欧盟的国家提供指导，当时的国务卿康多莉扎·赖斯曾予以明确阐述，后来被国务卿希拉里·克林顿和奥巴马总统进一步明确说明。这些原则，虽然可能蕴含在以往的政策中，但已经过全新表述，并且能够为使用调停作为美国外交政策的一项选择提供基础。

　　这些原则是什么？如果你看到欧盟在描述关于决定一个特定国家应否被

容许加入欧盟的标准时，你就会发现一套也可以用来向当事人指明长期可持续的争端解决方案的原则。欧盟成员国标准要求候选国家必须达到：

- 制度稳定，保证民主、法治、人权以及尊重并保护少数族群。
- 发挥功能的市场经济的存在，以及处理欧盟内部的竞争压力和市场力量的能力。
- 履行成员国义务的能力，包括坚持政治、经济和货币联盟的目标。

在她的任职晚期，国务卿康多莉扎·赖斯开始明确表达在美国援助与对美国利益的清晰理解之间的一种更加清楚的联系。国务卿赖斯认为接受援助国的"稳定"不足以成为美国提供援助的标准。她开始谈美国对特定国家的援助与其原则和价值观之间的关系。例如，2006 年，赖斯到以色列就正在进行的以色列与真主党游击队之间的战争举行会谈，声称她正在寻求持久和平。[42]她说："每一次和平都必须建立在持久原则的基础上……最终，和平的、民主的中东将是一个永续和平的地方"，"我们对人道主义状况表示担忧"，她补充道，"没有人想看到无辜公民受到伤害。"[43]

那么，任何一个解决方案要想持久，关键点在于它是不是苟延残喘。它是否认为人民之所以存在就是为了给统治精英创造财富因而对人民进行剥削？长期方案不能存在奴役和剥削。解决方案的正当性取决于领导层对所有阶层都承担义务。繁荣属于所有人。实现正义或者法治要素，应该成为任何一个解决方案的首要特征。解决方案必须不论民族、种族或者性别，至少开启一个团结社会各个部分、各个群体的进程。否则，达成的任何解决方案迟早都会导致暴力。[44]

指导国际舞台上的一个调停者角色的原则是：和平优先，最低代价，最

---

〔42〕 在这个特殊例子中，赖斯用民主原则作为反对向以色列施压致其对黎巴嫩停战的理由。这个例子中她没有把和平放在第一位，认为让真主党游击队留在边境地区不会带来持久和平。她对美国不顾长期的民主和平的需要支持以色列进行了评估并决定同意以色列使用武力。http：//www.xtimeline.com/evt/view.aspx? id =46060.

〔43〕 Ibid. 2005 年 6 月 20 日康多莉扎·赖斯在美国大学开罗分校（American University in Cairo）的一次演讲。http：// www.arabist.net/blog/2005/6/20/condoleeza-rices-remarks-from-her-cairo-speech-at-auc.html.

〔44〕 Acemoglu D. and Robinson, J. (2012), *The Origins of Power, Prosperity and Poverty: Why Nations Fail* [hereinafter *Why Nations Fail*] (New York: Random House), p. 335.

易执行，对于其他长期自治（或者用国际事务的语言即民族国家）的最小负面影响，最后，是最可持续的（合法的和公平的）结果。

科林·鲍威尔或许赞赏这些原则，或至少前三个。它们接近于人们提出的帮助指导美国军事战略、并为其使用武力向全国和世界说明理由的那些原则。而且，前三个原则与在法律语境下运用商业策略时共同援引的那些原则完全相同。（军事与商业战略家通常给前三个原则增加一个不同的第四条原则——最少负面宣传。）前三条也是被军事战略家明确阐述过的共同原则。后面两条原则特别强调主权国家在国际事务（与生物伦理决定语境下的自主并无不同）中扮演的角色以及可持续性（它们反映出为长期经济发展谋求持久的、可持续的解决方案的务实关心）。 51

作为一种提示，原则通常是一个标准或指针。调停策略可以把原则当作指针（比如美国可以赞同某些原则），但一个策略是对一个过程的描述，而不是静止的声明。调停者可以用原则延缓人们的决策过程，并且进行艰苦的工作以评估各项选择对所有当事人最为坚守的价值观的影响。这是一种证明美国把它的争端提交调停时它所发挥的作用的方法；并且，在美国不是一方当事人的情况下，这种方法可以让争端方自己与调停者制订出合同、条约或法律，作为他们实施未来行为的依据。

下面，我们将扼要分析当事人把争端提交国际调停程序时需要遵守的一些原则。在后面的章节中，我们将在调停者可能介入的个人调停努力的语境下更加全面地探讨这些原则。

什么叫"和平优先"？这里，人们可以通过比较对抗型谈判和问题解决来明确我们的意思。可以认为，美国喜欢他们的国家领导人首先是个战士，但在同意接受调停这一点上，"和平"选项应该总是在任何"战争"选项使用前得到全面考虑。这来源于"不要把事情弄得更糟"的一般性原则。通过真诚地接受调停，当事人将同意结束敌对状态，而且在调停（停火）期间，不要进行谋求战略上的军事优势的行为。接受调停的原则告诉当事人，军事行 52
动将只作为最后的可能选项来使用，只有在双方已经得到了所有终止他们行动的机会，而国际社会一致认为行为者正在伤害无辜平民、正义战争原则为采取行动阻止更多的生命损失提供了正当理由的情况下，才能要求使用。最后，只有当存在一个特殊的撤离计划的情况下才能采取行动。

国际舞台上的非政府组织调停者不应该把这项原则想象成对和平主义的

无条件承诺。我们生活在"中间时代",不能完全排除武力的使用。[45]但正如辅助型调停者所显示的,如果当事人愿意在和平优先原则指导下进行一个程序,那么他们在创造性地解决问题方面将会实现很多进展。特别是我们将在第二章看到,它可以通过帮助在争端方之间建立对于共有的生存方面的基本利益的理解来改变谈判进程。[46]在这方面关键的是调停者能够争取国际资源,帮助为当事人提供安全,以便每一方都能够超越认同问题,仔细考虑他们能够接受一种什么样的整合方式。也就是说,使用调停需要联合国提供资源以执行调停中所包含的原则。

另外,辅助型调停者证明,在面对面的调停中,当争端方一起进餐、相互倾听的时候,就可以创造出一个双方在相互理解方面实现真正转变的空间。

53 这个空间可以让双方讨论损害与创伤,听取宽恕与和解的需要。双方可以讨论道歉,或者可以替代道歉的事情,以及对于可以带来创伤痊愈的宽恕的需要。如何做与是否做一样重要,并且治愈的过程需要在很多这样的场景下花上很多年的时间。事实上若参与调停的代表没有被授权"允许"宽恕,或者不是提出要求的"正当"人选,也会带来极为重要和困难的问题。因为谈判者本人,或者他们所代表的领袖,可能犯下了针对无辜平民的暴行,他们手上沾着鲜血。理想的调停代表〔比如德斯蒙德·图图(Desmond Tutu)和尼尔逊·曼德拉(Nelson Mandela)〕需要建立起由个人经历带来的庄重和道德权威,这样他们就能够为遭受同样伤害的人发言。没有具备如此道德权威的代表,很难让那些受害人感到他们所经历的苦难已经得到足够的重视和考虑。[47]调停提供这样的空间和可能,给人民与人民之间的关系带来改变。

当然,和平优先具有转化力量的原因是许多最棘手的争端都是在认同问题上纠缠。以色列和巴勒斯坦、朝鲜和韩国、巴什尔和南苏丹、科尼和乌干达,每一方都不肯让步。他们不能对话是因为承认另一方存在的权利威胁了

---

〔45〕 在这方面,我想奥巴马总统完全正确。当他就人类可为邪恶的看法引述莱茵霍尔德·尼布尔的话时,他捕捉到了指导美国政策的犹太–基督教原则。他认为有责任的领导者承受不起不把保护美国公民免受那些决心毁灭我们的人的伤害作为最优先的需要(参见 David Brooks, Op-ed, *NY Times*, April 26, 2007)。不过,关键是,在美国的安全没有受到威胁,并且可以为他人提供安全环境的情况下,如果美国负担起来,它必须向他人清晰表示把和平优先作为提供保护的第一步。另外,在美国自己不能调停的时候,和平优先应该成为中立调停者欣然接受的一条原则。

〔46〕 参见第二章就以色列和巴勒斯坦面临的在身份与生存之间的痛苦权衡所做的讨论。

〔47〕 Richard Kearney, *On Paul Ricoeur: The Owl of Minerva*, pp. 96~97 (2004).

这一方的生存。所以,对于国际社会而言,主张其他人至少在调停期间把和平放在第一位,暗示着要他们承认另一方存在的权利,哪怕只是在这短暂的期间。这个过程把行为者关注的焦点从个体行为者存在的权利转移到被代表的人民的权利以及他们的生存权利。这是一个转化的过程,需要很多工作为各方认同这一原则创造条件。当事人同意调停的好处之一是调停过程假定了一个短暂的认同,在此期间可以发展信任和长期认同。因为他们进行非正式的对话,而且知道什么时候做出了选择就可以离开,所以这样做就像是在用调停诱使各方认同。

和平是一个过程的第一步。它首先结束了战争,然后赢得时间让当事人回想起在没有暴力的情况下生活是什么样子。随后带来战俘交换、武器退役,人们为了一个新的开端走到一起。最重要的是,和平开启了一个过程,它为各方通过选举表达自治提供了必要条件。通过选举产生领导人、制定法律、设立执行法律的法院。有原则的和平,带来选举和法治。从和平到法治的运动是满满三卷论文的主题,它们描述了从选举发展到法律及法院的艰难历程。美国和平过渡司法协会丛书详述了在涉及侵犯人权的冲突过后法治发展的每个阶段所出现的困难。[48]丛书表明沿着这个连续统的变动是特定的,到目前为止外交政策专家无法就从和平过渡到正义的最佳实践提供简单的答案。调停者所能了解的是,连续统上的变动取决于领导能力、公众对以正义换取对事实真相的了解所持的态度,以及推动人们把正义与生存相提并论所必需的经济条件。

重要的是认识到没有和平就根本不会有变化。同样重要的是,看到和解进程对于以后当事人迈向持久和平与正义有着巨大影响。结束冲突的先决条件之间的关系[同意放下武器;提交国家法院管辖,提交真相与和解委员会,提交国际法院;净化(同意不参加未来政府);以及其他非刑事制裁]视特定情境对于持久和平有着不等的影响。但自治权是关键。当事人之间自愿达成的(未来)政府对选举及独立法院负责的协议对于朝着正义发展是一个重要

---

〔48〕　Neil J. Kritz, ed. , *Transitional Justice, Volume II Country Studies：How Emerging Democracies Reckon with Former Regimes*, XXIX, United States Institute of Peace Press (1995); See also, Laurel E. Miller, with Louis Aucoin, *Framing the State in Times of Transition：Case Studies in Constitution Making* (United States Institute for Peace, 2010).

55 条件。[49]公众需要重新了解经历了长期战争之后生活在和平环境下的好处。接受选举对于约束未来政府实行民主原则有着十分重要的影响，它对于政府行为合法化是必要的，对于发展平等适用于每个人的法治原则即便不是必需的，也是十分重要的第一步。

对于和平的抗拒还可以暴露出某个人是行使代表职责还是完全基于自身利益。在家庭调解过程中，如果父母一方只是坚持他（她）自己的解决方式而忽视了双方的最佳利益，这一方就失去了做出攸关子女的决定的正当性。同样，在国际情境中，如果采取导致无辜者死亡的立场除了延续领袖的权力以外没有其他目的，那么领袖也会失去合法性，并开始呈现出邪恶行为者的特质。

另外，任何行为者的自身利益都会被整个调停过程的自愿性质所保护。如果协议的任何部分没有满足任何一方的最大利益，该方总会拒绝签署协议。还有，批准协议的权力机构也必须总是对它表示认可。我们在以后的章节将会看到（特别是通过独立巴勒斯坦国的建立），这意味着调停的当事人需要筹划如何把协议"推销"给彼此的选民。

无论如何，聚焦于和平优先的调停程序还是值得一试。这个程序提供了一个机会，让当事人相互理解对方的看法，考虑潜在需要和目标的交换及确认，并为当事人更好地探讨创造性解决方案提供了氛围。

谋求和解的最低代价选择应该得到最严格的审视。这个原则为当事人在国际环境下理解解决争端的现实性提供了准则。军事干涉与国家重建努力的成本趋于上升，成本评估却过于乐观。任何一方为确保冲突当事人的安全必须提供的资源越多，和平努力的代价就越高昂。在这方面，大多数国际公民都是保守的，宁愿把边际的金钱放在"有十足把握的事情"，或者风险（当地）共享的努力上面。非争端国家明白表示它的首要义务是指向自己公民的，
56 这是它们的合法权利。对于这项原则的分析使调停者经常明确表示，面对面的谈判和调停虽然困难，但可以建立起信任，这是人们避免将来更为昂贵的执行计划所必需的。

重要的是理解调停者如何确认解决争端的代价。当我们考察一个调停者如何帮助当事人评估谋求和解的选项时，我们会更多地讨论代价因素。

---

[49] Acemoglu D. and Robinson，J.，*Why Nations Fail*，Chapter 13，p. 368.

对安全的担忧会增加成本，这可以按某个特殊选项失败的风险一起评估，不过，还要评估确保提供期望中的安全的任何制度选择所需要的监督和管理费用。

最低代价原则是使国际社会避免国家重建的危险所必需的。调停者应表明它不会急于替换自己，急于为建设有效的民主机制提供必要框架。争端方将自己建设一个他们自己拥有的新政府。最低代价原则要求调停者扮演一个有限的担保角色，需要由当地的人民在和平与正义、和平与安全、和平与自由之间进行权衡。最低代价原则依赖于那些涉身事内的人们为自己选择一个合适政府的自治教育。

在那些与美国利益重合的其他国家之间发生争端、美国并非当事方但被要求为解决争端支付费用时，最低代价原则仍将是一个指导原则。比如，以色列与他的邻国之间的争端，美国就不是其中一方，但可能愿意为争端解决贡献财政资源。在这些情况下各方清楚美国在解决争端中的利益所在，美国则要确信最低代价原则是各方主要考虑的事情。

调停过程中有一个重要的内在假定——各方想"要"一个能够约束他们对各自公民负责的调停者。这种情况下，代价与民主攸关，而且可以帮助调停者提高各方代表选民采取行动的透明度和责任感。在争端发生在国内的情况下（比如，国内的两个族群之间），各方可以使用的一种最廉价的监督工具是组织选举。但选举也需要一些监督。所以，对于代价的考虑可以导致合作，并且建立基于对透明度与责任感的共同需要而设计的制度。（我们将在第七章看到，在利比里亚，最低代价考虑能够带来对选举的独立监督，带来随后的独立的制度评估，但并不必然导致权力分立、法院发展和法治。低成本无法保证多产出。）当美国或者国际调停者可以为进行选举提供初步的安全保证时，各方需要知道接下来他们将如何最终为选举提供必要的独立性。

就像任何一个人得到某件礼物时，都存在着一开始赠予者的动机会受到质疑的风险，但重要的是礼物或服务的接收者开始拥有它，并且加以完善。调停者想要的最后一件事是在一方当事人中制造一种依赖。最低代价原则带来和平伙伴关系的讨论。展望未来，每一方当事人必须理解投资于为自己提供安全与正义（按照每一方对这些名词的定义）的自身制度的需要。这个原则将导致对于教育和能力建设援助的考虑，而不是直接的援助，或者美国或调停者提供服务的替代品。

下一个要考虑的原则是最易于执行。执行国际战略总是有风险的，特别是在美国和（或）国际调停者缺乏处理干预的全面经验的情况下。这让结果变得难以控制。美国作为任何调停中的一方，都会理解这一点。毕竟，这是美国政府选择上的一个特色，因为根据法律，至少每隔 8 年（有时是每 4 年）美国政府要轮换一次。虽然这样一种轮换可以防止腐败和滥权，但每一届政府的学习曲线中国际政策制定者那部分总是变化最急剧的。在冲突中体现出来的对于美国是真实的东西对于发展中国家就更为真实：最简单易行的选择，通常承担最少的风险。

58　　但是这条原则不是与和平优先和最低代价原则相互冲突吗？并且，调停者如何在导致调停干预的和平优先原则与最低代价、易于执行的选择之间，在争端方之间促成一项交易？这里，对于调停者而言，是务实的考虑最合理地发挥作用的地方。这也是为什么当美国自己作为调停者时，最后撤军期限和脱离接触成为最麻烦的问题。

以伊拉克为例，教育和合作战略本身制造依赖，这使美国的撤离变得很困难。设定最后期限有助于防止这些依赖，但如果最后期限没有到来，则还要承担安全风险。随后美国撤离，但把部队转变为私人安全武装，受雇于伊拉克人帮助维持治安。这样一种创造性的解决方案满足了当事人跨越派别界限的目标（美国的存在不是无限期的，伊拉克人要为他们的人民提供安全）。但撤离的困难依然还在。考虑到派系之间、政府与人民之间发生的事情，最终需要的是独立的警察力量和法院系统提供安全与正义。但这种解决方案仍然有制造依赖的风险，而且有很高的监督成本。"谁出钱，谁做主。"除非伊拉克人从那些受雇提供安全保障的人那里要求自主，否则真的需要特别当心腐败和违法的可能性。谁将评估这些私人武装并且保证他们的合法性？由于美国考虑这种选择，它需要了解准军事组织和私人武装力量可能招致的危险。一个独立的调停者没有能力停留，所以它不会制造任何这样的依赖。所以，一个独立的调停者可以援引简易原则，主张维和方案必须易于执行。调停者可以规定一个"日落条款"，或者一个义务终止的时间。定时撤离简化了调停者角色。国际力量无限期的介入需要承担解决方案复杂性致其崩溃的风险。

最少负面宣传的原则（或者对国家自治的最小负面影响原则）要求调停

者大部分在公众舆论的视线外操作，直至它能够建立一套表明其合法性的程 59
序。调停者在"干预"他人事务的时候，不能忽视或者低估宣传及负面公众
舆论的代价。这是美国南美政策史上的一条无可讳言的教训。同样的后果正
在中东和非洲显露出来。尽可能避免公众曝光可以回避某些难测深浅的风险。
调停者不宣布解决方案，由当事人来做。非政府组织调停者在事情解决后消
失。注意力放在当事人身上，不要放在美国和它在撮合这项协议中的利益上。

　　下一项原则是最可持续的（公平的和长久的）解决方案。法律谈判者和
调停者知道，解决方案，不管多么富有创造性，都不能对法律规范变化太大。
当创造性的解决方案与国际社会的整体价值发生冲突时，就会出现问题。附
带交易和后来发现的情人账单一样，经常被描述为贿赂或回扣。特别是当这
类交易躲离了公众视野时，它们将影响解决方案的正当性。有原则的调停者
应该支持透明的解决方案。当解决方案随着其他场合达成的协议发生变化时，
人们应该根据争端方所处的特殊环境为这些方案提出正当理由。毕竟，贿赂
与合法交易的区别关乎正当性问题。

　　在这一方面，既讲原则而又务实的美国调停者必须完全清楚真相与和
解委员会（TRCs）的优势与劣势。真相与和解委员会将是我们讨论非洲冲
突时关注的焦点。它可以成为通往法治道路中的重要一步，也可能被当作
持续腐败和为过去暴行开脱的一个工具。调停者一定要不断追问，一旦解
决方案被人知晓，其他人将如何看待。这个特殊的解决方案会通过鼓励道
德上的危险行为而树立一个不好的先例，从长期来看它将使修正这个基于
任何国家自身利益之上的解决方案，或者不一致、不公平的解决结果成为
必要吗？另外，调停者必须寻求"实现正义"，但不是凭借通常的权力迫使
当事人听从他们的建议。他（她）需要运用说服的语言和道德的力量获得
当事人的合作。

　　接下来四章的关注点在于帮助当事人对其选择进行评估的前三个原则： 60
和平优先、最低代价、最易于执行。不过，这三个原则并不足以带来持久和
平。在这方面，本书将仔细考察肯尼亚和利比里亚，以便理解专注于权力分
立和选举可以导致政权更迭，但不可能打破暴力循环，带来公正的和平。关
于肯尼亚和利比里亚的章节将聚焦于为实现公正持久和平创造条件的民主原
则和法治的关系。没有法治，发展中国家会很轻易地滑向剥削政策，很快重

新回到极度混乱与相互报复的状态。[50]

把握了原则，下一步就是把原则同务实的策略语言结合起来。策略始于确认行为者的可能选择，并考虑每一项选择的代价和利益的过程。让策略透明合法的关键在于根据这些原则评估每一项选择。有原则的调停者会使自己按照一套明确的、连贯的步骤仔细分析每一种情况。每一步都旨在保证原则性与实用性密切结合地发挥作用，以便为推动外交政策决定提供连贯的、客观的、无懈可击的策略。换言之，有原则的实用主义使用策略语言（包括使用矩阵）来帮助控制决策。

61
一个有原则的调停者能够向争端方传授如何提出一种双方都同意执行的实用主义策略吗？

传授一种实用主义策略包括几个步骤。首先，调停者必须教导争端方创立一套共同语言（一系列定义以及对事实和原则的理解，包括根据表明当前情况的"这里"、表示争端方所要达到之处的"那里"、可利用的时间和可利用的资源划分的横向的和第三极的因素）。横向因素，是指调停者必须让当事人清楚可能来自其周边各方的反应：像可能来自相邻国家对于采取的任何行动的反应，其他少数族裔选民的反应，其他地区决策机构对任何解决方案的反应，或者来自国际刑事法院的反应。第三极因素是指调停者必须让争端方认识到躲在即时决策者背后那些力量的反应：像国际社会通常做出的反应，或者资金考虑的反应，或者任何解决方案对外国投资者、对市场经济建设的

---

[50] Id at Chapter 7. 这一章探讨原则、历史教训和法治的关系。作为一个哲学问题，历史教训通常只需要暂时把握，因为每一个教训都是高度语境化的（甚至可能是随意的）。但这些教训可以构成指导非政府组织调停者运用原则的基础。《国家为什么会失败》（*Why Nations Fail*）的作者警告不要在特定政策与国家成功或失败的原因之间划直线。因为朝鲜是极权主义政权而韩国是民主政权，或者朝鲜采取为少数精英的利益剥削人民的政策，并不意味着南苏丹将成为一个谋求融合社会各个部分进入市场经济的民主政体。但是失败国家的教训仍然可以使用某些原则来指导调停选择提供证明，以便达成的任何解决方案都可以向当事人指明创造性方法背后具有的成功和可持续特征。

影响，或者任何协议对法治发展的影响。然后调停者必须把五个步骤的分析同这些共同语言结合起来。他们需要理解，集思广益做出选择，筛选这些选择，根据早前描述过的原则评估这些选择，最后在做出最佳选择之前评价每一项选择相关的风险。这些步骤可以形成一套"最佳实践"，或者决定使用哪个选项最正确的一套规程。

在任何特定的干预中，第一步都是要每个争端方的团队确定理解形势的突出特征，然后群策群力，为完成调停者在情况控制方面的使命提出一系列选择。实践经验要求，首先理解争端是怎么出现的，以及它为什么发生。

下一步，调停者将帮助每一个谈判团队就每一项选择如何促进调停原则进行分析。也就是说，调停者将分析每一项选择，确定它是否促进了自由与民主的价值观。他还将研究一个特定选择如何帮助建立基本人权。这种选择提供了对无赖行为者的威慑与惩罚吗？这种选择扩大了全体公民的参与并在整个国家内部促进了法治发展吗？调停者应该整合对于横向因素的审慎思考——包括任何从事和平努力的干预的效果，对于具有潜在利益或管辖的其他国际参与者的影响，维和士兵以及当地平民参与者的安全。

调停者应该指导每一个团队考虑第三极因素：公共舆论和宣传，政治（包括当地的以及联合国及国际社会的），地方成员国的反应和地区国际机构的反应，还有经济、法治和财政因素。

许多人可能会停在这里，期待一种直观的道德选择作为一种最佳方案清晰地呈现出来。不过，如果调停者继续分析那些剩余的选项，预测各种不同人群和国际社会的特殊选民可能做出的反应，也许会更好。也就是说在每种情况下，调停者都应该用五项原则或筛选规则对那些选择进行分析。筛选规则有助于把创造性选择的范围缩小到一个可控范围，以便进行更好的分析。正像以前所说过的，这些原则包括和平优先，最易于执行，最低代价，对于其他自治体最小负面影响，最长期、最可持续的合法结果。

最后，在考虑上述原则的基础上建立一个矩阵评估所有选项之后，还要把每个选项进一步提交风险分析；对于每个选项的评估建立在是否存在着调停者对事实的认识错误，或追求的结果没有出现这样的风险基础上。拟议的调停过程最独特的地方是最后两步：根据一组原则筛选选项，以提高干预决定及手段的客观性和透明度。这个谨慎的程序将阐明相关风险与价值的相对重要性。

63   这个程序对于调停者如何接触争端方还有一些其他的重要优点。它可以帮助各方阐明他们所珍惜的、对决定未来利害攸关的价值观念。这个程序可以帮助当事人向彼此表达他们的目标和需要〔安全、自由、自决权和宗教关怀（忠于他们的神）〕，这些步骤可以作为形成道德同情和同感的出发点。我们在第二章即将看到，如果这个过程只是一种穿梭外交（调停者先私下约会一方然后约会另一方）而不是当事人之间面对面的讨论，那就放弃了当事人获得同感的机会。最后，这个过程能够为其他观众判断调停者的角色提供透明度和责任感。

    还需要考虑的是"相对重要性的评估"。几乎每一个国际冲突都受到许多因素的影响，包括事实、法律、经济条件和公众舆论。在某些例子中，某些团队成员可能专注于某个情绪点。在家庭争端中，它可能是一件特殊家具。在国际舞台上，它可能是避难者回到家乡的权利。所有因素不会同样重要，所以，把这些要素划分等级是个必要的步骤。比如，某些事实对于形成策略十分重要，其他事实则属于"很高兴知道"之列。早点聚焦于重要的事实——就是事情的核心——将为美国调停战略家提供最大限度的灵活性。

    另外还需要进行风险评估。调停者的一些选择可能承受重大的风险。比如，军事行动总是带来风险，因为绝大部分过程处于调停者控制之外。虽然一些领导人在国际竞争场合把军队和警察行动当作一个预备的可能选择，以至于能够进行一些评估，但调停者仍需仔细分析并进行清楚的风险评估计算，即便其结果是反对采取任何行动。比如，如果军事介入即便经过改头换面，仍使行为者冒着被视为帝国主义的风险，那么这种介入即便在改头换面的层面上，仍太过冒险以至于不能把它纳入到美国或调停者的策略之中。

64   一个关于调停者角色的预定策略如何改造那些卷入冲突但有意进行调停的国家的思想进程？这里，我们再次被法律谈判者和调解者的经历所吸引。在对争端方如何运用策略拿到他们想要的东西的理解方面，再次有所进展。策略被大多数军事、商业、法律战略家看作一种终局的决策分析。对于军事战略家，终局是（至少在越战以前是）胜利，而不是国家发展。对于商业战略家，终局是幸存下来以便他日再战商场，或是利润率，或是市场优势。对于律师，终局需要一个程序法的分析，包括需要三段论论证的法律事实结构的作用，以及审判和上诉法院的角色，他们将作为法律裁判者，最终把法律同事实结合起来做出一个合理的无懈可击的最终裁决。律师的战略是收集事实，预测将适用于案件的程序和实体规则，预测可能以"非理性方法"做出决定的事实调查者的观点，并且通过关于程序终结之前固有风险的建议，把这些信息传达给组织的决策人。

法律行为者可以建议进行一系列指控，或者提议一个谈判、调停或仲裁的解决方案，或者留给别人去起诉，只要律师认为这些是解决争端的更有效的程序。策略，如果可以使用的话，就是用来作为决策者根据他（她）的谈判协议最佳替代方案所进行的选择。一个法律谈判者的最佳替代方案是参考法院系统的一个可能结果确定的。因此，它通常主要根据审判结果加以考虑。赋予判决客观性的是，刑事起诉只能依据证据效力而不是赢得官司的权术（或费用）才能达成妥协。

所以，传统的对于律师角色的看法是他（她）对他（她）的事务所或法院的建议首先是务实的：它经过了以终局分析为背景进行的评估，在是否使用那些替代程序创造一个符合当事人价值观或社会公平正义标准的结果这一问题上保持道德中立。在国际舞台上，美国的最佳替代方案经常被准确地视为军事介入、封锁、调停或者非介入分析。问题是，针对世界上许多违反人权的严重犯罪，美国存在如此众多的可能干预，以至于那些被指控的人要问："那么这么多年你容忍、支持的其他行为者呢？"美国实在缺乏对他们所有人进行干预和调停的资源。然而在选择干预的过程中，美国背负了被称为政治行为者的指责——只倾听同意美国干预的、国内既成力量的关心。他们通常是通过立法代表进行活动的军事、工业、商业重要角色。如果美国经常使用调停选项，敦促争端方和自己一道服从一个原则性调停，那会发生什么事情？通过这样做，美国使自己接受一种关于它进行干预和使用资源进行民主建设的更为透明的观点，并试图明确在选择对谁和为何干预时如何衡量它的原则和使命，这又会怎样呢？使用一个非政府组织调停者对此会有很大帮助。

65

结　论

原则性的务实调停策略不仅能够帮助美国打破与邪恶或者它的敌人对话的僵局，还能带来明智的实际的决定。这个策略还能导致对美国政治立场现实性的更加全面的思考。使用一个调停者，不仅能够帮助美国更好地确定争端方的动机（如果他们是邪恶的、罪恶的、误解的、误导的），还能够帮助分清是争端方的手段还是可能赢得支持的恳求。调停过程的非正式非公开性质，使它在摆脱邪恶的能力方面得到保护。在国际行动的终极目标方面，它也得到了支持它所珍惜的原则的调停者的保护。

66　　　当然，执行这样一个策略进程总是说易行难。说美国愿意让自己从属于一个调停者，帮助衡量自己的价值观，防止犯事实错误的风险，这是一回事，进行这种衡量以达到正确的效果则是另一回事。当某个制度妨碍它执行使命时，鼓吹美国考虑它的合法利益，这是一回事，当无辜人民正在死亡时，决定如何重视这些利益又是另一回事。

　　在某些程度上，发展一种考虑调停的外交政策是基于现实政治的进程。它的使用显示了在美国处于险恶的政治环境下，保守的、"慢慢走"的方法是情有可原的。同时，这一进程表明存在一个创造性问题解决方法的空间，可以进一步推进它的使命，并为威慑未来无赖分子的问题提供"令人满意的"解决方案。它提供了一个根据它的原则、利益、使命不断审视自己的资源、选择进行干预的程序。这个过程导致法治以非传统方式发展，允许这个词语以实现军事征服和政权更迭以外的方式传播法律。

　　这是一个远大的目标，当然，对于这样一个方法的证明，存在于它所创造的任何一种具体的洞见或者不断累加的政策之中。比如，一个有原则的调停者的问题解决方案、和平优先方法在推动中东各方和解时将如何实际发挥作用？这是下一章的主题。

2 为什么孩子们争夺遗产? 中东的家族世仇及解决问题的语言

设想你是亚伯拉罕（Abraham）财产的受托人，必须根据亚伯拉罕的最佳利益在他的孩子们中间进行调解。每一方都提出强有力的法律要求。一方持有一份看来很神圣的文件，里面说父亲亚伯拉罕似乎把土地给了他的一个儿子，我们叫它以色列。另一个儿子叫以实玛利（Ishmael），以实玛利的后人可以指出，同一份资料的文字显示，同一份土地的所有权给了他们。[1] 他们都拥有这块土地并在上面生活了好多年。有人说，这块土地被以色列的儿子们抛弃了，有人说它是被人从他们手里夺走的。为了这块土地双方都诉诸武力。经过战争，双方似乎想通过承诺一起相处以谋求和解。每一系子孙都指出，他们相信另一方代表所做出的承诺给了他们土地的权利。

房地产规划律师把调解者引入家族继承权纠纷，他们熟悉多个当事人主要由于财产继承人及应继份额引发的分歧。因为一方伤害了另一方，他们子女的身份问题又常常与所有权相关，这些纠纷被看作"棘手的争端"。通常，这

67

68

---

[1] Genesis 16：12. 詹姆士国王（The King James）版本把这些诗句翻译如下："他（以实玛利）将是一个野蛮人；他的手将攻击所有人，所有人的手也要攻击他；他将居住在他的所有弟兄面前。"当然，有人从两个方面反对这种翻译。第一，他们否认阿拉伯人是以实玛利的纯正后代；第二，他们认为"在所有弟兄面前"是一种惯用语，应该按新美国标准圣经翻译为："他将像一头野驴；他的手将攻击所有人，所有人的手也要攻击他；他将住在他所有弟兄的东面。"

类争端不能在律师之间进行交涉。但即便是在看来最无望的争端中，即便是在关于身份取得的最难妥协的立场式议价的冲突中，律师们也已求助于调解人运用问题解决技巧创造一个可持续的结果。

许多家庭调解者的策略看起来不是没有在中东尝试过。把中东争端想象成家庭纠纷可以带来一些新的认识和潜在的建设性策略，其（再次）执行可能给和平提供另一次机会。让双方把争端移交给一个非政府组织调停者，美国外交可能动摇其对中东和平负有义务的看法。美国有难处是因为它被看作是以色列的代表，它的动机至少在某种程度上是为了自身利益的继续存在。美国在当事人中间的角色可以从属于一个在国际法的庇护下进行调停的辅助型调停者。中东可以成为一种讲原则但又务实的调停方法优势的一个很好的范例，它能够带来国家利益指导下的外交政策所不能达成的结果。

特别是，使用一个调停者的视角，有助于弄清以色列不断允许在西岸建立定居点的问题。它将表明，作为解决定居点问题的一个发起者，美国为何如此效率低下，以及一个第三方调停者如何被引入这个程序。一旦调停者介入，我们可以重新探讨可能的解决方案。调停者会向双方阐明共同所有权的解决方案吗？调停者会建议交换以色列的其他土地以补偿对巴勒斯坦财产的侵占吗？需要约旦和黎巴嫩参与解决吗？在施加影响解决定居点问题方面美国将扮演什么角色？

建议通过分析国内家庭纠纷的调解以获取解决国际争端的见解，并不意味着淡化这一问题。作为一个思想试验，接下来将尝试把中东和平当作家庭调解，看看是否会出现新的解决思路。采用调停方法可能使冲突变得69 更个人化也更真实，让我们得以仔细观察和理解在其中发挥作用的人性动力学。

人们解决问题的办法取决于对人性的基本信念。当真实的生存恐惧萦绕他们的思想时，人类还能被利己主义长期持续地控制吗？当事人能放弃报复而把和平放在首位吗？换言之，人类在卷入冲突时还能移情于那些争端方共同拥有的目标吗？或者，难道身份问题总是压垮人类的思想，甚至到自我毁灭的程度，而不是让他们认识到更可取的共同生存策略吗？

胜利的重要性

奇怪的是，关于人类是否具有非理性的自毁本质这个问题并不容易回答。比如，泛美大学（Universidad Panamericana）教授、社会学家斯坦尼斯拉夫·拉琴斯基（Stanislaw Raczynski）让他的学生做了一个计算机仿真游戏，让一个社会上的恐怖主义组织与非恐怖主义组织相对抗。[2]游戏者可以得到越来越多的复杂和毁灭性的工具，以便为了生存与另一方作战。游戏者一般都会达成一个平局——他们共同自我毁灭。这个游戏的教训是人类经常不合理地设定身份目标，甚至到自我毁灭的程度。他们宁愿选择没人获胜，也不愿意失去任何一部分对于他们来说重要的东西。"不自由，毋宁死。"

拉琴斯基的仿真游戏在改变规则以后，倒提供了某些希望。他展示了如果有时游戏者"玩游戏"的时间足够长，以至于认识到游戏朝着自毁的方向发展时，那么代表整个团体的个体游戏者能够和另一方达成和解。我们过会儿再回到这一见解。

其他人玩的游戏显示了人类宁愿选择毁灭也决不妥协的倾向。著名的谈判教师和顾问丹尼尔·夏皮罗（Daniel Shapiro）有一个多元文化的游戏者团队，玩一种他称之为"部落"的游戏。他把团队分成五组，给每个组一个文化身份，每组挑选一个代表去协商一套可以共同分享的价值。如果他们不能找到共同基础，游戏领导者将炸毁世界。每个代表有一个小时的时间去达成协议。夏皮罗把部落游戏玩了超过一百次，除了一次以外，游戏者从未让步：至少有一个人拒绝就某个关键因素进行妥协，结果是带来世界的毁灭。这不是一个关于真实世界的未来的非常乐观的画面。

历史学家同样不能提供许多关于国际玩家选择用合作策略战胜自毁偏向的例子。历史似乎证明了博弈理论——战士们宁愿选择自毁也不愿冒失去自己身份的风险。当行为者在相互自毁的策略之上选择权力争夺、殖民主义、压迫、

70

---

〔2〕 Stanislaw Raczynski, *Modeling and Simulation：The Computer Science of Illusion* (2006)；See also Smith, R. (2001)，"Modeling and Simulation Adds Insights on Terrorism"，available at http：// www. afcea. org/content/？ q = node/464（在这里罗格·史密斯博士描述了如何通过模拟了解与恐怖组织的谈判）。

71 战利品归胜利者所有的策略时，他们的行为似乎都是合理的。历史上，殖民主义者选择驱逐和屠杀而不是协商与合作来对待土著居民。毕竟，英国人、法国人、德国人一直在非洲实行后启蒙时代的开发和榨取策略。其他的例子包括"二战"后的巴尔干运动、纳粹对犹太人的处置以及土耳其人针对亚美尼亚人的策略。在美国人因为他们的作为能够有所不同而感到特别心安理得以前，人们只需要回忆血泪之路及其对土著美国人的处理，或者美国为奴隶制度所做的辩护。

或许一些进步的自由主义者有迅速超越新保守主义主张的趋势，后者声称，人类基本上是自私和以自我为中心的，不关心其他人的利益，更愿意辩称其他人没有提出要求的权利。呼吁人性中好的一面是故意误导、有意操纵和全然无效的。最好是使用人们手中的权力（和权力的威胁），因为有时这是对付敌对组织真正有效的唯一语言。毕竟，反抗或叛乱组织的领导人决不会停止杀戮，他们唯恐这样做会削弱自己对于拥趸世界的重要性。小布什政府前驻联合国代表约翰·博尔顿是这种主张的支持者。[3] 比如，他主张轰炸伊朗核设施优先于继续谈判的尝试，企图用制裁终止伊朗核武器的发展。

不过，还是有反例存在。许多人可以从南非种族隔离政策的终结中看到希望。尼尔逊·曼德拉不是在国际社会的帮助下领导了一个改革进程、实现了南非种族主义的历史终结吗?[4] 或者，考察一下大不列颠王国对于其殖民地的开明策略——印度、澳大利亚、加拿大，可以被看作是采用原则方法进行国家建设，而不是简单地以国家利益为借口对被征服国家的资源进行剥夺的例子。[5] 美国出于某种原因，主张它自己的行为可以作为对它在战争中征服国家的发展采用更原则的方法的一个范例。美国可以援引马歇尔计划重建日本的例子。或者，更贴近本章主题，卡特总统可以引用他在戴维营调停安瓦尔·萨达特（El Sadat）与梅纳赫姆·贝京（Menachen Begin）的角色，作

---

〔3〕 现在博尔顿经常在福克斯新闻上批评奥巴马外交政策。作为前戈德华特（Goldwater）的信徒，他曾与美国国务卿金·詹姆斯·贝克（James Baker）共事。根据从里根总统那里学习的经验发展小布什的外交政策，使他得到了好评。See, James Bolton, J., *Surrender Is Not an Option*, Chapter 2. 更多他的理论参阅: Andrew Zagorin, "John Bolton: The Angriest Neocon", available at http://www.time.com/time/nation/article/0, 8599, 1685063, 00. html.

〔4〕 Mandela, N. (1995), *A Long Walk to Freedom* (New York: Little Brown & Co., 1995).

〔5〕 当然，对于大不列颠王国是依原则行事，还是仅仅因为无法维持其帝国，还存在很大的争议。See, Jult, T. (2005), *Postwar: A History of Europe Since 1945*, New York: Penguin Books, Limited. 其他人把他们的行为归因于圣雄甘地的生活和工作。See "Man of the Year", *Time Magazine*, January 5, 1931.

为美国如何采用一种有原则的调停方法解决国际争端的一个例子。

在家庭诉讼中，法官已经长时间注意到"决一死战"策略的不合理性。回顾前情，相关当事人也认识到需要一种更好的方法。唯一的胜者似乎是律师。法官抱怨他（她）被束手束脚，抱怨法庭非要宣布输赢而不是调解妥协。所以，在家庭法庭背景下，出现了一个离开正式司法程序走向强制调解的势不可挡的运动。 72

结果给人的印象极为深刻。家庭法庭的经验是，绝大多数、哪怕是发生在最有敌意的争端方之间的案件都解决"在法院的台阶上"，因为当事人最终认识到妥协比斗争要更好，特别在一方承受失去一切风险的情况下。强制调解促进了双方对于他们在法院所玩游戏的零和性质的理解，后者取决于让事实调查者相信一方比另一方应受责罚（在子女监护争端中尤其如此，在哪一方基于子女最佳利益行事的问题上，问题产生了）。[6]

家庭调解的发展提供了一种结束冲突的问题解决型办法，它还可以为其他领域提供一个有价值的模式。我们首先考察一下把调停当作一个个人程序会造成哪些不同。其次，我们就像第一次听到那样倾听每一方提供的情况。然后，我们考察一下双方的目标而不是立场。最后我们尝试根据双方共同的原则寻求创造性解决方案。

调停是个人化的

成功调停的秘密是什么？从家庭争端的调解经验中可以收集到什么以适用于中东调停过程呢？这些问题将贯穿于本章的始终。 73

调停是非常个人化的过程，取决于调停者建立起信任和信心的能力。因而，调停受调停者使用方法的影响很大。家庭调解人使用的是"转化型调解"策略。

---

［6］ 特别有帮助的是法院 ADR 系统分析中心为伊利诺伊州（Illinois）所做的工作，*Assessing Justice Through Mediation：Pathways for Poor and Low Income Disputants*；See http：// courtadr. org/files/ AccessingJustice. pdf. See also，Kaplan，G.，*Executive Guide to Managing Disputes：Using ADR to Save Time and Expense in Business，Healthcare，and the Workplace*（Washington，DC：Beard Books，2009）；Wissler，R. (2004). *Barriers to Attorney Discussion and Use of ADR*，19（2）Ohio State Journal on Dispute Resolution 459；Julie McFarlane，*The New Lawyer：How Settlement is Transforming the Practice of Law*（British Columbia：UBC Press，2008）.

这种策略引入调解前程序，让当事人对话并相互倾听，剔除每一方历史叙述中的神话色彩，发现共同存在的复杂情况，然后发挥他们的想象力去发现他们共同的和单独的利益范围。[7]然后调解者利用脑力激荡和创造性问题解决技巧，帮助把谈判从零和游戏转化为双赢。对于可持续解决方案最关键的是当事人有能力从几个选项中确定最适合他们的那个选项。一旦达成了解决方案，就会安排监控手段，以便在发生任何变化可能影响解决方案的情况下，当事人对解决方案进行必要的调整。

但是，如果一方给另一方，或者给与争端没有任何关系的其他无辜者造成了肉体或精神上的实际伤害又该如何呢？如果一方或其他方曾经试图盗窃或杀害另一方又如何呢？如果那样的话，"转化型调解"能起什么作用呢？

首先，需要某些调解前协议发挥作用，以便指引当事人进入一个新的轨道。在家庭纠纷中，当事人和他们的律师签署协议，以便进行合作，向对方讲述真相，不要相互隐瞒，如果涉及子女，那么把子女利益放在首位。同样的技巧能否用于国际争端？[8]要回答这个问题，调停者需要拥有某些个人的

74

---

〔7〕 这个程序的核心是保罗·里克尔（Paul Ricoeur）哲学。关于里克尔关于主体间性的历史和想象在理解文本和争端中的作用的思想，更详细的解释参见 Richard Kearney, *On Paul Ricoeur: The Owl of Minerva* (Burlington, VT: Ashgate Publishing 2004).

〔8〕 对于某些犹太人来说，这个问题的答案很清楚："不！"以色列的生存和犹太人的生存取决于他们能够像一个国家那样来保卫自己，反对纳粹及其他发誓把他们赶进地中海的反犹太主义者。According to R. L. Rubenstein, "Holocaust, Sunyata, and Holy Nothingness: An Essay in Interreligious Dialogue", in Christopher Ives, *Divine Emptiness and Historical Fullness: A Buddhist-Jewish Conversation with Masao Abe* (Valley Forge: Trinity Press International, 1995). 这些犹太人诠释大屠杀（Holocaust）的教训是上帝对背离信仰的东欧犹太人的惩罚，他们背离了全部犹太教法汇编，包括饮食法、安息日法和圣洁日法，以及特别是与妇女有关的"家庭纯洁"的法律。像古典犹太虔信派教徒一样，他们希望上帝的逐日仁慈都将为他们抗击邪恶设定情境。对上帝的不断仁慈产生逐日感激比理解《沉重苦难中的极限情境》（*Limit Case of Gross Suffering*）（italics in the text, p. 107; Borowitz and his followers）更加重要。其他也就是被称作传统主义者和弥赛亚信徒的犹太人，可能相信大屠杀不是绝对的邪恶而是上帝救赎以色列人的可怕计划。另一些犹太人觉得如果上帝应该对大屠杀承担责任，那么誓约和选择的上帝也已经在大屠杀中为他们而死。这部分犹太人仍然相信并实践着犹太教仪式、习俗、成年礼，庆祝和纪念时间和季节的循环与生命的危机时刻。但这些传统不再是神的指示，已经失去了权威。上帝如佛教徒对空性（Sunyata）的描述——佛教的终极真实既不是人也不是上帝，而是空性。空性的字面意义是"空"或"无"，意味着"绝对没有"。在一种如空性的思想中，这些犹太人发现了所有事物相互依赖，不再是固定的物质实体，只是短暂的不断变化的过程。这种事物的概念建立在共同缘起的基础上，连上帝也不例外。Rubenstein, R. L., "Holocaust, Sunyata, and Holy Nothingness: An Essay in Interreligious Dialogue", pp. 109~110. 对于这些犹太人而言，誓约和选择的上帝让位给一个和所有事物共同缘起的上帝。(ibid, pp. 93~107).

特质，即他们必须坦诚地面对每一方的想法。换句话说，他们必须能够对卷入争端的所有当事人展示高度的同理心。

转化型调解最重要的一个经验是对话和倾听在改变一方看待另一方的方式中所起的作用。你能真正教会相互争执的父母对于他们给孩子带来的伤害产生同理心吗？如果你是一个家庭调解者，你的初始策略之一就是想方设法让双方认真倾听另一方在争端中经历了什么。教会共鸣通常是解决最棘手冲突的第一步。调解者从让每一方向另一方提供情况开始。然后，与司法程序不同，调解者花时间用自己的语言向每一个发言者复述所听到的情况，确信让每一个争端方都知道调解者已经倾听并尽最大努力理解了每一个争端方的想法。

另外，争端方可以要求他的代表不要与另一方争论，只需要询问每一方是否确信他们理解了另一方的看法。一些调解者使用策略让每一方说出他们 ⁷⁵ 如何期待另一方对提出的建议做出反应。换言之，调解者知道一种设计好的程序可以带来理解与共鸣。要么一起吃顿饭，或者一起参加教师家长会，调解者在当事人为养育孩子的共同目标一起工作的时候教会共鸣。

在中东，政治领导人有时会妨碍这种转化性程序。谈判在公众视野下进行，特别是选民中的特别激进分子会指责他们太软弱、太平和、背叛了他们的事业。我们的领导者也会陷入"穿梭外交"进程——和相关方举行单独会面，并通过掩盖每一方都要推进的目标而潜在地埋下不信任的种子。

我们需要外交官们找到能够更多使用调停方法的人。[9]一个辅助型调停者不会冒险去做一名优秀的判决者或仲裁者。另外，特别是当调停处在公众视线以外的时候，辅助型调停者可以用指导他们先有共鸣再去信任的方法吸引住当事人。仔细挑选一个举行联席会议与合作的场所是调停成功的关键。不管是斡旋根除几内亚虫或艾滋病、交换俘虏、教育年轻人，还是调停净化水和空气等环境问题，聚焦共同关心的问题可以教育双方合作的好处要超过继续争斗。

国际舞台和国际冲突的公众因素带来了某些挑战。与名人离婚或一个政

---

〔9〕 有些人会说（Stephen M. Walt，"Obama and the Israel Lobby: Quo Vadis"，November 9, 2012, http://walt. foreignpolicy. com/category/one_ time_ tags/obama_ and_ the_ isreal_ lobby，also TCC Middle East diplomats）主要问题是美国需要用更强硬手段对待以色列。我们将会看到，美国公开这样做的政治局限即使不是不切实际，也将会使这个过程非常困难。

治家与其工作人员的桃色新闻并无不同，观众的巨大作用必须被调停人仔细考虑。观众有一种让当事人高估他们的自私利益并让他们为表现出软弱或不道德而担心的倾向。比如，政治家担心连任。他们学习罗纳德·里根的政治榜样，后者把卡特总统描绘成软弱的、使美国在海外的权力和声望陷入尴尬的人。如果他们已经在竞选时支持"强硬"路线，一旦对选民表现出软弱，他们将失去很多东西。他们宁可否认而不道歉。他们故作姿态进行伪装而不会为了理解去倾听。[10] 这种对抗性态势将极大地影响对所有当事人利益攸关的谈判结果。

所以在国际舞台上，调停者的一个基本规则是能够避免这些消极的观众影响，这需要调停者通过秘密渠道做许多事情。调停者为将来的会议安排会议。他们在中立国家设立会场，在其他会议比如联合国或者其他区域性政府机构如西非经济共同体（the Economic Community of West African States，ECOWAS）或者美洲国家组织（the Organization of American States，OAS）的掩护下，找借口把当事人召集在幕后。他们利用穿梭外交，规划会议的时间地点和议程。但如果调停者真的想进行改造行动，他们必须提出一种策略让各方代表一起坐下来。为了真正发生转变，每一方需要理解另一方如何经历争端。当事人需要被带到一起面对面。当代表们就潜在的目标和需求形成道德理解，可持续解决方案的根基奠定以后，各方领导人才可以介入。调停者不要急于解决争端，而应该仔细倾听各方代表讲述的故事。[11]

回忆一下本章开头的例子，以色列的孩子们应该说什么？以实玛利的孩子们又该如何？当下代表陈述的重要性不要被过分夸大。我们将看到，如果各方代表没有谈起为什么当事人感觉受到背叛、受到轻视或被边缘化，调停人也就失去了转变进程、停止升级的暴力循环的一个重要工具。对于每一方当事人的代表而言，要拉开自己和另一方代表陈述之间的距离太容易了。另外，通过仔细倾听各方潜在的目标和需求，会使将来解决争端所需要的和平原则和法律规则浮现出来。（比如，各方可以把举办选举作为将来解决争端的方法，选举代表委员会组成机构，或者选派共同任命的巡视员制订未来的妥

---

〔10〕　这也被认为是真的：只有这样的"勇士政治家"才能谋求和解，和解的基础是只要他（她）认为和解是件不错的交易，那它必须真的是件不错的交易，即便根据先前的花言巧语。

〔11〕　一个熟练的调停者知道当事人会专挑一些小事来解读调停者是否偏袒其中一方。比如，调停者让谁先走？在家庭调解中，调解者回避此类问题的方法是问双方："谁想先来？"

协方案。）另外，通过积极的理解性倾听，当事人了解双方共同的人性，产生共鸣，学会相信持久和平真的可以到来。

那么，成功的外交可以引入一个第三方调停者，后者从成功的调停中获得了熟练的技巧。第一个技巧就是突破每一方对于另一方立场和动机的先入为主的假定。通过细致地倾听和温和地询问，每一方必须学会理解他们叙事的复杂性，也必须学会理解为历史教训赋予明确的含义是不可能的。每一方必须学会去除他们所听到的叙事中的神话色彩。还有，每一方必须学会认识、悼念和分担共同经历的痛苦，尤其是在过去交火中无辜平民遭受的苦难。每一方必须被带到桌旁倾听另一方如何看待形势。如果他们带着一种新的而不是忽略自身原则却首要关心推动他们各自立场的态度来到谈判桌旁，那么每一方听到和理解的又会是什么呢？

下一节将分析以色列和巴勒斯坦双方的观点，展示调停者如何从中挖掘出一套目标，以此为基础为各方进行谈判。然后，调停者可以部署基本调停战术（诸如聚焦于小的步骤和互利的决定），为各方更大的协议积累动力。本章也将分析成功的调停所面对的难关，比如找到有权代表巴勒斯坦人发言的当事人，以及调停者如何战胜双方的抵触行为。最后，本章将探讨利用家庭调解技巧应对最有挑战性的方面，诸如解决耶路撒冷问题、回归的权利和以巴定居点谈判。作为讨论的一部分，我们强调对解决方案进行监控的重要性和国际法在调停过程中的影响。

78

理解性倾听

以色列人看问题的方式[12]

没有一个现代以色列国家的叙事会遗漏基督教欧洲的反犹太主义。在18、19 世纪欧洲没能成功地把犹太人视为自由的、可以接受的群体，加上

---

〔12〕 关于我在理解以色列人叙事中对犹太复国主义角色的讨论，主要依据 R. L. Rubenstein, "Holocaust, Sunyata, and Holy Nothingness: An Essay in Interreligious Dialogue", in Christopher Ives, *Divine Emptiness and Historical Fullness: A Buddhist-Jewish Conversation with Masao Abe* (Valley Forge: Trinity Press International, 1995).

20 世纪晚期政治上反犹太人主义的兴起，导致了狄奥多尔·赫茨尔（Theo-dore Herzl）领导的政治上的犹太复国主义（Zionism）。尽管在压迫者的手中不断受到迫害，犹太人还是专注于生存，他们厌倦了成为没有国家的人，这些是理解犹太人身份的关键。现代政治上的犹太复国主义源于 2000 多年犹太人的历史。尽管作为一种世俗的理念，最初它被许多犹太人拒绝，但一种宗教版本的犹太复国主义还是在建国以后盛行，现在又和犹太人权力回归这种执行圣经中上帝对亚伯拉罕承诺的带有弥赛亚气息的信念联系在一起。

一个调停者不难发现，在最有影响的犹太叙事中如何把以色列的诞生故事作为犹太人历史的关键的部分——以色列的建立改变了历史。犹太人民进行反击、保卫自己、阻止灾难并且战胜他们的敌人。大屠杀在叙述中扮演不可或缺的角色。一个难以置信的、难以接受的可怕数字—— 6 000 000 名——犹太人集中起来被屠杀。对于某些人来说，以色列国家是以色列人面临恶魔般的有计划的种族灭绝企图而幸存下来的证明。大屠杀被当作如果犹太人不能牢靠谨慎地保护自己防止邪恶，那么将会发生何种情况的一种警告。大屠杀与犹太复国主义之间的联系对于理解犹太人如何认识自己是必不可少的。

但还不止如此。犹太复国主义持续发挥作用或许是经历大屠杀之后犹太人复归对于上帝的信仰以及上帝选择犹太人的基本信念的一种尝试。比如，一些犹太人对于声索全部巴勒斯坦土地的热情与他们的信念有关，即在大屠杀中，上帝惩罚了拒绝部分犹太教法包括饮食法、安息日法和圣日法的东欧犹太人。对于这些犹太人而言，上帝是用最恐怖的方式惩罚悖逆行为的复仇的可怕的上帝。现在如果不能争取机会建立一个犹太国家，以使犹太人更加紧密地追随上帝的意志，就会导致上帝派遣犹太人的敌人带来毁灭。

与此相关的是犹太教的一个被称为弥赛亚犹太教的分支。弥赛亚犹太人是几支美国原教旨主义基督教派的伙伴。这两个组织相信犹太人需要为弥赛亚（或拯救者）的到来（或重返）重建以色列国家。他们相信当弥赛亚到来的时候，他将创立一个新的王国，所有事物都是崭新正确的。上帝的和平将会实现。

对于一些以色列的孩子们来说，大屠杀提供了一个思考以色列国家的不同方式。对于这些犹太人，他们传统的上帝概念，一个选择犹太人作为其子民的造物主上帝，被大屠杀消灭了。这样一个上帝怎能是大屠杀的始作俑者？

何等公正的上帝才会用如此可怕的方式放弃他的选民，仅仅是为了给他们一个教训？这些犹太人相信一个新的"空"或"虚"代表所有事物的共同缘起。他们相信，对于他们把所有人团结在一起的愿望来说必要的思想，存在于这种新的上帝观念中。

不过，许多这样的犹太人，依然"使用"犹太习俗，他们把它当作联结自我意识的一种方式——告诉他们从哪里来，提示他们的人民发生过什么。他们践行犹太传统习俗和仪式，但更多是为了文化的原因。他们认为这些习俗和记忆是重要的，因为如果这个世界忘记发生过什么，它就忘掉了共同的依赖和人性——我们都相互需要才能生存。对于更多世俗的犹太人而言，以色列国家是回忆这种共同人性的方式，也是对于世界的一种要求：永远不要再给犹太人非人的待遇。 80

那么，对于大多数犹太人来说，以色列国家对于它所代表的一切都是重要的。它要么是对与上帝立约的新尝试的神秘主义理解，要么是回忆和主张我们所有人共同人性的强大责任。[13]

即便是对更世俗的犹太人而言，1967 年不可思议的"六日战争"（Six-Day War）是犹太人的历史基本改变的一个证明。在一次先发制人的打击中，以色列人占领了西奈（Sinai）、约旦河西岸、加沙地带（the Gaza Strip）和叙利亚的格兰高地（Golan Heights）。以色列作为一个民族从未有如此陶醉的感觉，不仅以色列，整个犹太世界都为之陶醉。联想起大卫王战胜哥利亚（Goliath）的景象，弱小的以色列在战胜包围它的五个阿拉伯国家时看到了上帝之手。以色列胜利的宗教暗示在以色列文化中变得占据主导地位。以色列人进行战斗并建立一个自己的国家是上帝的意志。

许多以色列人相信，他们"别无选择"，唯有战斗——对话、分享、妥协只能导致灾难。他们相信如果他们不进行战斗，上帝将会抛弃他们。[14] 每一

---

〔13〕 Ibid. 一些世俗的以色列人非常反感给以色列的外交政策制造这么多宗教基础。以色列中的"保守分子"无疑认为宗教信仰是理解其政治的基础。

〔14〕 像著名的犹太神学家理查德·鲁宾斯坦（Richard Rubenstein）写道：非正统犹太教不能把自己从迷惑中解脱出来的原因是它不能面对大屠杀中呈现出来的基本神学问题：断言上帝就是奥斯威辛集中营（Auschwitz）的最终制造者，没有办法来确认传统的做出承诺和选择的上帝。这就是我谈到卓越的做出承诺和选择的上帝、被圣经和犹太教文献断言为以色列历史戏剧终极角色的上帝死亡的原因。在上帝死了以后，我谈到上帝，替代上帝的，是把"神圣的虚无"作为我们人类的起源和基础。Rubenstein, R. L., "*Holocaust, Sunyata, and Holy Nothingness*", pp. 93，107.

81 次爆炸以及哈马斯、真主党（Hezbollah）发射的火箭弹都加强了他们的信念。每个人都被视为承受着真切的挑战，如果以色列放松警惕，哪怕是一会儿，古老的仇恨、屠杀和灭绝犹太人的策略就会重演。以色列动辄召集作战。这就是以色列如此固执地要求巴勒斯坦人放下武器承认以色列生存权的原因。许多以色列人的困境是，他们相信如果他们放下武器，他们就会被血洗，就会是第二次大屠杀。此外，还有暴动。从"67"战争开始，以色列人看到了巴勒斯坦恐怖分子背后的简单动机，他们致力于以色列的毁灭。以色列人没有发现反抗压迫和为自由与尊严而战的动机，他们却看到了被仇恨和灭绝以色列的动机驱使下的武装暴力。

暴动（Intifadas）为他们的观点提供了正当性。第一次暴动（1987～1991年）是巴勒斯坦人反对以色列人对被占巴勒斯坦领土统治的起义。"暴动"是阿拉伯单词，字面含义译成英语是"摆脱"。暴动从贾巴利尔（Jabalia）难民营开始，很快席卷整个加沙、约旦河西岸和东耶路撒冷。[15] 从民事违法到武装抵抗都是巴勒斯坦人的行动范围。除大罢工以外，还包括抵制以色列人的产品、拒绝纳税、胡乱涂鸦、设置路障。在巴勒斯坦人的示威中，还有青年向以色列国防军（the Israel Defense Forces）抛掷石块。暴力指向以色列士兵和平民。[16] 据以色列国防军报告，在暴动的四年间，发生了超过3600次燃烧瓶袭击、100次手榴弹袭击、600次枪击和炸弹袭击。（巴勒斯坦人内部的暴力事件也是这次暴动的显著特征，对于被控与以色列合作的人普遍执行死刑，人数几乎占巴勒斯坦人死亡总数的一半。）在第一次暴动过程中，160名以色

82 列人被巴勒斯坦人杀死。（估计有1100名巴勒斯坦人被以色列军队杀死，1000名巴勒斯坦人由于被指控与以色列合作而被杀死，虽然只有少于半数的人存在某些可以证明的与以色列当局的联系。）

第二次暴动，也被称为阿尔阿克萨（Al-Aqsa）暴动、第二次巴勒斯坦人起义，是2000年9月末开始的一段剧烈的巴以暴力时期。"阿尔阿克萨"是一个公元8世纪建于耶路撒冷老城圣殿山（the Temple Mount）的著名穆斯林

---

〔15〕 中东研究和信息计划。http：//www. merip. org/palestine-israel_ primer/intifada – 87-pal-isr-primer. html.

〔16〕 Ibid.

清真寺的名字——圣殿山被看作是犹太教最神圣的地方，也是伊斯兰教第三圣地。死亡人数包括军队士兵和平民，估计有 1000 名以色列人、64 名外国人和大约 5500 名巴勒斯坦人。

最后，[17] 当 2005 年 9 月 12 日以色列从加沙撤军的时候，它试图单方面放弃对一块土地的控制，留给巴勒斯坦人。对以色列人而言，一些人把撤军当作他们愿意给巴勒斯坦人提供一次机会，证明可以在边界和平相处的证据。巴勒斯坦几乎立刻以截然不同的方式看待加沙撤军。巴勒斯坦人说，以色列暗示，如果巴勒斯坦人停止向以色列发射火箭弹，以色列就承诺允许对加沙的经济援助。但在过渡时期，加沙被以色列当作对其安全的一个主要威胁。所以它关闭边境，隔断了加沙与相邻地区的联系。不久以后，巴勒斯坦选举哈马斯成员为加沙的代表。由于巴勒斯坦人在加沙选择哈马斯，以及哈马斯灭亡以色列的竞选口号，以色列人相信巴勒斯坦人选择让那些把武装起来去消灭以色列当作主要目标的人来领导。火箭弹继续从加沙射入以色列南部。对于以色列人而言，每一枚火箭弹都是对他们生存权的挑战。对于某些人来说，这是来自上帝的保卫自己的警告，否则犹太人的敌人将会毁灭他们。经过尝试与哈马斯签订结束发射火箭弹的协议后，以色列最终返回加沙以阻止火箭弹发射。[18] 2012 年 11 月，在一些激进的加沙人试图向以色列城市发射火

83

---

　〔17〕　一个家庭调解者应该小心翼翼不要打断当事人关于情况的描述。在当前的例子中，如果以色列没能说出慕尼黑奥林匹克，或者某些特别的哈马斯或者自杀式炸弹促成了他们对于巴勒斯坦人动机的看法，他们会生气吗？一个熟练的调停者在调停过程中，在切换到另一方关于形势的意见之前，应该谨慎地询问当事人：“还有什么事情我们遗漏了吗？”

　〔18〕　Anthony H. Cordesman, "The Gaza War, Center for Strategic and International Studies", http://csis. org/files/media/csis/pubs/090202_gaza-war. pdf.

　以色列拒绝与哈马斯对话合适吗？哈马斯邪恶吗？对以色列而言，一些哈马斯成员似乎真的邪恶。当然某些人似乎符合伊格尔顿在他的著作《关于邪恶》[Eagleton, *On Evil*, Yale University Press, 2010, p. 102（邪恶定义为喜欢无意义的活动、折磨和被折磨，喜欢为了自己的利益去毁灭，以对世界和人类连同对他自己受到轻视的存在的极端仇恨为乐）] 中使用过的邪恶的定义。有些哈马斯成员对杀害无辜妇女和儿童负责。有些人鼓吹以暴力推翻以色列国。不过，哈马斯的动机，不是简单地为了杀戮而杀戮，或者只是因为他们能这样做。恐怖分子和自由战士之间的界限是模糊的，把所有选举哈马斯的巴勒斯坦人都归咎于邪恶动机同样是困难的。也许一些巴勒斯坦人选哈马斯是因为他们相信法塔赫（Fatah）腐败，或者在结束占领巴勒斯坦土地的谈判中毫无成果。但因为哈马斯的行动而把巴勒斯坦人普遍恶魔化，或者为普遍打压巴勒斯坦人寻找借口，甚至是在巴解组织（PLO）似乎着手采取一种不同的更负责任的行动方式的情况下，那就是没有正当理由的。

箭弹以后，以色列重新动用了军事力量。

在一个真实的调停背景下，巴勒斯坦人可以倾听一些影响了以色列人对于其历史理解的原则，这些原则包括：

- 每个民族都有对于尊严和尊敬——对于承认他们生存权利的需要。
- 每个民族都有对于安全的需要。
- 每个民族都有按照他们选择的法律管理自己的权利。
- 即便最虔诚的教徒也会相信，一旦他们的安全得到了确认，那么在和平（公正的和平）条件下生活、珍惜好客的品质、重视宗教自由、尊重每一个个体就是上帝的意愿。
- 蕴藏在每一个族群文化中的宗教信仰都需要得到尊重，但以不和别人的生存权发生冲突为限。
- 如果一个人的财产被盗窃，他们将因为不法行为得到补偿。

这些是以色列的某些需要，如果可以分享，它们将成为未来解决问题的基础。这是调停者帮助各方相互倾听的方法的关键。正如在第一章中所述，这些需要将为调停者提供原则或潜在的目标和需求，并最终成为各方共有的目标和需求。

巴勒斯坦人看问题的方式[19]

继续看我们的例子。调停者将转向巴勒斯坦人听听他们对事情的看法。这不仅可以带来共鸣，还可以同样带来巴勒斯坦人与以色列的目标和需求相互重合的想法。巴勒斯坦人的看法也是从伴随着犹太人回到巴勒斯坦、犹太复国主义兴起开始。尤其是，他们对于争端的看法始于 1917 年"鲍尔弗宣言"（the Balfour Declaration），当时英国允诺一小撮的犹太复国主义运动者在巴勒斯坦建立"民族之乡"。巴勒斯坦人在 1917 年 11 月 2 日之后的每一天都看到以色列（在西方支持下）剥夺对于他们的土地。"为什么我们要为欧洲对犹太人做的事情受到惩罚？"数字和地图对于理解巴勒斯坦讲述的故事非常

---

〔19〕 接下来的内容主要引自 Baruch Kimmerling and Joel S. Migdal, *The Palestinian People*, *A History*, Harvard University Press, USA, (2003).

重要。

1917 年，在巴勒斯坦的阿拉伯人，主要由穆斯林、基督徒和犹太教徒组成，总数约 650 000 人。其中有多少巴勒斯坦人是个争议很大的问题。在 20 世纪初只有数千名犹太复国主义者迁入巴勒斯坦，和其他阿拉伯人比邻而居。在 1949 年，联合国估计大约有 726 000 名巴勒斯坦人因为以色列国家的建立而成为难民。[20] 大多数巴勒斯坦人把以色列的建立视为对巴勒斯坦土地的大规模掠夺。

1948 年 5 月 14 日，哈里·杜鲁门（Harrg Truman）总统承认了以色列国家。巴勒斯坦人讲述，在几个星期之前，4 月 19 日，两个犹太恐怖主义组织在代尔亚辛村（Deir Yassin）血洗了巴勒斯坦人，并开始一场促使巴勒斯坦人逃离的犹太复国主义造谣活动。他们的口号是"记住代尔亚辛"。［戴维·本·古里安（David Ben Gurion）后来成为总理，执行德莱计划（Plan Dalet），用军事行动对非犹太人口中的巴勒斯坦人进行种族清洗。］在这场运动的几个月时间里，农村和城市街区经受了有资料记载的至少 30 次大屠杀的"清洗"，上千人被杀死，在以色列军队清空居民过程中，531 个村庄和 11 个城市街区被毁灭。

在 1948 年 5 月 15 日之前，即英国对巴勒斯坦的托管结束和以色列国家成立日之前，250 000 名巴勒斯坦人被迫逃离。在 1948 年 5 月 15 日和 1949 年 2 月 12 日之间，又有 500 000 名巴勒斯坦人被逐出。结果在 1948 年底前，超过 750 000 名巴勒斯坦人被迫逃离了自己的家园。[21]

一个人不需要太多同理心就能够领悟到这些生活在黎巴嫩、约旦和叙利

---

〔20〕 一份使用"巴勒斯坦记忆网页"公认的不完整资料对分区和乡村人口所做的分析显示，1949 年，在巴勒斯坦境内大约有 736 000 名穆斯林和基督教的阿拉伯人将成为"绿线以色列"（Green Line Israel）。如果这一资料准确的话，1949 年难民数量不会超过 620 000 人，因为以色列人的调查显示，1948 年 11 月 156 000 名非犹太人住在巴勒斯坦，其中 14 000 名是德鲁兹教派（Druze）。1948 年联合国难民救济及工程局（United Nations Relief and Works Agency, UNRWA）报道的难民数为 726 000。这可能表明有 100 000 名未登记及非法人口包括在难民内，或者这种出入是由于托管当局对于阿拉伯人口的刻意的有计划的少计。麦卡锡（McCarthy）认为存在少计，但他关于巴勒斯坦人口总数的数字与基于 1945 年官方数字预测的相同。See Justin McCarthy, Palestinian Population During the Ottoman and British Mandate Period, http：// www. palestinianmembered. com/Acre/Palestine-Remembered/Story559. html.

〔21〕 McCarthy, supra.

亚营地中的难民该是何等状况。在接下来的几十年中，这些难民等待回归
自己的家园。据说在此期间别人给了他们即刻回家的希望。联合国安理会
第194号决议（1948年12月11日）称："希望回到他们家乡的难民应该
在最早可行日期得到允许，那些选择不回乡的人将会得到财产上的补
偿。"在以色列服从此项决议的前提下，以色列加入了联合国。从那以
后，联合国又通过几项决议授予巴勒斯坦人返回的权利。起初，每项决议
都在难民中燃起新的希望。（以色列宣称这些决议是没有约束力的，并且
提醒在大屠杀或者犹太人逃离阿拉伯世界期间许多犹太人被夺走的东西都
没有得到补偿。）不论如何，当希望转变成绝望的时刻，许多难民求助于
哈马斯。[22]

留下来的巴勒斯坦人

为了全面理解巴勒斯坦人的看法，调停者还要听取留在以色列境内的巴
勒斯坦人的叙述。[23]当我们了解到1949年竟然只有区区150 000名巴勒斯坦人
留在以色列的时候，以色列军事行动的范围也就清楚了。现在大约1 500 000名
巴勒斯坦人在加沙，2 500 000名在约旦河西岸、东耶路撒冷和以色列。他们
的故事是自1946年至1966年，他们被授予公民身份但生活在军事命令之下。
这些命令拒绝给予他们任何重返家园以及重建他们失去的一切的能力。他们
生活在"违法村庄"，无权重建和修理自己的住宅。以色列人宣称他们在任何
时候都可以推平巴勒斯坦人的家。

不管数字如何，巴勒斯坦人的生活充满了艰辛。以色列拒绝给巴勒斯坦
人提供电力、自来水、医疗和教育体系、通信和排污服务。随后以色列开始
建设，他们构筑隔离墙。另外，他们在约旦河西岸建设定居点，这是巴勒斯
坦人保留回家希望的他们自己的那块土地。

---

〔22〕 Kim Bullimore, "Hamas: Wins Election", *Green Left*, November 17, 1993, http://www.greenleft.org.au/node/34793.

〔23〕 我在这里主要依据奥伦的历史记述，其中的数字是很有价值的，尽管对于准确数字存在某些争论。Oren, M.B., *Power Faith and Fantasy*.

对于每一个以色列人来说，表达被认同的重要性，以及每一枚从加沙和黎巴嫩发射的火箭弹和每一次自杀式爆炸给他们的身份造成的痛苦和压力是很困难的事情，同样，让巴勒斯坦人描述他们丧失了自由和独立的生活何等艰辛，以及对于他们来说，忍受以色列军队随意拦截搜查、房屋被推土机推平、新定居点数量不断增长、以色列定居者对于巴勒斯坦人的谋杀无法调查何等令人气恼，也是非常困难的事情。每一次基础服务被拒绝都增加了他们被世界其他部分抛弃的感觉。 87

让我们思考一下关于修建定居点的承诺达成及其被破坏的历史。

安全诱发盗窃[24]

从巴勒斯坦人的观点来看，要想知道以色列政策如何反复无常，以及为什么每个定居点都是对巴勒斯坦人尊严的公然侮辱，极为主要的一点是考虑以色列政府在定居点发展过程中的角色。今天，有关约旦河西岸和东耶路撒冷现场的定居点，包括公路和非法哨所的事实，反映了处理被占领土问题时两条不同路线的会合——一种是策略性的，另一种是意识形态的。

以色列政府历来在有关约旦河西岸和东耶路撒冷定居点的规划和发展问题上，都是对巴勒斯坦人和犹太人不公正地适用法律。在西岸通行的法律框架是占领期间适用的以约旦立法为基础的。不过，[25]以色列人的法律修正案，对规划体系纳入了许多限制巴勒斯坦人、增进以色列政府和定居者意识到的利益的修改。[26]

比如，约旦法的一条修正案是，把法律规定的该地区的管辖权由内政部长移交给以色列国防军司令官。于是，以色列人，大多数是以色列国防

---

〔24〕 我对卡莫尔·麦肯表示感谢，他是我在高级谈判研究班上的一个学生，对于以色列定居点政策做了细致的研究。

〔25〕 Lein, Y. (collaborating with Eyal Weizman), *Land Grab: Israel's Settlement Policy in the West Bank*, B'Tselem Publication, May 2002, p. 85; citing *Planning and Land Laws*, pp. 43～158.

〔26〕 Lein, Y. , *Land Grab*, p. 85.

军官员和定居者代表取代了约旦和巴勒斯坦官员。[27]命令还授权以色列国
防军司令在该地区发布命令任命"特别规划委员会（Special Planning
Committees）"。[28]因此，当地犹太定居点领导者有权作为"特别规划委员
会"准备和提交规划纲要，并在这些规划的基础上向居民颁发建筑
许可。[29]

从来没有巴勒斯坦村议会为了该法的目的被界定为特别规划委员会。[30]
另外，根据这种法律框架为巴勒斯坦人社区预备的规划纲要仍然发挥着分界
的作用，因为在划线以外的地区随即被强加了限制。[31]不论如何，以色列政
府约束巴勒斯坦人在现存城市以外进行建设的主要工具就是简单地禁止
规划。[32]

从以色列在东耶路撒冷扩建定居点伊始，政府就发挥着极大的作用。六
日战争以后，以色列无视住在耶路撒冷的巴勒斯坦人，宣布："就耶路撒冷将
成为以色列不可分割的首都存在着一个广泛的共识。"[33]政府立即将以色列法
适用到"附属于耶路撒冷市政当局的西耶路撒冷北、东、南的广大地区"。[34]
这个区域远远超出了当时约旦法定义的城市范围。[35]尽管如此，政府立即开
始在该地区修建定居点，发起了吞并的进程。[36]政府还采取措施鼓励犹太人
向附近地区迁移。[37]

---

[27] Lein, Y., *Land Grab*, p. 86; citing *Order Concerning the City, Village and Building Planning Law（Judea and Samaria）（NO. 418），5731 ~ 1971, in Planning, Building and Land Laws*, pp. 239 ~ 250, section 2（1）.

[28] Lein, Y., *Land Grab*, p. 88; citing *Order Regarding the City, Village and Building Planning Law*, section 2A.

[29] Lein, Y., *Land Grab*, p. 88.

[30] Lein, Y., *Land Grab*, p. 88. 这里删去的想法是根据修正案赋予特别规划委员会权力本身不是不合理的。不过，这种特权始终没有被授予巴勒斯坦地方权力机构就是不合理的。

[31] Lein, Y., *Land Grab*, p. 87.

[32] Lein, Y., *Land Grab*, p. 86.

[33] Tenenbaum, K., "Ehud Eiran. Isreali Settlement Activity in the West Bank and Gaza: A Brief History", *Negotiation Journal*, Vol. 21, Iss. 2（pp. 171 ~ 175, at 171）. Published online: March 22, 2005, 12: 00AM, http://onlinelibrary. wiley. com/doi/10. 111/j. 1571 – 9979. 2005. 00055. x/pdf.

[34] Lein, Y., *Land Grab*, p. 11.

[35] Ibid.

[36] Ibid.

[37] Tenenbaum, K., "Ehud Eiran", pp. 171 ~ 175, at 171.

和约旦河西岸一样，政府用规划纲要（分区制）在东耶路撒冷建立定居点， 89
不顾该地区"分别实行的法律和制度机制相对而言有所不同"[38]。不过，不
像约旦河西岸的其他地区，在东耶路撒冷被兼并以后，该地区约旦规划纲要
全部废弃。[39]这基本上创造了一个需要填补的计划真空。所以，在兼并后 10
年间，在这个城市特别限制的地区颁发了专门建筑许可。[40]

20 世纪 80 年代为巴勒斯坦社区准备的规划纲要包括了禁止建筑的有特
殊意义的地段。[41]它把巴勒斯坦人的建筑限定在东耶路撒冷 11% 的地区，
其中大多数限制在建筑物密集的地区。[42]相比之下，以色列最大规模的建
筑计划之一哈霍马（Har Homa）始于 20 世纪 90 年代的东耶路撒冷，至今
仍以不断加快的速度在推进。[43]

下一个是在奥斯陆（Oslo）做出并在随后的和平谈判中重申的承诺。
1993 年在以色列与巴勒斯坦之间的奥斯陆进程开始之前，以色列的定居点
活动已经受到了国际社会的严厉批评。对于巴勒斯坦人而言不幸的是，以
色列政府迫于谴责的压力所做的表面上的改进是在关键时刻阐述令人满意
的政策，而这些政策与政府持续推行的政策截然相反。以色列领导人在谈
判中始终向伙伴保证，定居点建设将被冻结，并采取其他步骤控制扩充。
定居点在规模和数量上继续增长，引发了对于以色列的可信度以及两国解 90
决方案的可行性的质疑。[44]

1992 年伊察克·拉宾（Yitzhak Rabin）成为工党领袖并承诺"改变国家

---

〔38〕 Lein, Y. , *Land Grab*, p. 87. （"使用规划纲要作为限制巴勒斯坦人建筑、并推动定居点建
设的工具在东耶路撒冷十分普遍。尽管该地区实行的法律制度机制与约旦河西岸的残余制度有所不
同。"）

〔39〕 Lein, Y. , *Land Grab*, p. 87；citing Shalem, I. （1999）, *East Jerusalem-The Planning Situation*
（in Hebrew）（jerusalem）, p. 5.

〔40〕 Lein, Y. , *Land Grab*, p. 87；citing Shalem, I. , *East Jerusalem*, p. 5.

〔41〕 Lein, Y. , *Land Grab*, pp. 87 ~ 88.

〔42〕 Lein, Y. , *Land Grab*, p. 88. （这个发现根据 1999 年底被批准的规划——"除去被征用
的土地，东耶路撒冷只有 11% 的土地供巴勒斯坦人口使用。"）

〔43〕 Ofran, H. , *The Death of the Settlement Freeze – 4 Months Since Annapolis-March 2008*, Settler
Watch Team Peace Now Report, p. 2.

〔44〕 Tenenbaum, K. , "Ehud Eiran", pp. 171 ~ 175, at 174. （"讽刺的是，在 20 世纪 90 年代，
从 1993 年开始在奥斯陆和平进程支配的 10 年，约旦河西岸定居者的数量从 78 000 增长至 200 000。"）

优先事项"。[45]在1993年《原则宣言》（the Declaration of Principles）签署的时候，又给巴勒斯坦人带来了这个承诺即将会实现的希望。宣言"考虑一份最终的两国解决方案"，并且把部分领土的权力转移给巴勒斯坦当局。[46]1995年奥斯陆第二号协定（Oslo II）签署后甚至出现了更大的希望，双方同意："在永久地位谈判以前，任何一方都不应开始或采取任何措施改变约旦河西岸和加沙地带的现状。"[47]当然，以色列说这些承诺是以巴勒斯坦人努力阻止哈马斯实行恐怖活动为条件的。不过，对巴勒斯坦人来说，其中的关键是以色列不断逃避奥斯陆义务。

以色列执行奥斯陆协议有关定居点义务的尝试是有限的，继续建设定居点问题上的漏洞却被自由地解释和适用。比如，工党政府辩解继续增加定居点是"容纳'自然增长'的当地人口所必需的"[48]。政府的内部方针也保留了在"大耶路撒冷地区和约旦河谷"[49]允许新建定居点的权利。"自然增长"条款允许以色列继续建设定居点而不会激怒美国。"大耶路撒冷"的概念可以宽泛地解释。[50]结果，"政府方针中的例外实际上成为允许继续修建定居点和增加以色列定居点人口的主要工具。"[51]在20世纪90年代期间，西岸犹太人定居者的数量从78 000人增加到大约177 000人。[52]

在此期间定居者还主动修建非法"哨所"。[53]政府一般不会赶走这些定居者，有些定居点还得到了政府具有追溯效力的认可，"这让人估计直接与定居者对抗将会失去很多东西。"[54]同时，政府为新的和现存的定居点及绕行公路

---

〔45〕　Lein, Y., *Land Grab*, p. 15.

〔46〕　Dershowitz, A., *The Case for Israel*, p. 72.

〔47〕　Lein, Y., *Land Grab*, p. 15; citing *Israel-Palestinian Interim Agreement on the West Bank and the Gaza Strip*, September 28, 1995, Chapter 5, Article 31 (7).

〔48〕　Tenenbaum, K., "Ehud Eiran", pp. 171~175, at 174.

〔49〕　Ibid.

〔50〕　Ibid.

〔51〕　Lein, Y., *Land Grab*, p. 16.

〔52〕　Lein, Y., *Land Grab*, p. 18.

〔53〕　Lein, Y., *Land Grab*, p. 16.

〔54〕　Oded Haklai, "Religious-Nationalist Mobilizaton and State Penetration: Lessons from Jewish Settlers' Activism in Israel and the West Bank", 40 *Comparative Political Studies*, 713, 722. See also Lein, *Y. Land Grab*, p. 16.

建设提供合法证明。他们事实上把约旦河西岸改变成瑞士奶酪一样的形状，把巴勒斯坦人隔绝在小块孤立的地区，不仅限制了他们彼此接近，还限制他们得到关键的基础设施服务，包括医疗保健和交通工具。[55]虽然以色列声称新建筑物和定居点不会损害永久地位协议的成果，但要巴勒斯坦人不把这些看作是一种改变现场情况的策略实在太难了。

92

对于巴勒斯坦人而言，以色列定居点政策不连贯只是它在不遵守自己签署的协议条款之外表现自己的另一种方式。以色列领导人有时也承认以色列行动的不合法性。比如 2007 年 5 月 27 日，以色列总理阿里尔·沙龙（Ariel Sharon）就 2003 年路线图（Road Map）说："占领——把 3 500 000 名巴勒斯

---

〔55〕 在 2007 年 11 月安纳波利斯会议（Annapolis Conference）推动以巴和平进程的最新尝试之前，政府再次承诺不再建立新定居点并且"冻结"在现存定居点上的建设。不过，事实表明这个承诺没有被信守。下面是定居点观察团（Settlement Watch Team，一个以色列定居点监督机构）发现的情况，Peace Now，Report：eliminating the Green Line-August 2008，1_8（August 2008）available at http：// www. peacenow. org. il/site/en/peace. asp? pi =61 & docid =3380 & pos =0.

政府说它已经"冻结"了现存定居点的扩展，因为它限制颁发新定居点的许可证。不过，在 2008 年 8 月，约旦河西岸的建设增加了几乎一倍。

与东耶路撒冷建设相关的政府活动水平显著增加，与 2007 年相比，招标数量增加了 38 倍。

加速的目标是"通过密集的建筑有意在定居区与约旦河西岸中心孤立的定居点之间建立地区联系，以消除绿线"。

在 2008 年的报告中，"今日和平"（Peace Now）记录了约旦河西岸的下列活动：

●超过 1000 个新建筑正在定居点兴建，55% 位于已建的隔离墙以东地区。在安纳波利斯会议以前所有的建筑场地上继续建设，包括 37 个定居点的 220 座建筑。

●与 2007 年 1 月到 5 月 240 个住房单元相比，在 2008 年 1 月到 5 月，住房部启动了 433 个新住房单元。

●最近几个月，住房部（Housing Ministry）启动的建设占中央统计局［Leneral Bureau Statistics (CBS)］计算的约旦河西岸建筑的 64%。

●与 2007 年 65 个相比，定居点建设招标数量增长 550%——达到 417 个住房单元。

●在过去 6 个月中至少 425 个新建筑，包括帐篷和永久建筑，建于约旦河西岸中心孤立的定居点和哨所。

●国防部（The Ministry of Defense）批准了几个建设计划，总共至少 946 个住房单元，一些计划是为了隔离墙以东的建设。

"今日和平"还发现，东耶路撒冷招标数量增长，"非法"哨所扩张而政府对此类活动很少或根本没有反制措施。安纳波利斯会议以后不到一个月，政府就把东耶路撒冷排除在冻结范围之外。从 2007 年 12 月到 2008 年 3 月，东耶路撒冷公布了至少 750 个住房单元的建设招标。相比之下，整个 2007 年直到最高峰的时候，也只公布了两个共 46 个住房单元的招标。另外，在 58 个非法哨所上进行了建设和开发，7 个另外的哨所搭建了至少 16 个新的永久建筑。最后，"没有哨所被清除"，政府宣称 2 个哨所被清除"似乎有一点误导"。报告说其中一个"哨所"只是个破帐篷，另一个从未被清除。

坦人置于占领之下"是一个"对于以色列人和巴勒斯坦人都是可怕的事情"并且"不能无休止地继续下去"。[56]就在这个重大声明做出后不久,沙龙澄清他的意思是控制人民而不是土地,因为他相信土地是"有争议的",不是"占领的"。[57]路线图第一阶段呼吁以色列结束定居点政策,包括与定居点自然增长有关的活动。[58]虽然沙龙总理的内阁批准了路线图,但他们对计划附加了14条限制。[59]对于巴勒斯坦而言,沙龙的解释是回避承认国际法、特别是《第四日内瓦公约》(the Fourth Geneva Convention)中定义的对于领土"占领"的法律后果。[60]

93

退一步讲,这些状况对于巴勒斯坦人来说反映了以色列政府糟糕的可信度。特别是,以色列政府试图向巴勒斯坦人传达的同情可能被沙龙随后的解释抹杀了。另外,那个对此行为负责的人过去提出了在这片领土上扩张定居点的最有影响力的一项计划,这不是在帮助巴勒斯坦人。[61]无论如何,调停者不能回避倾听巴勒斯坦对于土地和财产安全的需求。调停者会禁不住对这样一种对于财产的需求,同许多经历过类似掠夺前来以色列寻求补救的犹太人的要求一视同仁。

加沙地带:没理由的让步——软弱还是强大?

调停者可以询问巴勒斯坦人如何看待加沙地带。2005 年,以色列启动从加沙地带后退的撤离计划,从约旦河西岸 21 个大定居点和 4 个小定居点中撤

---

〔56〕 Wallace, K., "Sharon: 'Occupation' terrible for Israel, Palestinian, Sharon, Abbas Plan to Meet on 'Road Map'", *CNN. com/World*. Tuesday, May 27, 2003, Posted: 12: 09 AM EDT (0409 GMT). http://www.cnn. com/2003/WORLD/meast/05/26/mideast/.

〔57〕 Assad, S., "Sharon's Unique Definition of Occupation", *Media Monitors Network*, Posted May 30, 2003; http://www. mediamonitors. net/samarassad1. html.

〔58〕 U. S. Department of State Press Statement, Office of the Spokesman, "A Performance-Based Road-map to a Permanent Two-State Solution to the Israel-Palestinian Conflict", Washington, D. C. (April 30, 2003). http://www. state. gov/r/pa/prs/ps/2003/20062. htm.

〔59〕 "Israel's Road Map Reservations", *Haaretz Daily*, May 27, 2003.

〔60〕 Id.

〔61〕 从某种程度上,站在以色列人的立场,作为一个合法化的因素这或许是有效的。但是,从一个巴勒斯坦人的观点,我认为这可能成为不信任的一个根源。

出定居者。[62]除拆除定居点并把定居者迁至以色列领土内之外，该计划还包括从该地区撤出所有以色列国防军。[63]从巴勒斯坦人的观点看，这并不是以色列把土地归还巴勒斯坦人控制的善意的证明。真正的目的如当时总理沙龙所说："增加以色列居民的安全，减轻以色列国防军的压力，减少以色列和巴勒斯坦人之间的摩擦。"[64]尽管巴勒斯坦人欢迎撤离，它还是被视为"旨在巩固以色列对大多数巴勒斯坦人居住的约旦河西岸控制的一次单边行动"[65]。

94

撤离完成以后，以色列宣告结束加沙地带的军事统治，同时宣称结束它对加沙的责任及其正常运作。[66]但以色列保持着对加沙地带重要职能的控制，包括对大气和海洋空间、加沙地带和约旦河西岸之间的活动以及出入加沙的物品通道的控制。宣告还要求该地区进行人口登记和电信控制。[67]此外，加沙地带的居民还被迫在燃料、电力、天然气供应方面依赖以色列。[68]2005年，80%的加沙地带居民生活在贫困线以下。[69]此后经过18个月，没有迹象表明以色列允许加沙的发展。它把进入加沙的卡车数量限定在勉强糊口的水平，对哈马斯选举施以车辆限制。加沙地带的脆弱状态在2006年1月达到顶点，当时居民们选举哈马斯作为他们的领导政党，这导致外国援助撤离该区，加剧了萧条状况。[70]

---

[62]　Morley, J., "Israel Withdraw from Gaza Explained", *Washington Post*, Wednesday, August 10, 2005；10：36 AM. http：// www. washingtonpost. com/wp-dyn/content/article/2005/08/10/AR2005081000713. html.

[63]　B'Tselem, The Israel Information Center for Human Rights in the Occupied Territories. "The Gaza Strip after Disengagement", http：// www. btselem. org/english/Gaza_ Strip/Index. asp.

[64]　Morley, Jefferson, "Israel Withdrawal from Gaza Explained".

[65]　Morley, supra.

[66]　B'Tselem, "The Gaza Strip after Disengagement". 另外，以色列控制着人口登记、家庭类移民以及从其他国家进入加沙。

[67]　B'Tselem, "The Gaza Strip after Disengagement".

[68]　B'Tselem, "The Gaza Strip after Disengagement". 在2006年6月28日以前，加沙地带居民大约一半以上的电力需求由一个独立的发电站提供，其运行依赖以色列的天然气和燃料。不过，在6月28日，以色列炸毁了这座发电站，作为以色列士兵吉拉德·萨利特（Gilad Shalit）被劫持的回应。从那以后，加沙地带居民的电力需求只能依靠以色列。

[69]　B'Tselem, "The Gaza Strip after Disengagement".

[70]　McGreal, C., "Aid Withdraw Is Bringing Dealth Service in Gaza to Brink of Collapse", *British Medical Journal*, 332 (May 20, 2006) p. 1171. http：// www. bmj. com/cgi/content/full/332/7551/1171；accessed November 21, 2008.

95　　　许多巴勒斯坦人相信沙龙"从加沙撤出是因为他不能用一半军队维持对8000名定居者提供的保护"。他想"拥有一个他能控制的以色列和一个分裂到不能构成问题的巴勒斯坦国"。[71] 对于巴勒斯坦人而言，以色列的单边撤离是在沙龙政府与巴勒斯坦人之间没有明确的谈判协议的情况下发生的。它是巴勒斯坦人的抵抗在起作用的信号。如果以色列从加沙撤离是"根据与马默德·阿巴斯达成的政治协议进行的，今天的政治和安全形势就会大不相同"[72]。巴勒斯坦人带走的唯一希望就是加沙撤离可以树立一个积极的先例，"证明把定居点连根拔起是可能的"。[73]

　　调停者可能已经认识到以色列单边撤离加沙中存在的问题。因为双方没有进行对话，那么对于撤离动机存在着疑惑是可以预料的。当一方当事人在谈判中采取行动，却没有就行动的原因或者他们想从行动中得到什么进行沟通的时候，很可能另一方把这种让步要么视为软弱的信号，要么视为对另一方起先就是正确的一种认可。至少，他们会把这种行动当作利己主义驱使的结果：以色列一定有隐秘的动机。

巴勒斯坦人对入侵加沙的看法

　　后来，在 2008 年 1 月，以色列不顾停火协议入侵加沙，试图把它夺回来。《戈德斯通报告》（The Goldstone Report）〔作者南非法官丹尼尔·戈德斯

〔71〕　Kaufman，G.，"No Peace with Sharon：The Gaza withdrawal Has Been a Veil for Continued Persecution and Ethnic Cleansing of Palestinian"，*The Guardian*，December 7，2005.（文章援引布兰特·斯考克罗夫特，老布什总统的国家安全顾问对康多莉扎·赖斯说过的话。）See also Fattah，H. M.，"Some Arabs See Withdrawal as Hollow Victory"，*The New York Times*，August 18，2005.（"沙龙可以回避路线图6个月到1年，没有人可以命令他执行另一次撤离。这为他赢得了很多时间。"）

〔72〕　Oppenheimer，Y.，"Either Peace or Hamas"，*Opinions*：*Articles and Speeches*，Peace Now，September，10，2007. http：//www. peacenow. org. il/site/en/peace. asp？pi＝195 & fld＝562 & docid＝2538 & pos＝7.

〔73〕　Levy，D.，"Wanted：Minister for Re-engagement"，*Opinions*：*Peace Initiatives*，Peace Now，December 14，2004. http：//www. peacenow. org. il/site/en/peace. asp？pi＝170 & fld＝171docid＝1116. 丹尼尔·列维，作为约西·贝林的政策顾问，是 B. 奥斯陆和塔巴谈判的以色列团队成员，是"日内瓦倡议"的以色列方首席起草人。

通（Daniel Goldstone）批判了以色列行动合法性问题］提出充分的理由反对以色列和巴勒斯坦双方的行为，但真正的着力点在于反对以色列。以色列除 96 杀害巴勒斯坦人之外，还对巴勒斯坦商业、医院、学校和清真寺进行大规模破坏，巴勒斯坦人视之为杀害无辜和洗劫残留人口的无耻行为。在放弃加沙给巴勒斯坦人治理，而加沙人民选出一个政府以后又把它夺回来，这在根本上是错误的。

自从撤离之后（以及很早以前），根据包含在《第四日内瓦公约》（the Fourth Geneva Convention Relative to Civilian Persons in Time of War）和《海牙公约》（The Hague Convention），以及国际人道主义法和国际人权法中的占领规则，[74]巴勒斯坦人一直向联合国指控以色列违背了其在加沙的国际法义务。《戈德斯通报告》对他们给予支持。

起初，巴勒斯坦人显示出从联合国撤回他们的申诉的意愿，条件是以色列能够坐下来协商一个永久解决方案。当以色列显示出无意对话、美国也不支持巴勒斯坦申诉的情况下，巴勒斯坦人即向巴解组织施压以恢复向联合国提出控告。

一个新的停火协议诞生了，但随着几年过去，巴勒斯坦人想知道是否还会有任何人关心那些仍然生活在加沙的人。那里的情况是超过 1 500 000 名巴勒斯坦人生活在可怕的境地。以色列对边境的控制让情况变得无法容忍。巴勒斯坦人为了生存铤而走险，他们被迫开挖通往埃及的地道，冒着生命危险提供维持自己和家庭生活的收入。最后，暴力再次爆发。在 2012 年 11 月，哈马斯激进分子向以色列城市发射火箭弹，以色列以武力摧毁作为回应。

需要回归基本面

接下来以色列与哈马斯签署的停火协议再次开启了可能调停的通道。在写这篇文章的时候，作者希望双方能够坐下来面对面地协商一个长久的解决 97 方案。

---

〔74〕 B'Tselem, "The Gaza Strip: Israel's Obligations under International Law." 参见接下来更多与国际法相关信息的讨论。

　　一个熟练的调停者不仅要对以色列人表示同感，还要对无辜的巴勒斯坦人遭遇的苦难表达共鸣。调停者需要重述巴勒斯坦人不得不说的话。这个过程不仅有助于情绪宣泄，还将为确认共同的目标与需要奠定基础。

　　这种同理心式倾听的重要性几乎每天都在家庭调解的语境下展示出来。对于大多数家庭争端方而言，法庭对他们相互之间的伤害漠不关心，律师们聚在一起蚕食争端当事人，直至婚姻财产所剩无几。法律通常"无过错"，这增加了没有人在意他们如何遭受委屈的感觉。所以，寻求离婚的家庭伴侣求助于调解。调解者知道，如果双方没有觉得被认可、被倾听，他们的身份就会淹没在解决结果中。许多时候，当事人会把解决结果当作对他们婚姻意义的诠释。他们宁愿他们个人什么都得不到，也不愿意另一方得到了他（她）不该得到的东西。

　　一旦建立了这种共鸣，[75] 调停人就会知道巴勒斯坦是否认同调停人在他们讲述故事时所听到的他们的潜在需求。从巴勒斯坦人的故事里呈现的是下列的目标和需要：

- 每个民族都有对于尊严和尊敬——对于承认他们生存权利的需要。
- 每个民族都有对于安全的需要。
98
- 每个民族都有权按照他们选择遵守的法律管理自己。
- 蕴藏在每一个族群文化中的宗教信仰都需要得到尊重，但以不和别人的生存权发生冲突为限。
- 如果一个人的财产被盗窃，他们将因为不法行为得到补偿。
- 迟来的正义不是正义。

　　这些是共同的需要吗？

---

　　[75] 是否在调解一开始就进行这种双方故事的重述，对于家庭调解者而言是个有争议的问题。一些调解者主张，重述故事或者相互之间做开场陈述只会强化各自的立场，会使双方由抗辩转化为问题解决变得更加困难。固然在某些家庭争端中这可能是真的，但更好的观点是，放弃让各方倾听并试图理解另一方看法的优势，会影响可以导致讲述故事的感情宣泄，以及可以通过积极倾听传达给当事人的共鸣。最终它将阻碍调解者对于构成未来创造性解决方案基础的潜在目标与需求的理解。它影响任何已达成协议的可能的持久性。

从立场式谈判到问题解决

让我们再次拿加沙形势作为例子。

在棘手争端中永远放弃解决问题的希望是件诱人的事情，2005 年加沙入侵的后果就是这样一个例子。在家庭争端场合，让法院解决问题的选择总是很多。法院的台阶是诉讼当事人面对一个事实，即法院和陪审团可能以一种让一方失去一切的方式做出决定。法院施加独一无二的压力，促使当事人调解争端。法院裁决的非输即赢性质有助于当事人把注意力集中在妥协上面，而不是冒着全盘皆输的风险。在某种程度上，这似乎是加沙入侵之后以色列和巴勒斯坦之间发生的事情。《戈德斯通报告》以及国际刑事法院暗示的威胁，吸引了以色列的注意力，虽然那只是一小会儿。2012 年 11 月加沙入侵对当事人是否存在更大的影响仍有待观察。它会让国际社会关注在加沙的巴勒斯坦人的困境吗？至少一个欧洲国家愿意朝巴勒斯坦人的方向迈进。法国公开出来支持巴勒斯坦向联合国提出的一份单方面宣布建立国家的解决方案。[76]

对于当事人潜在需求与目标的理解可以为加沙局势的成功调停创造条件。如果以色列以承认巴勒斯坦作为回报，巴勒斯坦如何显示他们承认以色列的意愿？如果边境像目前这样得到控制，当事人如何获得安全、基本经济服务和经济真正发展所需的条件？

对于一个熟练的调停者而言，即便是宗教分歧也不会令人沮丧。记住第一章那个橙子的例子，重构潜在问题是十分重要的。即便是最热诚的犹太复国主义者也希望以色列成为和平之所，不仅最终得到安全，还是一个真诚好客的地方，坦诚面对其他人的正当权利和需求。同样，即便是最原教旨主义的穆斯林在安拉暴动之后也认识到与邻居公正、和平地生活在一起的需要。

---

〔76〕 Jamey Keaton (2012), "France to Recognize Palestinian State", *Chicago Sun-Times*, November 27.

大步骤之前的小步骤

调停者从哪里开始？在家庭调解中，调解者会在提出重大措施之前先建议采取一些小的措施。但第一步绝对是关键的——双方都要宣布放弃针对平民的暴力行为。正如在家庭调解中，调解者会主张争端双方停止把孩子作为武器。在国际争端中，当事方也应同意平民属于禁区。由此类推，调停者将尝试让双方同意停止针对对方使用暴力。正如在家庭调解过程中，调解者将争取让双方同意相互之间以礼相待。在国际调停中，当事方也应同意停止滥用语言、威胁或针对彼此的暴力行为。调停者一定要通过向代表提出个人请求，进行私下讨论，不仅停止进行威胁，还应尽他们的责任阻止所有恐怖活动。他们必须摒弃所有对另一方使用任何暴力的人。换句话说，双方需要同意停火。尽管没有解决认同的问题，但每一方都可以通过行动显示他们对于和平是认真的。从以色列的观点来看，这是一小步，但对处于不那么强大的地位的巴勒斯坦人而言，这是他们的一切。对于他们而言，这是仅有的一张牌。但调停者必须说服巴勒斯坦人，停火和停止恐怖活动是对话的基础，而对话是改变的第一步。最终，这个过程延缓了哈马斯是否正式承认以色列的问题，因而他们并没有失去谈判中仅有的一点影响力（他们是否停止战斗），否则的话这将是弱势一方可能不得不妥协的地方。

在国际舞台上，当领导人宣布放弃使用暴力的时候，其效果真的是转化性的。在这条道路上，尼尔逊·曼德拉成为终结种族隔离政策的精神力量，圣雄甘地（Mahatma Gandhi）和马丁·路德·金（Martin Luther King）成为改变人们对于他们所代表的群体特质看法的变革性人物。人们想知道，对于马默德·阿巴斯而言，为了巴勒斯坦人转变成这样一种人物是否为时已晚。本雅明·内塔尼亚胡（Benjamin Netanyahu）采取这种立场将在言辞上带来戏剧性的改变。人们想知道，一方的转变是否可能导致另一方的转变。[77]

---

〔77〕 要求当事人成为"更高的""更好的"自我是提出个人请求的核心。熟练的调停者可以使用很多技巧，通常包括提及一个第三方，不管是一个宗教人物（像亚伯拉罕）、一个受人尊敬的父辈或祖辈，还是一些双方都尊重的第三方，或者提及他们的孩子或他们的遗产。调停者可以提示他们想一想希望如何被人记起。一种让调停者更有效率的办法是通过调查研究为每一方个人代表找到一个特定的人，可以作为参照点，唤起当事人谋求和平的勇气。

调停者将尝试在共同的安全需求与诸如停火与放弃恐怖暴力所带来的双赢解决方案之间建立联系。在没有这些协议的情况下，调停工作会更加艰难。

虽然没有正式协议，但有证据表明西岸巴勒斯坦解放军（Palestine Liberation Army，PLA）（虽然不是哈马斯）决心用非暴力行动表达他们谋求和解的意愿。[78]事实上，对于欧洲人而言，在约旦河西岸停止使用暴力为巴勒斯坦解放军提供了某些合法性。另一方面，并不清楚这样停止使用暴力是巴勒斯坦一方选择的结果，还是因为以色列自己的安全手段所致。调停者可以帮助当事人把他们的行为归因于正确的决定，至少是在调停期间。虽然这只是一小步，但可以帮助当事人形成跨出一大步所需要的信任关系。以后我们再谈到这一点。

也许下一步，当事人需要仿效北爱尔兰的例子，建立起巴勒斯坦治理机构合法化的途径。这里，交换囚犯非常重要。但以色列如何能够释放他们不共戴天的仇敌、这些已被证实犯下针对以色列人的罪行的囚犯？在以色列没有从监狱里放出大量巴勒斯坦人的情况下，巴勒斯坦人如何超越自己的需求展示他们促成以色列态度转变的能力？[79]

有一种解决方法是调解者在夫妻双方都对同一件财产，比如钢琴提出要求时所使用的技巧的翻版。调解者依靠替代物帮助当事人确定财产的个人价值，并建立一个可以达成协议的程序。比如，调解者可以要求当事人用美元来确定钢琴对于他们的价值。然后另一方可以选择"买下"这架钢琴并支付这些美元，或者从他们的婚姻财产中挑选与这些美元等值的替代物品。在某种意义上，一方分割财产，另一方选择拿走哪一半。

巴勒斯坦可以决定他们想要释放的囚犯的数量（比如300），以色列可以选择放出的犯人。[80]但是把太多希望放在交换囚犯上存在一个问题，即要求巴勒斯坦方的囚犯与以色列方的一样多。这并不是鼓励去继续抓人质，这样

101

---

〔78〕 "The West Bank's Most-wanted Terrorist List Has Dwindled to Almost Nil"，*Haaretz Digital*，November 10，2010. http：// www. haaretz. com/print-edition/news/west-bank-most-wanted-terrorist-list-has-dwindled-to-almost-nil – 1. 323465.

〔79〕 对于以色列和巴勒斯坦之间不对称的交换囚犯的历史的描述，参见 http：// www. reuters. com. /article/2011/10/11/us-israel-shalit-deals-idUSTRE79A6CB20111011.

〔80〕 这是卡特中心的哈莱·巴里安和罗伯特·帕斯特在2007年12月加沙停火结束之前与以色列、巴勒斯坦谈判时使用的方法。

一个小步骤必须成为迈向其他小步骤的桥梁。

另外一个小步骤是让双方原则上同意最终的加沙政府应该是合法政府。

102 这个政府将实现每个民族都有的自治权利。这个政府将保证每个公民享有平等的选举权，以及在拥有和转让财产方面的平等权利。当事人同意用民主原则治理加沙吗？以色列会同意与加沙巴勒斯坦人正当选举出来的代表会晤吗？加沙人会同意与以色列政府见面协商吗？建立选举程序解决巴勒斯坦人统治合法化的问题是第一步。作为回报，以色列人会同意停止使用否决权或紧急状态权力去剥夺巴勒斯坦人的财产吗？

下面几步来得更容易。正如在家庭争端中的情况一样，一旦双方同意根据子女的最大利益共同照顾孩子，解决方案就可以根据费用和效率进行分析。一旦当事人同意加沙人拥有自决权和财产所有权，如何提供权利就可以依据费用和效率加以分析。比如，边境安全和经济发展问题的解决，可以借鉴在交换囚犯上的成功合作。监禁结束后的生活蕴含着对共同未来的理解。它为当事人确立了一条向前发展的道路，许多双赢解决方案都无需再等待，因为以色列允许巴勒斯坦人的合法需求成为现实。边境监控是由中立方，由联合安全部队，还是分级别或层次（以色列人在他们那边，联合国部队在边境上，巴勒斯坦人在加沙一侧）进行？以色列会像"二战"后的马歇尔（Marshall）基金那样马上采取行动建立一个基金，去资助耶路撒冷的巴勒斯坦居民和西岸人重建基础设施吗？以色列会为了加沙的商业发展对与巴勒斯坦企业或其他合意的商业伙伴提供奖励性的合伙关系吗？以色列会像西德人对东德人那样，为建设和重振加沙企业对加沙人开放信贷吗？

探讨商业解决方案以显示双方着眼于未来建设的意愿，是只有当事方自己才能做出的选择。不过，当他们有时就费用和利益分享进行讨论的时候，并没有意识到他们已经改变了看法。一旦当事人选择把问题当作可以共享利

103 益的生意上的事情，其结果就是转化性的。这些选择的一个关键特征是看当事人是否被调停过程"转化"到能够更好地理解对方以及各个族群间的相互依存的地步。他们开始能够根据双方为共同利益所做的承诺进行思考。他们开始彼此签订合约。

谁来代表当事人发言？

加沙的形势凸显一个非常复杂的重要因素，使得在任何一个特定对话中所达成协议的可持续性都面临危险。假设双方同意对话，那么进行倾听、获取共鸣的人必须是能够实际约束当事人遵守未来协议的人。这是一个在国际谈判中调停人必须应对的非常重要的复杂状况。也就是说，当事人必须就如何从内部约束争端的一方接受与另一方达成的任何协议形成一致意见。否则，与一个组织达成的协议看起来就像是受贿，或者是这个组织收买并出卖了该组织的其他成员。

在争端一方存在多个当事人的场合，调停者面临着如何获得一个足以约束该方所有当事人的承诺的问题。事实上，一方当事人的律师有时会利用另一方当事人的机能障碍作为为本方获取更多利益的策略。当一方当事人内部斗争的时候，另一方当事人可以利用这个机会加强对于某些资产的占有和控制。（冷战中美国使用这种策略，利用苏联抗衡中国，他们的机能障碍给美国带来了持续不断的利益。这种策略是成功的。在与巴勒斯坦人的谈判中，以色列似乎使用了相同的策略。）

这就是 2008 年秋天卡特总统在以色列袭击加沙巴勒斯坦人不久之前面对的问题，或许它对 2012 年的谈判仍有影响。在 2008 年的时候，以色列应该已经知道，使用否决权或紧急状态权力去剥夺巴勒斯坦人财产的状况必须停止了。它利用了巴勒斯坦权力机构内部法塔赫（Fatah）或巴勒斯坦解放军，与巴勒斯坦解放军新选出的认同哈马斯的代表之间的分歧。埃及人在法塔赫与哈马斯之间尽力调停。问题是，哈马斯因为穆巴拉克的反穆斯林立场并不相信埃及人。毕竟，法塔赫作为一个政治组织在埃及有其历史根基，这让哈马斯担心任何由埃及提议的解决方案都可能偏袒巴勒斯坦解放军。埃及放弃了。卡特总统在 2008 年的第一步行动就是了解哈马斯与巴勒斯坦解放军是否愿意让他尝试调停。在 2012 年，埃及仍在集中解决自己的麻烦。如果巴勒斯坦人想同以色列进行永久解决问题的谈判，那就需要一个其信誉足以使巴勒斯坦人团结起来的调停人。

2008 年有许多事情对卡特总统有利。真的是危机创造机遇。根据宪法，

104

巴勒斯坦权力机构内部出现了法律机能障碍。马默德·阿巴斯的总统任期即将届满。距新选举还需数月。同时，阿巴斯仍然像总统一样行事，管理政府预算。另外，由于有些被选入巴勒斯坦立法机构的哈马斯成员尚被监禁，这就出现了一个明显的问题，即现在的立法机构是否能够进行统治。各方认识到，只要需要，每一方都随时可以和其他方的决定脱离关系。他们不能和以色列签订任何条约，跟任何其他人也一样。与此同时，奥巴马当选总统（还没有就任）所带来的与以色列达成两国解决方案的机遇很快化成了泡影。巴勒斯坦人要想实现更远大的建立巴勒斯坦国的目标，就必须走到一起，就统治权问题达成一致。

　　有没有一种公正的程序帮助各方解决步调一致的问题？一种程序是让不同的当事方投票表决。巴勒斯坦人可以通过投票决定由谁代表他们与以色列谈判。这是一系列问题。精心组织一次选举需要时间。在此期间谁将代表巴勒斯坦人？这些是 2008 年的问题，今天同样的问题仍然摆在桌面上。

　　问题解决程序可以展示各方是否持开放态度。巴解组织领导层与哈马斯
105 必须明白，用一种共同的声音与以色列对话是他们的共同利益。在两国解决方案中的共同利益可以构成一起工作的基础。另外，哈马斯知道，除非他们承认以色列，否则以色列不会和他们对话。明显的解决办法是巴解组织（通过秘密渠道与哈马斯协商）代表巴勒斯坦人讲话，并同意哈马斯有权就巴勒斯坦人的管理决策做出有统治力的内部决定。

　　这里有重要的难题需要解决。比如，什么问题对于治理加沙和约旦河西岸的巴勒斯坦人而言是内部问题？当它的立法委员还在以色列监狱中的时候，哈马斯为约旦河西岸所做的决定是合法的吗？这些立法委员如何参与做出有统治力的决定？

　　如果各方能够关注他们的共同目标，这些问题就不是难以克服的。在巴解组织与哈马斯之间做出决定的过程本身能够带来理解与信任。这是非常必要的，特别是有证据表明 2007 年发生于双方之间的内战带来了仇恨。

　　假设某个像卡特总统一样有技巧的人能够很快斡旋一个创造性解决方案，那么，巴勒斯坦人和以色列人将在谈判中创造出怎样的问题解决方案？很多为了理解而倾听的联席会议对于创造一种解决问题的坦诚气氛是十分重要的。安排当事人通过会谈决定某些与加沙无关的问题是一种可以创造很多契机的办法。其中包括那些当事人存在的具体的共同利益、可以一起解决的问题，

比如俘虏交换、水资源共享协议以及围绕医疗保健问题的协议。一旦各方在相互依存的重要领域（如生存）展示了一起工作的能力，他们就能重新回到长期和平的问题上，把注意力集中在那些允许双方都实现繁荣、创造可以拥有双赢可能性的策略上。存在着希望，但需要用外交政策加以培育，不要强迫当事人接受某个特定解决方案，要和代表们讨论各种选项，先和哈马斯、法塔赫，之后与以色列，以便各方能够选择他们可以接受的最好的方案。

2008 年会议几天以后，在卡特中心的熟练接洽下，巴解组织与哈马斯接近同意让巴解组织代表巴勒斯坦谈判解决加沙停火和永久地位问题。在过去选举的基础上，哈马斯将成为加沙内部事务权力机构。有关约旦河西岸的内部治理将交由即将达成一致的新选举来决定。这样的方案作为一种可能性在竞争对手之间进行讨论，给将来的谈判带来了希望。[81] 这些谈判将最终为巴勒斯坦人向以色列提出他们的关切，并显示其通过对话创造出可行的双赢方案的能力奠定了基础。

106

从某种程度上说，在 2012 年提出解决方案不是很难的部分。来自不同方面怀有善意的谈判者已经提出负载着承诺的创造性方案，只要当事人愿意。从奥斯陆协议到中东和平路线图再到阿拉伯和平倡议，每个提议的解决方案都具有巴勒斯坦人与以色列人双赢的特征。浏览一下这些不同的建议，它们显示了一旦当事人自己学会倾听另一方的合法关切并认识到他们各自情况的共同特征，那么他们将会如何达成协议。我们稍后再做这件事。首先，摆在我们面前的问题是，为什么美国或者联合国现在不能把当事人召集在一起达成这样的解决方案。

美国有重要的理由进行调停。美国知道，在以色列与巴勒斯坦人真诚谈判这件事情上，需要让它的盟友感到满意。另外，美国可以通过对以色列的军事援助发挥影响。美国有能力提醒以色列，它的替代方案是在一个国际刑事法院的案件中接受全世界的审查。由于美国在联合国具有独一无二的地位（它可以威胁否决任何反对以色列的解决方案），使它能够发挥影响，但它不能为了在以色列与巴勒斯坦之间谋求和解而放弃在该地区（涉及叙利亚和伊

---

〔81〕 就在本书写作的时候（2012 年），它似乎成为巴勒斯坦人及哈马斯同意的最后的正式方案。See http://www.nytimes.com/2012/02/07/world/middleeast/palestinian-factions-reach-unity-deal.html? pagewanted=all.

朗）的国家利益。尽管它具有影响力，但由于政治原因，美国在促成一种解
决方案上能力还是要打折扣。以色列特别善于利用选举周期为自己谋利。对
107 于许多政治学专家来说，如果任何一个总统候选人没有承诺无条件支持以色
列，那就会对候选人的公众支持率构成威胁。[82]每个总统在当选以后，需要
被人意识到是在支持以色列以便谋求连任。以色列需要拖过美国总统第二个
任期，以回避美国的影响力，之后整个过程又重新开始了。[83]

108 　　联合国又怎么样呢？它能把当事人召集起来吗？人们可能期待联合国采
取行动的威胁可以让双方重启对话。在这方面联合国能够扮演调停的角色吗？

---

　　[82]　总统候选人通过支持强硬的以色列领导人来强调他们亲以色列的立场，更有可能吸引非犹
太人选票。在美国政治中，采取坚定的亲以色列的立场，是向美国例外主义和美国的世界领导地位表
达承诺的一种方式。虽然有很多的个别例外，但作为一般的经验法则，那些对美以同盟的价值持怀疑
态度，或者那些对以色列处置巴勒斯坦人存在严重担忧的选民，正是那些对美国是个例外国家、授权
改造世界这种想法感到疑虑的选民。http：// blogs. the-american-interest. com/wrm/2012/07/29/mitt-needs-
to-make-israel-count/.

　　[83]　如果美国威胁撤回对以色列的军事援助又会怎么样？或者，为鼓励以色列改变对最佳谈判
替代方案的看法，美国将采取何种立场？如果美国表示支持巴勒斯坦单方面宣布独立，就像在科索沃
（Kosovo）那样又会怎么样？或者，如果美国威胁到联合国、要求联合国重申它对巴勒斯坦国的承诺又
会怎么样？任何一个这样的立场都会增加以色列谈判的意愿吗？

　　作为一件现实的事情，第一个选项，减少对以色列的援助就不可能发生。美国在持续向以色列出
售武器方面存在经济利益。世界政策学会（The World Policy Institute）报道，在 2002 年，美国向以色
列出售了战斗机、直升机和导弹。它出售了 50 架 F－4 猎鹰（Falcons），98 架 F－15 鹰（Eagles），246
架 F－16，这是美国之外最大的 F－16 编队。另外，它还出售了 165 架直升机，42 架阿帕奇（A-
paches），57 架眼镜蛇攻击机（Cobras Attacks），38 架海马（Sea Stallions），28 架黑鹰（Blackhawks）。
而且，它还用一个满满的导弹仓库装备了以色列，包括小牛（Mavericks）、地狱火（Hellfires）、陶式
反坦克导弹（TOWs）、麻雀（Sparrows）、响尾蛇（Sidewinders）、目标120 先进中程空对空导弹（AM-
RAAMs）和爱国者（Patriots）。

　　总之，美国不可能减少对以色列的援助，不仅是由于它的经济利益，还因为国会实在不会同意这
个行动。（甚至在美国在该地区存在其他盟友或基地，如卡塔尔、科威特和现在的伊拉克可以实施作
战行动的情况下仍然如此。）另一方面，美国供应武器也为它界定如何针对巴勒斯坦人使用这些武器
提供了一个合法理由。美国可以利用法律约束以色列人使用这些武器。

　　美国根据《美国武器出口控制法案》（U. S. Arms Export Control Act）出售武器，它规定这些武器
只能用于防卫目的。以色列以攻击性的、不对称的、极端的方式使用这些武器，已经到了违反军售条
款的程度。不过，问题，都是题中应有之义——什么时候使用武器可以定义为非防御性——及其相应
的制裁，法案都没有做出规定。

　　还有，出于历史和政治的原因，美国国会做出了对以色列国家出售武器的承诺，它也不会从此退
缩。毕竟，美国是 1949 年首先承认以色列的国家之一。美国在六日战争中支持以色列。并且，作为一
个国内政治问题，美国政治领导人需要犹太美国人对从医疗改革到人权保护在内的一系列政策予以
支持。

一种对联合国有利的方法是由它主持会谈，把双方置于使转化得以发生的国际舆论关注之下。正如我们在家庭暴力争端解决过程中所看到的，如果当事人面临法庭做出裁决及随后双方行为被公开的威胁，就会促进检察官和犯罪者之间达成辩诉交易。这也是以色列抵制联合国"干预"其事务的原因。联合国的介入将带来它对联合国管辖权及其偏见的担忧。这里再次需要一个有原则的调停人扮演更加非正式的角色。基于我们在第一章提到的理由，调停人以其原则为指导，在保密协议的掩护下会更好地促进问题的解决。这样一个调停人如何看待当事人之间的问题？这是我们下面要谈到的主题。

三大问题：耶路撒冷、定居点和
两国解决方案

还有三大遗留问题：耶路撒冷、约旦河西岸定居点和两国解决方案。我们已经考察了中间的西岸定居点问题。任何一个全面的解决方案都取决于双方的选择，人们可以看到这个过程——确定选项，根据当事人的共同需求进行分析——将如何在中东上演。

再次回忆一下我们在第一章提到的橙子的例子。谁得到橙子的问题要首先转化为人们为什么需要橙子的讨论，从而发现人们对这只橙子的潜在目标与需求。从确认当事人的潜在目标与需求开始，家庭调解者争取让争端方拥有属于自己的创造性的问题解决方案。

谁将得到耶路撒冷的问题与谁能够继承一套每个孩子都带有强大感情依恋的家庭住宅或别墅没有什么不同。事实上，那份财产对于当事人而言呈现出了与自己孩子一样的价值特征。[84] 所以，这些问题——耶路撒冷地位、定居点——也与最困难的家庭法律争端——离婚之后确定一个孩子抚养权的争端并无不同。

这不意味着当事人马上就可以被这样的过程所转化。许多个人代表在捣乱和拒绝善意协商方面都很内行。他们使用许多与家庭调解者相似的手段，使谈判陷入僵局，使和解进程遭受挫折。他们就另一方的行为进行争吵，试

109

---

[84] 作者在家庭继承调解中听到当事人说"我宁愿卖掉我的孩子，也不卖掉那件财产"。

图展示如果达成任何和解，那么他们都一定会取得胜利。另一种手段是无视共同的需要和目标，提出解决冲突中毫无解决可能的目标和需要。由此类推，代表们就另一方行为提出极无礼的要求，试图让对方分心反驳这些要求，从而延误并破坏和平进程，导致人们对于达成公平的协议失去信心。

比如，以色列过去提出的一种主张是，犹太人在一战后来到这里的时候巴勒斯坦人并没有真正占有这片土地。这个主张的变体是人们对于这片土地的占有毫无成效，是犹太人让这片土地开花结果。另一种主张是犹太人最初控制耶路撒冷，他们允许穆斯林使用他们的圣地，但阿拉伯穆斯林给犹太人参观哭墙制造困难。换句话说，如果允许阿拉伯穆斯林进行统治，他们会压迫犹太人，但目前实施统治的犹太人已经允许阿拉伯穆斯林使用，尽管有时限制他们去圆顶清真寺。

人们可以想象这种主张会引起巴勒斯坦领导人什么样的反应！穆斯林也可以指出他们好客的传统，以及六日战争前实施统治时为犹太人在耶路撒冷地区提供使用权和所有权。要选择阿拉伯穆斯林狙击手的例子就忽视了一个事实，即以色列军队强迫阿拉伯人离开他们的家园，这是他们正式占领和统治耶路撒冷的先声。

调停者还可以期待巴勒斯坦人不顾自杀式炸弹和火箭弹的非人性的效果，主张他们之所以使用这种手段是因为他们过去遭受过非人性的待遇。以色列的存在是不合法的，因为他们在巴勒斯坦的土地上。换言之，这种主张并列事实是为了妖魔化另一方，通过宣布巴勒斯坦不能尊重宗教自由来转移人们对以色列行动的批评，或者曲解巴勒斯坦人对以色列人造成伤害的罪责。这些主张通过在程序中质疑对事实的真正理解及非人性化他们的对手而侮辱了当事人及调停者的智慧。任何一个调停者面临的巨大挑战之一就是处理这些妨碍道德理解的主张所制造的情感的定时炸弹。

熟练的调停者要对应付那些不断抵制问题解决的行为有所准备。他（她）在面对极端的情感主张时应该保持冷静。在当事人因为过去调停者（在调停者是美国或联合国的场合）的行为指责调停者的情况下，就更需要调停者具有尽可能保持冷静的能力。这个调停者在美国几乎不可能做到的情况下可以轻易地保持中立。美国可能会发现自己处于一个必须为过去发生的事情接受谴责或至少承担部分责任的位置上。作为调停过程中的一个当事人，美国可以接受一些谴责，并显示出在它的中立性不受质疑时参与寻找一个解决问题的双赢策略的意愿。

这是任何一个转化型调停过程都会遇到的挑战。调停者最终能够让当事人理解每一方都需要认识到他们共同的需求和目标吗？他们将看到每个族群里面都有一些无辜的只想一起谋生的人，这些人不能在争端中被迫成为人质。还有，要以一种终止杀害无辜的方式进行调停。当事人能够学会理解他们甚至在生存问题上都拥有的共同需要，并且学会包容他们因为信任而大大增强的必要的相互依存的关系吗？如果当事人最终能够倾听并相互理解，这是一种相互理解的关系的开始。

和以前一样，可以从家庭调解者身上学到很多重要经验。在家庭纠纷中，一旦调解人确信父母任何一方都不可能伤害无辜的孩子，就会和父母一起集思广益，使用共同抚养策略。调解者的诉求总要符合孩子的最佳利益。要求父母严格审视自己的行为并考虑他们的选择及影响，力争产生最好的结果——包括经济的、社会的、心理上的和道德上的影响——为了孩子。调解人要求父母双方都要考虑另一方的看法。询问提出的建议对另一方是否公平。呈现出来的解决方案对于相关当事人而言都是个体化的。如果一方有份好工作需要离开，要通过旅行才能同孩子保持联系，那么分割监护权可能是最好的选择。或者，为了更频繁地见面并且更深入地参与到孩子的抚养过程，父母中的一方可以选择放弃那份工作，找个离孩子较近的工作。有许多价值和选择需要考虑，调解人可以用选择来征服父母。调解人或许体验过一些当事人并不熟悉的选择，并且具有基于这些经历引导当事人确定某种方案的建议。调解者知道，没有见多识广的当事人的认可，任何一种解决方案都不可能是可持续的。

监控解决方案

调停者清楚，解决方案必须要受到监控，因为随着时间推移，形势会发生变化，新的选择对于当事人可能更有吸引力。调停者能够附加到程序中的最好的价值观念之一就是在有关监督协议的需要方面引导当事人，让当事人就如何合作确保协议公正执行达成一致。

比如，在 2006 年以色列从加沙撤离时，双方彼此做出了承诺。哈马斯承诺停止向以色列发射火箭弹，以色列同意允许足够多的卡车进入加沙以支持经济成长与发展。在协议时间框架内火箭弹并没有停止发射，以色列关闭了与加沙的边境。巴勒斯坦人在边境下开挖地道以求得生存。随后以色列指责哈马斯利用地道走私武器和火箭弹，还指责哈马斯在其边境一侧对所有走私入境的物品征税或索取贿赂。每次货物运到加沙，都被看作哈马斯为其武器交易提供资金。以色列随即阻断了地道，进一步恶化了加沙的人道主义状况，所以局势更糟糕了。

调停者可以预料到这种情况，并为监督执行停止火箭弹发射和边境控制协议做好准备。当事人需要一起为执行协议有关双方的部分献计献策。在协议时间内如果火箭弹没有停止发射，那么将会发生什么事情？为了确保协议执行，什么样的调查、制裁或反应才是适当的？由谁来进行？如何控制边界可以确保经济发展不被遏制，同时又能满足以色列的需要、保证哈马斯不会武装自己侵犯以色列？

终止负面行为

一个中立的调停者能够帮助各方就回家的权利达成协议，或者打破在以色列西岸定居点问题上的僵局吗？特别是对于在建的东耶路撒冷和西岸的定居点，调停者应该就有关以色列政府的作用进行高水平的审查。调停者能够迅速发现正在发生的事件中的不利方面，并且提出建议以防止不信任的升级。

以色列定居点正在危害两国解决方案的可行性，对以色列军队、周围的巴勒斯坦人甚至定居者他们自己都造成了安全威胁。人们可以发现在继续建设定居点与被占领土的恐怖行动之间的不幸的相关性。双方都是违法的，都侵害了其他族群的安全，都会带来痛苦和巨大损失，都是和平的障碍，并且从某种程度上说都是政府支持的。每一方都指出对方的违法行为来证明自己的行动是正确的，这就刺激了双方的局势升级。

在以色列一边，修建隔离墙并掠夺巴勒斯坦人的土地成功地阻止或大量减少了恐怖分子的渗透行动，但却不断为应对棘手冲突付出代价。对于巴勒斯坦人行动自由的限制与他们在阻止定居点建设方面的无能结合起来，都只能激发巴勒斯坦人的挫折感，并为招募恐怖分子提供资源。调停者在帮助当事人处理耶路撒冷和西岸的犹太人定居点方面能做些什么？这个问题凸显了约束各方遵守早前谈判中许下的承诺，以及运用国际法提出持久解决方法的重要性。

国际法的影子

正如家庭法律争端中的情况一样，一份清晰的法律形势评估可以显示每一方采取零和游戏的立场作为争端谈判方法带来的风险。以色列处在两种有关东耶路撒冷和约旦河西岸的法律立场的中间。六日战争前，东耶路撒冷和西岸属于约旦。六日战争后，约旦河西岸要么是被占领土，要么现在已经被以色列吞并。如果西岸属于被占领土，以色列有义务待被占领土的公民以尊严和尊敬。如果这片土地现在属于以色列，以色列有义务以对其他公民同样的方式对待生活在那里的公民。不能简单地夺走属于某些人的土地，把它送给自己偏爱的那个族群。

在国际公众舆论方面，以色列的风险是实实在在的。除了与他们已经签字承认的政策相抵触以外，以色列在约旦河西岸建设和发展定居点还违反了国际人道主义法，侵害了依据人权法保护的巴勒斯坦人的权利。[85] 在反驳这些指控的过程中，以色列政府驳倒了他们自己制定的政策。政府尝试调和法律和政策，但已经证明这是根本不成功的，还增加了由于以色列人在定居点问题上缺乏一致的声音而带来的困惑。

如果西岸被占领土仍属约旦，根据人道主义法关于战争期间及占领状况下适当行为的规定，定居点违背了《战时保护平民的第四日内瓦公约》的规定。[86] 公约第 49 条第 6 项规定："占领国不得将其本国平民之一部分驱逐或移送至其所占领之领土。"[87] 国际红十字会（The International Red Cross）关于公约的解释被广为接受，它指出该款试图阻止迁移"［占领国］自己的部分人

114

---

〔85〕 Lein, Y., *Land Grab*, Chapter 2.

〔86〕 See *The Gaza Strip：Israel's Obligation Under International Law*, B'Tselem；The Israeli Center for Human Rights in the Occupied Territories, http：// btselem. org/English/Gaza _ Strip/Israels _ obligations. asp. Peace Now.

〔87〕 Lein, Y., *Land Grab*, p. 37.

口到被占领土，不论基于政治和种族原因，或者如他们所声称的，为了在该地区殖民"，如在"二战"中所发生的事情。[88]

不过，以色列主张公约并不适用于这片领土或者以色列的行动。为抵消该条及一般国际人道主义法的影响，以色列政府指出这片领土并非先前一个主权国家"占有"的土地，所以《第四日内瓦公约》并不适用。[89]这种主张基于1948年后约旦对这片领土的吞并从未得到法律承认的事实。[90]所以，被占领土不是"一个缔约国的领土"，这是适用日内瓦公约的一个必要条件。[91]巴勒斯坦人指出国际社会从未支持这种立场，而且这种立场也被很多以色列人所拒绝。[92]此外，以色列宣称已经遵守了《第四日内瓦公约》的"人道主义条款"，但没有具体说明什么构成了公约的"人道主义条款"。[93]

以色列提出另外两条质疑《第四日内瓦公约》适用于其定居点行动的主张。第一条是缺乏必要因素"强迫"，因为以色列人迁入定居点出于自愿。[94]但是，根据《第四日内瓦公约》，没有强迫也并不能使迁移以色列人进入被占领土合法化。从条款"或移送"的文字看来，这是显而易见的。[95]而且，如果没有政府介入建立和扩充定居点，定居者也不大可能愿意迁入定居点。[96]以色列的另一个主张是定居点行动并没有打算迫使当地阿拉伯人离开家园，所以它的行动并不是第49条防范的目标。[97]不过，国际红十字会解释所认可的第49条的目标是保护当地居民，防止在他们的土地上殖民。这包括在领土上进行殖民活动的后果，并不局限于迫使当地居民离开。[98]大多数客观的观

---

〔88〕　Ibid.

〔89〕　Ibid.

〔90〕　Ibid；citing Shamgar, M., "The Observance of International Law in the Administered Territories", in 1 *Israel yearbook of Human Rights* (1971), pp. 262 ~ 266.

〔91〕　Lein, Y., *Land Grab*, p. 37.

〔92〕　Ibid.

〔93〕　Lein, Y., *Land Grab*, p. 37；citing Yahav et al., *Israel*, "*The Intifada*" *and the Rule of Law* (Tel-Aviv, 1993), p. 22.

〔94〕　Lein, Y., *Land Grab*, p. 38.

〔95〕　Ibid.

〔96〕　Lein, Y., *Land Grab*, p. 39.

〔97〕　Lein, Y., *Land Grab*, p. 38.

〔98〕　Ibid.

察家向以色列代表指出,关于他们不是占领者、不打算驱离当地居民因而《第四日内瓦公约》不能适用的立场是一种技术性的死抠条文的主张,它被与此相反的以色列公开声明削弱了。

在西岸建立永久建筑也和体现在《陆战法规和惯例海牙公约》(Hague Convention on the Laws and Customs of War on Land)及其附属章程〔以下称《海牙章程》(Hague Regulations)〕中的基于人道主义法暂时占领的基本原则相抵触。[99]占领的有计划的暂时性质决定了对于占领者在当地造成事实的能力的限制。[100]有意思的是,以色列对承认《海牙章程》适用于该地区并没有多少反对意见。[101]

以色列最高法院裁定《海牙章程》适用于约旦河西岸,迫使政府采取规避措施以防将来的指控。第一,法院认为由于占领国不是这片领土上的主权国家,占领只是暂时的,它在使用土地时只能考虑两个因素:安全需要及当地人民的幸福。[102]以色列坚持定居点并非永久性改变,最高法院至少在一个案例中认可了这种主张。[103]不过,在最近的案例中,以色列把安全理由作为建立定居点的根据,因为它们显然不是为了当地人口的福祉而建立的。[104]

之后,在1979年,法院否决了安全理由,以色列又把这片土地定义为一度属于约旦政府的"国有土地",以此为其征用土地建立定居点的行为进行辩护。[105]但《海牙章程》第55条确定的是关于允许使用被占政府财产的规则,企图据此排除国际法的适用,同样不能为使用土地作为定居点的行为进行辩

---

〔99〕　Lein, Y., *Land Grab*, p. 39.

〔100〕　Lein, Y., *Land Grab*, p. 39; citing Dinstein, Y. (1983), *Laws of War* (in Hebrew). Tel-Aviv: Schocken and Tel-Aviv University, pp. 209～220.

〔101〕　Lein, Y., *Land Grab*, p. 37; citing Eyal Zamir and Eyal Benvenisti. (1993), *"Jewish Lands" in Judea, Samaria, the west Bank, and East Jerusalem* (in Hebrew). Jerusalem: Jerusalem Institute of Israel Studies, p. 62.

〔102〕　Lein, Y., *Land Grab*, p. 39; citing HCJ 393/82, *Jam'iyyat Iskan al-Mu'aliman al-Mahddudat al-Mas'uliyyah v. Commander of IDF Forces*, *Piskei Din* 37 (4), p. 785.

〔103〕　Lein, Y., *Land Grab*, p. 40. See HCJ 258/79, *Ayub et al. v. Minster of Defense et al.*, *Piskei Din* 33 (2), p. 113. 这种裁决看来不太合理,值得考虑的地方有限。不过,为了反驳起见,"很难想象比把一片开阔的风景(农田、牧场和荒山)改造成公民居住的社区更深刻、更永久的变化了。"See Lein, Y., *Land Grab*, p. 39.

〔104〕　Lein, Y., *Land Grab*, p. 40.

〔105〕　Ibid.

117 解。[106]第 55 条要求占领国"对属于敌对国家所有，并坐落于占领区之内的公共建筑、不动产、森林和农业资产，占领国应仅视为其管理者和用益者"[107]。第 55 条还规定占领者"必须保护这些财产资本，并且根据使用权规则管理之"[108]。

"管理者"和"使用者"这两个术语，描述了占领国在管理和使用其所占领国家的财产时所受到的权利上的限制，这与占领具有暂时性质的原则是一致的。[109]这些限制支持了以色列最高法院就《海牙章程》关于占领国除非为了安全需要或当地人民的利益，禁止改变政府财产的性质和特征所做出的结论。[110]由于以色列不是西岸的主权国家，由于定居点"永久地、显著地改变了建筑于其上的国有土地的特征"，却不符合两条例外规定中的任何一个，西岸定居点建设承担着违反《海牙章程》的实质风险。[111]

国际人权法

最后，定居点让以色列政府承担着根本违背了《世界人权宣言》（the Universal Declaration of Human Rights，UDHR）所规定的承诺、侵犯巴勒斯坦人权利的风险。以色列签署和批准了包含着《世界人权宣言》的两个公约：即《公民权利与政治权利国际公约》（the International Covenant on Civil and Political Rights）和《经济、社会和文化权利国际公约》（the International Covenant on Economic, Social and Cultural Rights）。[112]以色列定居点违反了公约有关自

118 决权、平等权、财产权、适当的生活水准和迁移自由的规定。[113]这些权利适

---

[106] Ibid.

[107] Lein, Y., *Land Grab*, p. 41.

[108] Ibid.

[109] Ibid.

[110] Ibid.

[111] Ibid.

[112] Ibid.

[113] Lein, Y., *Land Grab*, pp. 41 ~ 43. 进一步的详细阐述超出了本书范围，查阅此来源可以找到一份语言严谨的关于违法行为的详细总结。

用于签约国控制之下的所有人，不论是否为主权国家。[114]另外，负责解释公约和监督其执行的两个联合国委员会特别声明它们适用于以色列在约旦河西岸的行动。[115]

在美国或联合国担任调停人的情况下，由于巴勒斯坦人的坚持，任何一个调停人都有可能处于要么对以色列人违反公约的行为进行调查，要么罔顾这些违法对它的行为予以认可的位置上。调停人的优势在于不需要进行什么调查，也不必担心留下任何先例。在这些国际公约的庇护下，他们可以不受法律主张的束缚。有原则的调停者可以把法律问题放在一边，尝试着让当事人面向将来，而不是建议就先前描述的违法行为在国际法院向以色列提出指控。也就是说，通过呼吁当事人生活在一个不论宗教与政治关系，每个人都享有尊严和尊重的国家，共享安全和长期利益，当事人得以开始聚焦于获得这些共同利益而不是执着于过去。

调停者经常采取的行动是使行为者的初始动机合法化，他们试图证明行为者的动机是被合法的安全利益推动的。比如，调停者可以提示，虽然定居点的最初建立在本质上曾经是合法的，但以色列政府现在认识到了它们的有害后果以及其邻居提高生活状况的需要。虽然判决者在把问题建构为共同需要方面存在困难，但调停者可以求助于当事人在对各方重述的在独立自决方面获得承认与自由的共同需要展现出同理心之后，找到创造性的解决方案。 119

调停者不会忽视法律主张，但会借此说服当事人，公众舆论会针对一个违反国际准则的行为者发生改变。如果调停者能够让以色列人和巴勒斯坦人看到他们在法律背景下承担的风险，双方也许愿意把法律解决方案放在一边，设法获得一个在他们自己确定的原则支配下的双赢解决方案。虽然国际法的 120
影响略显短暂，但以色列的行为对其在国际社会中的长期影响却更加明显。比如，人们可以看到持续建设定居点对于欧盟（EU）的影响，欧盟更加有意支持巴勒斯坦提出的单方面宣布独立的解决方案。[116]另外，美国对以色列的

---

[114] Lein, Y., *Land Grab*, p. 41.

[115] Lein, Y., *Land Grab*, p. 41. 引用了两个委员会在对以色列提交的报告进行听证之后做出的总结意见：Committee on Economic, Social and Cultural Rights, 19th Session E/C. 12/1Add. 27；Committee on Human Rights, 63rd Session, 1998 CCPR/C/79Add93；Lein, Y., *Land Grab*, p. 40.

[116] 另一个例子是加沙车队的事情，对有些土耳其人试图突破以色列封锁线土耳其人所做的反应。

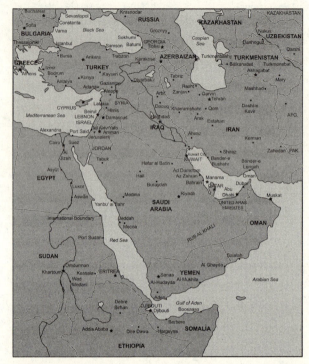

绝对支持将来也会更加变化无常。久而久之，以色列不仅承担着失去对美国在中东地区外交政策影响力的风险，如果它继续蔑视国际人权公约，还要冒着成为替罪羊的风险。

　　以色列人和巴勒斯坦人应该认识到双方走向相互认同的共同需要。每一方也应该认识到他们需要尽快行动起来，建立起处理未来争端的程序。为了下一步做出合法的决定，以色列对于房地产开发的军事控制必须马上结束。享有中立或共同管理权的新委员会或土地问题专家组需要尽快成立，否则就会加剧由不信任、丧失希望导致的暴力解决争端的恶性循环。

　　今天，由于以色列质疑两国解决方案的可行性，这一事实成为以色列人保持连贯立场的又一障碍。[117] 如果要达成一个现实的解决方案，"在此期间出现的人口和定居点的实际变化导致现场产生的新事实状况，必须被不断地反

121

──────────

〔117〕　Supra note 55.

馈到谈判过程中去。"[118]这就促使人们思考在这种情况下或许更为有利的替代方案。对于调停者来说，这些替代方案是相当常见的。一种策略是新住房工程的共同所有权。许多种共同所有权方案能够也已经被开发出来，包括定期租赁或者少数股东权益的共同所有权，它可以限定土地的使用及未来发展。当事人也可以根据一些约定条件分阶段进行某种交易。如果双方不能融洽相处，一方将从另一方手里买走财产，对于"强制出售"中的错位与关系成本给予公平的补偿。

122

　　不幸的是，在这件事情上替代方案一般没有多少吸引力，中立方可以更好地促进一种理解，即两国解决方案或许是以色列维持一个民主的犹太国家的唯一选择。以色列对于安全、认同、尊重和自治的需要，可以导致具有相同需要的巴勒斯坦人的理解，这是他们相互依存的原则。

　　所以，基于早前的事实，自"六日战争"以后以色列有关定居点所做的承诺从未变成现实。此后的事实却使得以两国解决方案为框架、通过谈判成功达成协议的前景变得暗淡。它们也违背了以色列自己的统治原则。以色列对约旦河西岸占有最大化的长期愿望本身不是目的。只有当解决方案符合以色列持久生存与和平的目标时，以色列的生存才能最终成功。持久生存与公正和平的共同目标为探讨有利于双方的选择奠定了基础。[119]

选择及其后果

　　如我们在第一章所述，一个有原则的调停者处在和各方群策群力创造双

[118] Newman, D., "The Geopolitics of Peacemaking in Israel-Palestinian", *Conference Paper* (8), see bibliography in email (from the abstract).

[119] 人们可能要问我们以前问过的相同问题，即关于以色列宣布哈马斯为邪恶，并借口与邪恶对话无益、拒绝同巴勒斯坦对话的权利。巴勒斯坦能否就以色列及其定居点政策提出同样的主张？对于巴勒斯坦人来说，以色列的定居点政策是邪恶的。巴勒斯坦人把这些动机归咎于以色列人，包括他们没有合理的安全考量，他们违反法律、违背他们自己的价值观和承诺去掠夺土地。有些以色列人夺去巴勒斯坦人的土地只是因为他们有权力这么做，即便看来并没有合法的目标。有些以色列人辩称他们采取行动的理由是没有人阻止他们。虽然认识到以色列定居点政策的动机可能已经发展了是正确的，而增加定居点的理由也已经被削弱，但把邪恶的动机归咎于以色列国家是不公平的。这样做只会鼓励僵持，导致约旦河西岸定居点数量和规模的增加。这不意味着以色列不需要对他们的政策承担责任（道歉？原谅？和解？赔偿？其他土地交易？纪念地？纪念馆？）。

123　赢解决方案的最佳位置上。调停者可以帮助当事人依据他们共同的需求和目标探讨各种选择及其后果。调停者的部分优势是他们能够带领当事人通过一种程序，剔除那些不符合双方签字认可的原则的某些选项。

人们不禁会想，由于出现越来越多的抵制两国解决方案的行为，以巴冲突的替代性方案值得考虑。在近十年时间里，批评家一直在警告"土地换和平"方案将很快变成不可能。[120]换句话说，由于以色列允许定居者占据西岸土地并且不愿意迫使其返回，以色列正在失去把那片土地卖给巴勒斯坦以换取其对以色列承认的能力。这些事实表明，可能需要艰苦的努力去证明他们是错误的，并且学者们已经提出了替代选择，以免建立两个国家变成不可能的事情。[121]这其中包括一个双民族国家，一个暂时妥协的安排，和一个以色列发起的军事行动。[122]不幸的是，替代性选择没有几个，并且非常有可能给以色列带来可怕的后果。[123]

首先，单一的双民族国家作为冲突可能选择的建议吸引了某些注意，特别是巴勒斯坦知识分子的注意。[124]但许多以色列人相信这将最终消灭以色列国家，至少是消灭建立在民主原则基础上的那个。[125]这种怀疑是有事实根据的，因为预计的人口增长数字显示，在 2020 年约旦河与地中海之间阿拉伯人的数量要比犹太人多。[126]第二个替代方案是构建一个容许保持现状的协议。

124　以色列人和巴勒斯坦人能够"制定出可行的安排以避免直接的暴力冲突"[127]。但是很难想象这种安排将会有一个长期时效，最大的可能是，冲突将再次出现。[128]

---

[120]　Brown, N. (2008), *Sunset for the Two-State Solution?* Carnegie Endowment for International Peace, pp. 1~8, at 2.

[121]　Ibid.

[122]　Brown, N., *Sunset for the Two-State Solution?*, pp. 1~8, at 3~6.

[123]　Brown, N., *Sunset for the Two-State Solution?*, pp. 1~8, at 3.

[124]　Ibid.

[125]　Ibid.

[126]　The Jewish Agency for Israel, "The Demographic Threat and the Palestinian Refugee Problem"; citing Sofer, A. (2001), *Israel Demography 2000~2020: Dangers and Opportunities*, National Security Studies Center, University of Haifa.

[127]　Brown, N., *Sunset for the Two-State Solution*, pp. 1~8, at 4.

[128]　Ibid.

最后，是以色列发起一次军事行动把哈马斯从加沙驱逐出去，或者破坏其发动袭击的能力。[129] 但如果没有伴随着一个可行的政治策略，它也不可能实现太多，因为这种行动很容易重现过去发生的状况。[130] 而且，这种选择很有可能使法塔赫作为同伙受到牵连，那就毁灭了巴勒斯坦人所剩无几的能够自治的机会。[131] 事实上，权衡各种可能选择，如果以色列想保留一个民主的犹太国家的话，两国解决方案看来是唯一可行的选择。

打破恶性循环：运用历史并结合
立场式议价与问题解决

　　尤其是在那些被视为棘手的争端中，调停者在帮助当事人分析选择的时候，他所扮演的一个最重要的角色是提示当事人过去已经做过的那些尝试，以帮助当事人评估当前的立场。历史不会把当事人锁定在先前的立场上，但会提醒双方当事人他们以前尝试新事物的愿望，以及这些过去的立场失败的原因。在研究这些失败原因的过程中，调停者可以帮助当事人重新评估那些旧方案现在是否能够更好地为当事人所用，因为抵制的理由现在已经被摞在一边。调停者帮助当事人理解每方叙述的复杂性，并且开始设想以前犯下的错误如何一定不要在将来重犯，[132] 对于这样的角色，哲学家兼神学家保罗·里克尔（Paul Ricouer）提供了理论基础。

　　例如，如果约旦河西岸的暴力行动已经停止，如果巴解组织已经采取措施管控反对非暴力的行为，那么以色列关于两国解决方案的立场或许就要重新评估。如果巴解组织（和哈马斯）同意承认以色列，如果一个巴勒斯坦人的国家将要建立，而它的公民同意承认以色列，那么这也将推翻基于安全考虑抵制两国解决方案的理由。调停者也可以运用历史从争端以外提供成功的范例，以便建立一种希望，即同样的方式也能为当事人所用。这种方式可以

125

---

〔129〕　Ibid.

〔130〕　Ibid.

〔131〕　Ibid.

〔132〕　Richard Kearney, *On Paul Ricoeur: The Owl of Minerva*,（2004），p. 75.

帮助当事人从对彼此的看法中解脱出来。比如，如果天主教徒和新教徒经过数百年战争后最终能走到一起，那么巴勒斯坦人和以色列人经过仅仅75年战争也同样可以走到一起。[133]

伴随着对理由和情况的重新评估，当事人的最佳替代方案也可能需要一个再次评估。调停人可以要求以色列确定底线，确定对于双方共同的潜在需求它愿意做出哪些让步。问题在于以色列是否不再犯在加沙所犯的错误，从单边撤离中汲取教训，对于其立场变化将如何促进巴勒斯坦人正当的共同需要做出详细说明。

126　　调停者可以运用其对谈判进程的历史理解帮助以色列明白，是时候对西岸巴勒斯坦人表达一定同理心了。这种看法的改变可以带来对于巴勒斯坦国的基本特征的幻想：认同、安全、自治和经济能力。调停者应该让双方理解，任何基于两国解决方案的协议都需要当事人就哪些定居点留在以色列境内，哪些置于巴勒斯坦国管辖之下达成一致。以色列可以阐述自己的底线，并采取措施把它作为一种建立信任的方法加以执行，以适应以色列公众与巴勒斯坦人的谈判意愿。[134]为了确保这种方法有效，以色列将为保留哪些定居点、清空哪些定居点提供有力的理由。以色列还应该详细说明对于愿意撤离的以色列定居者的补偿，以及对于其土地被定居点占用的定居者的补偿。另外，以色列可以为执行计划采取一些预备措施以显示它是尽心尽力的。但愿这些可以建立信任，更重要的是为他们的行动恢复某些正当性。

谈判理论家经常强调用一种基于利益的方法取代立场式谈判，把它作为聚焦当事人的潜在关心而不是明确的、有时是不可妥协的目标的一种手段。比如，罗杰·费希尔（Rodger Fisher）认为："由于更多的注意力放在立

---

〔133〕 这种方式运用历史引发了一些对当事人提出的重要理论问题。在这些争端中当事人如何看待历史？他们是沉湎于相信人类历史随意发展的历史理论，还是醉心于适者生存原则下运作的理论——优秀的民族和人民将战胜下等的民族和人民？或许当事人相信，历史表明人类的相互作用是杂乱无章的，在以往事件中根本没有可以汲取的教训。可以运用历史发现如何有效或者如何使人类以更好的方式彼此相待的例子吗？如同科学家分析资料以验证假定，人类历史也可以用来寻找在混乱中呈现出来并且赋予历史以某种意义的模式。后一种观点可以帮助调停者挑战双方领导层。它可以质疑领导层，历史将如何对他们的决定做出评价。Id.

〔134〕 一些人认为沙龙可能是在单方面执行以色列的底线，其他人则视之为拖延战术。http://www.geneva-accord.org/mainmenu/the-road-after-gaza? Itemid =0.

场——我们已经确定的具体目标上——很少有注意力用在满足当事人的潜在关心上面。"[135] 与这种理论相似，转型正义的提倡者鼓励当事人更多地关注背景和意义，而不是一份最终协议。[136] 这是基于真诚的对话具有改造和治愈作用的想法。在实践中，它包括延迟判断、作为理解的关键的倾听、识别假设、保持好奇心和自我意识、放弃对结果的要求。[137] 随着信任的发展，双方将回到以利益为基础的协商上来，并且达成交易。

127

熟练的调停者注意到在棘手谈判中两种策略所起到的作用。立场式协商在危急关头对于停止暴力的恶性循环、展示诚意是有益的。不幸的是，在这种背景下正在付出的以问题解决和转型正义理论为基础的努力，并没有成功地创造出和平协议所必需的信任与合作。事实上，如果当事人相互之间拥有哪怕只是最轻微程度的信任，这些理论都有可能更加奏效。由于以色列人和巴勒斯坦人冲突的棘手性质，他们之间没有信任。[138] 棘手冲突中的共同问题对于相关当事人而言都是极其重要的，而且通常带来零和的体验。[139] 另外，这些问题经常与人类的基本需求、自我意识、群体身份联系在一起。人们体会到这些需求引发的冲突威胁到任何一方或者双方当事人的生存。[140]

在处理资源引发的冲突中发展起来的方法如谈判、调停和问题解决，被认为"不足以"解决最棘手的冲突。[141] 人们会满怀沮丧地离开，并且支持甚至连尝试一下都是浪费时间的立场。很难找到一种可以专注于冲突当事人的有用理论。比如，彼得·T. 科尔曼（Peter T. Coleman）和莫顿·多伊奇（Morton Deutsch）提供了一种以干预为基础的对付棘手冲突的建设性方法。

---

〔135〕 Fisher, R. , *Building a Productive Framework for Negotiation. Coping with International Conflict*, Chapter 9, pp. 131~132.

〔136〕 Umbreit, M. , "Humanistic Mediation: A Transformative Journey of Peacemaking. Center for Restorative Justice and Peacemaking", *Mediation Quarterly*, 1997, p. 2.

〔137〕 Ibid.

〔138〕 Morton Deutch and Peter T. Coleman, eds. , *The Handbook of Conflict Resolution: Theory and Practice*. (San Francisco: Jossey Bass Publishers, 2000) （棘手冲突中的问题还与不太明确的身份的基本问题联系在一起）

〔139〕 Coleman and Deutch, at 428.

〔140〕 Coleman and Deutch, eds. , *The Handbook of Conflict Resolution*, Peter T. Coleman, *Intractable Conflict*, Chapter 21, pp. 431~432.

〔141〕 Ibid.

128　他们强调"多模式、多学科、良好协调并且适应植根于过去、现在、未来冲突的各个方面"的干预。[142]作为解决棘手冲突的唯一替代机制，它要求冲突各方不管单独还是与外来干预一起，都不能升级冲突状态。但它忽略了在特殊冲突情况下重要的细微差别，比如一方占有优势且易受第三方压力的影响。

多伊奇区分了建设性和破坏性冲突，并且强调，冲突发生的环境，不论是合作性的还是竞争性的，都会对任何一种结果产生重要影响。[143]一种合作的环境促成建设性的冲突，而竞争性的环境则会助长破坏性的冲突。[144]棘手的冲突发生的环境与竞争性冲突的背景相似。如果一方做出了大胆的、成功的建立信任的行动，就似乎有可能把竞争性环境转化成合作性环境。此外，一方当事人可以自己选择走出第一步，或者如果合适的话，也可以由第三方施压（但要说明这样做的原因以及希望通过做出这种让步实现什么目的）。根据这种理论，一旦事先采取措施创造了当事人能够彼此合作的信任环境，问题解决和转型正义理论就可以适用了。

过去的让步是将来的起点

让我们回到我们的起点，或者说是信仰宣言，即对话是好的，因为对话导致倾听，倾听导致理解，理解导致让步。让步构成将来谈判的基础，因为其显示出妥协的意愿，当事人可以在这里进行相互信赖的对话。一份形同两国解决方案的建议可以为以色列设计全面计划提供有用的框架。"5%解决方案"以克林顿计划为基础，建议"小心地重新绘制5%的西岸地图"。因为
129　2003年大约75%的西岸定居者住在毗邻绿线的集团，克林顿计划提出重划边界合并这些集团，当时相当于西岸5%的土地。重划将合并绿线以东的以色列主要定居点，包括阿里尔（Ariel）、莫迪恩伊利特（Moddin Illit）、马阿勒阿

[142]　Coleman and Deutch, eds., *The Handbook of Conflict Resolution*, Chapter 21, p. 436.

[143]　Coleman and Deutch, eds., *The Handbook of Conflict Resolution*, p. 70, citing Duetsch 1973.

[144]　Ibid.

杜明（Maale Adummim）和贝特伊利特（Beitar Illit）。所有这些定居点都拥有大量人口，成为西岸定居点人口的重要组成部分。

其余非集团的土地将移交给巴勒斯坦人，以色列还将补偿另外的土地给巴勒斯坦，作为他们得到5%土地的交换。在2003年，这意味着仅1%的以色列犹太人口需要搬走（63 800人）。保存完好的定居点的价值将从以色列付给巴勒斯坦人作为象征返乡权利的补偿金中扣除。[145]虽然在过去因为害怕对以色列社会政治稳定产生影响，政府一直不愿面对这些非集团定居者，但现在过激或好战行动的威胁可以为政府的看法提供正当理由，还可以用来强调解决定居点问题的紧迫感。

使用这种调停方法不只可以创造一种更有可能解决冲突的环境，优秀的辅助型调停者还可以确保看到为解决问题创造成熟条件的让步。而且，作为一种调停方法，可以提议总调停之内设附带调停。当一种赔偿方案用来替代书面上的返乡权利时，情况尤其如此。正如我们在第一章展示的一种肯尼斯·费恩伯格风格的调解（费恩伯格调解"9·11"赔偿金和BP石油泄漏补偿金），一旦赔偿金的规模确定、赔偿金管理的基本原则落实到位，大量的赔偿请求可以得到处理。[146]人们可以设想，以色列和巴勒斯坦可以就赔偿总数达成一致，[147]剩下的交给调停人根据个人所展示的与被占土地的必要关系以 　130 及赔偿所需资格的能力，确定个人应得的数额。

鉴于冲突的历史、当下的事实，以及巴勒斯坦人内部政治不统一的状况，不难明白以色列政府为什么不情愿参与这项庞大的工作。但调停者有必要指

---

〔145〕 See Geneva Initiative Article 4. 以色列前总统奥默特·萨缪尔（Ohmert Seemul）愿意同意这种重划。

〔146〕 肯尼斯·费恩伯格管理200亿美元的英国石油基金（BP fund），应对超过1 000 000名申请人的申诉。仅仅是湾岸索赔工具（Gulf Coast Claims Facility）［不包括深水地平线基金（Deep Water Horizon fund）］就从全美国50个州和35个其他国家的渔民、宾馆和酒店收到大约110万份申诉。湾岸索赔工具总计批准了这些申诉的1/3，共65亿美元赔付给226 000名申请人。大多数申请因缺乏合法资料、小部分因欺诈而被否决。J. Weaver, The Miami Herald, Sunday, August 19, 2012, Fraud pollutes BP oil-spill compensation fund for Gulf Coast victims from Florida to Louisiana, http// www. miamiherald. com/ 2012/08/19/2959468/fraud-pollutes-bp-oil-spill-compensation. html.

〔147〕 在这方面已经做了大量工作，包括统计合格的返乡巴勒斯坦人的数量、需要赔偿的总体数额，以及赔偿基金的可能捐助者。关于那些决定实际返乡的合格的巴勒斯坦人将在何处重新安置，存在着相当大的争论（权衡约旦河西岸位置和以色列其他合适地方）。需要引证。

出进行适时努力的理由——时间正在被耗尽。以色列对巴勒斯坦人的看法没有改变，对于约旦而言，迈向西方也就变得越来越困难。约旦可能被迫就叙利亚问题支持伊朗，这就进一步破坏了中东的稳定。如果像阿拉伯国家倡议所考虑的那样，约旦也承认以色列，那么安全问题将得到很大缓解，以色列和巴勒斯坦将有更大的机会一起生活在和平环境里。叙利亚内战使这种情况变得没什么实际意义，因为让叙利亚承诺任何事情的能力都已经被大大削弱了。

在加沙撤离计划开始实施之前，作为"日内瓦倡议"的以色列方首席起草人，约西·贝林（Yossi Beilin）的政策顾问，B. 奥斯陆和塔巴（Taba）谈判的以色列团队成员，丹尼尔·列维（Daniel Levy），撰文评价当时的环境：

131

> 许多事件的罕见汇集创造了一个也许不会再来的好机会：巴勒斯坦领导层承诺非暴力、两个国家的冲突解决方案；阿拉伯世界以埃及为先锋，热切地企盼重启政治改革的进程，并为沙特阿拉伯倡议所设想的正常化做准备；大马士革出现和解的声音；海湾地区——由于油价上涨带来意料不到的充足的资金折现力——能够长久地支持巴勒斯坦复原。最后，美国政府开始考虑一种想法，即模范的阿拉伯民主政体更容易在巴勒斯坦（特别是占领时期之后）而不是伊拉克实现。[148]

不管叙利亚形势如何，这些条件中的大部分仍然存在，还有一个可以共事的合作的巴勒斯坦领导人，阿拉伯世界看来也愿意结束冲突，奥巴马领导下的美国处在一个促成和解的更好位置上。对于任何调停方案的主要障碍只剩下没有某种威胁使以色列能够坐到谈判桌旁。事实上，美国支持"绿线的5%"边界方案可能有助于以色列的策略：改变现场情况，然后从那一定位开始谈判。也就是说，以色列已经了解到，通过逃脱早前的罪行，它可以从中获益。它一个定居点接着一个定居点地占领约旦河西岸领土，巴勒斯坦人要么走开，要么被吸收为二等公民。到最后，对抗型谈判连同威胁与制裁，

---

[148] Wanted: Minister for re-engagement-Daniel Levy – 14/12/2004. http：// www. peacenow. org. il/ site/en/peace. asp？ pi ＝170 & fld ＝171docid ＝1116. 丹尼尔·列维，作为约西·贝林的政策顾问，是 B. 奥斯陆和塔巴谈判的以色列团队成员，是"日内瓦倡议"的以色列方首席起草人。

也许是让以色列回归问题解决所必要的。[149]

---

[149] 最近以色列封锁加沙的状况可能是制裁的威胁比其他方法更能导致以色列合作的很好的例子。自从侵入加沙以后，以色列就建立了非常严格的封锁，可能允许人道主义救援进入加沙，但拒绝进口加沙人重建所需要的混凝土和其他建筑材料。当一个来自土耳其的人道主义组织试图突破封锁时，以色列并没有护卫6艘船只进入安全的港口，而是选择登船。结果，在2010年5月的最后一天，当军队登上这个土耳其舰队船只的时候，至少9人死亡，30人受伤。突击队从直升飞机向最大的船只，土耳其籍的"蓝色马尔马拉号（Mavi Marmara）"实施索降，他们受到激进分子袭击并开火。

谁先使用暴力的问题引起争执。激进分子说突击队一踏上甲板就开始射击。以色列官方称突击队开火是为了自卫。视频片段显示激进分子挥舞着类似棒球棍的东西或其他什么物体。照片证据显示船上的人使用各种武器——金属棒、弹弓和刀具。以色列说激进分子还使用斧子，并用一把从士兵手里抢来的枪进行射击。

死的人都是土耳其人，包括一名具有土耳其和美国双重国籍的人。

激进分子说他们想往加沙运送援助，打破以色列和埃及对该地区的封锁。根据联合国的数字，加沙只能收到封锁前些年通常接受供应的大约1/4。卡特中心说这个数量低于2007年以色列入侵加沙前同意的、维持生存所需的每天300～500卡车的水平。船队携带了1000吨的物品，包括学习用品、建筑材料和两个巨型发电机。激进分子声称他们是想表明，根据他们的观点，封锁依国际法是不合法的。

冲破封锁的行动是由一个叫"自由加沙运动（The Free Gaza Movement）"、一个来自不同国家激进分子的伞型组织和一个叫IHH ["人权和自由和人道主义救济基金会（Foundation for Human Rights and Freedoms and Humanitarian Relief）"]的土耳其组织策划的。以色列政府说，IHH与哈马斯联系紧密，是另一个支持自杀式炸弹的组织"好人联盟（the Union of the Good）"的成员。不过，以色列政府把IHH当作合法的慈善团体，并敦促以色列让舰队通过。

以色列或许不止是被安全担忧所驱使。为了给哈马斯政府施加压力，以色列和埃及阻止大批物资运抵加沙。这些物资包括据说可以用来制造火箭弹发射台的混凝土和脚手架，但也包括一些不会破坏以色列安全的物品。以色列还想核实船上有没有武器或钞票的邮包。它允许船队登陆一个以色列港口，对通过公路运送的任何物品进行检查。

先前有些船队允许抵达加沙，其他一些被迫调头返回。不清楚为什么这艘受到了突击队式的袭击。或许是由于最大船的尺寸，"蓝色马尔马拉号"运载将近600名乘客，这使得把它拖到一边登船非常困难。

先前的证据还显示使用了过度的武力。除了谁先使用暴力这个问题外，尚不清楚的是在开火时突击队的生命是否处于危险之中。另外，还有一些问题，包括所有死去的激进分子在受到枪击时是否正在实施袭击，他们是否都持有武器，持何种武器。以色列军队播放的录像就在射击开始前停止了。

由土耳其国家法证科学研究所实施的尸检结果显示，在死去的激进分子身上发现了共30粒子弹，其中一个头上被射进4粒。

土耳其很快把事件提交联合国。它指控以色列违反了国际法。一份在联合国安理会传阅的土耳其决议草案称袭击违反了国际法。土耳其外交部部长艾哈迈德·达武特奥卢（Ahmet Davutoglu）称袭击"如同海盗抢劫"，并且是"国家实施的谋杀"。

当然，以色列外交部长声称根据国际海事法，当海上封锁生效的时候，船只不能进入封锁区域。他还说："根据国际法任何船只破坏或试图破坏海上封锁都会被逮捕或受到攻击。"

问题的关键是封锁本身是否合法。

132 　　家庭调解者熟悉这种手段。当一方当事人使用拖延以及或明或暗的合作以推翻争端方的公平目标时，调解者必须当心，不要通过继续坚持对话鼓励不良行为。调解者依靠对话的自愿性质，对于善意行为很少施以威胁，除非警告当事人如果不能达成一致结果可能如何。家庭调解者必须愿意确定某种行为的性质。在指出毁坏性行为以后，调解者必须向当事人提议谈

133 判协议的替代方案。当事人将发现自己在法庭里等待法官做出一方胜利另一方失败的判决。

　　让我们回到家庭调解的比喻，调解者经常劝告当事人，他们之间的伤害即使通过一个法庭命令也永远不能得到令人满意的解决。在这一点上，用家庭劝告和调解进行类比是最有益的。家庭律师或许努力挽救一段婚姻，但在发生暴力或者一方的基本尊严被侵犯的场合，最普遍的看法是当事人

134 不必维持伤害的局面。原谅是可能的，但真正的和解或许触不可及。伤害关系中的当事人很少能维持婚姻。他们同意分道扬镳。不管经受了什么，一方当事人没有权利坚持另一方维持一段糟糕的婚姻或者用一生的奴役来偿还另一方。随着时间推移，双方通常会因为孩子的缘故起码首先在一起工作，然后分担更多的义务，甚至可以为了对方的利益相互配合，进行子女教育、操持孩子的婚礼。他们最后甚至可以就某些事情道歉或者原谅对方，但不会维持婚姻。

　　看来离婚合乎基本公正原则。美国会支持单方宣布独立（Unilateral Declaration of Independence，UDI）吗？这里，调停者可以把这个威胁摆在桌面

　　所有这些问题导致联合国（在美国支持下）向以色列施加压力，对所发生的事情展开调查，放宽它关于什么不是人道主义援助的严格定义。联合国建议需要对事件进行一次国际调查。最初，以色列提出自己着手调查。随后以色列推翻了自己的主张，同意最好进行独立调查，这是它介意国际印象的一个信号。2010 年 6 月 18 日，《纽约时报》（*The New York Times*）报道它已经同意配合进行独立调查，但又改变了它允许进入加沙的通道。

　　以色列认识到它限制加沙重建的策略只能适得其反，迫使加沙人用地道求生，为哈马斯创造一个对那些进口物品和服务的人抽取费用的机会。这些费用为哈马斯购买武器提供了资源，并且为其巩固权力提供了途径。如果以色列愿意允许物资、物品和服务通过它设在边境的合法检查站进入加沙，哈马斯抽取租金就变得没有必要了。

　　冲破封锁的行动最终吸引了国际社会对加沙人困境的关注。作为请求对封锁和登船进行独立调查的结果，以色列已决定改变由它来确定什么可以通过以色列和加沙边境的立场。它已经决定通过监督和检查卡车，而不是鼓励通过地道或危险的海上途径，在边境上提供更好的安全保障，这凸显了加沙人为了生存和重建面临的难以为继的状况。

上，不需要美国就其如何行动实际采取任何公开立场。科索沃的例子呈现了一种景象，世界舆论在某些情况下似乎支持一个民族或一个地区简单地从它的母国分离出来宣布独立。[150]事实上，这样的行动与一个孩子寻求一份不再依靠自己父母的法庭裁决并无不同。那么为什么不设定某种期限，让以色列提出一份两国解决方案，支持一个事实上的巴勒斯坦国或者对由约旦河西岸、加沙和部分耶路撒冷组成的巴勒斯坦国实体提供援助呢? 也许以色列宁愿控制谈判结果，而不是由巴勒斯坦人和联合国一起界定它的国家。

问题在于，如果没有得到以色列的认可，约旦河西岸、加沙和部分耶路撒冷的形势是否都能容许一个永续的巴勒斯坦国? 与科索沃远离塞尔维亚和它的保护者俄罗斯 (或者单方面从英国宣布独立的美国) 相比，以色列包围着巴勒斯坦，只要它在约旦河西岸派军队保护定居者，巴勒斯坦国就不可能存在。巴勒斯坦单方面宣布独立是把美国放在一个不得不武装一支维和部队强迫双方和解这样一个不可能的位置上。

或许调停者可以争取欧洲人支持一个联合战略，并且利用联合国安理会作为终局裁判者，促使以色列来到谈判桌旁。如何使用这种联合战略?[151]调停者用最近的经历，而不是用任何默示来提醒以色列人，欧洲人存在支持巴勒斯坦单方面宣布独立的意愿。那会有什么不同吗? 鉴于过去欧洲人同美国一样缺乏迫使以色列履行先前承诺的政治意愿，而与美国不能提供足够的压力相比，他们现在似乎更愿意向巴勒斯坦提供经济援助之外的东西。欧洲人的角色值得重视，因为巴解组织与以色列之间的直接谈判即将恢复，应该考虑对话失败以及在宣布的 12 个月时间框架内达不成协议的可能性。考虑由安理会 (Security Council, SC) 推荐并由联合国大会 (General Assembly, GA) 批准接受巴勒斯坦为一个成员国的选项也很重要。这是一个由巴勒斯坦人作

［150］ Who Recognize Kosovo and an Independent State? (2008), http//www. kosovo thanksyou. com/.

［151］ 阿姆贾德·阿塔拉 (Amjad Atallah) 是 "新美国基金会 (New America Foundation)" 中东特别工作组联合主管，也是外交政策网站中东频道编辑。他是以色列和谈巴勒斯坦谈判团队以及 2000～2003 年美国国际边界、安全和宪法问题顾问。他同时就上述问题在华盛顿特区负责与美国政府官员保持联络。

巴斯玛·科德玛尼 (Bassma Kodmani) 是 "阿拉伯改革行动 (Arab Reform Initiative)"、一个与西方智库联合工作的阿拉伯政策研究中心协会执行理事，以巴冲突欧洲专家团协调人。此前，她负责福特基金 (Ford Foundation) 中东和平建设项目，发起和支持以色列人和巴勒斯坦人之间的合作计划及二轨会议。Source：US/Middle East Project, http：// www. usmep. us/.

136   为替代提出，一度被废弃，在双边谈判没有成功的情况下又被重新提起的选项。[152] 随着含有巴勒斯坦人选举条款的和解协议的签署，也许联合国会开始把巴勒斯坦视为一个正常运转的国家。

把事情移交联合国大会不仅给巴勒斯坦人，还给整个国际社会带来了重要的好处。通往联大的某些基础性工作已经完成。美国和欧洲国家完全支持巴勒斯坦权力机构（Palestinian Authority，PA）发展国家属性的努力，并认可了巴勒斯坦权力机构提出的 2011 年秋季前建立一个独立国家的时间表。联合国成员资格符合这一目标。更为重要的是，联合国成员资格在联合国介入前会很快影响双方的谈判协议最佳替代方案，而最佳替代方案决定以色列如何看待它自己达成的协议的重要性。这或许是仅存的以处理所有各方合法关切的方式挽救两国解决方案的唯一可行策略。

这个以前试过吗？

二十多年以前，巴勒斯坦人以 1967 年边界为基础宣布建国。1988 年，巴勒斯坦全国委员会（the Palestinian National Council，PNC）——巴解组织立法机构投票接受两国解决方案，放弃了最初在历史上的全部巴勒斯坦建立世俗民主政权的目标（重要的是注意到巴勒斯坦全国委员会继续主张它的国家将是世俗国家，所以对以色列以及选择居住在那里的以色列人并不构成威胁）。虽然这个国家被大多数穆斯林阿拉伯世界和南半球国家所承认，但这种承认是象征性的。巴勒斯坦国没有实际的主权标志，当时巴解组织对巴勒斯坦的任何部分不具有控制力。正如巴勒斯坦首席谈判代表塞义卜·艾拉卡特（Saeb Erakat）已经指出，没有理由再重复这种活动。而这次的目标是获得这个国家的联合国成员资格，以及由联合国安理会负责完成的两个国家协议条

---

[152] 最近在以色列和巴勒斯坦谈判者之间举行了高层谈判。双方进行工作的框架是快速启动 2008 年被破坏的已经开始的和平对话。巴勒斯坦的立场是以色列必须停止所有定居点活动作为和平对话的先决条件。不过，以色列在没有先决条件的情况下认可了和平对话。作为谈判的先决条件，巴勒斯坦谈判方还寻求一种善意的姿态，比如释放被以色列关押的巴勒斯坦囚犯。美国选举后，谈判似乎被搁置。

款的解决方案。同时，巴勒斯坦还将邀请那些尚未承认巴勒斯坦国的国家，包括美国和欧盟成员国承认巴勒斯坦。也就是说，巴勒斯坦通过把所有关于最终地位问题具体方案的决定权交给联合国安理会，换取对于他们国家功能的认可。   137

这个策略将按如下步骤实施：首先，巴解组织和以色列在调停人的帮助下进行直接谈判。经过几个月之后，如果由于双方立场的明显差异，这些对话不能提交一份协议，可以由联合国安理会（在巴勒斯坦和欧盟敦促下）掌控局势。它将全力以赴，直到在将来某个确定日期，把一份建议授予巴勒斯坦联合国成员资格的决议提交联大通过，并对包括巴勒斯坦边界在内的所有长期地位问题提出解决方案。巴解组织和以色列将把他们在所有永久地位问题谈判中最为接近的各自立场提交给安理会（作为调停人，美国也将在调停人的能力范围内向联合国安理会表达其立场）。安理会将委托一个或几个仲裁人就弥合双方之间的差异提出建议。随着 2011 年 5 月，现改为 2012 年 12 月，在哈马斯与法塔赫之间达成和解协议，巴勒斯坦人有可能向联合国提交统一的立场，这样一个行动的时机也许就成熟了。[153]

在获得成员资格的那一刻，巴勒斯坦政府就可以开始对它控制的所有地区履行主权责任，可以和其他国家缔结条约。作为这个努力的一部分，巴解组织将要求安理会授权组建和部署一支多国部队到巴勒斯坦国，根据其认可保证以色列和巴勒斯坦双方的安全与防务。巴解组织还保证在所有以色列与其他国家的争端中维持政治中立，一旦多国部队部署以后，巴解组织只保留一支警察与海岸防卫力量。以色列与巴勒斯坦两个国家之间的分歧经仲裁解   138
决失败后还将继续存在吗？那些分歧可以提交给国际衡平法院。

为什么沿这条路走下去？

对于巴勒斯坦人来说，在西岸持续修建定居点是不合法的、不正当的，是战争犯罪。这是一种实力游戏，以色列感觉能够逃避惩罚是因为没人愿意

----

〔153〕 http：// www. peacenow. org/entries/apn_ palestinian_ reconciliation_ deal_ is_ an_ opportunity_ for_ obama.

阻止他们。今天，巴勒斯坦人唯一可以接受的结果是以巴冲突的全面解决，需要创建一个国际承认的国家。其他创造性建议困难重重，因为很难相信以色列不会利用任何过渡时期来扩建定居点。其结果是，偶尔提出的其他建议（诸如一个过渡方案或一个暂定边界的国家），也被巴勒斯坦人民视为不合法，但如果最终明白两国解决方案是其共同目标，他们也许会表示同意。

联合国介入行动像是"求助"于一个更高权威，在家庭调解中像这种情况也很多。我们同意解决我们之间的分歧，如果不能，我们同意授权一个人或团体来解决问题。巴勒斯坦国的联合国成员资格，结合一个解决所有突出问题的框架能够满足巴勒斯坦人的核心要求。最佳替代方案是巴勒斯坦被联合国大会接纳为1967年边界范围内的国家，加上最小限度的特定土地交换，它可以为以色列提供一个处理持续建设定居点问题的方法。它将向以色列表明，扩充定居点直接与国际法和国际共识相抵触，对最终方案不会构成影响。

联合国大会承认巴勒斯坦的决定还有另外一个重要影响。被成员国承认后，巴勒斯坦可以处理约旦河西岸与加沙分离的问题，阻止加沙游离为一个单独的实体，如果没有两国解决方案进程的话，这是一个可以得到险恶支持的选项。作为扭转巴勒斯坦人分离状况的进一步手段，巴解组织保证在执行安理会解决方案的数月之内，在巴勒斯坦主权国家举行国际监督下的选举，国际社会保证尊重选举结果。这将给巴勒斯坦各方提供一个比占领状态下更为正常的选举竞争的机会，将为哈马斯提供一个不对这个过程进行破坏的诱因，还将使法塔赫得以创造帮助实现巴勒斯坦独立的历史。与哈马斯达成和解协议，它的合法性将得到增强。

对于那些一直以来对巴勒斯坦制度与社会提供最大支持却不享有相称的影响力，因而对既感到自豪又觉得沮丧的欧洲人而言，这个选择提供了一个成为真正角色的希望。向以色列施压让大多数欧洲政治家感到为难，绝大多数欧洲政府不相信这样会有助益。相比之下，通过联合国程序支持建立巴勒斯坦国将会让他们觉得舒适，他们可以受托承担为此选择提供信誉保证并使其顺利通过的重要作用。欧洲国家希望在调停过程中发挥建设性作用，以此作为促进国家利益的一种手段，现在他们有机会这样做，而不必打开支票簿躲在密室里坐等结果。这种方法还可以避免出现一种情景，欧洲支持建立国家地位的所有属性，但却没有承认它是一个国家，巴解组织只能单方面宣布建国。欧洲政治圈已经加剧了对重复2006年政治失败危险的某些担忧，当时

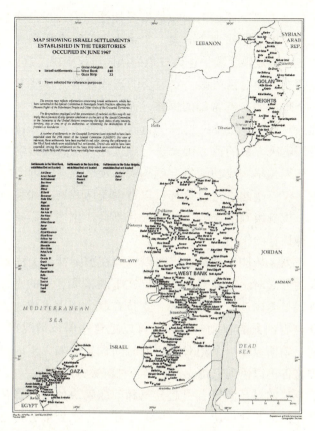

欧洲做了支持巴勒斯坦组织民主选举的所有事情，只是为了在产生最终结果时阻止它。

　　美国对于被剥夺迄今为止它对谈判的实质垄断而感到畏惧，又想避免由一个中立调停者提出这种选择所带来的政治上的副作用。目前这个方案将为美国政府呈现一个解决冲突的真实的希望，一个已被它定义为重要的国家安全利益的目标。凭借它在安理会的核心作用，美国也不会失去它的卓越地位。

　　当然，需要说服美国和主要欧洲国家，这种选择不仅有益于巴勒斯坦，也有益于以色列。在这方面，赋予安理会议定协议条款的权力将会保证以色列的核心利益。美国不仅可以针对任何它认为不满意的文件行使否决权，也必然会在整合协议过程中发挥支配作用。对以色列，它的动机是获得合法性并结束冲突，这是为整个国际社会所认可的——任何人抵制这个结果，拒绝承认以色列，此后都将处在安理会的对立面。在这个意义上说，这个选择扩

141

充了"阿拉伯和平倡议"所做的阿拉伯世界接受和承认以色列的承诺。当然同样，如果以色列拒绝了安理会方案，它将为国际社会所抛弃，它为以色列拒绝协议设置了一种威慑手段，也为以色列认同协议提供了进一步的理由。

如果现在所有直接对话失败，安理会的选择能够为那些对缔结协议感兴趣的人提供一个现实的、有希望的退路，而不是重启以巴之间、以色列与阿拉伯世界之间的对抗吗？最终，这种努力需要由许多参与者特别是巴解组织和寻求达成两国解决方案的西方国家进行重大的外交斡旋行动。各方协调的水平越高，进行得越早，成功的机会就越大。及早调动安理会的作用可以有助于创造契机，仅仅就此进行讨论都可以帮助美国政府。如果缺乏对各方某种形式的控制，拉响谈判协议告急的警报也不会产生多大影响。联合国安理会即将起到这种杠杆的作用。

不过，以色列人从加沙撤离，表明以色列在国际社会关注到他们对待加沙巴勒斯坦人的方式时，能够对它的螺旋式下跌采取客观的态度。中东和平的一个最好进展是美国改变其的意愿，支持在联合国谋求解决方案，重申巴勒斯坦人建立自己国家的权利。调停者可以把这些假设情况摆到谈判桌上。如果以色列和巴勒斯坦在一个相对短暂的时间框架比如 2 年内没有达成协议的意愿，美国将告诉以色列它将支持这样一种解决方案。

142　　具有讽刺意味的是，调停者引起共鸣和问题解决的能力将帮助双方为解决冲突提供潜在的创造性解决方案，但为了让双方来到桌旁带着诚意解决问题，调停人可能不得不征得美国的合作，威胁各方采取某种行动。调停人可能不得不求助于古老的对抗型谈判策略，或者更好一点，是威胁诉诸一个更高权威以推动问题的解决。它可能不得不以置身事外来威胁当事人，让联合国和它的胡萝卜加大棒接手来解决问题。

结　论

把以巴冲突看作家庭继承纠纷有许多重要的好处。这个视角显示了在棘手争端中如何从个人关系开始谋求和解。如果当事人不愿意彼此对话，那些关系是不可能存在的。调停策略指引这条道路。当事人需要坐在对方面前，对话、倾听和理解他们相互依存的需要：认同、安全、自治。

　　调停程序可以让每一方当事人认识到对方代表的合法身份。就像巴解组织曾经被认为是恐怖组织，一旦它经由正当选举产生，它就成为谋求和解的必要参与者。哈马斯具有同样的地位。以色列是时候认识到，谋求和平需要哈马斯坐到桌边。如果以色列帮助巴勒斯坦建立了第二个国家，轮到哈马斯，也需要承诺将来承认以色列。这种理解对于建立信任是至为重要的。它也可能导致当事人明白，到最后，分离是一个必要的结果。

　　法律也是一个重要的参与者。法律框架提醒当事人，在向另一方和世界其他地方提出要求时，他们已经使自己处于人道主义权利普遍原理的约束之下。重申这些相互依存的原则可以激励领导层鼓起勇气采取措施处理争议当事人潜在的共同需要。在当事人之间的范式发生变化（由幸存到存在）时，调停可以引导当事人考虑双赢的方案。它可以从根本上带来一种理解，即永续的生存取决于合作，而不是为了权力的目的依靠残暴的权力。一旦范式改变，争端方就具备了谋求和平的创造性空间。[154]

143

　　不过，在国际舞台上，法律是不够的。美国和（或）联合国都不能独自行动。需要一个有原则的调停者把美国和联合国当作"更高的权威"，来改变当事人谋求立场最大化的观点。在当事人认识到安理会和联合国大会可能以一种不同于当事人曾经适当推动的方式裁决问题的情况下，调停者可以鼓励当事人接受采取问题解决的方法。然后，运用一种结合问题解决与基于利益的方法，调停者可以推动双方走向双赢。

　　拥有核武器如何使争端复杂化？当世界生存被置于一个核国家为其不满寻找补偿的绝望游戏中时会发生什么事情？那是我们下一章通过考察而探讨的主题。

---

〔154〕　这样一种转化可以发生的一个相当显著的征兆是，美国长老会大会（the General Assembly of the Presbyterian Church of America）通过的一系列"原则"依次得到了许多美国犹太组织的支持。http://www.pcbiz.org/Explorer.aspx? id=3179 & promoID=126.

3　朝鲜与核武器：
一个个人尊重的问题

144

　　如果调停是个人化的，并且开始于对主要角色动机、目的和需要的认真理解，那么朝鲜对美国外交的决策者提出最终挑战，再次引发了原则性调停方法是不是一个重要选项的问题。朝鲜的领导层似乎对加入国际社会不感兴趣。[1]它对于自己人民的饥饿漠不关心。通过威吓它的邻居，尤其是韩国和日本，使自己陷入了孤立。朝鲜拥有核武器的事实给谈判增加了风险，并把它的对立方抛入一场生存危机之中。这导致某些人主张与朝鲜谈判将无果而终。[2]朝鲜是"邪恶的"，他们能够理解的唯一事情是政权更迭、武力和以制裁相威胁。[3]

　　让事情更加复杂的是，朝鲜领导层把自己用宗教包装起来。主体思想（Juche）或者金日成主义（Kimilsungism）是在1948年朝鲜成立后神化其首任领导人的一种宗教，并且父子相传。2011年金正日（Kim Jong-il）逝世，这意味

---

〔1〕　See Acemoglu, Daren and Robinson, James, *Why Nations Fail* (New York: Crown Publishers, 2012), chapter 3. 作者详细描述了朝鲜经济的严重情况。

〔2〕　Bolton, J., "Obama's Sweet Deal for North Korea", *Wall Street Journal*, March 7, 2012, http://online. wsj. com/article/SB10001424052970203370604577261340140502510. html. 博尔顿认为奥巴马对于谈判绝望所付出的代价是给伊朗壮了胆。

〔3〕　"Wanger, A., President Bush labels Iran, Iraq, North Korea an 'Axis of Evil'," *Arms Control Association*, March 2002, http://www. armscontrol. org/print/995.

着不论通过解读这种宗教对当事人谈判立场的影响（使用金正日的父亲制定　145
的公告的能力，据信是神圣的）而实现了什么，都可能已经不复存在。而且，
对付金正日统治下的朝鲜的动机和有效策略可能也已经失去了。谈判者必须
同一个几乎未知的领导者，一个因为最像父亲而越过长兄被选中的领导人打
交道。[4]因此，金正恩（Kim Jong Eun）不止是缺乏媾和的经验，如果他选择
的话，他也可以把他的立场式议价包装起来，使用主体语言代表朝鲜这个伟
大的民族像神一样发表讲话。于是，朝鲜对于原则性调停方法提出了挑
战——和一个未知的领导者谋求长期和平，这个人或许专注于个人生存，并
且被一种宗教思维方式所支配，这种思维方式也可以用来证明他的谈判立场，
因为他毕竟是神的儿子。

　　本章将探讨同"邪恶轴心（Axis of Evil）"之一谈判的过程，并且探询原
则性调停方法能否成为美国追求和平策略的一部分。本章也将考察在宗教语
境下在主体思想（它宣称发展中国家应该被允许独立发展，得到世界其他国
家的平等相待，而不是附属于一个外国强权。最终，主体思想在朝鲜被定义
为政治独立、经济上自力更生以及强大的国防。它被视为旨在让人民群众实
现独立的革命性的政治理论）和影响美国谈判立场的犹太－基督教（Judeo-
Christian）信仰（基于上帝关心世界及所有居民的信念）之间的宗教对话。
我们这样做是为了更好地理解相互尊重在敌对双方领导层之间的宗教对话中
所发挥的作用。最后，本章探讨在非官方调停者的掌控下，有原则的实用主
义如何促成两种截然不同的宗教思维方式之间的对话。

　　朝鲜是在与美国的战争中诞生的，经历了三代朝鲜领导层，美国与朝鲜
的关系依然陷于僵局。美国的政策出自有关朝鲜的冷战观点，一种把朝鲜送　146
入苏联怀抱中的观点。结果，美国根据孤立和遏制的原则对付朝鲜，谋和的
尝试昙花一现，却又继之以制裁和封锁。很容易理解为什么美国会这样做。
朝鲜不会羞于宣布自己拥有核武器。它已经宣布退出《核不扩散条约》（the
Nuclear Non-Proliferation Treaty，NPT，条约允许非核国家为和平目的获得核电
力）。最近，朝鲜宣布进行了一次跨越日本海峡的洲际导弹试射。

　　能否取得进展需要一种新的见解。所需证据来自两次谨慎的"破冰"谈
判，它们成为个人的、直接的方法可以在当事人之间带来某种结果的例证。

---

〔4〕　http：//www.bbc.co.uk/news/world-asia-pacfic－11388628.

第一次突破是在 20 世纪 90 年代，卡特总统与金正日达成了一个协议。第二个例子来自克林顿总统，但不是在他担任总统的时候。他在总统任期之后，作为私人调停者，通过与"亲爱的领袖"直接交涉，协商释放了一名记者。2009 年 8 月，在朝鲜已经宣布对两名美国电视记者做出 12 年苦役的判决之后，前总统克林顿赶赴朝鲜。上述情况使用的都是调停者的方法。卡特总统与克林顿总统分别被美国和朝鲜邀请介入。两位前总统通过专门准备、认真倾听并结合使用为双方创造双赢方案的辅助型问题解决方法，都能够与朝鲜达成协议。我们需要深入考察在每种情况下何以取得进展，以便更好地理解调停人的方法如何能够比传统外交政策的立场式议价更好地促进和平。我们还需要考察美国如何启用这样一个调停者。

对于遭到美国升级威胁的朝鲜来说，美国再次退回到威胁升级循环的边缘。最近的事态强化了这一点。2011 年 12 月 17 日，金正日去世。在两个星期内，朝鲜最高决策机关国防委员会正式宣布在它的新领导人金正恩率领之下，对韩国的政策保持不变。[5]一些国际问题分析家宣称，他们也没有期待一个改变。这些分析家断言，金正恩既不够坚强、也不够有魄力催生改革并向世界打开朝鲜的大门。[6]

147

另一些人抱着更多希望。汉斯·S. 帕克（Han S. Park）教授从金正恩为解释朝鲜发生的事件所提供理由的模式中看到了改变。也许这些理由就是新领导人的思维更加理性的证明。它可能发出了在与朝鲜进行协商时要对僵局进行经济分析，并更加广泛地谋求朝鲜经济发展的信号。

帕克教授对发生在 2012 年春季的两点进展印象深刻。第一个是金正恩所做的演讲，第二个是在朝鲜火箭进入太空失败之后金正恩政府对国际新闻界所做的解释。金正恩在他的演讲中描述了一个有别于过去的新的重点。他说现在朝鲜不需要把关注的重点过多地放在国家生存上。重要的是朝鲜要开始工业革命。现在是朝鲜要创造一个"我们的人民不再挨饿"的社会的时候了。[7]

---

〔5〕 http://topics.nytime.com/topics/reference/timestopics/people/k/kim_jongun/index.html.

〔6〕 http://www.cnn.com/video/#/video/world/2011/12/28/ctw-intv-victor-cha-on-north-korea.cnn.

〔7〕 2012 年 4 月 26 日汉斯·帕克教授在戈伊祖塔商学院（Goizeueta Business School）博因顿礼堂所做的演讲。帕克教授是哈雷杰出研究员，佐治亚大学（University of Georgia）国际事务教授，全球问题研究中心主管。

帕克教授还从他自己翻译过来的朝鲜官员就洲际导弹发射失败向新闻界发表谈话时所做的声明中看到了改变，并深受鼓舞。他听到官员说金正恩命令他们说出真相，他的政策是把"透明和真相"带到与国际社会的关系之中。与过去外交政策通过简单地否认发生失败加以管控相比，帕克听到朝鲜官员讨论他们现在要告诉新闻界，火箭没有进入太空。[8]

不过，事件本身可能讲述了一个不同的故事，并显示出美国与朝鲜改变关系是何等困难。最初，还存在希望。2012年1月，朝鲜声称它愿意考虑进一步推动关于停止铀浓缩活动协议的谈判。2012年2月23日，金正日去世后第一次会议在北京举行，"一个美国特使说"取得了一点进展。[9]事实上，事情似乎朝着一个新的方向转变。双方同意平壤中止宁边（Yongbyon）核设施的铀浓缩和其他"核活动"，允许非常有限的国际核查，暂停远距离导弹发射。在2012年2月29日的国务院报告中，美国对于朝鲜（明显的）"旨在改善对话氛围和展示其无核化承诺的"单方面让步没有提供任何回报。[10]

接着，朝鲜在2012年4月试射了一枚远程导弹。为什么朝鲜在它宣布将中止"核活动"之后还要试射一枚能携带核弹头可以打到其邻国的导弹？为什么它故态复萌、如此不理性地炫耀武力？美国似乎没有什么选择，只能恢复威胁、抵制和制裁。不久之后，美国宣布它将停止向朝鲜提供它所急需的粮食援助。[11]国务卿希拉里·克林顿呼吁朝鲜领导人进行建设性对话。朝鲜做出反应，就像以前对别人批评他们的领导人时经常做的一样，在提到克林顿国务卿时用侮辱性的语言称其为"穿裙子的部长"，提到韩国领导人时称其为"鼠辈"。[12]美国似乎要再次使用传统的立场式议价反应来惩罚朝鲜的行为。[13]

148

149

---

〔8〕 Id.

〔9〕 http://globalspin. blogs. time. com/2012/02/24/u-s-north-korea-talks-yield-a-bit-of-progress-but-little-hope-for-refugees/.

〔10〕 http://online. wsj. com/article/SB10001424052970203370604577261340140502510. html.

〔11〕 http://www. dailymail. co. uk/news/article – 2129514/Will-learn-Failed-missle-launch-costs-North-Korea-U-S-food-aid-STILL-planning-nuclear-test. html.

〔12〕 "North Korea Calls Cliton Criticism 'Reckless'", *The New York Times*, Monday, June 18, 2012, A4.

〔13〕 在撰写这本书的时候，国务卿克林顿正在与朝鲜人联系，她发表公开声明称局势不能这样发展下去。http://www. voanews. com/content/kim-north-korea-cliton/1211335. html.

要理解美国将再次退回到以前政府的共同外交政策习惯，只需要观察朝鲜战争以后朝鲜与美国的关系。我们将从考察朝鲜领导人的家族开始，以便能够更好地理解美国现在面对的问题，以及为什么一个有原则的调停者的方法是必要的。

美国能避免把作为国家元首的父亲的
行为归咎于儿子吗?

金正恩是个神秘的人。甚至他的准确年龄都是未知的，但估计他出生于1981 至 1983 年之间，这使他成为 2012 年世界上最年轻的国家元首。[14] 据推测他在返回平壤的一个军事学院之前，使用假名在瑞士格穆里根（Guemligen）伯尔尼国际学校（International School of Berne）学习，他可以讲英语、德语和法语。[15] 据说作为金正日三个儿子中最年轻的一个，他被选为继承人的一个原因是他在外形上与朝鲜的建立者金日成很像，[16] 因为他"在脸庞、体形和个性上与他的父亲一模一样"[17]。我们所掌握的显示其个性的唯一趣闻是，据报道，由于缺乏锻炼，金正恩患有糖尿病和心脏病，并且他是个NBA 篮球迷。[18]

要理解金正恩和他所承担的压力，我们必须回顾一下新领导人的祖父金日成，他要求他的下级称其为"伟大领袖（Great Leader）"。当这位祖父在外国要人面前讲话的时候，他布置一束玫瑰色的灯光照在他的身上。他教育这个国家他是神，每当他在公共场合向任何一个下级问话的时候，他们在回答

150

---

〔14〕 关于他统治国家的权力，一直有许多人推测，金正日的姐夫，朝鲜劳动党行政部部长张成泽（Chang Song-taek），是一个在政策制定和咨询方面对金正恩有实际影响力的人。http：// www. bbc. co. uk/news/world-asia-pacific－11388628.

〔15〕 http：// www. telegraph. co. uk/news/worldnews/asia/northkorea/5428300/kim-jong-un-a-profile-of-North-Koreas-next-leader. html.

〔16〕 http：// www. bbc. co. uk/news/world-asia-pacific－11388628.

〔17〕 http：// www. telegraph. co. nk/news/worldnews/asia//northkorea/5428300/kim-jong-un-a-profile-of-North-Koreas-next-leader. html.

〔18〕 http：// www. bbc. co. uk/news/world-asia-pacific－11388628.

之前都要赶紧跳起来。[19] 他似乎需要用一种神圣的氛围把自己包裹起来，以转移追随者对朝鲜经济政策效果的注意力。与战后经过改革实现民主与市场经济的韩国相比，朝鲜切断了自己与外部世界的联系，以防止自己受到外面的影响。[20] 如果朝鲜能够了解韩国的生活有多么好，它或许会质疑金日成的政策甚至统治能力。

金正恩的父亲金正日继承了这种传统。关于金正日的个性有很多故事。有些是遗传的，有些是他独一无二的。金正日要求他的下属称他为"亲爱的领袖（Dear Leader）"。[21] 他自以为在电影方面知识广博，并且把电影当作一种艺术形式撰文讨论。[22] 这看起来没什么错，但事实却过于离奇。金正日拥有20 000盒电影录像带，特别喜欢老一代的电影明星伊丽莎白·泰勒（Elizabeth Taylor）。至少关于电影产业方面，他似乎不太懂得自由的概念。在一场精心设计的密谋中，他绑架了崔银喜（Choi Eun-hee），一位最佳女主角，韩国制作人申相玉（Shin Sang-ok）的前妻，试图把申相玉引诱到朝鲜帮助在那里建立电影工业。[23]

因为没有可以倚仗的军事记录，他没有强调自己的神圣性，虽然他经常吹嘘自己的能力，声称自己在一个高尔夫回合中多个球洞都是一杆进洞。尽管他不像他父亲那样在同外国来访者谈话时使用玫瑰色的灯光，但他喜欢乘私人专列旅行，停靠在 19 个专门供他使用的火车站。在专列上，不管他晚上想停在哪，他都得让新鲜大虾空运过来。

金正日把他的臣民视为三类：坚定的支持者、忠实的选民和其他所有人。他向他的"坚定的支持者"分发梅赛德斯奔驰（Mercedes Benz）汽车，却让他的绝大多数人民濒于饿死。报道说他容易感到厌烦，当他对一个人感到厌倦的时候，就会把这个人弄死。一个从前的保镖描述，有一次当他发现他的一个下属正在询问估计自己的父亲要活多久的麻烦问题时，他认定这个发问者

151

---

〔19〕 Creekmore, M., *A Moment of Crisis*: *Jimmy Carter*, *The Power of a Peacemaker*, *and North Korea's Nuclear Ambitions* (New York: Public Affairs, 2006), p. 73.

〔20〕 Acemiglu, D. and Robinson, J., *Why Nations Fail*, Chapter 3.

〔21〕 Breen, M., *Kim Jong-il*: *North Korea's Dear Leader* (Hoboken, NJ: John Wiley & Sons, 1994), p. 72.

〔22〕 Breen, M., *Kim Jong-il*, pp. 77 ~ 89.

〔23〕 Breen, M., *Kim Jong-il*, p. 83.

很不敬，就把这个人杀死了。[24]

他的统治哲学与他的父亲相似：他同样以朝鲜独立和自足的品格为名，用宗教把他的国家和世界其他地方隔离开来。但他通过培养一种把他的父亲奉为神明的宗教向前更进了一步。他称他的父亲为完人。主体思想对于他，成为一种崇拜他的父亲的宗教，逐渐被称为"金日成主义"。[25]他引用他父亲的话，仿佛那是神谕，他暗示他的父亲依然活着并且和他讲话，称他是"永远的总书记（President for Eternity）"。[26]他是邪恶的还是只是古怪的？如果他故意用宗教压制不同意见，那么很难不把他看作我们以前定义过的邪恶的典型——因为他压制甚至饿死他的人民以维护其权力，并且没有其他理由，只因为他有权这么做。

152　金正日显示出独立于他父亲的某些方面。他退出了他父亲签署的《核不扩散条约》，只要朝鲜的安全能够得到保证，他公开制造原子弹，即便是在他父亲做了相反的承诺之后。他在日本海峡上空试射火箭，他的父亲从未采取如此的挑衅行动。由于他的国家多崎岖的高山峡谷，可耕地面积很少（不到20%），这种孤立状态应归咎于把经济建立在武装自己的基础上的政府。而他似乎察觉不到让绝大部分朝鲜人民陷入赤贫的政策应该承担何种责任。他不断威胁邻国，试图展示其向他们的民众发射核导弹的能力，所有这些都以其有不受任何外来干涉（他意识到干涉主要来自美国）地统治朝鲜的权力的名义进行。在坚持了 8 年不生产核级铀的承诺之后，他破坏了承诺，然后宣布打算生产可携带核弹头攻击邻国的洲际导弹。[27]

与朝鲜谈判的历史显示出想要不陷入威胁与制裁的窠臼是何等艰难。在亲爱的领袖统治时期，朝鲜外交官都是特别好斗的、对抗型的议价者。他们不想因为违背朝鲜的金日成主义而丢掉性命，他们不断挑衅美国谈判者及其邻居，却对最为臆想的怠慢而感到生气。[28]

即便像克林顿总统那样的外交家也无法抗拒对朝鲜首先使用威胁，再施以制裁，以迫使他们采取一种更为和解的立场。1993 年 7 月，克林顿总统穿

---

[24]　Breen, M., *Kim Jong-il*, p. 103.

[25]　Breen, M., *Kim Jong-il*, p. 70.

[26]　Breen, M., *Kim Jong-il*, p. 76.

[27]　Id.

[28]　Creekmore, M., *A Moment of Crisis*, p. xi.

着一件制服上衣，戴着上面写着"驻韩美军"的帽子，发出了一个警告："如果朝鲜继续发展和使用核武器，那将是这个国家的末日。"[29]他不是像他的继任者布什总统在伊拉克战争期间那样，坐在一艘航空母舰上，但强大的战争威胁仍然是清楚的。作为回应，一个朝鲜代表在非军事区（the Demilitarized Zone, DMZ）的双边会议上宣布："如果美国制裁朝鲜，那么朝鲜将会把韩国首都首尔变成一片火海。"[30]美国如何对这样一个流氓国家做出回应？

1994 年，当美国到联合国寻求制裁，并从首尔撤离外交官、似乎准备与朝鲜进行战争时，两个国家之间的形势似乎升级到危险的近战对峙状态。很明显，正是同年卡特总统的介入，才达成了一个约定停止核武器增长的八年协议，这给我们提供了关于调停者如果使用有原则的务实方法将会发生何种事情的极好的例子。

卡特总统应金日成邀请来到朝鲜，帮助传达其所寻求的事情。卡特的介入是需要利用非正式的、秘密渠道的、一轨半外交（一种利用中间人在当事人之间进行沟通的一种外交策略，但它没有官方身份以约束当事人）的一个研究案例。使用这种方法可以与那些有着不光彩过去的人之间保持信息流通与对话。孤立对手和使用在本质上轻视另一方完整性与承载力的威胁手段将所获无几。它们往往被权力精英视为生存威胁。此外，经济威胁实在无能为力。《核不扩散条约》并不是现在为了防止签署国企业出售制造原子弹的组件技术才拟定的，世界贸易环节太多以至于无法控制。所以，美国和联合国可以从使用一种不同的——基于个人关系、目标是在当事人之间建立长期尊重的外交手段中获益。

从 1994 年及卡特身上学到的经验：同感第一

卡特总统如何设法与金日成达成一项协议，至少在一段时间内稳定了各

---

〔29〕　Jimmy Carter, *The Power of a Peacemaker*, *and North Korea's Nuclear Ambitions*（Cambridge, MA：Public Affairs, 2006）, p. xi.

〔30〕　Creekmore, M., *A Moment of Crisis*, pp. xi, xii.

154 方之间的局势？卡特总统采用一种调停人的方法准备与金日成（金正恩的祖父）的会面。他知道需要一丝不苟地做好准备，他必须显示出尊重，他需要小心倾听，他需要提出双赢的解决方案，并且（为了得到信任）他需要对朝鲜面临的基本安全问题提供保证。

马瑞恩·克里克莫尔（Marion Creekmore）在他的著作《危机时刻》（*A Moment of Crisis*）中详细阐述了这些经验。[31]他特别描述了卡特总统收到的比利·格拉汉姆（Billy Graham）根据自己访问朝鲜（十字军东征，格拉汉姆这样称自己的使命之旅）的经历而提供的建议。格拉汉姆接受了斯蒂夫·林顿（Steve Linton）——一个朝鲜问题专家的建议，林顿送给格拉汉姆的关于与朝鲜谈判的备忘录被转交给了卡特总统。林顿建议，虽然一个谈判者永远不要放弃自己原则的道德高地，但是为了成功还是应该采取一些基本措施：①不要怀有敌意；②在开始谈判之前巩固个人关系（推论，寻求个人帮忙而不是做交易，把注意力放在人而不是问题上，避免提出法律要求，谈判应该在政府最高层人士之间进行）；③避免威胁朝鲜的生存与社会凝聚力；④不要在公开场合说任何可能使朝鲜谈判者蒙羞的事情。[32]作为上述四点的必然结论，林顿提出朝鲜人偏爱媒体视线之外的非正式秘密会谈，因为公众舆论（保全面子）对他们非常重要。卡特总统认真考虑这些建议，甚至精确到如何在第一次会面时与朝鲜人寒暄。将来与朝鲜谈判的人都应该遵守这些方针。

外交和宗教

155 在卡特总统准备访问过程中出现的一个最有趣的问题，是由帮助卡特总统做准备的韩国人提出的，朝鲜人实际从未提出过。这个问题在今天的谈判中很可能自己呈现出来，任何一个谈判者都应该有所准备。韩国人担心朝鲜人会问一些宗教问题，旨在为难和羞辱卡特总统。关于这些问题韩国人所说的东西，是他们自己对于那些宗教原则以及这些原则将如何用来反对他们表示的担忧。毕竟，卡特总统已经就指导朝鲜与美国关系的原则发表了声明。

---

〔31〕 Creekmore, M., *A Moment of Crisis*, pp. 77~79.

〔32〕 Ibid.

难道宗教原则也要指导美国与朝鲜进行会谈吗？也许韩国人懂得朝鲜人如何在与美国的争论中利用基督教原则增加筹码。他们显然担心公开信奉基督教的卡特总统会对某些困难的问题敞开心扉，导致以牺牲韩国为代价的让步。

虽然卡特总统从未必须回答这些问题，但对于任何一个准备与之前被他们归入邪恶之类的人进行谈判的外交官而言，思考如何利用含蓄的宗教支持为其使用武力进行辩护是十分重要的。它也说明，与美国正式外交官不同，调停者可以为了双方的利益回避宗教推理。尽管调停者可以避开某些基本宗教教义的影响，但他（她）还是必须了解如何利用这些教义诠释其作为调停者的角色，支持其和平优先的原则。关于宗教原则的讨论可以建立一个起点，使调停者得以商讨如何引用伟大领袖或者孔子约束政府不要残暴虐待自己人民的论述，作为与他人打交道时创造双赢方案的背后逻辑。随后我们将回到这一点。首先我们需要看一看犹太－基督教教义如何被运用到与美国的谈判中。

韩国人担心卡特总统可能被问及以下问题：

（1）为什么美国声称"热爱和平"和"痛恨"侵略别国，却试图唤起公众舆论反对朝鲜，并且不只使用经济封锁（使人民挨饿），还要使用先发制人的军事打击（杀害无辜的男人、女人和孩子）进行威胁？

（2）如果美国使用军事力量而朝鲜人民奋起反击，并在保卫祖国的战斗中死去，那么卡特作为虔诚的基督教徒，如何看待几百万无辜人民成为这样一种侵略的牺牲品？

（3）卡特（或者任何一个负责任的基督教徒）期望听到上帝就此事说些什么？

（4）为什么单独针对朝鲜而不是印度、巴基斯坦和以色列？（美国的反应是种族主义的吗？）[33]

在行使权力问题上，美国如何把自己同其他核国家像俄罗斯、中国或者老牌殖民主义国家区别开来？难道它不是企图把自己的意志强加于朝鲜、使自己和自己的核武装处于一种对其他无核武器国家随意支配的地位上吗？

为了使美国不至于放弃它的原则，对于这些问题的回答必须经过审慎考虑，因为它们是美国能够使自己区别于其他通过结成同盟行使权力以提升自

------

〔33〕 Creekmore, M., *A Moment of Crisis*, p. 121.

己利益的国家的核心问题。它还有助于美国继续重新审视它的价值、原则和在全世界使用军事力量的理由。另一方面，作为一个谈判者，美国很难不会听到如此挑战其主权的讨论。对于调停者来说，问题在于他是否能够把每一方宗教教条的含义转化成关于各方宗教居民相同本性的讨论，即每一方都在神的指示下保卫自己人民的长期繁荣与安全。

辅助型调停者可以从阿西莫格鲁（Acelmoglu）和罗宾逊（Robinson）的新书《国家为什么会失败》（*Why Nations Fail*）中受益良多。这本书告诉人们，政府的政策和制度对于国家失败的原因承担很大的责任。责怪他人、归咎于文化和地理只能一时起作用，随后就需要国家领导层为发展政策和制度以提高责任感，并为普通公民的生存乃至繁荣提供私有财产权和融资渠道而承担责任了。阿西莫格鲁和罗宾逊认为，朝鲜与韩国的不同为一个国家的领导层如何有负于其公民制造了一个道德的（如果不是宗教的）实例。需要让金正恩清楚地认识到这些事实。调停者更适于根据各方为其人民追求和平与正义的共同需要提出这种主张。

一种反对使用调停方法的潜在理由是它在某种程度上违背了关于美国如何看待自己的某些基本观点：它违背了美国文化乃至宗教遗产的基本原则。毕竟，正如我们在第一章里根总统对基督教支持者的演讲中所看到的那样，美国人从不会羞于把自己当作卫道士，在世界上的行动总要与基督教的原则保持一致。早期美国诉诸命定说为其西进运动寻找借口，后来在"一战"与"二战"中的成功导致了美国的自我认知：由于它的行为动机是正当的甚至是"正义的"，[34] 所以上帝赐予其力量。美国相信其使用武力的能力是上帝认可的吗？美国在理解上帝心意方面有某些特别授权的方法吗？美国如何确信它能够判断出某人是好人还是邪恶的？如果美国人认为他们的领导人拥有如此鉴别力，那么美国的领导层能够公开放弃他的权力而接受一个调停者的引导吗？也就是说，他能否务实地基于效果而不是基于"正当"行动而使用策略？

这些问题对美国外交政策的重要性被奥巴马总统在 2009 年他的诺贝尔奖获奖演说中再一次提起。[35] 奥巴马回避了新保守主义过于教条的手段，描述

---

〔34〕　Reihold, Niebuhr, *The Irony of American History*（New York: Charles Scrivner's Sons, 1952），chapter 4.

〔35〕　奥巴马总统诺贝尔奖获奖演说原文，http://latimesblogs.latimes.com/washington/2009/12/barack-obama-nobel-peace-prize-speech-text.html.

了一种更加谦卑的方法。不过，他的观点被更多地限定在与另一套宗教观 158
点——政治光谱中反对一方的观点的关系上。和平主义作为一种避免总是使
用暴力追求国家利益的宗教理由也得到大力推行。美国的犹太－基督教遗产
或许主张美国为了和平目的可以在原则上做出让步。这是朝鲜人所期待的反
对卡特总统的手段。

奥巴马总统宣称，虽然他钦佩马丁·路德·金与甘地的非暴力，但作为
美国总统，他不会奢望依靠非暴力。他表示，毫无疑问，世界上存在邪恶，
美国将使用武力保护无辜人民反对邪恶和恐怖分子。他似乎想说，虽然他把
非暴力当作理想，特别是在面对个人威胁的时候，但务实的世界现实要求美
国使用武力保护自己和它的朋友们。

奥巴马的演讲受到了他所钦佩的莱茵霍尔德·尼布尔哲学的影响。尼布
尔是一个杰出的德国哲学家和神学家，在 20 世纪 20 年代曾经来到美国。他
提出了一种他称之为"美国现实主义"的神学，极力想把基督教神学适用于
世界政治领域。"二战"和大屠杀改造了他的思想。在他的一本名为《美国历
史的反讽》（*The Irony of American History*）的著作中，尼布尔的思想对于和奥
巴马总统同时代的许多学生都是最有吸引力的。思考一下这段从选前《纽约
时报》的罗格·布鲁克斯（Roger Brooks）对奥巴马总统所做访谈中摘录的
话："我汲取了（尼布尔的《美国历史的反讽》中）很有说服力的想法，即
世界上存在着严重的邪恶，还有艰难和痛苦。对于铲除这些东西，我们应该
在信念上保持谦虚和谨慎。但我们不能以此作为犬儒主义和无所作为的借口。
我汲取了……这种观念，虽然知道这是困难的，但我们必须付出努力，不能
在天真的理想主义与悲伤的现实主义之间摇摆。"[36]

换句话说，奥巴马的实用主义，产生于我们生活在一个"中间时代"的
信念，这使他摒弃了多愁善感的自由主义。他在与布鲁克斯的谈话中承认，
他在他的著作《无畏的希望》（*The Audacity of Hope*）中支持自由主义的目标，
如从伊拉克撤军、遏制艾滋病、与我们的同盟更加紧密地合作，认为这些都 159
是值得称赞的，还要坚持这些理想，"但是它们几乎不能构成一个连贯的国家
安全政策。"正如罗格·布鲁克斯说的那样："当他面对一个他觉得傲慢的单
边行动，他主张谦卑；当他面对的是他认为的鸽派的不作为，他主张以约

---

[36] Brooks, D., "Obama's Christian Realism", *The New York Times*, A37, December 15, 2009.

翰·肯尼迪（John F. Kennedy）的精神顽强地促进民主。"布鲁克斯继续惊叹：

> 问题是，除了拒绝那些极端的东西，奥巴马有没有想过通过一种他自己的实用的外交政策学说——一种方法来运用他的尼布尔式的本能？[37]

要理解奥巴马政策的实用主义逻辑，人们需要理解犹太－基督教关于人性的信仰如何植根于一个活跃在国际舞台上的国家。宗教实用主义者在"正义战争"理论构架范围内发挥影响，而这种理论以我们生活在"中间时代"的信念为基础。对于基督徒来说，这表示我们处于基督死亡和复活，再来建立他的王国的"中间"时期。在"中间时代"，基督徒（美国决策者）非常警惕各种乌托邦主义思想，因为他们仍然被罪恶本性所控制。一个建立在朝鲜人共同支持"永远的总书记"基础之上的朝鲜乌托邦是非常不现实的。它是疯狂的，就盲目崇拜来说甚至是"邪恶的疯狂"。只有上帝才能建立上帝的王国。乌托邦是政府为了掩盖他们的残酷压迫而告诉其人民的一个谎言。对于人造乌托邦谎言的信念，使国民感到压抑，并为国民使用适当武力打倒这些政府、保卫自己以及全世界的无辜平民提供了正当理由。武力的使用是政府正义行动的必要工具，直到基督再临，上帝，也只有上帝才能带来万象更新。

但是行为者如何证明自己使用武力的行为是正当的？犹太－基督教神学家虽然仍相信造物主上帝，但认为人类已经背离了上帝，没有把握确信任何人或机构能够理解上帝的意愿。[38]对于基督教新教徒（Protestant Christians）、马丁路德教徒（Lutherans）、加尔文教徒（Calvinists）来说，这意味着有两个法律，或者两个权威政府。一个是上帝的法律，一个是"平民的"法律——以武力为后盾、保护无辜人民免受他人侵害的法律。

对于持这种信念的基督徒来说，甚至连基督来临也不能给任何人或政府提供理解上帝心意的自信。基督宣扬他的王国不是现世的。圣保罗（St. Paul）说福音被希腊人视为愚拙，因为福音不是依靠权力而是依靠爱去统治。护教

---

[37]　Brooks, D., "Obama's Christian Realism".

[38]　Ibid.

者圣约翰·加尔文（Saint John Calvin）宣扬人是有罪的——罪孽如此严重以至于人的权力需要通过政府的形式及对政府的规模不断地加以限制和分割，以保证政府作为一种必要的邪恶，以对人民负责任的方式继续行事。许多人认为加尔文关于人的罪恶本质的教义导致了两个非常重要的原则：政府需要以民主选举的方式对人民负责，其权力需要被分割以使政府保持在较小的规模，保证它的权力不会腐化或带来压迫。

在国际层面上，美国面对的挑战是要阐明它务实的——使用武力——目的是推动其原则、保护无辜人民并增加人民的权利自由。所以，关于人类罪恶本质及有必要在保护无辜中发挥武力作用的宗教信念支撑着美国的外交政策原则。它们也支撑着有限政府和个人自由的美国价值观。军事力量是对邪恶存在的一种必要的、务实的反应。特别是对于基督徒来说，基督的王国是不属于这个世界的。但在"中间时代"，直到基督再临以前，基督徒需要召集起来运用武力保卫他人、抵抗邪恶。同时，他们知道宣称以上帝名义行动充满着危险，因为人类被他们的罪恶本质所制约，会为了他们自私的利益而曲解上帝的意志。

这种信念意味着美国的外交政策需要特别谦逊、不脱离实际，并且对于美国合法使用权力不要过于自负。美国不应该陷入"强权即真理"的思维中去。否则，其优越的权力地位会误导其对世界其他行为者的看法。在美国基于"自身利益"行动的场合，它一定要特别谦逊，检讨它的动机以便了解其切身利益是否破坏了对于需要保护的目标的理解。为了限制其错误的决定，如果美国必须使用武力，也只能把它当作最后的办法（只有在它受到袭击的时候），出于自卫或者在它得到联合国或一个国际组织明确支持的情况下采取行动。

不过，尼布尔的哲学并不会完全导致消极主义、犬儒主义或现实主义，不愿为政府提供"改革"的空间。这种哲学终究不相信上帝会完全让自己远离这个世界，像个疯狂的巫师一样，让人类对他们应该如何行动与生活永远一无所知。基督教神学提供了一个最终充满希望的前景，那些政府在经历恐惧以后能够看清并且认识到把生存当作存在理由的不合理性，正如我们在其他博弈理论的语境下所看到的那样（第一章），它会驱使国家进行相互毁灭的战争。奥巴马在诺贝尔奖获奖演说中已经表示，虽然美国在运用权力方面保持谦卑，但美国的国际政策最终依赖于对所有人类共有的神性之光的信念。

161

这是美国为和平而工作的理由。

这种行为逻辑还暗示了一种道德优越感。对于美国而言，要它宣布有权采取行动保卫自己及伙伴却不宣示其优越性几乎是不可能的。朝鲜，以及任何一个国家都有权指出，美国基于其单方面认为正确的信念威胁到了它的生存权利（美国拥有核武器）。作为一个国家行为者，这样一条信息是不可避免的，朝鲜对美国的反应可以预料："想告诉我们神的意志，你算老几？"

我们必须分析这些宗教信念，以便理解对于美国而言，在有关核武器的谈判中更多地扮演调停人的角色是何等困难。另一方面，使用一个非政府调停者可以为非宗教对话开辟空间。调停者可以确认当事人对于安全与合法性的共同需要。这些共同需要可以成为让每一方接受一个中立调停者的重要原则。这些原则可以约束所有当事人在有关核武器使用方面承担责任。就朝鲜和美国而言，调停者必须向当事人说明，基于生存恐惧的非逻辑行为，必须符合历史逻辑，并得到博弈理论的支持，当人们出于恐惧而行动的时候，他们会将核武器的使用升级到自我毁灭的水平。尽管美国可以用实力提供安全保证，以减少恐惧带来的非逻辑行为，但如果它让自己服从一个中立调停者，帮助朝鲜创造合法性和永续性，那么它就可以防止自己被视为一个敌对者或压迫者。美国可以寄希望于通过调停程序，所有人类身上存在的共同的神性之光得以重现，[39]让当事人自己处理他们的关系及制订可持续的管理框架。否则，如果美国是调停者，它就必须表明它对于谈判结果没有直接利害关系，能够在不支配解决方案的情况下促进双方的理解。

1994 年卡特总统在朝鲜的调停经历，能够为美国如何在朝鲜与韩国以及日本与中国之间使用调停策略提供极大的启示。让我们回顾 1994 年，看看卡特总统在没有任何美国或韩国正式授权，仅仅作为一个调停者的情况下，能够为创造宗教间对话做些什么。

---

[39] 奥巴马总统诺贝尔奖获奖演讲原文，http://latimesblogs.latimes.com/washington/2009/12/barack-obama-nobel-peace-prize-speech-text.html.

卡特的例子

卡特总统将与伟大领袖进行谈判。他的准备工作（会见比利·格拉汉姆和其他最近去过朝鲜的人）告诉他伟大领袖依然掌权。就像他在斡旋中东和平协议之前在戴维营与贝京和萨达特做的一样，卡特总统准备了精心制作的简报，并且把注意力主要集中在三个方面：第一，他准备讨论核电力技术方面，特别是提供帮助建设依靠外来管理模式及钚处理技术的轻水反应堆带来的好处。这让他可以提议废弃朝鲜的重水反应堆，后者产生的钚可以丰富朝鲜的炸弹生产。第二，卡特总统尽可能多地收集他的谈判对象的信息。第三，他使用一种可以成为卡特中心商标的，对于朝鲜所面临的形势，包括经济、环境和卫生保健问题所做的广泛分析，以便在朝鲜感兴趣的情况下，可以提供更多的双赢解决方案。

当卡特总统与金日成会面时，他小心翼翼地对伟大领袖表达了敬意。他还表达了他的个人观点，即制裁和威胁是无益的，通过升级军事对抗它只能危及局势直至战争不可避免。他建议进行交互核查以便帮助朝鲜确信韩国没有核武器。最后，他询问如果美国能够提供轻水反应堆技术，朝鲜是否愿意将现在的核电厂封存，并向世界保证它不会发展钚来制造炸弹。谈判是私人的、体面的、自然的，旨在建立信任。他们还提到了对基本安全的关切。所有这些因素发挥了作用，伟大领袖同意停止制造核武器。

类似方法可以影响到今天美国对朝鲜的外交政策。它将使用秘密渠道进行联系，以便观察朝鲜是否同意使用一个在与美国的谈判中能够起到中立作用的调停人。当它试图寻找这样一个人物时，那将开启一种清晰的理解，金正恩不是金正日，金正日也不是金日成。那意味着美国必须小心翼翼地找到某个人，他能和新的亲爱的领袖形成共鸣，以便亲爱的领袖不会在不经意间受到侮辱，或者陷入一种让他"丢脸"的境地。

为了准备调停，调停者通常把自己想象成相关的当事人。人们只能想象伟大领袖儿子的儿子应该是什么样子。金正日生于 1941 年左右，在谈判时他大约 53 岁。他出生时，他父亲身在中国，和中国同志一样进行著名的抗日战争。1946 年，在他三四岁时，金正日与父亲一起回国，居住在平壤。日本的

163

164

失败使朝鲜从日本手中获得了独立，金氏家族也得到了一座豪华的前日本官员的官邸作为住所。金正日家里有一座水塘，至少根据某些报道，年轻的金正日的性格可能深受其 5 岁哥哥溺亡事件的影响。有些报道说他可能插手了他哥哥溺死这件事。[40] 对于哥哥的死他应受谴责吗？这件事怎样影响了他与父亲之间的关系？童年生活怎样影响了他看待世界的方式？然后，这些事件怎样影响了他养育儿子的方式？

金正日可能在苏联生活过一段时间，他的父亲在那里接受了另外的教育。那时候斯大林掌权，金正日的父亲接受了斯大林主义的统治观点——据推测国家将要消亡，让位给无产阶级，过渡政府需要用无情的统治清除资产阶级的习惯。金正日的父亲亲眼目睹了斯大林如何发展一批狂热的信徒，并且使用奖励与清洗相结合的办法进行统治以巩固其权力。事实证明，斯大林将成为他日后选择苏联而非中国方式统治朝鲜的偶像。父亲的统治思想有多少分享给了儿子？儿子曾被认为与父亲之间存在竞争吗？在用无情的清洗"灌输"忠诚、无法确定任人唯亲是否是资产阶级方式的氛围中，儿子究竟有没有得到父亲的信任？

在 20 世纪 40 年代，金正日的父亲回到朝鲜，并巩固了对于军队的控制。"二战"以后，美国和苏联出于管理的目的，把朝鲜分割为南北。不幸的是，美国认为对其控制韩国的所有威胁都来自苏联。在战争结束造成的真空状态中，美国别无选择，只能在朝鲜属于它的部分恢复那些被许多国民视为曾与日本人合作过的朝鲜人的领导职务。从朝鲜人的观点来看，日本人是敌人——这也是"二战"中他们与中国人一起战斗的理由。这让金正日的父亲认为美国重新安排日本人的支持者担任韩国领导角色是不可容忍的。金正日的父亲一定和儿子谈论过这段历史。人们想知道这些教训是否又传授给了金正恩。无论如何，金日成在南朝鲜宣布独立后不久发动了进攻，试图从日本人的合作者手中解放南方。

为了确认那些可能影响问题解决的原则，理解金正恩的祖父与日本人作战及其后来进攻南方背后的原因至关重要。比如，金日成解放南朝鲜的动机是因为日本人奴役、压迫朝鲜人，把他们当作劣等民族吗？进攻南方背后的目标是让朝鲜人塑造他们自己的认同感吗？那些原则在今天会怎样影响北朝

〔40〕 Breen, M. *Kim Jong-il*, p. 127.

鲜解放南朝鲜的理由？解放南朝鲜意味着什么？他们能够免于压迫吗？我们如何知道韩国人想要什么？民主和市场经济是自由的证明吗？

1950 年朝鲜战争开始，在他的父亲试图解放南方的时候，金正日可能被送到一所中国的学校，在那里直到 60 年代前后，然而官方报道只提供了他在朝鲜接受教育的经历。人们只能猜测，正在进行一场解放战争的父亲对着年轻的金正日会把美国描绘成什么样。最初的进攻行动很快取得了成功。然后，美国在快速重现的二战时期的军事生产能力的支持下做出了反应。美国海军的炮击和军事援助很快逆转了态势，把北朝鲜人一直打退到他们与中国接壤的地方。随后中国人加入北朝鲜一边，把美国人打退到后来的非军事区线上。不久是终战谈判，虽然金日成仍旧相信他最终会找到一条摆脱外部干涉、重新统一朝鲜半岛的道路。

如前所述，我们知道金日成提出了一种建立在自足和孤立原则之上、称为主体思想的哲学或宗教，金正日把这种哲学改造成为以他的父亲为中心的宗教（金日成主义）。由于当初被斯大林用苏联坦克和机枪武装起来，金日成喜欢苏联人的做事方式并不奇怪。当联合国军/美军抵近中国边界的时候，苏联人向他供应他所需要的武器和军事硬件，中国只是加入朝鲜战争。虽然中国帮助把美国军队赶回非军事区，但金日成对中国人保持警惕，这点并非不合逻辑。金日成想要弄清中国的共产主义哲学与苏联的斯大林主义政策对其权力所造成的威胁之间的区别。他最终以斯大林主义的方式采取行动清洗了反对派。为了进一步巩固他对国家的控制，金日成仿照斯大林把主体思想发展成为以宗教为支柱的统治哲学。金日成只是把宗教当成一种统治工具还是真正相信它？

166

不久，金日成得到了一个成为偏执狂的理由。在 20 世纪六七十年代，冷战策略导致韩国组织了一次试图结束金日成生命的政变。这更加助长了老金关于谁是支持者、谁可能与韩国私通的疑虑。作为一种自我保护，他修正了主体思想，使之有助于说服他的下级将朝鲜同它的所有邻居，包括苏联、中国以及韩国隔离开来。

儿子怎么会不继承一点父亲的偏执？四周是潜在的敌人，内部也有一个敌人，父亲不得不告诉儿子每一张笑脸背后可能隐藏着危险。从 20 世纪 70 年代第一次被父亲指定，到 1994 年 7 月 8 日因伟大领袖死于心脏病而接手，儿子在延续一种对于父亲的近乎神圣的敬畏方面经历了很长时间的学习训练。

儿子学会了不容忍对他父亲的观点提出异议，并和父亲的统治政策保持高度一致。一个主要的区别在于他个人成就极少，不得不把自己同父亲取得的成就联系在一起，驾驭他父亲培养起来的狂热信徒。

父亲与儿子的密切一致帮助卡特总统在 1994 年促成了一份协议。在"《框架协议》（Agreed Framework）"中，金日成同意在他去世前不久与卡特总统协商达成的协议，核能力的发展只是为了促进朝鲜的安全与经济福祉。亲爱的领袖金正日将履行朝鲜的承诺，允许核查并在他父亲去世后的 8 年内不寻求核能力。他似乎把这份协议当作对他父亲统治政策的坚持，当作确保朝鲜人不被边境上的敌人所控制的必要条件。或者，他把父亲的政策视为向潜在对手显示其沿着伟大领袖的足迹前进的一种方法。他甚至可能把它视为对其父亲神圣统治的信念永恒化的一种手段，进而，它还将引导他的追随者对于他的统治权威产生相同的感觉。不论如何，他的协议树立了一个先例，可以在未来的调停中作为原则影响任何将来的协议。

主体思想宗教在何种程度上约束金正恩追随他的父亲和祖父的孤立主义信条尚需确定。一旦安全的担忧得到缓解，他的父亲在与卡特总统的讨论中所表达过的和"被捕捉到的"一些信念，就可以被下一个调停者用来引导朝鲜走向商业透明与经济合作。如果美国政府显示出尊重朝鲜政府合法性的意愿，富于成效的谈判就能够发生。

我们必须记住，安全仍然是金正恩的极大担忧。我们知道他可以发现躲在每个灌木丛后面的敌人，并且使用"古拉格（Gulag）"（苏联劳改集中营——译者注）的办法对付哪怕是最轻微的反对迹象。[41] 我们知道在军队中存在强硬分子，他们把任何对西方的开放都视为软弱的信号，是对他们权力的威胁。也就是说，金正恩存在着来自内外的敌人。他如何知道美国没有密谋推翻自己？他如何知道非军事区对面与他对峙的军队没有准备入侵？他又如何知道军队领导人会站在他这一边，而不是利用他的脆弱与一个西方伙伴结为同盟？

另一方面，当金正恩进入视线时，我们可以从对金正日的兴趣和经历的了解中得到什么？一个调停者不仅可以求助于祖父着眼于人民未来经济繁荣的和平原则，还可以求助于亲爱的领袖、金正日、一个艺术家吗？或许存在一种天赋的交换，让金正恩父亲的个性在这个方面获益？我们知道金正

---

[41] Breen, M., *Kim Jong-il*, p. 127.

日把自己当作一个电影艺术家。这可以用来开启一段关于艺术和生活质量的对话吗？

关于金正恩的教育情况以及他是否继承了父亲对艺术的热情，人们所知甚少。他是人们所知道的金正日所生的五个孩子之一。[42]他的母亲，高英姬（Ko Young-hee）是朝鲜最著名剧团的首席女演员，金正日的第三位第一夫人。[43]有证据显示她有日本血统，[44]这使她处于朝鲜社会等级中较低的一种。[45]2004年她因乳腺癌死于法国巴黎。[46]关于她的背景，极少向朝鲜百姓公开，据推测是为了隐瞒她日本人的血统。[47]

金正恩在高英姬与金正日所生的三个孩子中排行第二。[48]高英姬是她的孩子们永久的支持者。[49]金正恩有两个兄弟，金正男（Kim Jong-nam）（生于1971年）和金正哲（Kim Jong-chol）（生于1981年）。[50]金正男是成蕙琳（Sung Hae-rim）所生，她是金正日的第二任妻子。[51]据信他曾经有可能承袭他的父亲，然而报道显示，在他因试图持伪造的多米尼加护照进入日本被捕后便受到了冷遇。[52]有人认为他是想参观日本迪斯尼。[53]现在他分别把时间消耗在北京和澳门，有时他会是朝鲜政权的批评者。[54]

金正哲没有被考虑成为其父亲职位的继承者。金正日的厨师说父亲认为正哲太"姑娘气"。[55]这位笔名叫藤本健二（Kenji Fujimoto）的厨师说金正哲在瑞士伯尔尼就读于一所国际学校，他是西方文化、包括艾力克·克莱普顿（Eric Clapton）和迈克尔·乔丹（Michael Jordan）的粉丝。[56]

169

---

〔42〕 http://www.nytimes.com/2009/06/15/world/asia/15kim.html? ref = global-home.

〔43〕 Ibid.

〔44〕 Ibid.

〔45〕 http://dailynk.com/english/read.php? cataId = nk00400 & num = 9418.

〔46〕 http://www.nytimes.com/2009/06/15/world/asia/15kim.html? ref = global-home.

〔47〕 http://dailynk.com/english/read.php? cataId = nk00400 & num = 9418.

〔48〕 http://www.nytimes.com/2009/06/15/world/asia/15kim.html? ref = global-home.

〔49〕 Ibid.

〔50〕 Ibid.

〔51〕 Ibid.

〔52〕 Ibid.

〔53〕 Ibid.

〔54〕 http://www.guardian.co.uk/world/2012/jan/17/north-korea-leader-not-long.

〔55〕 http://www.nytimes.com/2009/06/15/world/asia/15kim.html? ref = global-home.

〔56〕 Ibid.

关于金正恩儿童时代的报道多种多样。分析家还不确定他的出生日期，多数人相信是在 1984 年 1 月 8 日。[57] 他从未和他的哥哥金正男见过面。[58] 一些人相信金正恩像他哥哥一样，也在瑞士上学，但其他的报道认为没有。[59] 一些有线电视新闻报道的事实是他要么在伯尔尼国际学校，要么在立伯菲尔德 – 斯坦霍兹学校（Liebefeld-Steinholzi School），要么在二者都上过学。[60] 近些年的文章似乎更有可能报道他就读于瑞士学校，但日期仍不确定。[61] 一些报道说他只是在 1998 年至 2000 年间上学，其他人却认为他在 20 世纪 90 年代早期就来到了瑞士。[62] 另外，关于他在校期间经历的报道杂七杂八地来自很多大名鼎鼎的消息来源（如《纽约时报》），却没有提供任何依据。来自《每日邮报》的故事把他描绘成痴迷篮球的中下等生。[63]

那个厨师说高英姬经常带着她的孩子们包括金正恩去欧洲，金正恩在那里学习了英语。[64] 厨师还说金正恩为他的父亲所喜爱。[65] 据报道他有许多与父亲相同的健康问题，包括糖尿病和心脏病。[66] 他喜爱篮球。[67] 2009 年，在他被任命为国家最重要的管理机关之一———国防委员会的主席之后，他作为可能的继承人浮出水面。[68] 21 世纪头 10 年间，他还在朝鲜一个军事学院学习。[69] 这段引述被认为来自金正恩："我们在这里打篮球、骑马、驾着水上摩

170

---

〔57〕 http：// www. teletgraph. co. uk/news/worldnews/asia/northkorea/9000739/Kim-Jong-un-celebrates-birthday-by-driving-a-tank. html.

〔58〕 http：// www. guardian. co. uk/world/2012/jan/17/north-korea-leader-not-long.

〔59〕 http：// www. nytimes. com/2009/06/15/world/asia/15kim. html？ ref = global-home.

〔60〕 http：// www. dailymail. co. uk/news/article – 2077506/Kim-Jong-II-dead-Heir-Kim-Jong-Uns-Swiss-school-days-revealed. html.

〔61〕 See http：// www. koreatimes. co. kr/www/news/nation/2012/07/120 _ 114701. html；http：// www. ndtv. com/article/world/kim-jong-un-spent-nine-years-in-swizerland-papers – 200863；http：// www. nytimes. com/2012/01/08/opinion/sunday/dysnaty-north-korea-style. html（editoral）.

〔62〕 http：// www. dailymail. co. uk/news/article – 2077506/Kim-Jong-II-dead-Heir-Kim-Jong-Uns-Swiss-school-days-revealed. html.

〔63〕 Ibid.

〔64〕 Ibid.

〔65〕 http：// www. news. bbc. co. uk/2/hi/asia-pacific/8078562. stm.

〔66〕 Ibid.

〔67〕 Ibid.

〔68〕 Ibid.

〔69〕 http：// www. nytimes. com/2009/06/15/world/asia/15kim. html？ ref = global-home.

托艇一起玩乐，但那些普通人的生活怎么样呢？"[70]

金正恩忍不住想了解他的人民的贫困状况。他看到了韩国的成功并且希望他的人民也能如此吗？他已经表达了对于经济繁荣的渴望。他会开放经济贸易吗？至少他可以开放教育交流，以便朝鲜人可以了解在与癌症、登革热（Dengue fever）、日本脑炎（Japanese encephalitis）、疟疾等疾病（甚至在更流行的医学问题——遏制 N1H1 猪流感问题上进行合作）做斗争方面取得的进展。他个人在多大程度上坚持他父亲的孤立主义思想是个悬而未决的问题。而在政府的可持续性取决于合法性以及被统治者的支持方面，他受到了多么强有力的说服则是另一个悬而未决的问题。不论如何，对金正日的全面理解，继之以调停者与金正恩之间的私人会面将提供一个开端，激活破冰对话，甚至促成礼品交换，这些可以为谈判创造一个非常重要的解决问题的氛围。

措辞强硬于事无补

不可否认，如果人们不了解另一种选择——一段以武力和制裁相威胁迫使扬言发展核武器的国家驯服的历史，这种移情的运用可能被视为天真。它似乎只会导致延误并进一步加重对朝鲜人民的剥削。但是由调停者指导的移情式对话对于美国却有不同的效果——看起来像是宽恕亲爱的领袖早些时候的行为。在 20 世纪 90 年代，美国常常像它对苏联那样措辞强硬。重温一下导致 1994 年危机的事件，以便理解美国为什么不可能自己调停争端，这一点是非常重要的。

毫无疑问，当外交的主题是核武器时，对于美国而言这是个高风险的游戏。当这个问题危及国家——同样也是世界的生存时，美国怎样才能抵挡升级威胁的诱惑？在这方面，里根时代的思维很难抗拒。我们将增加武器建设，当我们的对手试图与我们竞争时，他们的经济会遭到破坏，他们的政府会垮台。朝鲜似乎没有觉察到经济灾难（伊朗有石油，在可以预见的将来尚可支撑）的危险，我们需要尝试和平优先的方法吗？

调停者在任何防止核武器扩散的谈判中都会采用比美国更加谦逊的方法。毕竟，美国在签署《核不扩散条约》时也做出了承诺。通过回忆美国在履行

171

---

[70] Ibid.

承诺方面的做法，调停者可以取得朝鲜人的信任。在 20 世纪 60 年代，美国、苏联与其他有核国家谈判《核不扩散条约》，朝鲜站到了苏联还有那时的中国一边。今天人们很容易忘记，《核不扩散条约》的所有当事国已经清楚地看到核武器威胁到了所有国家的国家安全利益。条约清晰地反映了它们的共同利益。条约规定，为了停止核武器扩散，签约国需要感觉到它们的安全得到了保证。否则，拥有核武器是从其他有核国家的支配下确保自由的唯一方法。拥有核武器的国家自签署这个条约开始，承诺采取措施减少核武器的数量。另外，没有核武器的国家与拥有核武器的国家缔结同盟，以便在遭受拥有核武器的敌人威胁时可以借此得到它们的救助。这些同盟将保证每个国家有权按照自己的方式管理自己，不会为了保障反对外来控制而寻求自己发展核武器。

172　　　1995 年，当朝鲜再次承诺《核不扩散条约》的时候，173 个国家确认放弃核武器。作为回报，美国、苏联（原文如此——译者注）、法国、中国、英国再次提出它们将最终消除核武器。非核签署国有理由保持乐观，因为美苏之间的军备竞赛结束了。各方似乎真有机会接纳共同的安全需要，并致力于结束拥有核武器的时代。

　　《核不扩散条约》对于朝鲜有很多明显的漏洞。首先，朝鲜可以正当地指出，有核国家一直忽视它们在解除军备方面承担的义务。尽管美国与俄罗斯在 2009 年 7 月达成协议（2011 年 2 月 2 日总统最终批准并签字），《新削减战略武器公约》（the Strategic Arms Reduction Treaty）[《削减战略武器公约》（START）后续条约] 将战略核弹头的最高限额削减到大约 1500 至 1675 枚之间，远远低于 2012 年之前的最高限额 2200 枚。运载工具——陆基洲际导弹、潜基导弹和轰炸机——的限额将从以前允许的 1600 件削减至 500 至 1100 件之间。美国官方说这个条约不针对储存的核弹头，俄罗斯人曾经想把它也包括进去。

　　2008 年 1 月，美国报告它拥有 1198 件运载工具，"武器控制协会（the Arms Control Association）"估计它可以部署 2200 枚核弹头。俄罗斯报告有 816 件运载工具，协会估计它可以部署 2000 至 3000 枚核弹头。俄罗斯和美国拥有世界核武器总量的大约 95%。美国已从韩国撤出了核武器，但它仍然拥有可以通过洲际导弹和潜艇运载的核弹头。尽管韩国没有核武器，但朝鲜仍然对美国、俄罗斯以及在一个较小的程度上对它的核邻居中国存在很多担忧。

　　其次，当无核国家采取措施获取核武器的时候，组成联合国安理会的有核国家没能一起针锋相对，执行规则。1998 年印度、两个星期之后巴基斯坦，分别爆炸了 5 枚核武器，巴基斯坦从中国获得了制造核武器的能力（但通过迂回路径）。

2003 年（一个让世界知道恐怖分子能够针对有核国家采取不易察觉的有效行动的事件，即"9·11"两年之后），世界了解到有关巴基斯坦获取核武器能力的更多信息。巴基斯坦的努力是由一群来自迪拜（Dubai）、英国、德国、马来西亚、南非、斯里兰卡、瑞士、土耳其的科学家和工程师草草结成的合伙促成的。除了巴基斯坦，他们的顾客还有朝鲜、伊朗、利比亚，也许还有其他国家。2006 年秋天，朝鲜测试了它的第一套核装置。

调停者提醒美国注意自己的承诺，这应该会让美国的立场更加谦逊一些，因为美国不得不同意调停者的评价。这样一个过程可以帮助朝鲜感受到尊重和认可，帮助这些相同的外交官仔细倾听其他方的立场，得以发现这些立场之外潜在的关切。在《核不扩散条约》的框架下，朝鲜的行动是合理的、可预测的。有核国家没有履行其裁减军备的义务。而且，冷战结束苏联解体，使朝鲜失去了一个有力的核同盟，保护自己抵抗其他地区强权。其中最突出的是韩国，它拥有一支超过 100 000 名军人组成的联军。另外两个威胁到朝鲜的邻居，中国是个有核国家，"二战"时曾经占领过朝鲜的日本是世界最大的经济体之一，它的威胁是经济上的。在没有一个同盟提供保护的情况下，金日成有理由把这些国家看作朝鲜生存的威胁。朝鲜开始觉得自己可以不受公约束缚，这并不奇怪，因为签约各方没有履行它们的义务，它也不能再通过任何同盟提供援助来保证它的安全。

美国的原则

另一方面，朝鲜政府是极端强制极权的政府。它甚至控制网络新闻报道，否则，让人民看见外面的世界，就会导致他们质疑自己的生活状况。这些行为就会让统治的合法性成为问题。

另外，美国有它自己需要保护的安全利益，虽然随着苏联垮台略有减少，但仍有些安全利益值得考虑。在冷战期间，苏联、朝鲜、中国习惯性地联合起来，共同研究长期发展铀的前景。1956 年，苏联与朝鲜领导人金日成缔结

《联合研究核武器条约》（the Joint Treaty of Nuclear Weapons Research），1974年这位领导人和中国草拟了一份类似的合同。[71]1956 年，苏联赠送给平壤一座铀基核反应堆，允许朝鲜政府真正开始系统性地发展大规模杀伤性武器（WMD）。20 世纪 80 年代，美国情报人员掌握了铀处理工厂和朝鲜永兴（Yong Dong）一个简陋的发展核武器工厂的卫星照片。[72]

冷战结束和苏联垮台后，朝鲜同意允许国际原子能机构（International Atomic Energy Agency，IAEA）核查人员进入朝鲜进行调查，并评估其违反不扩散协议的程度。这是这个孤立主义的国家第一次允许国际原子能机构进入国内。不过在此期间及以后的核查中，朝鲜官员不断地把核查人员引向假造的核目标。1994 年前，国际原子能机构理事会提交了一份报告：朝鲜"通过采取行动阻止原子能机构检验其反应堆堆芯的记录，不断扩大其违反《保障协定》（Safeguards Agreement）的范围……"[73]从不断违反国际法及阻挠国际原子能机构核查的情况看，显然有必要草拟出一份终止朝鲜大规模杀伤性武器计划的严格协议。早前说过，美国所能想出的施加压力的唯一办法就是以制裁相威胁。

不过，朝鲜曾经退出《核不扩散条约》，现在处于国际原子能机构监督之外。由于朝鲜现在似乎还不具备向美国发射核武器的能力，美国对防范朝鲜发展此项能力怀有强烈的兴趣。而且，一旦朝鲜构成真正的威胁，美国关于日本不需要核武器、韩国不需要核武器、中国不需要建造更多的核武器的主张就会受到削弱。亚洲核能力升级明显违背美国的安全利益。

也许更为重要的是，美国有权严重关切朝鲜向那些成为美国死敌的恐怖组织出口核技术。虽然有一种观点认为朝鲜的威胁不是针对我们个人的，但如果朝鲜把它的核能力出卖给恐怖组织，那么这种威胁就真的变成个人的了。

即便从常规来看，朝鲜自朝鲜战争以后也已经成为可怕的敌人。20 世纪

---

〔71〕 Saunder, A., "Responses to a Nuclear North Korea", *KNDU Review Vol.* 8, No. 2, December 2003, pp. 47 ~ 76, http://cns. miis. edu/north_ korea/saunders. pdf.

〔72〕 Wempler, R. A., "North Korea and Nuclear Weapons: The Declassified US Record", *National Security Archive Electronic Debriefing Book*; No. 87, April 23, 2005, http:// www. gwu. edu/_ narchiv/ NSAEBB87; Richelson, J. T. (2006), *Spying on the Bomb: American Nuclear Intelligence from Nazi Germany to Iran and North Korea* (New York: W. W. Norton), p. 330.

〔73〕 IAEA. org, Fact Sheet on DPRK Safeguards, http:// www. iaea. org/NewsCenter/Focus/IaeaDprk/ fact_ sheet_ may2003. shtml (last visited April 3, 2007).

50 年代朝鲜分裂以后，缺乏核武器的朝鲜民主主义人民共和国（the Demo-cratic People's Republic of Korea，DPRK 或朝鲜）已经对东亚地区构成威胁。2002 年，当朝鲜披露它正在发展核武器计划时，事情变得更糟了。2006 年，它确认已经成功地发展出核武器。[74]

千万别犯错误——调停者不能天真地无视朝鲜对其邻居构成威胁的实力和 　176
行为。调停者必须了解每一方针对另一方行动的历史，以便能够参与致力于净化情绪的积极的倾听。不过，调停者不要陷入升级威胁和关于当事人中谁是对方承诺的更严重的破坏者，或者谁是不公正行为的更严重的受害者的争论当中。

继续对话的一个关键好处是，以前关于原则和让步声明的良好记录，可以让未来的谈判从当事人中断的地方重新开始。对于任何谈判来说，对另一方的让步一旦做出，就很难把它收回或撤销（就像把牙膏挤回软管里一样难），这是一条经验法则。这也是为什么没有一次对话（包含理解性倾听的真正的对话）是坏的对话的理由。没有尊重、没有谦恭，只是进行威胁交换的对话根本不会使事情最终有所改善。问题是，调停者如何介入这一过程？

使用非政府调停者的诱因是什么？

在六方会谈（Six-Party Talks）以前，美国、日本、韩国三方同盟是与朝鲜进行谈判的主角。这个同盟是达成 1994 年《框架协议》和相关的朝鲜半岛能源开发机构（Korea Energy Development Organization，KEDO）计划——朝鲜无核化的第一次国际努力的关键要素。朝鲜半岛能源开发机构计划和《框架　177

---

〔74〕 Stossel, S., "North Korea: The War Game", *The Atlantic Online*, July/August 2005, http://www. theatlantic. com/doc/200507/stossel. 2002 年夏季，美国发现朝鲜已经拥有武器级别的浓缩铀。当助理国务卿詹姆斯·凯利（James Kelly）与朝鲜人对质相关武器情况时，他们并没有试图否认，并在 2003 年前承认他们已经完成再处理阶段。自从这次承认以后，布什政府就拒绝与朝鲜直接谈判，而是选择参加六方会谈。Id. 在 2005 年 6 月第三轮六方会谈期间，朝鲜退出多边谈判，要求与美国进行双边谈判。这种与美国直接对话的建议和重复要求是朝鲜极为重视将来与美国建立可行关系的一个信号。Id; IAEA. org, Fact Sheet on DPRK Safeguards, http:// www. iaea. org/NewsCenter/Focus/IaeaDprk/fact_sheet_ may2003. shtml（last visited April 3, 2007）. 后来据报道，朝鲜在 2006 年 10 月 9 日进行了一次核试验，联合国安理会于 10 月 14 日通过一份决议对这个极权国家实施制裁，并要求朝鲜停止其大规模杀伤性武器计划。Id.

协议》的根源在于美国考虑到分裂的朝鲜半岛之间不断升级的敌意和朝鲜扬言恢复其核计划，因而威胁提高其在半岛的军事存在。

也许联合国的制裁威胁对于取得突破发挥了作用。在马瑞恩·克里克莫尔看来，金日成似乎不太清楚一份要求联合国进行制裁的提议正在向联合国推进。[75]另外，美国准备从韩国撤离美国公民可能也像法院台阶一样起了作用，迫使朝鲜人理解他们的最佳替代方案——他们对于谈判协议的最佳替代选择——是一场毁灭性的战争。但正如我们所看到的，这些并不是由辅助型调停者实施的威胁。他们所促成的是一个朝鲜人打给卡特总统的电话。卡特总统得以表明了他的个人看法：累积制裁对于双方都是无益的，如果各方愿意考虑核查及一份协议草案，那么他们对于安全的关切就会得到满足。

接下来朝鲜民主主义人民共和国和克林顿政府在日内瓦举行了多次高级会议，最终达成《框架协议》。《框架协议》包括朝鲜做出的冻结其 5 兆瓦石墨反应堆运转以及 50 到 200 兆瓦反应堆建设的让步，以换取国际社会资助的两个轻水反应堆的建设。[76]显然，朝鲜承认它的兴趣在安全方面，一旦安全得到保障，核电力是可以替代的，轻水石墨反应堆就足够了。让步背后的原则大概也能为核武器的其他替代品提供根据。

另外，作为拆除任何具有武器潜力的钚基尝试的替代品，美国同意每年
178 提供 500 000 吨燃油。另外，成立朝鲜半岛能源开发机构帮助完成协议的上层结构。日本政府了解朝鲜威胁的毁灭性潜力，它服从美国的领导于 1995 年加入了朝鲜半岛能源开发机构的努力，扮演了一个不可或缺的资助者和监督者的角色。东京、首尔和华盛顿成为朝鲜半岛能源开发机构计划的三个主要金主，估计花费了三方超过 50 亿美元的资金。[77]日本认可将在资助朝鲜电力方面发挥作用。

总之，《框架协议》规定：

- 朝鲜同意冻结现存的核计划，并允许国际原子能机构进行监督。

---

〔75〕 Creekmore, M., *A Moment of Crisis*, pp. 77～79.

〔76〕 Chang-Seok, Y., "The KEDO LWR Project: Locomotive for Peace and Reconciliation in Korea", *Political Economy of Korea Reconciliation and Reform*, Korea Economic Institute of American, (2001), p. 31.

〔77〕 Clements, W. C. (2003), *Beyond the North Korea Nuclear Crisis: Peace in Korea? Lessons from Cold War Detentes Confrontation and Innovation on the Korean Peninsula*, Korean Economic Institute of America, p. 8.

- 双方同意合作在 2003 年的一个预定日期之前，在一个国际组织（后来确认为朝鲜半岛能源开发机构）的支持和资助下用轻水反应堆（LWR）电站取代朝鲜民主主义人民共和国的石墨反应堆。
- 作为一个过渡办法，美国在第一座反应堆建立之前，每年向朝鲜提供 500 000 吨重燃油。
- 美国和朝鲜民主主义人民共和国同意一起致力于安全地储存 5 兆瓦反应堆的核废料，并以安全的、不包括在朝鲜民主主义人民共和国进行再处理的方式进行处置。
- 双方同意朝着政治经济关系完全正常化的目标前进。
- 双方同意一起致力于朝鲜半岛无核化基础上的和平与安全。
- 双方同意一起致力于加强国际核不扩散体制。

一些东亚地区大国认识到朝鲜与国际竞争者之间不断升级的敌意带来的持续危险，在 20 世纪 90 年代后半期采取了一种问题解决方法，让朝鲜民主主义人民共和国逐渐摆脱好斗的姿态。这是一种多边策略，在当时朝鲜半岛两位领导人金大中（Kim Dae Jung）与金正日创建"阳光政策（the Sunshine Policy）"时达到了高潮。在克林顿政府的支持下，阳光政策发端于 2000 年 6 月两位朝鲜半岛领导人的历史性峰会。"阳光政策"的基本原则和根据协议所做的让步可以构成未来谈判的基础：既无同化或削弱朝鲜基本社会路线的军事意图，也无此政治意图。[78]作为"阳光政策"协议的一部分，韩国政府同意向北方的对手提供经济和人道主义援助，希望以此引导这个国家走向制度化、成为国际社会中的自足的实体。

"阳光政策"的基础在于经济和人道主义援助不被政治化，或者被当作控制朝韩政治关系的一种工具。[79]东亚地区大国希望"阳光政策"使朝韩重新统一的第一步措施具体化。协议呼吁启动一项让战争中分离的家庭重新团聚的期待已久的计划。[80]

虽然"阳光政策"颁布后一开始受到欢迎，但由于缺乏来自朝鲜方面的

〔78〕 Xintian, Y. (2001), *Expanding International Economic Cooperation on the Korean Peninsula*, Political Economy of Korean Reconciliation and Reform, Korean Economic Institute of America, p. 65.

〔79〕 Foley, J. (2001), *The Human Face of Division: Separated Families and South Korea's Sunshine Policy*, Political Economy of Korean Reconciliation and Reform, Korean Economic Institute of America, p. 39.

〔80〕 Foley, J. (2001), *The Human Face of Division*, p. 34.

179

以让步形式表达的互惠，以及金大中的国内政策不受欢迎，阳光行动遭到了质疑。至少从韩国的观点看，克林顿政府似乎失去了兴趣。在朝鲜与西方之间没有教育交流，没有即将到来的投资战略或援助。最令人失望的是，美国拒绝兑现作为《框架协议》的一部分、向朝鲜提供重油的承诺。

180

布什政府一经上台，就在 2001 年 3 月全面中止了对"阳光政策"的参与，以便新政府能够检讨和重构他们在重新统一进程中的角色。[81] 布什政府无视朝韩之间经济交流的长期利益，对金大中政府在三个先决条件未能实现进展的情况下给予无条件经济援助的倾向表示了不满。韩国政府未能保证对平壤核设施的安全检查，未能核实朝鲜的远程导弹能力，未能影响这个极权主义政权处理任何人道主义问题。据中央情报局报告，在布什政府任期伊始，朝鲜已经再次开始研制重型武器和具有横跨大陆能力的导弹。[82]

虽然东亚地区大国可能还想维持"阳光政策"的协议框架，支持"三方协调和监督小组（the Trilateral Coordination and Oversight Group）"，[83] 但是鉴于东亚地区大国的失败，布什政府面对困境决定采取一种更具侵略性的方法。于是美国转而针对朝鲜开始采取更加军事性的、（有人觉得）更加现实主义的行动。约翰·博尔顿和新保守主义分子宣布朝鲜为邪恶。接下来逐步发展为立场式议价对手之间的豪言壮语。双方已经忘记了彼此之间做出的个人承诺——

181

尊重彼此的安全利益，在对另一方进行核查以确定其合法的安全需要时提供透明度，参与就其人民的繁荣发展问题进行的真正的讨论。[84]

---

〔81〕 Choi, H., "Sunshine's Policy for North Korea Takes New Blow at Critical Time", *Wall Street Journal*, September 4, 2001.

〔82〕 Winder, J., *Inter-Korean Reconciliation, Economic Cooperation, and the Role of Major Powers*, Political Economy of Korean Reconciliation and Reform, Korean Economic Institute of America, p. 5. 布什政府任期开始对政策的检讨主要处理这三个问题。Clemens. W. C. (2003), Beyond the North Korea Nuclear Crisis, supra note 10, p. 12. 克莱门斯做出解释，自 2001 年以后，美国实际上破坏了继续执行"阳光政策"的任何可能的希望，因为它对中国摆出了侵略性的姿态，把朝鲜定性为邪恶轴心，中断了克林顿时代与朝鲜进行的谈判。

〔83〕 Liping, X. (2001), *Establishing a Security Mechanism on the Korean Peninsula*, Political Economy of Korean Reconciliation and Reform, Korean Economic Institute of America, p. 21.

〔84〕 调停的问题是它没有执行机制——没有军队、没有经济权力等以保证协议执行。这与法庭决定的调解不同，因为在法庭决定的调解中，法庭可以选择一个胜利者和一个失败者，对于当事人来说，存在着法庭"要么是所有，要么是一无所有"式的决定所强加的更大伤害的风险。在国际舞台上，唯一的杠杆是国际舆论，以及人们对于受到非法剥削、通常是获悉被精英们非法剥削时所做的必然反应。

2002 年 10 月，在美国得以确定它的"强硬"战略是否产生任何效果之前，朝鲜民主主义人民共和国披露其已经拥有了一个武器级钚浓缩计划。游戏开始了。

结果表明，那些帮助朝鲜发展此项能力的人也许没有做过任何违法的事情。一个国际卖家的财团负责提供这些零部件。这些卖方个人自己并没有违背《核不扩散条约》。毕竟，朝鲜为了电力及和平目的有权建设一个核反应堆。联合国安理会一直没能在制造武器级钚所需零部件的销售管理上协调他们的努力。朝鲜现在处于成为一个有核国家的台阶上。

另一方面，朝鲜使用的技术明显违反了《核不扩散条约》与《框架协议》。经过讨论并取得日本、韩国和朝鲜半岛能源开发机构的支持后，美国断定朝鲜的铀计划违背了 1994 年《框架协议》和朝鲜民主主义人民共和国同国际原子能机构的《保障协定》。[85] 这促使美国更加咄咄逼人地执行它的惩罚性政策。受到孤立的朝鲜于 2003 年 1 月 11 日退出《核不扩散条约》，并将国际原子能机构的核查人员驱逐出国。[86] 似乎我们又回到了 1994 年卡特总统来到平壤之前的状态。

182

六方会谈

令人奇怪的是，2003 年，在美国和朝鲜民主主义人民共和国之间的双边外交接触似乎已经永远不可能发生之后，6 个国家开始进行六方会谈。或许是"强硬"政策迫使朝鲜来到谈判桌旁，不过（正如以前注意到的）朝鲜仍在幕后继续致力于发展大规模杀伤性武器。也许朝鲜人看出美国的谈话就只为了强硬而强硬（只是谈话而已），但觉得迁就一下美国未尝不好。朝鲜知道美国在阿富汗和伊拉克把手伸得过长。不论如何，会谈继续进行，至少有些沟通线路保持开放。各方花了四年时间最终提出一份共同声明。问题在于，共

---

〔85〕 IAEA. org, supra note 73. 《核不扩散条约》第 10 条第 1 款重申，根据主权原则，一个缔约国有权在通知所有缔约国和联合国安理会后退出该条约。退出国家有义务在通知中提供退出条约情有可原的理由。

〔86〕 Ibid. 朝鲜自 1985 年 12 月成为《核不扩散条约》的一员，《核不扩散条约》的《保障协定》在 1992 年 4 月 10 日生效（citing INFCIRC/403）。

同声明看起来仅仅是 1994 年所做承诺的翻版。事情没有取得许多人期待的那么大的进展。但这仍是一个开端。

一种更令人鼓舞的描述形势的办法是，不要强调朝鲜未能履行承诺所体现的口是心非（毕竟，同样的话也适用于美国），而是强调朝鲜人继续执行金日成 1994 年所认可的事情的意愿，并为朝鲜半岛的安全寻求出路。虽然朝鲜政府让人民经受了威胁、制裁以及缺乏高层外交互访所带来的轻视，但它还是一直在不断寻求扩大它的正式外交关系。2000 年之后的事实显示了朝鲜一方继续对话的意愿。

- 2000 年 7 月，朝鲜首次参加东盟地区论坛（the ASEAN Regional Forum, AFR），外交部部长白南舜（Paek Nam-sun）参加了在曼谷举行的东盟部长会议。
- 同年晚些时候，朝鲜民主主义人民共和国还拓展了双边外交联系，与意大利、菲律宾、澳大利亚、加拿大、英国、德国，还有许多其他欧洲国家建立了外交关系。
- 2005 年 9 月 19 日，在第四轮六方会谈后发表的一份共同声明中，美国和朝鲜民主主义人民共和国承诺采取措施实现关系正常化。朝鲜民主主义人民共和国与日本也同意采取措施实现关系正常化，并讨论双方关心的突出问题，比如人质绑架问题。
- 2006 年 12 月六方会谈经过了 13 个月的间断以后重新开始，朝鲜参加。
- 2007 年 1 月美国与朝鲜民主主义人民共和国在柏林举行双边会谈后，另一轮六方会谈在 2007 年 2 月举行。
- 2007 年 2 月 13 日，各方达成"落实共同声明的起步行动（Initial Actions for the Implementation of the Joint Statement）"的共同文件，朝鲜同意关闭和封存宁边核设施，包括再处理设施，并邀请国际原子能机构人员返回，对国际原子能机构人员与朝鲜民主主义人民共和国之间协商一致的行动进行所有必要的监督与核实。
- 在起步阶段其他五方同意向朝鲜提供 50 000 吨重燃油的紧急能源援助，在朝鲜无核化的下一阶段，五方将提供 950 000 吨重燃油。
- 六方还成立了五个工作组，在五个领域为执行共同声明制订具体计划：朝鲜半岛无核化工作组，朝鲜民主主义人民共和国与美国关系正常化

183

工作组，朝鲜民主主义人民共和国与日本关系正常化工作组，经济和能源合作工作组，东北亚和平与安全机制工作组。

- 所有各方同意工作组在他们达成共同文件的 30 天内举行会议。协议还设想直接相关方在一个合适的单独论坛上磋商一个朝鲜半岛永久和平机制。

- 第六轮六方会谈在 2007 年 3 月 19~23 日举行，各方对五个工作组的第一次会议作了报告。

- 作为六方落实起步行动协议正在进行的磋商的一部分，应朝鲜民主主义人民共和国的邀请，助理国务卿克里斯托弗·希尔（Christopher Hill）在 2007 年 6 月访问平壤。

184

- 2007 年 7 月，朝鲜民主主义人民共和国关闭宁边核设施和泰川（Tae-chon）的一个未完工的反应堆，国际原子能机构工作人员返回朝鲜民主主义人民共和国，监督和核实设施的关闭和封存情况。同时，大韩民国（the Republic of Korea, R.O.P 或韩国）于 2007 年 8 月运送了 5000 公吨重燃油。所有五个工作组在 8 月和 9 月举行会议，讨论了落实下一阶段起步行动的详细计划，2007 年 9 月朝鲜民主主义人民共和国邀请了一个由来自美国、中国、俄罗斯的专家组成的团队参观宁边核设施，讨论该设施去功能化的具体步骤。

- 接下来的 9 月 27~30 日，六方举行全体会议，2007 年 10 月 3 日通过了"落实共同声明第二阶段行动（Second-Phase Actions for the Imple-mentation of the Joint Statement）"的共同文件。根据 10 月 3 日的共同文件条款，朝鲜民主主义人民共和国同意根据 2005 年 9 月共同声明和 2 月 13 日共同文件规定将所有现存核设施去功能化直至废弃。

- 各方同意于 2007 年 12 月 31 日以前，在一个美国专家团队的监督之下，对宁边的三个核心设施——"5 兆瓦实验性反应堆［the 5-megawatt（e）Experimental Reactor］"、"放射化学实验室（the Radiochemical Laborato-ry）（后处理厂）"和"核燃料元件制造厂（Fresh Fuel Fabrication Plant）"完成一系列去功能化行动。朝鲜民主主义人民共和国还同意在 2007 年 12 月 31 日以前根据 2 月 13 日共同文件就其所有核计划提供完整的、准确的申报，并重申其不转让核材料、技术、知识的承诺。在朝鲜民主主义人民共和国进行去功能化和申报行动的同时，美国、韩国、中国和俄罗斯继续向朝鲜民主主义人民共和国提供重燃油和等同于重燃油的能源援助，以履行在起步和第二阶段共 100 万吨的承诺。

- 2007 年 11 月，朝鲜民主主义人民共和国开始对宁边三个核心设施去功能化，美国专家在现场监督了去功能化行动。作为落实第二阶段行动正在进行的磋商的一部分，助理国务卿克里斯托弗·希尔在 2007 年 12 月访问平壤，并转交了一封美国总统写给金正日的亲笔信。虽然朝鲜民主主义人民共和国错过了 12 月 31 日提供完整的、准确申报的最后期限，但它在 2008 年 6 月 26 日向六方会谈的中方主席提交了申报书。

- 2008 年 6 月末，朝鲜民主主义人民共和国还在国际媒体面前内爆了宁边冷却塔。在朝鲜民主主义人民共和国去功能化取得进展及提交申报书后，布什总统宣布撤销对朝鲜民主主义人民共和国实施《敌国贸易法》(the Trading with the Enemy Act，TWEA)。

- 2008 年 10 月 1 ~ 3 日，一个美国团队来到朝鲜民主主义人民共和国，与其就朝鲜民主主义人民共和国核申报的一系列核实办法达成协议。

- 核实进程之后，在 2008 年 10 月 11 日，美国国务卿把朝鲜从支持恐怖主义国家的名单中删除。

- 2008 年 12 月 8 ~ 11 日，六方代表团团长开会讨论朝鲜民主主义人民共和国核申报书的核实问题，以及完成第二阶段能源援助和去功能化行动，但会议没有达成协议。

- 2008 年 7 月，金成为六方会谈特使，随后美国参议院批准授予其大使职位。

- 2009 年 2 月，国务卿任命斯蒂芬·博斯沃斯 (Stephen Bosworth) 为朝鲜问题特使，使其成为监督美国在六方会谈中努力以和平方式实现朝鲜半岛无核化的高级官员。但之后一段时间，没有发生任何事情。

- 2009 年 7 月 4 日，朝鲜民主主义人民共和国从江原道 (Kangwon Province) 元山市 (Wonsan) 的一个发射地点向日本海发射了一系列导弹。这个国家似乎再次陷入核危机之中。或许是由调停人介入、改变这种对抗性态势的时候了。

就像 1995 年卡特总统介入时一样，联合国落入了圈套。联合国安理会一致通过主席声明，谴责发射行动违背了联合国安理会 1718 号决议，要求朝鲜民主主义人民共和国对进一步发射保持克制，联合国呼吁朝鲜民主主义人民共和国和所有成员国全面履行联合国安理会 1718 号决议规定的义务。（2009年）4 月 14 日，朝鲜民主主义人民共和国谴责联合国安理会声明，退出了正在参与的六方会谈，同时命令驱逐了在宁边核工地进行监督的国际原子能机构核查人员和美国的技术专家。它还公开了恢复核设施的意图。2009 年 5 月25 日，朝鲜民主主义人民共和国宣布进行了核爆炸装置的第二次测试。2009年 6 月 12 日，联合国安理会一致通过 1874 号决议，扩大了联合国安理会1718 号决议规定范围，禁止朝鲜民主主义人民共和国进出口所有武器（进口小型武器和轻武器是个例外，但要通报联合国），并且呼吁当"合理的依据"显示其领土范围内的船只上存在禁运货物时，各国应进行检查，并在其他国家拒绝批准检查船只时，报告其检查结果。另外，联合国要求各国扣押和处置任何禁运货物，还要求各国在扩大的财政措施范围内，不要提供捐赠、援助、贷款或对贸易提供公共财政支持，以免这种支持促进朝鲜民主主义人民共和国的核扩散活动，并拒绝提供其资产有助于朝鲜民主主义人民共和国被禁止计划的财政服务。

美国任命菲利浦·高德博格（Philip Goldberg）大使为落实联合国安理会1784 号决议的美国联络官。2009 年 6 月、7 月和 8 月，高德博格大使带领代表团赴亚洲国家及俄罗斯，就落实联合国安理会 1784 号决议情况进行磋商，会见外交部及金融部门相应官员，以确保制裁得以全面和公开地执行。高德博格还去了联合国，在那里与联合国朝鲜（1718）制裁委员会进行磋商。

对于奥巴马政府而言，把朝鲜的行为看成是对年轻总统韧性的挑战宣言是件很有诱惑力的事情。这是奥巴马的古巴导弹危机吗？发出战斗号令以显示强硬的确是一种男子气十足的民族主义，可以激起朝鲜升级反应，以军事挑衅作为回报。但美国担负不起盛怒之下的行动，或者不认真考虑代价就做出的反应。人们不得不务实地看待军事选择，考虑战争的付出是否低于和平的代价。

187

显然，作为原则问题，基于其虐待自己的人民，朝鲜政权的非法性尤甚于伊拉克政府。使用军事打击改变朝鲜政权又如何？如果美国决定使用武力，什么才是武力的适当使用？

考虑选项：一场正义战争的分析

大多数传统的政治分析始于从军事角度考察美国的利益。正如第一章所述，这种分析之所以重要，是因为它对人们的选项采取严格的、现实的审查。甚至对于基于利益的谈判者，军事分析也可以作为一种谈判协议最佳替代方案，帮助当事人确定为了避免进行战争他们愿意做哪些事情。美国在东亚并非地区大国。因此，如果谈判失败对于朝鲜交战的任何考量都必须把它的地区盟友列为重要因素。自"二战"结束后，韩国和日本就是美国的盟友和主要贸易伙伴。由于朝鲜在东亚体系中的地理位置，使得对付这样一个无赖国家变得更为复杂。俄罗斯、中国和日本处于该地区——在最糟糕的情境中——如果朝鲜要保持核武器化，战争将在任何一个东亚地区大国与朝鲜民主主义人民共和国中展开，那么对于美国经济的损害都是巨大的。所以，美国作为一个非东亚地区大国，一定要清楚它的许多盟国都从零和游戏的观点来看待朝鲜。如果日本看到自己受到威胁，它会重提军事化的需要。日本和韩国不加入军备竞赛，符合美国的利益。

朝鲜民主主义人民共和国位于距日本最近海岸线不足 600 英里处，在首尔以北不到 40 英里处，接近亚太地区的 100 000 人美国军队。把这些军队带回家不好吗？即便没有核武库，朝鲜对三方同盟参与者构成的军事威胁也是实实在在的。减少军事威胁可以让美国和朝鲜把一些资源放在更有意义的努力上面。

188

在过去的半个世纪，日本和韩国已经发展起来，成为国际经济强国。日本的国民生产总值（GNP）和总体经济状况仅次于美国，韩国一直被认为是世界第十大经济体，国民生产总值人均 32 000（2011 年，以美元计）。[87] 可以肯定地说，尽管美朝日三方同盟存在军事优势，但战争给三个国家造成的破坏都是巨大的。这种情况当然在 1950 年 6 月 25 日得到过印证，邻近朝鲜边

---

[87] State. gov, *Background Note*: *South Korea*, US Department of State, http// www. state. gov/r/pa/ei/bgn/2800. htm; see also GNI per capita; PPP（U. S. dollar）in South Korea（2012），http// www. tradingeconomics. com/south-korea/gni-per-capita-ppp-us-dollar-wb-data. html.

界给首尔带来了突如其来的军事灾难。在朝鲜战争期间，朝鲜可以利用突然因素作为破坏防御措施的办法。在朝鲜军队先发制人的袭击中，金日成政权可以在几分钟内动员一支坦克民兵部队突入首尔。随后美军在日本和夏威夷组织的反击则需要几天的时间。在盟国有组织反击之前，朝鲜军队能够大量歼灭韩国军队，摧毁韩国北部地区京畿道。[88]

今天，朝鲜军队已经现代化，它由1 200 000人组成，经常处于备战状态。[89]韩国军队大约670 000人，包括美国驻朝部队（USFK）。[90]从绝对火力上看，朝鲜驻军在数量上也要超过南方军队。他们比韩国拥有更多的战舰，更多的M1坦克和更多的重型火炮。这些统计数字最终显示，与朝鲜民主主义人民共和国相比，韩国军队与美国驻朝部队实力明显不足。[91]金正恩政权拥有的最有效的武器是藏在地下的自行重型武器，和数百枚布置在与非军事区38度线边界上的短程导弹。[92]另外，朝鲜最令人担忧的因素是在它经济和社会上的严重状况，使得这个国家在分析家眼里不可预测。金正日在报告中说他将"在接受战场上的失败之前带走这个世界"[93]。金正恩是否分享了他父亲的这种恐怖主义哲学还有待观察。在最不可思议的战事中，终极结果将是1 200 000人的军队，加上对于核武器的恐惧，一起灰飞烟灭。

一旦发动全面进攻，朝鲜军队将开动他们的全部自行火炮。虽然美国驻

189

---

〔88〕 "The Evolution of the Military Situation in Eastern Eurasia", April 20, 1993, Assembly of Western Union Anti-Missile Defense for Europe, http // www. fas. org/spp/starwars/program/europe/weu_93/weu_atbm04931_evolut. htm.

〔89〕 Stossel, supra note 74.

〔90〕 About: Military History, *North Korean Military Capabilities*, http // www. militaryhistory. about. com/od/currentconflicts/a/koreanmilitary_2. htm; Cordesman, Anthony & Martin Lieber. *The Asian Conventional Military Balance in 2006*, Center for Strategic and international Studies, pp. 35～39（June 2006）. 朝鲜民主主义人民共和国拥有世界第五大军事力量。不过，在比较朝韩的军事实力时，值得注意的是韩国的军费开支明显超过朝鲜。但这可能归因于朝鲜不近人情的低劳动力和人力成本。Id, at 3.

〔91〕 Ho Suk, H. , *North Korea Military Tactics in a War with US*, Rense. com, http: // www. rense. com/general37/nkorr. htm.

〔92〕 Stossel, supra note 1. 朝鲜拥有世界第五大军事力量。据估计，朝鲜除拥有1 200 000人的现役部队外，还有7 000 000名预备役军人。他们的特种作战部队由125 000人组成，可能是世界上最大规模的此类部队。加德纳（Gardner）上校，曾在国家战争学院（National War College）指导过数百次兵棋推演，他评论说，如果伊拉克战争继续，扩展到伊朗，那么在朝鲜进行军事作战行动是不可行的。除了被困在伊拉克的部队，可能还需要数十万军队投入到伊朗。另外，美国军事计划制订者预测，在2008年以前美国在韩国的军队将减少到25 000人。（Ibid）

〔93〕 Ibid.

190　朝部队拥有爱国者弹道导弹可以进行反击，但并不完美的准确性证明它们是不合格的，第一波袭击就可能马上给首尔带来毁灭性的破坏。[94] 美国动员有效的反击行动需要几天时间，因为增援部队需要从阿拉斯加（Alaska）和夏威夷（Hawaii）派过来。[95] 不过，使用核武器的威胁，可以迟滞美国机动部队的行动。[96] 如果出现这种情况，朝鲜民主主义人民共和国可以很娴熟地毁灭韩国的政治中心和工业联结，而不会有什么严重后果。总的来说，五角大楼专家们引用的估计是这样一个冲突在头 90 天就会带来高达 500 000 人的伤亡。[97]

在朝鲜核武器计划披露之前，战争的景象是不大可能发生的，因为它可能是朝鲜在极端绝望的情况下采取的行动。朝鲜军队在全球范围内的任何一种武装冲突中都有可能被大量歼灭。[98] 据信，金正日只有在他的政权即将倾覆的绝望情况下才会袭击并严重摧毁大韩民国。不过，核能力的存在对于地区大国日本和韩国构成了威胁，它让一个新的可能情境——"三天战争"——开始发挥作用。"三天战争"是军事战略家用来描述朝鲜人在三天内能够造成多大伤害时给出的名词。

日本介入朝鲜的风险是巨大的，甚至可以与韩国的风险相比。就日本而言，遭受核攻击的可能性最大，因为朝鲜非常接近韩国，这可以阻止其对首191　尔使用核武器。实际上，在朝鲜半岛使用核武器将保证相互毁灭。目前朝鲜的技术状况还不能瞄准美国大陆。但正如在 1993 年、1998 年、2006 年和 2009 年中程芦洞导弹和大浦洞 - 1 导弹侵入日本领空事件清楚显示，这个无赖国家有能力袭击日本。考虑到过去"二战"中的仇恨和目前与日本存在的192　问题，日本顺理成章将是朝鲜核武器的首要目标。所以，日本将成为"三天战争"场景中一个附带的牺牲者。

---

〔94〕　Ho Suk, H. , supra note 92.

〔95〕　与乔治城大学外交学士、大韩民国空军作战司令部一等中尉金珠焕（Joo-Hwan Kim）的访谈。Stossel, supra note 1. 由国际关系和军事专家指导的战争演习显示，万一发生战争，首尔不能保证在最初 24～48 小时内的防卫，第一波攻击造成的伤亡将超过 100 000 人。Ibid.

〔96〕　Ibid.

〔97〕　Ibid.

〔98〕　与朝鲜进行战争还要考虑朝鲜拥有的另一种大规模杀伤性武器，即化学武器。化学武器可以被用来阻挡美军迅速占领朝鲜。军事演习分析师重申化学武器可能部署在目标为首尔的前沿炮兵部队。对于这种结果，美国驻朝部队拉波特（Laporte）将军说，如果在这样的冲突初期美军没有成功将其清除的话，"朝鲜的化学武器能够一锤定音"。Ibid.

如果发生战争，除了对日本和韩国经济造成冲击，美国还要考虑到战后东亚的地缘政治发生的变化。如果美国选择与朝鲜交战，它可能赢得战争，但战后地区政治版图将随着美国的胜利发生显著的变化。大概，这场假定战争及其结果将创造一个重新统一的、在美国核保护伞庇护下的朝鲜半岛。如果这种情况发生的话，正在发展中的中美和中俄关系可能会失去平衡。即便假定一个胜利的战后情景，朝鲜半岛重新统一对这个地区来说仍然代价沉重。[99]

中国在朝鲜有很多利益，因为在历史上朝鲜半岛一直充当着抵抗海上强国的地缘战略缓冲器。在进行战争且战胜朝鲜的情况下，美国将收紧对中国的防卫范围。上一次美国发现自己靠近中国边界时（朝鲜战争期间），中国军队实施了反侵略。[100]在重新统一过程中，这种结果也许还会出现。中国政府最大的担心源于台湾不确定的未来，在过去 10 年中，台湾接受了来自美国的大约 200 亿美元的武器。当美国的防卫范围随着政治体制的范式转变而扩展时，美国可以轻易地把它的导弹防御技术转让给台湾，或者把台湾置于它的保护之下，把它的革命潜力永久化。这样一种行动将被视为破坏了中美关系正常化期间所达成的协议，后者使美国与台湾之间的所有共同防御条约全部废止。[101]在朝鲜获得核武器之前，保持现状仍然对中国政府最为有利。地区安全关系正常化使北京与台北的关系不至于产生溢出效应。大体上，朝鲜继续发展大规模杀伤性武器将招致美国参战。不管一场假定战争的结果如何，不断增加的美国存在都对中国利益形成威胁。

另外，会有成千上万的难民从朝鲜进入中国边境。这些难民将会给中国与朝鲜半岛交界地区带来问题。朝鲜民主主义人民共和国与美国关系正常化以及潜在的经济发展会减少外逃难民的数量，使中国从中受益。不过，万一朝鲜政权瓦解，就会有数量巨大的难民从朝鲜进入中国大陆寻求更好的生活方式。在 2000 年之前，中国没有对边界实行严格的管控，通常会允许朝鲜人进入联合国难民署（the UN Refugee Agency，UNHCR）办公室和外国使馆，

193

---

〔99〕 Dong-Whan, P. (2001), *The Challenges of Balancing Inter-Korean Detente with Big Power Politics*, Korean Reconciliation and Reform, Korean Economic Institute of America, pp. 16 ~ 17.

〔100〕 Stossel, supra note 74. 在朝鲜民主主义人民共和国和中国之间有一个条约，责成后者在朝鲜民主主义人民共和国受到攻击的情况下则与之结成同盟。

〔101〕 Liping, X., supra note 83, 22.

取道第三国进入韩国。但自从中国北方阶段性地开展"严厉打击"预防犯罪活动以后,已经有数千个驱离的案例,或者未经避难裁决程序就强迫遣返回国的情况。[102]虽然中国是《难民公约》(the Refugee Convention)的签字国,但是非政府组织和其他为朝鲜人在中国寻求避难提供支持的人抱怨,对于朝鲜人来说,事实上不可能进入联合国难民署的难民裁决程序,或者作为一个族群得到保护。[103]倘若朝鲜民主主义人民共和国瓦解,难民迁移流成指数增长,中国就会发生很多违反《难民公约》的行为。

194

　　虽然俄罗斯主要关心的是避免被排除在解决核僵局的过程之外,但其也有些实在的经济利益承担着风险。俄罗斯想在其认为存在相对优势的领域,比如能源、铁路运输和重建(或运营)俄罗斯人在朝鲜建造的工厂中参与经济活动。很难确定它从中国看到了什么威胁。中国作为一个经济强国的优势地位威胁俄罗斯了吗?在传统结盟思想中,如果朝鲜与中国或韩国合作,俄罗斯就会输;如果它同俄罗斯结盟,俄罗斯就会赢。

　　至于韩国,如果随着朝鲜军事政权的终结,地缘政治发生变化,为协调韩国社会经济结构所需的经济开支将是惊人的。自朝鲜半岛分裂后,60年几乎已经过去。虽然韩国人对朝鲜兄弟还有一种亲属关系的感觉,但是随着时间流逝,那种共同身份的联系将逐渐减弱。同情与缓解朝鲜存在的人道主义危机的要求将成为突出问题,但韩国政府不太可能愿意承受朝鲜发展带来的巨大财政和社会负担。[104]

---

〔102〕 Ibid.;Protocol Relation to the Status of Refugees, 606 Treaty Series 267, January 31, 1967, http://www.unhchr.ch/html/menu3/b/treaty5.htm.

〔103〕 更令人担忧的报道是,中国当局已经逮捕和监禁了试图帮助朝鲜人离开中国前往韩国的日本和韩国非政府组织的活跃分子。"Starved of Rights:Human Rights and the Food Crisis in the Democratic People's Republic of Korea (North Korea)",(2006) Amnesty International, available at http://web.amnesty.org/library/Index/ENGASA240032004.中国在1982年9月24日没有任何保留和反对意见地批准了《难民公约》。中国直接违反了《难民公约》第33条,它规定签约国不能"以任何形式把难民驱逐或送回领土的边界,致其生命或自由因为……参加某一社会团体或具有某种政治见解受到威胁"。State.gov, "The Status of North Korean Asylum Seekers and the U.S. Government Policy Towards Them, Bureau of Population Refugees and Migration", March 11, 2005, Available at http://www.state.gov/g/prm/rls/rpt/43275.htm.

〔104〕 自从金大中担任总统,韩国就一直在发展与朝鲜的关系。金大中被指责在未经国会同意的情况下做出经济让步。在本书写作的时候,现任总统卢武铉(Roh Moo-Hyun)是一个平民主义者,反对党有时称之为社会主义者。现任总统发起了一个使韩国脱离对美国依赖的运动,似乎有意点燃反美情绪。即便如此,喋喋不休地说出一些花言巧语并不意味着他准备承担朝鲜经济发展所需要的天文数字的财政负担。

难道流于立场式议价的思维不是很容易吗？长久以来，这是人之常情。但现在重要的是认识到更大的权力带来更大的责任。美国应该宣布它将再次遵循和平优先的原则，因为战争的代价实在太大了。从冷战的角度对我们的军事利益进行短视的分析会低估战争的代价。在"国家利益"的俗套下，对于朝鲜人改变自己的道路的能力很容易变得悲观，也很容易觉得改变事情的唯一方法就是"把自己的意愿强加于人"，经过政权更迭后建立民主政权；或者在没有提出长期解决方案的情况下去解决，并且满足于让事情恢复原样的解决方法。

195

虽然美国的关注点在于成功实现核裁军，但就这个问题发出最后通牒（喊"缴枪"）只会让这些国际竞争者失去所有共同利益，而后者可以给有关各方带来双赢的问题解决方案。

外交接触：开发有关东亚的政治政策

美国继续与六方伙伴一起致力于以和平方式实现朝鲜半岛可核查的无核化目标。2009 年 12 月 12 日，经过一个 3 天的会议，斯蒂芬·W. 博斯沃斯（Stephen W. Bosworth）大使宣布美国和朝鲜就朝韩共同安全、半岛无核化和致力于朝鲜经济更加稳定等原则达成协议。博斯沃斯大使离开平壤会谈后来到北京与中国举行会谈，这是美国不仅把自己的角色看作就核裁军问题与朝鲜进行谈判的一方，还把自己当作朝鲜与中国之间的调停者的迹象。接着是奥巴马总统早些时候的中国之旅，当时他提出了与朝鲜一起工作的中国角色的问题，这次行程显示美国把自己当成就中美朝三方之间双赢解决方案进行沟通调停的角色。

最后，美国没有让拒绝与朝鲜进行双边对话（冒着就其权限范围之外的事情代表韩国发言的风险）成为争执的焦点，而是在很多问题上把自己定位成一个辅助型中立调停者。因而除了为它自己，它没有能力为任何一方讲话。一旦朝鲜的安全得到了保证，它就可以开放有关建立自由贸易区、教育和文化交流、共同发展自然资源方面的合作以及其他许多能使整个地区受益的经济发展潜在领域的讨论。但是，为什么美国要关心这些边界问题呢？

196

假定朝鲜的未来发展道路可能遵循两个历史模式中的一个：1979 年中国在邓小平领导下的自由化改革之路和戈尔巴乔夫领导的苏联道路。[105] 在共和党政府中，白宫雄辩地认为朝鲜的困境更适合苏联模式。在乔治·W. 布什所做的著名的"邪恶轴心"论的演讲中，他要求"朝鲜开放自己的边界作为迈向重新统一的一个步骤"[106]，演讲中内在地使用了苏联模式。这一评论，特别被拿来与 1987 年前总统罗纳德·里根呼吁苏联"拆除"柏林墙的演讲相提并论。[107] 使用苏联模式显示了一种冷战心理的残余，对于在朝鲜发展安全机制永远采取现实主义者的侵略性的、穷兵黩武的方法。

为了增加立场式议价的效果，布什主义还强调先发制人。伊拉克战争和美国的鹰派政策表明，美国对于可能威胁采取先发制人的军事打击，以及视别国非敌即友的哲学。由于可以理解的原因和状况，美国像担忧核扩散的前景一样担心核武器从朝鲜转移到"敌对国家"的可能。

最近，随着在朝鲜开始启动外交对话，人们可以期待美国在朝鲜半岛的利益已经再次发生改变。美国希望解决核武器问题，或者至少让该地区回到核武器化以前的状态。显然，美国不能像对付伊拉克那样对朝鲜作战，虽然就大规模杀伤性武器而言，朝鲜构成了比伊朗或伊拉克更大的威胁。在伊拉克和阿富汗冲突的代价已经给美国制造了巨大的财政负担，并恶化了美国的国际形象。用军事手段对付朝鲜在当前时刻对美国而言是非常不受欢迎的。

有原则的实用主义：朝鲜侵犯人权的行为

在引入调停者之前，还有一个关乎美国原则的问题，不可能很快地得到解决。朝鲜政府的人权纪录如何？难道我们在第一章讨论过的和平优先原则不得不用来抵消朝鲜人民所受到的伤害吗？国际法规则威慑效果的损失如何？如果美国"让"朝鲜获得核武器，难道伊朗和其他无赖国家不会觉得他们也

[105] Park, supra note 41, 20.

[106] "National Briefing-Demilitarizing the Situation", The National Journal's Hotline, *The Political News Daily*, February 20, 2002.

[107] Ibid.

有权这样做吗？使用调停程序怎样阻止此类有害的后果？

　　朝鲜侵犯人权的清单太长，以至于无法在此处全部论及。但一个人如果忽视了大多数朝鲜人经历的饥饿与极端贫困，那就太幼稚了。由于朝鲜对新闻的严格限制，对于与饥荒相关的死亡人数的估计差异很大。经济学家马可斯·诺兰德（Marcus Noland）估计，饥荒在朝鲜已经导致 600 000 至 1 000 000 人死亡。[108]这与朝鲜承诺养活其人民的事实相去甚远。自 1981 年，朝鲜就成为《经济、社会与文化权利国际公约》（ICESCR）与《公民权利与政治权利国际公约》（ICCPR）的签字国。朝鲜政权漠视《经济、社会与文化权利国际公约》第 11 条第 2 款规定的义务，它要求缔约国通过采取行动减轻和缓解饥荒，来保证人民获得足够食物的权利。[109]

　　另外，朝鲜民主主义人民共和国根据对金正日政权的政治立场，对普通民众划分了三类标签：核心的、摇摆的和敌对的。[110]基于这种违背《经济、社会与文化权利国际公约》第 2 条第 2 款的分类体系，朝鲜政府限制了公民受教育、迁移、工作、获得住房和食物的权利。[111]实际上，有人指控朝鲜民主主义人民共和国只把食物供给核心阶层的人享用，借此有意识地加重了饥荒状况，并延长了饥荒的时间。[112]

　　而且，朝鲜民主主义人民共和国设置拘留营，强制关押那些未经允许试图迁移或者对政府表示政治异议的人。在很多情况下，那些因试图到中国寻求避难而被捕的人已经被公开处死。这样对于整个阶层的人民的灭绝，不论

198

---

〔108〕　Amnesty International, supra note 103.

〔109〕　Substantive Issues Arising in the Implementation of the International Covenant on Economic, Social and Cultural Rights: General Comment 12 The Right to Adequate Food, Para. 6, E/C. 12/1999/5（12 May 1999）available at http://unhcr. ch/tbs/doc. nsf（Symbol）/3d02758c707031d5802.（Hereafter, "General Comment 12"）.《经济、社会与文化权利国际公约》第 11 条第 1 款称缔约国承认每个人获得适当生活水准的权利，包括足够的食物，第 11 条第 2 款做出解释，公约确认每个人都有免于饥饿的基本权利。《经济、社会与文化权利国际公约》第 11 条，993 UNT. 3 Dec. 16, 1966.［Hereafter ICESCR］另外，朝鲜民主主义人民共和国阻止国际人道主义机构进入该国也违背了公约。Amnesty International, supra note 103.

〔110〕　International Federation for Human Rights, *Misery and Terror: Systematic Violation of Economic, Social and Cultural Rights in North Korea*, FIDH Report No. 374/2, 5（November 2003）.

〔111〕　Ibid.《经济、社会与文化权利国际公约》第 2 条第 2 款规定缔约国"承担保证，权利……本公约……应予行使，而不得有任何歧视，例如……政治身份。"ICESCR, supra note 109.

〔112〕　Amnesty International, supra note 103.

是通过直接的饥饿还是公开的处死，都是反人类的犯罪。[113]

199 美国－朝鲜联合工作组在磋商可能的正常化协议的时候，忽视这些暴行对国际社会而言是个不好的预兆。在与朝鲜这样的极权主义国家推动任何实质性外交关系时都要同时处理这些人道主义问题。对一个可能犯下无数反人类罪行的国家做出让步和交流外交关系，显然违背美国的原则。

美国的第二个关切是担忧基本安全问题。一个拥有原子弹的朝鲜是向其他极端主义者提供核武器的潜在卖家。如果朝鲜民主主义人民共和国认定其核武器足够自己使用，并决定向恐怖分子转让一些核裂变材料或真正的炸弹，其影响是灾难性的。前助理国务卿罗伯特·格鲁奇（Robert Gallucci）声称，虽然与朝鲜的战争可以避免，但美国应该向这个政权表明，引发军事战争的将是"有确凿的证据显示朝鲜已经向恐怖分子转让核裂变材料"。[114]

尽管没有触发战争，但在核裁军方面仍有几个可以咬住朝鲜的其他选择。东亚专家提出的方法是通过用核武器武装地区——即韩国、日本甚至可能还有台湾，创造一个多边核威慑。[115]美国空军中将托马斯·麦金纳尼（Thomas McInerney）指出，这种级别的核威胁在冷战时期使用过，当时北约（NATO）成员国的各种海军飞机上都装备了美国的核武器，根据美国的指挥进行部

200 署。[116]虽然朝鲜目前构成了威胁，但东亚地区出现多个核大国带来的长期威胁对于美国利益而言将是一个严重危险。第一，核武器的传播将取代《核不

---

〔113〕 卢旺达国际刑事法庭（ICTR）称反人类罪有如下两个要素："第一，被告必须持续实施完成这种特殊犯罪（如谋杀、灭绝）的必需行为。第二，这种犯罪行为必须是直接针对平民人口实施的广泛的有系统的攻击的一部分。"Marcus, D., "Famine Crimes in International Law", 97*American Journal of International Law*245（2003）, p. 246；（citing Prosecutor v. Rutaganda, Judgment, No. ICTR－96－3－T, paragraph 66〔December 6, 1999〕, reprinted in 39 LLM 557〔2000〕）. 根据定义，针对个人的整个族群的灭绝，即便在没有表明歧视意图的情况下也能够发生。这里，朝鲜政府针对"摇摆的"和"敌对的"政治阶层的民众所犯的罪行，符合反人类犯罪的第一个要素。至于第二个要素，"有系统的攻击"出现在有削弱或迫害公众的计划或政策的场合。在朝鲜，大赦国际（Amnesty International）报道，在饥荒的高峰期，政府停止向东北地区的省份运送食品，那里临近中国，居住着"摇摆的"和"敌对的"人群。当然可以相信，这是出于实用主义对较低阶层民众的灭绝计划的一部分。

〔114〕 Stossel, supra note 74.

〔115〕 Ibid. 格鲁奇大使还声称，如果军事作战是必要的，尽管冲突可能造成经济破坏，美国仍可能在共同行动方面得到韩国政府的支持。作为论据，他说在1994年6月，当他以助理国务卿身份担任与朝鲜的主要谈判代表时，"他认为克林顿政府在对平壤设施实行军事打击方面可能已经赢得了韩国的支持，尽管没有人能确定冲突不会升级为战争。"

〔116〕 Ibid.

扩散条约》，核武化台湾的前景对于已经紧张的台湾与大陆的关系而言将是灾难性的。第二，考虑到朝鲜的赤贫状况，针对核材料出口使用"传统的"、源于冷战的确保相互毁灭战术进行威慑，其可行性是值得怀疑的。第三，许多东亚国家由于日本在二战中的行为仍对它怀有仇恨。因此，像大韩民国和中国这样的国家会坚决反对日本核武化和重新军事化。

一个针对朝鲜非核化比较现实主义的策略是，只在谈判桌上提出该地区核武化的威胁，而不必带有任何真的这样做的想法。调停者可以借口把各种选择摆上桌面，通过在各方之间进行庄重与严肃的沟通，为这样一种威胁提供合法性。另外，把这种选择摆到桌面上，对于六方之中那个对半岛核武化存在利益的一方，也会产生很好的效果。不要把威胁地区核战备的目标公然针对朝鲜，可以由调停人把这种威胁带到桌面上，以便给中国施加压力。中国政府可以有效地推动朝鲜更坚决地拆除核反应堆，并形成可行的核实机制。

假两难推理与零和协商

当我们被恐惧征服时，很难不陷入一种立场式议价的心态。所有这些采取先发制人行动的理由听起来都是合乎逻辑的。但其核心基本上是一个假的两难推理——拯救朝鲜公民的唯一方法，以及防止极端主义者得到核武器的唯一方法就是使用先发制人的打击策略。调停者可以阐明这一点。

考虑一下从 1994 年的谈判与《框架协议》到阳光政策，从小布什的所有谈判到现在克林顿乃至博斯沃斯的经历，我们所能了解到的事情。在每一个场合，谈判在高级别外交官中间进行，为了保全面子都显示了必需的尊重与关心，至少在广义上说朝鲜已经愿意接受核查，并且用核裁军换取安全。

朝鲜政府始终想要得到一份不侵略条约形式的保证。考虑批准这样一个条约不得不牵涉两个主要因素：第一，现实地说，美国不得不考虑一份不侵略条约能提供何种保证；第二，美国还应该考虑不侵略条约的替代选择。在现代历史上，以不侵略条约形式做出的安全保证向来是不成功的。对于美国和朝鲜来说，一个替代解决方案也许可以证明更加有效。另外，还不确定朝鲜希望通过一个不侵略条约得到的安全保证的具体条款或性质到底是什么。

除此之外，在当前的核问题中存在一种与我们在上一章所看到的生存自

201

杀游戏相似的恶性循环。像朝鲜这样的国家发展核计划与该计划招致的反应之间存在一种互为因果的关系。[117] 美国必须要向朝鲜民主主义人民共和国表明，与《共同声明》合作将得到奖励，通过采纳更多的处理问题的方法可以打破这个循环。正如时任韩国驻美大使，现在的朝鲜大学（Korea University）校长韩升洲（Sung-Joo Han）在乔治城大学的演讲中所说："最好通过强有力的经济与国际合作获得安全，而不要通过拥有核武器，无论如何它会极大地浪费相关资源，并使自己在国际上陷于孤立。"[118] 考虑到金正日统治下朝鲜民主主义人民共和国经济的贫困状况和政权统治的不稳定性，朝鲜民主主义人民共和国也许正打算在《共同声明》框架下认真地讨价还价，尽可能从这个过程中拿到更多的东西，以致力于处理其经济与安全需要。所以，美国应该利用这种情况显示诚意，表明提供某些安全保证的承诺，使朝鲜民主主义人民共和国认识到国际合作带来的好处。

如果谈判取得进展，朝鲜民主主义人民共和国在裁军努力方面显示出足够的诚意，剩下的难题就是在朝鲜民主主义人民共和国的安全关切中包含身份问题的情况下，美国如何着手提供安全保证。朝鲜人自给自足，他们的生存需要得到保证。安全保证会使朝鲜人受困于一个极权主义政权、长期遭受非人的饥荒以及包括劳改营与镇压在内的统治手段吗？

一些人主张美国只需要依照它对中国采取的外交措施就行了，因为它很好地解决了问题。中国也是一个共产主义国家，借助儒家思想实行政教含糊结合的统治。朝鲜与中国截然不同的地方是用严格的主体思想建立控制模式。对于中国来说，国家的经济与国际一体化被看作是社会政治改革的推动力。美国将会看到一个从经济权利到正当程序、再到全面人权保护的发展进程。虽然这并不容易，但在人们的生存不受到威胁的环境下才会更好地实现繁荣，这是合理的逻辑。

尽管如此，任何调停过程必须始于对主体思想形势和挑战的清楚理解。就像在任何一个军事独裁国家一样，朝鲜领导人的主要兴趣之一是自保。理解朝鲜民主主义人民共和国赖以维持统治的方法，就能够进一步弄清其在

---

　[117]　现任朝鲜大学校长、前外交部部长、韩国驻美大使韩升洲的演讲。Georgetown University (October 7, 2003).

　[118]　Ibid.

《北京协议》中的利益范围。任何一个政权的生存依赖于其维护国内秩序的能力。就朝鲜民主主义人民共和国这样的极权主义政权而言，维持秩序依靠的是把人民同世界其他地方隔离开来，依靠的是创造一种全国一致的局面。为此目的，朝鲜政权在金日成的主持下，通过把主体思想改造并永恒化为一种神权政治，成功地创造了一种既不同于毛泽东的中国、也不同于斯大林的苏联的社会主义新秩序。不过，主体思想不仅仅是个人崇拜。它更多的是一种社会主义思想与儒学意识形态基础残余在朝鲜的混合物。 203

汉斯·帕克说："虽然朝鲜努力清除儒家信念，但可以认为，强大的儒家文化残余仍在当前朝鲜的政治与社会结构中继续存在。"[119] 儒学元素强调等级秩序、家庭和集团主义，它为朝鲜民主主义人民共和国奉行的神权控制体系的发展提供了先例。主体思想是一种社会科学，强调人（而不是物）是宇宙和永生的精神理念的中心。主体思想不像传统的社会主义，通过阐明它的社会结构不是被物质产品而是被具体化为"头脑"概念的精神意识所支配，它背离了马克思主义所确立的标准。所以，社会变革的发生是社会首脑活动的结果。[120] 这种哲学通过建立明确的社会等级秩序的信念，在群众、政党与领导人之间创造了一种三角关系。这让像金日成那样有魅力的领导人得以作为这个国家乃至世界的关键人物单方面实施控制。此外，最重要的是理解主体思维能够让金日成升级到半神半人的地位。

金日成能够从意识形态上控制朝鲜民众，其根源在于日本殖民主义带来的心理上和物质上的影响。金日成确认朝鲜半岛之所以被殖民化是因为其低劣的军事能力以及缺乏整个国家的团结一致。结果表明，金日成的一生都在致力于通过这个政权来修正这两种弱点。[121] 在 1953 年朝鲜战争结束以后，由于 36 000 名美军在韩国持续存在，主体思想在仇外的基础上得到永恒化，并 204 最终在金日成领导下发展成为一种具体化为民族主义优越性的观念。[122] 与此相配合，在 20 世纪七八十年代的广播宣传中可以看到，朝鲜成为地球上最纯粹的人间天堂，修订的教科书也遗漏了朝鲜曾经成为日本一部分的历史。金

---

〔119〕 Park, H. S. (2002), *North Korea: The Politics of Unconventional Wisdom*, Coulder: Kynne Rienner Publishers, p. 13.

〔120〕 Park, Han. S., *North Korea*, p. 36.

〔121〕 Park, Han. S., *North Korea*, p. 18.

〔122〕 Park, Han. S., *North Korea*, p. 18.

日成既被看作慈父，也被看作卓越的主体精神的灯塔。

对于日本殖民主义的回应是朝鲜应该改造自己的理由。政府或许理解，日本人对待朝鲜人民的错误之处也是最终危及朝鲜自身统治方式的地方。如果领导者压迫大多数人，这个政府就不是一个代表人民的政府。

虽然孤立主义对于维持民众朝鲜是"地球上显现的天堂"的观念是恰当的，但这种孤立是特别脆弱的。因特网、电视和广播电台给这种孤立带来威胁。要维持下去是不可能的。

使事情更为复杂的是，孤立主义在朝鲜有两方面的存在。孤立于其他世界媒体是为了防止人们知道朝鲜不是天堂这个事实。政府还在国内执行了一种地区孤立主义政策。为了寻求地区隔离政策，朝鲜民主主义人民共和国通常禁止人民迁移，并对运输系统实行绝对控制。

说服朝鲜政府使用镇压不可能维持其权力是十分困难的。随着 1994 年金日成去世后的权力转移，国际社会认为朝鲜民主主义人民共和国终于面临着一个历史转折。毛泽东与约瑟夫·斯大林去世后，迫使朝鲜政权防止这种"东欧剧变"趋势扩展到朝鲜民主主义人民共和国。[123]儒家关于子女天生孝敬父辈的思想与主体思想相结合，让伟大领袖的儿子得以继承领导人的衣钵，充当其行使金日成权力的管道。另外，金日成的逝世让他的教导可以发挥更大的影响，通过把他的教条和文字转化为语录形式或遗嘱，使之基本上已经成为朝鲜民主主义人民共和国人民的圣经。

事实上，朝鲜民主主义人民共和国和金正日政权必须在获得经济与安全稳定的利益和阻止放宽乃至放弃极权统治的国际压力的愿望之间谋求平衡。对于朝鲜这样一个神权政治的专制国家真的能够实现正常化吗？

从预防性外交到转化性外交

现实主义批评家已经开始称《北京协议》（Beijing Agreement）是一个历史错误的重复。批评家指出，在共同声明第二阶段行动，要求朝鲜民主

---

[123] Park，Han. S.，*North Korea*，supra note 42，48.

主义人民共和国将核燃料循环去功能化，但既没有一个解除武装的实际时间表，也没有为换取解除武装给朝鲜提供利益包裹。不过，这种手段符合国际谈判中一种必需的重要策略，也符合《共同声明》中所概括的原则，声明说：协议要求分阶段分步骤"根据'行动对行动'的原则"。[124]

另外，弗朗兹·希德（Franz Cede）重申，在大多数情况下，

> ……谈判结果最多给问题提供中间的或部分的解决。所以一份解决方案可能带来许多谈判之前并不存在的新的法律问题……国际关系的动态特征有一种必然结果，（例如）许多协议的暂时性是由于谈判过程造成的。[125]

另外，希德补充说，一种国际政治谈判纲要中的把戏是故意用模糊的语言表达妥协的意图。[126]这两条概括的原则表明，为了推动裁军谈判，考虑到时间问题，谈判者或许应该选择暂时地缓解张力。[127]《共同声明》反映的是弗朗兹·希德预期的模式，而不是六方会谈中任何一方的胜利。本质上，相关六方"同其他方角力已经到了精疲力竭的地步，于是同意再谈谈"[128]。这项协议是一个微妙的谈判过程的第一步。

目前通过六方会谈达成的多边协议在本质上是预防性外交行动。预防性外交是在社会敏感地区采取的行动，旨在避免国家或组织威胁使用武装力量及相关形式的胁迫来解决由于失稳效应引发的政治争端。[129]隆德（Lund）通

[124] Joint Statement from the Third Session of the Fifth Round of the Six-Party Talks, Nautilus Institute for Security and Sustainable Development, North Asia Peace and Security Project, http://www.nautilus.org/fora/security/07012Statement.html. [hereafter "Joint Statement"]

[125] Cede, F., "The Legal Perspective on International Negotiations", in Victor Kremenyuk, *International Negotiations: Analysis, Approaches, Issues*, pp. 157~158 (2002).

[126] Ibid.

[127] Ibid.

[128] Pester Hayes, *Beijing Deal is not the Agreed Framework*, Nautilus Institute for Security and Sustainable Development, North Asia Peace and Security Project, February 15, 2007, http://www.nautilus.org/fora/security/07014Hayes.html. (also published as "*North Korea and the United States: What Deal?*"), *Open Democracy*; and as "Bejing Deal is Not Agreed Framework", *North Korea Review*, Fall, 2007, pp. 19~23 (Hereafter, Hayes).

[129] Lund, F. (1996), *Preventing Violent Conflict: A Strategy for Preventive Diplomacy*, U.S. Institute of Peace Press, p. 37.

常暗示，预防性外交的利益可以通过多边努力来实现，在正式场合下周密计划的预防性策略，可以把不同国际行为者的优势结合起来。隆德曲线图勾勒了冲突的不同阶段及发展周期。冲突持续阶段在 X 轴，暴力水平在 Y 轴。隆德按照从最暴力的到最稳定的顺序，以流线型画出了暴力冲突的不同阶段：战争，危机，不稳定和平，稳定和平，持久和平。预防性外交当然用于减缓不稳定状况以防止其发展成为暴力，但它只在"不稳定和平"阶段为防止下滑到"冲突"阶段是必需的。不稳定和平是各方之间的张力最大的情况，但暴力要么是偶发性的，要么全然不存在。在这种消极和平的时期，各方相互视为威胁，并保持一种军事威慑。与这种分类相一致，朝鲜被视为敌人，到目前为止地区大国之间的平衡阻止了侵略，但武装冲突仍明显有可能发生。[130] 在冲突阶段，武装力量被动员起来准备交战，可能有偶发的小规模冲突，但任何一方还没有投入大量部队。[131]

207

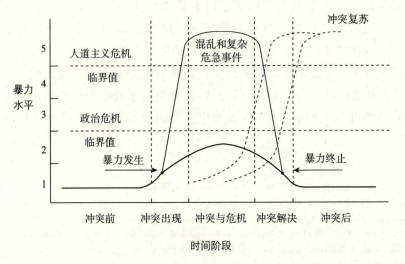

冲突水平与阶段模型

曲线图分析："暴力水平"轴划分：①持久和平，②稳定和平，③不稳定和平，④冲突和⑤战争。"政治危机临界值"是不稳定和平阶段的降级点，在这种形势下预防

---

〔130〕 Ibid. 1994 年《框架协议》通过以后，朝鲜冲突被稳定在"不稳定和平"阶段，朝鲜半岛一直存在小规模战斗。特别是 1996 年和 1998 年，朝鲜潜艇在韩国海岸外被捕获，导致其与地方当局发生交火。Ho Suk, supra note 92.

〔131〕 Ibid. , p. 39.

性外交能够最有效地发挥作用。[132]黑线代表1994年朝鲜核危机趋于平稳的状况，它从未达到"战争"阶段。

冲突水平与阶段表展示了1994年朝鲜、韩国与美国之间的形势。三方中的每一方都对部队进行动员，战争似乎真的迫在眉睫。目前朝鲜半岛的形势却处在水平与阶段抛物线逐渐降级的负斜面上。不稳定因素是朝鲜的核武库。如果接受水平与阶段图的基本原理，那么由于冲突期间持续下去，冲突状态只能在冲突阶段对应的Y轴上或升或降。如果这个命题成立，那么朝鲜冲突只能升级到冲突阶段，或者稳步进入持久和平阶段。所以很明显，考虑到该地区承担的经济和社会风险，以及冲突发展的线性特征，当前最好的选择是继续使用预防性外交，通过多边接触解决核危机。在这个策略进行的同时，美国应该寻求扮演调停者的角色，把谈判转化成创造性解决问题的机会。

对这种情况能够发生保持乐观态度有什么根据呢？尽管朝鲜民主主义人民共和国发展了与美国的潜在外交关系，得到了50 000吨重燃油，似乎取得了胜利，但与它提出的新要求相比，朝鲜民主主义人民共和国在《共同声明》中做出了更多的让步。如果对朝鲜在缔结共同声明时所放弃的东西进行经济学上的成本效益分析，这一点就更加明显。保留核计划的资本权益估价为40至50亿美元。[133]这个数字是鹦鹉螺研究所（the Nautilus Institute）根据它认为朝鲜民主主义人民共和国如果放弃《框架协议》带来的资本权益而启动核计划，那么需要放弃多少金钱计算出来的。最初的《框架协议》在每年2%的优惠融资基础上将向朝鲜提供总共40亿美元。[134]如果激活核反应堆，向韩国输出电力，维护反应堆需要朝鲜民主主义人民共和国每年负担3亿美元。[135]不过，向韩国输出电力预计每年收入为7亿美元。[136]总的来说，通过

208

209

[132] Samarasinhe, Stanley, et. al. (1998), *Conflict Vulnerability Analysis*: *Issues*, *Tools & Responses*, USAID, Tulane Institute for International Development, http: // www. certi. org/publications/Manuals/CVA. htm. Chapter 1, figure I. D. 1994年朝鲜的冲突，在这个曲线结构中，就"冲突阶段"而言处于冲突前阶段后期。由于独立方吉米·卡特的外交介入，核危机比典型冲突发展周期更早趋于平稳，下降到"不稳定和平阶段"。

[133] Hayes, supra note 128.

[134] Ibid.

[135] Ibid.

[136] Ibid.

落实《框架协议》，朝鲜民主主义人民共和国每年将获益 3.4 亿美元，加上从美国得到 500 000 吨重燃油，估价每年 1.5 亿美元。[137] 这样的计算显示，朝鲜要拥有核计划需要放弃总共 46 亿美元。所以，对于朝鲜来说很现实的是，核计划估价将超过 46 亿美元，因为这个数字没有考虑到被视为有核国家所带来的非经济成本和无形利益。

相比之下，目前协议提供 50 000 吨重燃油，如果朝鲜民主主义人民共和国把核燃料循环完全"去功能化"，还有可能得到 950 000 余吨。[138] 在《共同声明》中所勾勒的收到这些利益的时间范围，最快是两年。[139] 这个利益礼包以目前的石油价格计算，估价在 2.57 亿美元左右，仅仅是朝鲜民主主义人民共和国遵守《框架协议》原则所能保留利益的6%。[140] 50 000 吨油仅价值 0.15 亿美元，在本质上必须把它看作一种诚意高于一切的姿态。

不过，分析家指出，作为将来全面核裁军的交易，朝鲜民主主义人民共和国必然会重新提出两座反应堆的条件和要求。[141] 看起来可能还会有一个《框架协议》型的新协议（以下称为"新《框架协议》"）把这个扩大的交易具体化。不仅把两座轻水反应堆作为当初 1994 年《框架协议》的一部分，朝鲜民主主义人民共和国在《北京协议》期间还明确要求 20 亿瓦特电力。[142] 至于这些电力是由一个轻水反应堆或是由其他某种替代方法提供尚未确定。不过，加上一个或两个核电力设施，还是很难为朝鲜人彻底放弃核武器计划提供理由。随着对话取得更大进展，平壤还有可能要求韩国重新启动中断的粮食援助计划，大概是每年向朝鲜提供 50 000 吨食物。[143]

如果朝鲜政府放弃如此强大、有价值的谈判筹码，那么它真的试图从协议中得到什么吗？与成为一个核大国的价值相比，二三年内 1 000 000 吨油不算什么。朝鲜能源基础设施极其匮乏，甚至没有能力处理 1 000 000 吨油。[144]

210

---

[137] Ibid.

[138] Joint Statement, supra note 124.

[139] Hayes, supra note 128.

[140] Ibid.

[141] Ibid.

[142] Ibid.

[143] Ibid.

[144] Ibid.

即便《北京协议》和新《框架协议》可以像当初的《框架协议》那样，最终带来两座轻水反应堆的兴建，新的《北京协议》带来的仍是朝鲜民主主义人民共和国有意放弃的相同利益。所以问题出现了，什么能使朝鲜民主主义人民共和国遵守现在的协议？也许答案在于这次协议带来的无形利益。朝鲜民主主义人民共和国就像任何一个其他国家一样，尽管在本质上最极端专制，但在最基本的层面上还是需要政治和经济的稳定。假定在零和游戏的背景下，对于六方会谈的所有各方而言，把朝鲜半岛无核化的成本估价在 45 亿美元左右，不算是不合理的。如果可以形成其他的商业合作关系，就有可能通过双赢方案给双方创造收益。

朝鲜政府在谈判后期在能源问题上斤斤计较的策略，已经被描述为"可以预测的、战术上聪明、战略上愚蠢的伏击行动"[145]。对于能源的要求以及接受区区 0.15 亿美元价值的石油是朝鲜战术行动的迹象。美国及其鹰派政策实质上很难让朝鲜相信美国会建立一种没有敌意的政治关系的承诺。《北京协议》和共同文件用少量石油换取立即冻结核计划在本质上是一种牵制美国的方法。[146]这是一种为朝鲜能够真正评估美国创建外交关系的承诺，以及降低该地区军事行动的可能性争取更多时间的短期办法。[147]此时，对于朝鲜民主主义人民共和国的而言唯一具有战略意识的战术设计是，只有在明确美国的意图后才完全解除武装。[148]这大概意味着拆除宁边反应堆作为平壤的最后筹码，将留作解除武装过程的最后一步。一旦协议不利于朝鲜民主主义人民共和国，平壤就有可能威胁重新制造更多的钚。[149]

在《共同声明》中，各方约定"一个（工作组）的进展原则上不影响其他（工作组）的进展"。[150]不过，考虑到所涉及的问题，这样一个原则是不现实的。美国的利益与朝鲜民主主义人民共和国的核裁军进程有着千丝万缕的联系。鉴于朝鲜民主主义人民共和国在政治上和经济上的穷困状况，朝鲜人似

211

---

[145]   Ibid.

[146]   Ibid.

[147]   Ibid.

[148]   Ibid.

[149]   Ibid.

[150]   Joint Statement, supra note 124.

乎高估了安全保证以及与美国的经济关系。加入《共同声明》显示出来的诚意或许意味着朝鲜认识到作为一个孤立主义的国家无法继续存在。通过下一阶段与朝鲜的谈判，美国必须向朝鲜表明，它将获得超过其保留核武器固有的 46 亿美元价值的有形的和无形的长期利益。要向朝鲜表明，通过与《共同声明》以及可能达成的《框架协议》型新协议的真诚合作，打破建造核武器与敌对反应的循环，朝鲜就可以得到这些利益。

212　美国既然坚持做一个调停者，就必须首先让朝鲜看到合作得到的奖励将超过拥有核武库的价值。朝鲜与美国之间似乎与生俱来的互不信任成为谈判的阻碍。朝鲜尚无法确定，在此关头美国的安全保证不仅仅是口头敷衍。如果通过不断地开放交流、合作，不断增加协调，美国能逐渐表明一种双边安全保证才是真实的、持久的，那么朝鲜民主主义人民共和国或许会认识到它的真正价值。更为重要的是，对于朝鲜而言，一份值得信任的真正安全保证的价值将超过核武器计划的价值。

国务卿希拉里·克林顿在描述美国就全世界公民人权问题采取的新措施时说："我们必须务实而且灵活地追求我们的人权议程，不是就我们的原则进行妥协，而是尽最大可能让它们成为现实。"[151]

在她关于尽最大可能让它们成为现实的表述中，隐含着对于对抗型谈判零和游戏的理解。实质上，特别是在一个人的生存受到威胁时，要求或告诉他们"必须"怎么做只能事与愿违。尝试这些策略的结果是对手把威胁当作傲慢的、无礼的、让人丧失尊严的。他们很难去倾听屈服背后的合理性。他们宁愿去死也不愿被告知应该怎么做。这种本能与帕特里克·亨利（Patrick Henry）相去不远："不自由［做我自己］，毋宁死。"[152]

相反，人权调停者必须是统筹全局的，不必放弃他或她的原则，但要真正愿意与对手的观点形成共鸣，不管他们的行为对于他或她的价值观而言是多么令人反感。倾听不是同意。倾听可以提供对于另一方需求和目标的理解，以便找到看似难以克服的问题的双赢解决方案。

---

〔151〕 Lander, M. , "Clinton Outlines Obama's 'Agile' Agenda on Rights", *The New York Times*, A12, December 15, 2009.

〔152〕 Raphael, Ray, *Founding Myths: Stories That Hide Our Patriotic Past*, New York: New Press, 2004.

理解主体思想或金日成主义意味着解决方案绝不能是外部强加的，必须要永远让朝鲜成为解决方案的主人。比如，韩国为朝鲜提供大米，但朝鲜人却采取谨慎措施保守这些大米的来源，他们向朝鲜人供应大米，就像朝鲜人自己生产的一样。   213

调停者如果在这段包括 1994 年谈判的历史中受到过锻炼，就可以建立起特殊的优势。使用伟大领袖说过的话，可以为朝鲜谈判者在做出伟大领袖 1994 年做的让步时提供保护。朝鲜人接受检查，反过来他们也一定能够得到来自邻居的敬意。一旦确信伟大领袖在《框架协议》中做过同样的事情，他们也会同意进行电力经济贸易。

调停者更为困难的工作是开启更广泛的有关经济问题、文化交流和教育机会的讨论。这里是关于调停者如何导入这些问题的一些想法。

第一，需要存在调停者与朝鲜领导层之间的高级别外交。换句话说，一位前总统可能是唯一能让金正恩会见的调停人。米歇尔·布林（Michael Breen）援引亲爱的领袖（金正恩的父亲）的话说，他与俄罗斯总统弗拉吉米尔·普京可以开诚布公地谈话，因为普京跟他进行人与人之间的交流，而不是像一个外交官。卡特对亲爱的领袖也采取这个办法，克林顿亦步亦趋，现在调停者对金正恩必须尝试相同的技巧。会议应该是私下的、个人的和体面的。调停者应该进行一丝不苟的准备，对于伟大领袖和亲爱的领袖说过的话和做过的事情要显示出了解和尊敬，也要把这位儿子考虑进去。

第二，调停者首先应该非常仔细地倾听，通过仔细倾听显示尊重。这些可以在继续进行之前，通过用自己的语言概括出亲爱的领袖所说的话而体现出来。然后，调停者应该尝试把刚才所听到的话与精心准备的用来解决问题的原则的陈述结合起来。这些原则是：和平优先和安全保证——兼有军事和经济两方面的，同时具有可核查性和透明性，以便各方能够建立起信任。   214

第三，调停者可以询问金正恩，他的父亲，亲爱的领袖对于他与美国及邻国关系向前发展的新路寄予何种期待。这对于理解这位儿子是否在原则上认同亲爱的领袖追求其人民的繁荣以及更加普遍的健康和幸福至关重要。如果没有马上得到认可，调停者就可以引用亲爱的领袖在表达对人民幸福的关切时所说过的话。最后，调停者可以和金正恩个人进行谈判。为了你的人民的健康你想要什么？为了他们的幸福呢？为了他们的才能呢？想象一下，就像你父亲所做的一样，朝鲜人齐心协力可以成就"伟大事业"。

第四，就金正恩受到儒家思想的影响而言，调停者应该准备表达一种理解，即亲爱的领袖不愿意像日本殖民主义者那样，不遵守儒家的准则，残暴无情地对待自己的人民。

最后，经过仔细倾听，表达尊重，并且表示愿意了解朝鲜人的看法，调停者可以尝试就其如何看待朝鲜形势进行陈述。调停者可以承认美国的错误，诠释一种在人性中存在的、基于对美德认真感悟的一种信念，包括己所不欲，勿施于人（来自孔子和基督）。接下来，调停者可以坦承讨论个人罪恶的概念是何等艰难，这可以带来关于个人财产对刺激人类劳动所起的作用的务实的解释。为保证个人财产所有权和市场经济，要反对国家任意掠夺财产。另外，政府的可持续性取决于被统治者的认同，而强权的政府则会冷酷无情。为了约束政府履行义务，应该建立选举制度，因为可持续性取决于所有公民的平等待遇，而这些是法官和法院的事情。对于发展包括私有财产、市场经济、建立在法治（反对任意掠夺）基础上的司法制度、有限政府及可持续的政府在内的任何一件事情，朝鲜人会感兴趣吗？

在与朝鲜接触期间（从 1994 年《框架协议》以后到奥巴马的第二个任期），这个极权主义政权已多次要求专门和美国进行双边对话，显出其对安全保证是何等重视。任何调停者必须有能力提供这种安全保证。在开诚布公的对话中，有一种能让金正恩协商朝鲜加入国际社会问题的方法吗？最近，在 2005 年朝鲜退出六方会谈时，它要求直接与美国进行谈判。在六方会谈进行期间，当双边会议得以举行时，朝鲜要求与美国进行专门对话，强烈显示了其对与美国关系的重视程度。当然可以想象，这样一个安全协议对于朝鲜来说，比核计划里固有的有形和无形价值要珍贵得多。另外，把朝鲜从美国支持恐怖主义的敌对国家名单中删除，可以作为双方关系正常化的初步措施。之后美国可以"派遣"一个调停者代表它表明，如果朝鲜能够遵守协议，采取措施开放市场，公正对待自己的人民，美国愿意尊重它的这些关切。

使用这些谈判筹码，下一阶段接触过程将把目前《共同声明》在无核化方面的努力按照建议的朝鲜模式转化成一种新形式的、可实施的《框架协议》。以前提到，新协议可能包含一项轻水反应堆形式的可持续的电力交易。任何新的《框架协议》都必须重申某些基本的原则，同时向朝鲜传递严格的信息。换句话说，任何与朝鲜工作的新框架都一定不要放弃在其务实努力中坚持的原则，因为这些原则就是以实用主义为基础的。[153]

　　如前所述，通过创造一个当事人发展相互尊重的空间，调停者可以帮助 216 促成谈判态势的改变。由于博弈论者已经用典型的从确保相互威慑到确保相互毁灭的陈腐的冷战策略证明了这些问题，调停的时机可能已经成熟了。只要当事人相信在他们对手毁灭之前他们不能输掉游戏，人类历史就不会缺少孤立和不信任导致战争甚至自毁的例子。我们从博弈论者那里知道，防止这种策略控制游戏者思想的唯一办法，是为当事人争取时间了解彼此的文化与价值，学会充分地相互尊重，不把彼此当作威胁，而是当成一种没有输家的新游戏的潜在伙伴。通过创造空间战胜文化与宗教分歧，确定足以改变进程的共同需要与理解，调停者就能够帮助促成这种转变。

---

[153]　显然，美国扮演调停人角色的能力受到朝鲜的挑衅行为的极大损害。这当然无助于让朝鲜弄沉韩国这条船。诱人的事情是把对话当作不良行为的奖赏。诱人的事情是对朝鲜进行"隔离处分"，用制裁加以孤立，并在其视线内进行军事演习以示威胁。事实上这样的行为似乎只能强化金正恩以及掌权的精英们。虽然通过冻结外国银行账户的财产可以惩罚那些精英，但军事精英的地位只会变得更加巩固。另外，把朝鲜带入国际社会的最终挑战依然存在。改变这种形势需要美国通过争取调停者的帮助来转换其好斗者的角色。

4 怎样在战争爆发前阻止争吵：玻利维亚、智利和秘鲁

这是 2012 年夏天，玻利维亚总统埃沃·莫拉雷斯 (Evo Morales) 向美洲国家组织 (the Organization of American States，OAS) 提交了关于玻利维亚与它的邻国智利、秘鲁长达一个世纪之久的争端。玻利维亚需要出海通道。玻利维亚被陆地所包围，自从 1884 年与智利签署了一份停战协定后就一直被陆地所包围。停战协定之后，1904 年智利曾和玻利维亚签订了友好条约，同意修建一条从玻利维亚首都拉巴斯 (La Paz) 到海边阿里卡 (Arica) 港口之间的铁路，并保证玻利维亚自由进出这个港口。莫拉雷斯重申玻利维亚的主张，即智利偷走了它的土地，而且也没有遵守自己的承诺。

1975 年，智利总统皮诺切特 (Pinochet) 似乎同意玻利维亚应该得到出海通道，甚至建议用一条狭长的陆上走廊交换玻利维亚的一块相同大小的土地。2010 年，秘鲁总统阿兰·加西亚 (Alan Garcia) 加入了争论。秘鲁转让给玻利维亚一长条沙滩，以便后者在秘鲁南方海岸、伊洛正南修建一个港口。唯一的问题是人们无法从拉巴斯到达伊洛。那里的地势连建造最窄的铁路都几乎不可能。问题依然存在。玻利维亚需要智利放弃一条通往海岸的走廊，之后它才能得到出海通道。没有智利参与，玻利维亚不可能实现其愿望。

　　问题牵涉到个性与政治。智利总统塞巴斯蒂安·皮涅拉（Sebastian Piñera）否决了玻利维亚的愿望。作为哈佛经济学博士，皮涅拉通过在某种程度上诉诸智利人的民族主义，克服了对于他在解决问题方法上学术象牙塔的看法，才以微弱优势赢得大选。自从 2010 年当选以后，皮涅拉就一直 218 坚持只要他还是智利总统，就不会移交任何一块智利领土的主权。他预料莫拉雷斯会向美洲国家组织申诉。为了避免谈论这一问题，凡他所知道的莫拉雷斯将要发表讲话的美洲国家组织的见面会，皮涅拉都拒绝出席。玻利维亚与智利之间的争端形成了僵局。这对美国、美洲国家组织、联合国审视它们各自在解决玻利维亚与智利的边界争端中能够扮演何种角色提出了挑战。这种状况为探讨是否可以引入非政府组织调停者帮助各方达成协议提供了一个研究案例。

　　几个世纪以来，边界争端就是国家之间冲突的关键。作为土地争端的一个子集，边界争端涉及所有权、占有、委付和盗窃等问题，还经常牵涉卷入争端者的身份问题。[1]土地争端与旁观者眼中的土地价值相比，常被视为极具个性色彩。另一方面，土地争端很容易被简化为经济问题，因为土地虽然一度被视为是不可替代的，现在却被大多数调停者看作典型的立场式议价问题。特别是在土地蕴含自然资源的情况下，它一定会被当作取得财富的一种主要手段。这种关于土地看法的改变，对于在任何情况下调停者尝试帮助争端方解决边界分歧都是至关重要的。调停者要想有所成就，就必须说服争端方，那块土地不再是独一无二的，也要受制于国际法下的特定履行（specific performance）[普通法的特定履行原则基于土地不可替代的古老信念，要求土地（而不是金钱）归还给合法的所有人——普通法的一种救济手段]。调停者必须阐明，土地已经失去了其神话般的价值，它是早已被全球化社会的新经济学说取代的民族主义旧观念的产物。如果调停者可以做到这些，不仅边界 219 争端将很容易得到解决，调停过程还会给从中东到尼泊尔的所有土地争端带

---

　　[1]　这些争端存在相似性，所以在某种程度上其结果是可以预测的，解决方案也一样。比较一下法国与德国之间关于阿尔萨斯（Alsace）和洛林（Lorraine）的争端，或者希腊和土耳其之间关于塞浦路斯（Cyprus）的争端，或者以色列和巴勒斯坦之间关于加沙和约旦河西岸的争端，或者以色列、黎巴嫩和叙利亚关于格兰高地的争端，或者各种美国土著部落与美国政府之间的争端。有关国际法的最有意思的争端之一便是科索沃是否有权从塞尔维亚分离的问题。

来积极的影响。

我们将会看到，国家行为者很难作为调停人处理这种情况。从任何争端的解决方案中，都能解读出其自身的国家利益。对美国在拉丁美洲的行动来说，情况尤为棘手。拉丁美洲地区干预的历史是剥削和榨取的历史。现在，任何一个拉丁美洲国家看到美国来了，都会认为美国的介入对解决争端的努力只会产生副作用。

在国际舞台上，土地问题显然会因为殖民主义——在实践中常常以国家荣誉和宗教命运的名义征服他人土地的历史而恶化。征服者对于他们为之战斗牺牲的土地享有什么权利？被征服者有什么权利回到那些土地上、特别是在他们被非法掠夺的情况下？一个领导人对另一国家放弃土地控制的后果是什么？如果这位领导人接受了贿赂怎么办？那些调停国际土地争端的人应该认为它们实际上不是发生在公民之间，而是发生在精英之间的争端吗？关于这些争端的真实性质，调停者应该如何表示质疑呢？

最近，国际社会已经尝试通过使用国际仲裁机构，对这些争端采取一种更接近于法律的处理方法。问题是这些机构忽视了国际公法中的财产所有权在最初确立时所使用的专制手段。虽然从长远来看，判决可能是建立统一的、基于规则处理此类争端方式的更好的程序，但目前的问题是这些规范让当事人从过去使用武力中获得利益。另外，裁决或仲裁的问题是做决定的人要宣布胜利者和失败者，他们因而成为零和游戏失败的牺牲品。仲裁者通常要考虑谁持有这片土地，谁最先在土地上，谁对这片土地拥有权利，而不是考虑可以创建何种合伙或合资，以便为了所有相关方的利益带来更好的可持续的发展。

220　　对于这些问题，有原则的实用主义者宁愿采取问题解决的方法。这样，他们能够帮助打破可能导致该地区巴尔干化（Balkanization）的排他占有的思想——这种思想根据民族分割不同的族群，而不是在社会合作中寻求文化统一。玻利维亚、智利与秘鲁之间的边界纠纷可以为传统的法律争端解决方式何以无法提供可持续方案提供很好的例子。这一争端表明，在发展中国家长期存在的殖民主义干预，不可能简单地通过主张谁拥有什么而得到解决。相反，把争端重构为一种可以适用问题解决的语言和策略的双赢状况，更有可能带来具有创造性的长期解决方案。

在转到调停这个选项之前，我们必须首先分析一下美国是否能够调停这一争端。如果美国可以在这样的争端中充当中立调停人，利用既务实又讲原则的手段进行调停，它就能够把自己更好地定位成拉丁美洲改革的催化剂。美国就可以成为典范，帮助这些国家建立资源发展的非萃取性模式——一种只为社会精英榨取资源的模式——并为谋求可持续发展建立更加民主的一体化模式。这样一来，各方之间的任何未来冲突都将可以预防或者完全解决。玻利维亚、智利与秘鲁的情况还可以帮助美国成为拉丁美洲的和平力量，而不是只关心个人商业利益的自私干预者。

　　玻利维亚总统埃沃·莫拉雷斯向美国提出了政治挑战。他自称社会主义者，与胡戈·查韦斯（Hugo Chavez）保持一致。他似乎想用玻利维亚的出海通道问题掩盖经济政策的失败。他以独裁者的方式行事，不断骚扰政敌直至他们离开这个国家。由于发现了巨大的天然气资源，他获得了巨大的影响力，因为这是邻国苦苦支撑的经济所必需的。这样一来，莫拉雷斯可以提取资源，为自己买来权力，并长期维持自己的权力。而且，美国提出的任何由私营企业为玻利维亚获得出海通道建设必要的基础设施（或者帮助玻利维亚发展海鸟粪、硅、天然气等自然资源）的建议，都很可能被看作是美国支持的利益集团的殖民主义行动。

221

　　我们还需要考察美国是否应该在调停这一争端时扮演某种角色。或者，是不是最好是由一个非政府组织调停者运用美国的原则，负责把莫拉雷斯和玻利维亚带到国际社会？调停者最好能够就资源发展和基础设施建设提出建议，使相关国家的民主与一体化经济得到发展。这样的话，它就可以帮助推翻持续几个世纪之久、以大多数人民的健康和幸福为代价把财富集中在少数精英手里的萃取性政策。美国的介入存在着被南美人民视为干预的危险，比这个更糟糕的是，还会被当成美国利益集团追逐天然气的行为。如果美国试图强迫智利，美国与智利关系面临着同样的风险。

　　如前所述，许多土地争端的历史夹杂着那些身份与竞争土地联系在一起的人们的看法。不幸的是，美国从一开始就卷入了这样的争端。玻利维亚有着最大受害者的身份和最强烈的受害申诉，因为它说它的土地被窃取了。争议涉及玻利维亚的出海通道，他们说那是被智利人夺走的。当玻利维亚带着诚意求助美国解决这件事情的时候，智利却得到了美国总统沃伦·G. 哈丁（Warren G. Harding）的支持。这场土地边界争端的历史，就是玻利维亚如何在 19 世纪早期由于与智利的争端而失去出海通道的故事。但是我们大概还得讲述一下智利的故事，因为——如果历史不会重演——美国需要明白过去它如何搞砸了与智利和玻利维亚的关系。在帮助智利总统奥古斯特·皮诺切特（Augusto Pinochet）取代萨尔瓦多·阿连德（Salvador Allende）上台执政的过程中，美国开始支持一个残忍的独裁者，这再次被许多南美人视为，美国更关心支持它的商业利益而不是促进人权。这段历史告诫美国需要保持原则中立，避免一种立场式议价的策略利用美国抗衡玻利维亚、委内瑞拉，以及其他警惕美国利益的国家。[2]

222

自从 19 世纪 60 年代以后，玻利维亚、特别是（最近）莫拉雷斯总统利用它失去出海通道作为一种民族主义的口号，召集玻利维亚人民反对智利，而且对于我们的讨论更为重要的是，反对"美国"干涉主义。美国在外交政策上支持智利，在某种程度上是为了惩罚玻利维亚支持胡戈·查韦斯和委内瑞拉。可以预见，这种姿态使美国在拉丁美洲的关系复杂化，它所带来的通常结果是为莫拉雷斯争取进一步支持提供了战斗口号，却妨碍相关方找到双赢解决方案。

法理问题

任何土地问题都首先涉及一些关于财产所有权含义的基本问题；而且无可否认，莫拉雷斯也可能主张，这些财产所有权的思想基本上是西方的、普通法私人财产所有权的概念。作为一个思想实验，我们可以请教一下以历史小说闻名、通常以主题国家的史前往事作为开篇的作家詹姆斯·米契纳（James Michener），他将如何描述叫作阿塔卡马地区的土地所有权，这是一片经常被人作为玻利维亚可能的出海走廊谈起的沙漠地区。米契纳将会发现，这实际上是一片不适合人类居住的沙漠地区，在这里没有人实际建造任何一种永久性的住所，这里任何人都不会太关注专有所有权

---

〔2〕 Paster, R., *Exiting the Whirpool: U. S. Foreign Policy Toward Latin American and the Carribean*, (Boulder, Co: Westview Press, 2001), Chapter 12.

的概念。〔3〕让这片财产值得为之战斗的东西与实际居住在土地上面的人没有 223
什么关系。这片土地之所以变得有价值是因为那里发现了殖民剥削者重视的
资源。声言玻利维亚、智利或秘鲁最先拥有那片土地，而且遭人掠夺，忽视
了一个事实，即土地所有权本身是个人为概念。土著居民在任何界定边界的
现代民族国家存在之前就已经在那里。

　　或者，米契纳还可以设想一个住在沿海城市阿里卡的早期印加族家庭，
并且思索那个家庭的后代对于 19 世纪早期在玻利维亚、智利与秘鲁之间多次
以土地交换土地应该如何处理。这样一个家族的历史无疑将包括土著居民被
西班牙人侵占的故事，以及他们的后代被迫效忠西班牙王室的故事，还有独
立运动的故事，后者是在引起政权更迭的经济增长以及最初西班牙对他们进
行掠夺的非正义性的双重刺激下进行的。

　　一种米契纳式的方法还将表明国籍的人为性质：秘鲁人、智利人、玻利
维亚人的概念，是社会精英为填补西班牙人失败留下的真空而强加的人为的
社会建构。考虑一下 13 世纪奇楚亚人（Quechen）〔或印加人（Inca）〕最早
居住在今天分割为秘鲁、智利和玻利维亚的地区北部的事实。奇楚亚人通过
征服阿劳干人（Araucanian）统治了这片地区，但他们并没有毁灭阿劳干人。
所以在 13 世纪大概同一块地区，阿劳干人时常在这里生活、迁移、共同居住
（阿劳干人将成为现在智利南部的主要定居者），这是个事实。

　　当 16 世纪西班牙人终于统治这个地区后，土著人逐渐把他们自己当作西
班牙的臣民。19 世纪早期西班牙人离开以后，在某种程度上是由当时西班牙
与土著的混血组成的该地区统治家族精英所确立的人为建构，秘鲁、智利和
玻利维亚国家遗留下来。这些统治家族在驱逐西班牙人后的真空期接管了该
地区的控制权。〔4〕

---

　　〔3〕　这提醒作者回忆起一段个人经历，20 世纪 80 年代当他在密克罗尼西亚（Micronesia）旅行
时在塞班（Saipan）遇到了相似的情况，当时沿海不动产所有权突然可以用于决定哪个家庭能够收取
日本酒店和度假村开发商支付给当地查莫鲁人（Chamorans）的租金。根据立法，只有当地查莫鲁人才
能在塞班拥有土地，所以日本开发商只能租赁土地，他们订立租约，付钱给那些拥有土地"所有权"
的查莫鲁人，度假胜地才得以发展起来。See, Howard P. Willens and Deanne C. Siemer, *An Honorable Accord: The Covenant between the Northern Marianas and the United States*, Pacific Islands Monograph Series 18, Honolulu: University of Hawai'I Press, 2003.

　　〔4〕　Klein, at 89.

224　以这段南美殖民历史作为记忆的提示，让我们对于每一方当事人的观点进行深入的历史考察，以便我们可以对目前边界争端之于每一方所呈现的情况形成更加清晰的理解。然后，我们再次就调停者如何着手调停程序，以便确定争端是否能够解决进行思想实验。我们就从采用调停方法的一个首要优点——帮助当事人倾听彼此的看法，以便建立可以带来信任和问题的创造性解决的共鸣开始。

玻利维亚的看法

在许多方面，玻利维亚把它的边界当作一种历史的偶然，一个被邻国视为分隔周围新独立的西班牙殖民地的缓冲国。[5] 玻利维亚从来不是一个强大的国家，直到现在它也不是一个富裕的国家。顾影自怜是这个国家自我形象的一个突出部分，这毫不令人吃惊。这种不幸的状况大部分要归咎于玻利维亚把它自己与其他拉美国家相比，并专注于它的内陆国状况。玻利维亚是一个在很大程度上被它的民族受害感所界定的国家。它把大多数问题都追溯到一件事：它失去了出海通道。

玻利维亚人认为，与那些为数极少的前沿海国家如奥地利、匈牙利相比，玻利维亚是地球上唯一的在一场不公平的战争中失去海洋通道的国家。然而还有很多其他的内陆国家并没有对自己的状况感到遗憾。在欧洲有安哥拉、亚美尼亚、奥地利、白俄罗斯、捷克共和国、匈牙利、列支敦士登、卢森堡、摩尔多瓦、圣马利诺、塞尔维亚、斯洛文尼亚、瑞士和前南斯拉夫的马其顿共和国。在亚洲有阿富汗、阿塞拜疆、不丹、哈萨克斯坦、吉尔吉斯斯坦、老挝、蒙古、尼泊尔、塔吉克斯坦、土库曼斯坦、乌兹别克斯坦和约旦河西岸。在非洲有博茨瓦纳、布基纳法索、布隆迪、中非共和国、乍得、埃塞俄比亚、莱索托、马拉维、马里、尼日尔、卢旺达、斯威士兰、乌干达、赞比亚和津巴布韦。

225　有人指出玻利维亚的状况在南美洲并不是唯一的——巴拉圭也是个内陆国家，这似乎也无济于事。联合国已经制定公约，保证内陆国家不被利用，

---

〔5〕 Glassner, M. I., *Access to the Sea for Developing Land-Locked States* (1970), p. 127.

并且得到合理的出海通道，这似乎同样于事无补。[6]换句话说，玻利维亚对于其内陆国地位的态度多少有点自怜且适得其反，但其中还是包含了对于美国如何使用其权力给玻利维亚及其他南美国家带来伤害的非常真实的感悟。其结果是，现在玻利维亚利用"民主对话"在该地区增进私利。玻利维亚与美国之间的问题被表述为边界争端。但问题还在于，玻利维亚自然资源发展过程中的私有化是不是一种压迫人民的计划，美国企业是不是真的隐藏在美国对玻利维亚私有化和自由市场的要求背后，或者政府与市场的更好结合能不能为玻利维亚人民普遍地提供真正的资源（针对英国、法国、德国和其他国家的企业利用私有化从国家资源中牟取利益，发展中国家对私有化的要求持怀疑态度）。

玻利维亚争端的历史和最近的事件，对于找到解决内陆国家状况的方案提供了一些希望，更为重要的是，玻利维亚可以进入一个给予玻利维亚人民自尊的经济文化成功的新时代。强有力的领导层以新发现的能源财富作为支撑，致力于提高玻利维亚的地位，把玻利维亚推到一个与邻国平等协商的位置上，他们要这样看待自己。虽然目前关于港口问题的领土方案在很大程度上是个枝节问题，但玻利维亚的明智抉择和它的邻国的深谋远虑，可以带来紧张局势的缓和，可以带来玻利维亚内陆国地位问题的最终解决和统治结构

226

---

〔6〕 Id.，多年以来，国际社会的注意力已经扩散到了内陆国家的特殊情况。国际社会已经认识到并且在某种程度上通过国际法律文书的形式应对内陆国家面临的限制，比如《过境自由公约与规范》(the Convention and Statute on Freedom of Transit, 1921)、《内陆国家过境贸易公约》(the Convention on the Transit Trade of Landlocked States, 1965)、《联合国海洋法公约》(the United Nations Convention on the Law of the Sea [UNCLOS], 1982)。还有国际部长级会议 (International Ministerial Conference, 2003)。

为了对内陆和过境发展中国家持续面临的问题给予适当的重视，联合国大会决定于2003年8月28～29日就内陆和过境发展中国家 (Landlooked and Transit Developing Countries) 与捐助国 (Donor Countries) 及国际金融与发展机构 (International Financial and Development Institution) 过境运输合作问题在哈萨克斯坦的阿拉木图召集一次国际部长级会议。会议通过了《阿拉木图行动纲领 (APA)：在发展中内陆国和过境国过境运输合作全球新框架内处理发展中内陆国的特殊需要》(the Almaty Programme of Action [APA] Addressing the Special Needs of Landlocked Developing Countries within a New Global Framework for Transit Transport Cooperation for Landlocked and Transit Developing Countries) 和《阿拉木图宣言》(the Almaty Declaration)。为了推动落实《阿拉木图行动纲领》，经与其他联合国机构磋商，最不发达国家、内陆发展中国家和小岛屿发展中国家高级代表办公室 (the office of the High Representative for the Least Developed Countries, Landlocked Developing Countries and Small Island Developing States [OHRLLS]) 制定了一个路线图。

的良性发展，带来一个强大的真正造福于其人民的国家。调停者（这种情况下也许是美国）将在促成这种情况发生方面发挥主要作用。

玻利维亚的边界和出海通道[7]

玻利维亚根据伟大的解放者西蒙·玻利瓦尔（Simon Bolivar）的名字而命名，它的国家身份诞生于 1825 年 8 月，是在秘鲁（1824）之后一年。西蒙·玻利瓦尔在首先解放哥伦比亚（委内瑞拉和新格拉纳达）和厄瓜多尔后，把注意力转向西班牙在南美洲的最后据点秘鲁利马。玻利瓦尔和 7000 名革命者在近战中击败了 10 000 名西班牙人，解放了秘鲁，不久之后是玻利维亚。玻利维亚的存在是玻利瓦尔解放整个南美洲梦想的附带结果。

1809 年，在西班牙与隶属于西蒙·玻利瓦尔的革命组织之间开始了一系列军事冲突，后来称之为秘鲁独立战争，这场战争在 1821 年何塞·圣马丁（José de San Martín）发布秘鲁独立宣言时达到顶峰，到 1824 年秘鲁才得到正式承认以前，战争又持续了 3 年。

如果不是在秘鲁人中有些人支持西班牙，战争可能不会延续这么长时间。起义者在上秘鲁（Upper Peru）、基多（Quito）、智利等所有以前保王分子的据点与支持西班牙的人进行战斗。在后来被称作半岛战争（1801～1814 年）的一段时间，秘鲁精英由于他们在白银贸易中利益的缘故和西班牙人联合在一起。秘鲁总督何塞·费尔南多·阿巴斯卡尔·索萨（José Fernando de Abascal y Sousa）在组织军队镇压秘鲁起义以及在该地区抵抗里奥拉普拉塔（Rio de la Plata）军政府派遣的武装过程中发挥了重要作用。在保王分子取得军事胜利后，阿巴斯卡尔把上秘鲁并入总督辖区，这使得利马商人从中受益，因为现在贸易可以从富银地区直接通往太平洋。因为这个原因，秘鲁存在着大量保王分子，他们欣赏加迪斯科尔特斯（Cádiz Cortes）[8]不顾阿巴斯卡尔的

［7］ Klein, Herbert S., *Aconcise History of Bolivia*（New York: Cambridge university press, 2003）, pp. 89～118. Hereinafter Klein.

［8］ 加迪斯科尔特斯（The Cadiz Cortes）是智利最早的国家主权会议。

反对执行的政治改革（1810～1814 年）。不过，精英对白银比对改革有着更强的兴趣。因此秘鲁继上秘鲁之后，成为南美洲倒数第二个放弃西班牙君主制的国家。在何塞·圣马丁（1820～1823 年）和西蒙·玻利瓦尔（1823～1825 年）组织的具有决定性的大陆战役之后，秘鲁最终屈服于爱国者的武装。作为玻利瓦尔在秘鲁胜利的后续事件，玻利维亚诞生了。

　　在分析玻利维亚失去出海通道之前，我们需要对照考察一下智利的历史。智利也提供了一个后殖民地拉美国家发展的研究案例，内容包括它在自由市场、共产主义和精英商业利益的独裁保护制度之间的转变，后者铸就了美国干预南美洲国家事务的坏蛋角色。智利独立的故事与玻利维亚稍有不同。[9]它于 1818 年成立，比秘鲁略早一些。它的土著居民是南部的阿劳干人和北部的印加人（15 世纪早期印加人征服阿劳干人）。第一个访问现智利地区的欧洲人是葡萄牙人费迪南德·麦哲伦（Ferdinand Magellan），1520 年他穿过现在标着他的名字的海峡登陆奇洛埃岛（Chiloé Island）。这个地区当时的土著居民称之为 "Tchili"，土著美洲语是 "雪" 的意思。在 1535 年，在弗朗西斯科·皮萨罗（Francisco Pizarro）率领西班牙人完全征服秘鲁之后，皮萨罗的一个副官迭戈·德·阿尔马格罗（Diego de Almagro），带领一个寻金探险队从秘鲁经陆路进入智利。探险队在这个国家度过了将近三年时间后，两手空空地撤回秘鲁。

　　直到 1540 年，另一名皮萨罗的军官佩德罗·瓦尔迪维亚（Pedro de　228
Valdivia）带领第二支探险队进入智利南部，西班牙人的出现再次被人察觉。尽管受到阿劳干人特别是劳塔罗（Lautaro）和考波利坎（Caupoican）的猛烈抵抗，瓦尔迪维亚还是成功地建立了几个殖民地，包括 1541 年圣地亚哥（Santiago），1550 年康塞普西翁（Concepción）和 1552 年瓦尔迪维亚（Valdivia）。但劳塔罗和考波利坎没有结束战斗，他们在 1553 年联合部队组织了一次成功的起义，杀死了瓦尔迪维亚和他的许多手下，洗劫了除康塞普西翁和拉塞雷纳（La Serena）之外的所有城镇。从此开始了一场持续近百年的阿劳干人的反抗。阿劳干人是没有很快屈服于西班牙军队的唯一的美洲土著居民。南迁的西班牙人与阿劳干人之间的战斗在西班牙殖民期间及其以后

---

〔9〕 Rector, John L. , *A History of Chile* (New York: Palgrave Macmillan, 2005), pp. 51～72.

时断时续，直到 19 世纪晚期。这在某种程度上是智利引以为自豪的根源。[10]

智利在经济体制上萃取性少一些，整合性更多一些。它不只是为西班牙精英而存在。在西班牙殖民管理体制下，智利最初也是秘鲁总督的属地，但（由于它的遥远）很快建立了自己的政府。智利按自己的步调发展经济，因为（与其他西班牙殖民地相比）它既没有最初吸引西班牙移民的金银矿床，也没有愿意在其他殖民地矿山劳动的土著居民。定居者必须求助于农耕，和阿劳干人比邻而居。这种隔离让智利人在思考自身的方式中渗入了很多的独立性。在中央河谷（Central Valley）进行耕作是智利人的主要职业，智利为秘鲁供应粮食，主要是小麦。除了农业，城镇居民靠商业谋生。

1810 年，智利以拿破仑（Napoleon）入侵西班牙并将其兄弟约瑟夫（Joseph）扶上西班牙王位为借口，中断了与西班牙的政治联系，加入了其他西班牙殖民地（墨西哥和阿根廷，它们直到 1816 年才彻底分离）。[11] 在 1810 年 9 月 18 日，这个以后作为智利独立日进行庆祝的日子，圣地亚哥市议会废黜了智利殖民总督，把他的权力授予了一个七人委员会。这个委员会被称作第一届政务审议会。据说政务审议会的实际领导者是胡安·马丁内斯·德·罗萨斯（Juan Martinez de Roz），他是一个哲学家和法学教授，自从法国占领西班牙，他就一直为智利独立做准备。虽然这一行动标志着智利脱离西班牙正式独立，但在 1818 年之前保王派军队一直控制着智利南部几乎所有地区，直到 1826 年他们才完全被驱逐出这个国家。

智利经历了一段时期的保守治理结构，因为摆脱了西班牙束缚的新商业精英极力保护他们的新财富。在此期间，智利被精英所统治，他们实行军事独裁，模仿西班牙人的习性，榨取人民的财富，而不是试图增加全体人民的财富。智利制定了一部宪法，但它赋予行政部门极大的权力。尽管有些人尝试变得更民主一些，但直到 19 世纪 60 年代，智利总统仍然压制不同意见，依靠任意发布的命令实行统治。在这期间，智利政府似乎扶持有利于国家商业和农业发展的国内政策，只要大部分利益回到精英手里。在国外商业利益

---

〔10〕 西班牙诗人阿隆索·德·埃尔西利亚·伊·苏尼加（Alonso de Ercilla y Zuniga）在智利期间（1556～1563 年）与阿劳干人作战，并开始书写他的史诗《阿劳加纳》（*La Araucana*），它被视为西班牙最优越的史诗。这部英雄主义的作品由 37 章组成，分三部分发表于 1569 年、1578 年和 1589 年。该诗记录了阿劳干人英勇的起义及相关的智利和同一时期西班牙的历史。

〔11〕 Lynch, J., *The Spanish American Revolutions 1808～1826*（New York：W. W. Norton & Company）.

集团的参与下，政府采取措施开发矿产资源，修建铁路，鼓励移民。[12]

精英的统治服务于精英。在保守党统治期间，智利外交关系的主要发展是与邻国——先是在 1836 年与玻利维亚和秘鲁、后从 1843 年开始与阿根廷发生了一系列攸关矿业与商业利益的冲突。那些可以从智利政府手中得到更好的机会、寻求开发某种矿产资源的商业利益集团经常唆使智利政府投入武装力量以追求"国家利益"。就阿根廷来说，就好几次险些发生武装战争。直到 1881 年，这些与阿根廷的争端才得以解决。那一年签署了一个条约，火地岛（Tierra del Fuego）的一半被转让给智利。智利商业利益集团很快通过全部"买进"土地赶走了土著居民，然后建立大规模牧场，养殖绵羊卖给英国。

230

独立后的智利和秘鲁[13]

19 世纪 60 年代，智利经历了由该国罗马天主教会（Roman Catholic Church）组织从内部领导的进步的一些改革。从 1861 年开始，教会中更进步的派别联合自由党（the Liberal Party）实行了包括禁止总统连续任期的许多宪政改革。特别是通过新的铁路、公路计划及邮政系统的建立，强化了在促进公众福利和国家资源发展方面的进步。1865 年，智利卷入了西班牙与秘鲁之间的战争，战争时断时续，一直持续到 1869 年。

随后智利利益集团开始了对阿塔卡马沙漠（Atacama Desert）价值巨大的硝酸盐矿床的开发。据说阿塔卡马沙漠蕴藏着世界上最大的硝酸盐矿床。[14] 对于智利人、玻利维亚和秘鲁人而言，硝酸盐矿就像石油一样。它值得为之战斗，毕竟，硝酸钾可以用来制造火药，还可以生产能够大幅提高农作物产量的化肥。1879 年 2 月，智利政府拒绝了玻利维亚人对该地区的权利要求，

---

〔12〕　Rector, 93 ~ 95.

〔13〕　Rector, chapter 4.

〔14〕　http://docs. lib. purdue. edu/cgi/viewcontent. cgi? article = 1008 & context = jpur & sei-redir = 1 & referer = http% 3A% 2F% 2Fwww. google. com% 2Furl% 3Fsa% 3Dt% 26rct% 3Dj% 26q% 3D0argest% 2520nitrate% 2520deposits% 26source% 3Dweb% 26cd% 3D1% 26ved% 3D0CEcQFjAA% 26url% 3Dhttp% 253A% 252F% 252Fdocs. lib. purdue. edu% 252Fcgi% 252Fviewcontent. cgi% 253Farticle% 253D1008% 2526context% 253Djpur% 26ei% 3Dh7fxT8yJH4WG8QTI0JiIAg% 26usg% 3DAFQjCNFEWGuF8gxk _ 7x7iI9iU3 _ 6A _ 4Avw # search = % 22largest% 20nitrate% 20deposits% 22.

命令军事力量进入玻利维亚的安托法加斯塔（Antofagasta）港。两个月后，玻利维亚的盟国秘鲁对智利宣战，引发了南美太平洋战争。由于赢得了这场结束于 1883 年的冲突，智利得到了相当多的领土，包括玻利维亚的安托法加斯塔省和秘鲁的塔拉帕卡（Tarapacá）省。秘鲁还放弃塔克纳（Tacna）与阿里卡给智利，条件是 10 年之后举行公民表决。虽然两个国家没能就公决的条件达成一致，但在 1928 年双方通过谈判达成了对争端地区的最终处置，塔克纳归秘鲁所有，阿里卡归智利。

231

在研究玻利维亚对阿塔卡马沙漠的权利要求之前，我们需要考察智利后来的近代史，以便弄清玻利维亚怎么可能对美国在开发玻利维亚海洋权利方面的兴趣持怀疑态度。不是说美国对制造火药和化肥用的硝酸盐有多大兴趣，美国现在感兴趣的是用硝酸盐制造硅。历史还会告诉我们，玻利维亚想知道美国现在是不是因为玻利维亚最近发现了天然气矿藏而产生了兴趣。

让我们回到 20 世纪之交智利的历史。第一个镜头，智利的发展似乎全然不受外部影响的支配。从 19 世纪 80 年代晚期直到第一次世界大战，智利的历史具有宗教意味。罗马天主教牧师组织了一次反对他们认为太开明的总统的叛乱，支持一位更倾向于天主教和民主的海军军官。具有讽刺意味的是，这些天主教徒称他们自己为公理会教友（Congregationalist）［与新英格兰公理会（New England Congregationalist）不同，但对授予更多权力给天主教区很感兴趣］。后来它的政治发展就有了这些独特的宗教意味。

智利在第一次世界大战期间保持中立。[15] 战后，这个国家的自由党与保守党分子之间发生了巨大的冲突。1920 年，前内政部长阿图罗·阿莱桑德罗·帕尔马（Arturo Alessandri Palma）代表自由党第一次赢得选举，但他无法让他的改革议案获得通过。他的自由主义的竞选承诺遭到了拥有私有土地的精英们的反对，其中许多人与军方有联系。由于对选举程序缓慢感到沮丧，1924 年一伙军人为推动自由化改革策动了一次政变。这些精英把阿莱桑德罗

232

赶下台，并建立了一个军事独裁政权。这个政权在 1925 年初被另一场军事政变所推翻。一部新宪法终于草拟出来，改革了选举制度，降低了国会权力，实现了政教分离。智利似乎最终走上了自由民主的道路。不过，在 20 世纪 30 年代，政府权力被形形色色的军官所把持，他们把自己打造成总统，然后拼

---

〔15〕　Rector, pp. 113~132.

命保住自己的权力。

在 1938 年的选举中，激进党（Radical Party）总统候选人佩德罗·阿吉雷·塞尔达（Pedro Aguirre Cerda）的开明政府通过联合民主团体组成人民阵线，赢得了大选。塞尔达与富兰克林·德拉诺·罗斯福（Franklin Delano Roosevelt）的政治思想相似，他的野心勃勃的新政计划被 1939 年发生的一场毁灭性的、造成将近 28 000 人死亡的地震所打断。1942 年联盟再次获得成功，激进党成员胡安·安东尼奥·里奥斯（Juan Antonio Rios）当选为总统，"二战"期间，他在亲美与亲轴心国分子所引发的紧张政治关系中实行温和的统治，并逐渐把他的国家引向支持同盟国的立场，在"二战"即将结束的时候站在美国一方加入战斗。在战争期间，共产党脱颖而出，成为智利最强大的政治组织之一。1945 年这个国家成为联合国创始成员。"二战"以后，超级大国的冷战政治开始干预了这个国家的发展。根据政治意识形态，智利很难在超级大国之间做出选择。[16] 1946 年，在主要由激进党和共产党组成的左翼联盟的支持下，加夫列尔·冈萨雷斯·魏地拉（Gabriel González Videla）赢得总统大选。魏地拉任命 3 名共产党员进入他的内阁，但联盟只维持了不到 6 个月的时间。那些共产党员经常与政府其他成员争吵，在 1947 年 8 月被赶出内阁。当年晚些时候，智利与苏维埃社会主义共和国联盟（USSR）的外交关系被中断。1948 年，根据《保卫民主法》（the Law for the Defense of Democracy），智利宣布共产党为非法，数百名共产党员被关进监狱。一场由前总统伊瓦涅斯（Ibáñez）领导的叛乱被镇压。在随后几年，社会和工人的不满引发的示威活动频繁发生。1951 年，几乎经济的各个行业都爆发了罢工。

在与美国麦卡锡（McCarthy）时代相同的时期，智利也摆脱了它的社会主义共产主义的倾向。然而，它的转变是精英们利用民主自由市场的口号，以保护私有财产的名义推动对贫苦人民的镇压。他们试图把劳工改革描绘成对个人私有财产基本权利的侵犯，而不论这些财产是如何获得的。智利精英商业利益集团似乎说服了军方去镇压那些为了多数土著居民的利益、旨在重新分配土地和财富的进步力量。不论如何，智利人终于走到一起应对新成立的政治党派——共产党和开明的基督教民主党（Christian Democratic Party）——并且达成了妥协。多数党制定了一个 10 年计划，包括税收改革、土

233

---

[16] Rector, 133~154.

地改革和建筑规划。1964 年智利中断了与古巴的外交关系，重新恢复了与苏联的关系。1960 年，一系列海啸与地震袭击了这个国家，造成大范围损失，数千人死亡。

阿连德政权[17]

随着 1970 年总统选举临近，为了反对他们视为殖民主义者对自然资源和商业利益的剥削，左翼反对党联合起来组成了人民团结（Popular Unity）阵线。情况十分危急，有 20% 的失业人口，估计有超过 50% 的 15 岁以下的儿童营养不良。智利"自由市场经济"没有遍洒甘霖。人民团结阵线提名萨尔瓦多·阿连德·古森斯（Salvador Allende Gossens）为总统，他是一个医生，在政治哲学上是个固执的马克思主义者，此前已 3 次参加总统选举。这次他在一个阳台上开展竞选运动，承诺对所有基础工业、银行和通信实现国有化。他得到了大约 37% 的选票，国会压倒多数地支持他战胜其右派对手、前总统阿莱桑德罗（Alessandri），他成为西半球第一个在非共产主义国家凭借马克思列宁主义的方案当选的总统。一经就职总统后，阿连德便很快开始兑现他的竞选承诺。智利统治转向社会主义，建立了对于经济、土地改革、矿产资源、外国银行、交通运输和公用事业的国家控制。

他的当选不会没有引起美国的注意。基辛格承认尼克松指示他安排一次针对阿连德的政变。随后他又强调说这个命令一个月以后被撤销。很明显中央情报局一直在智利进行煽动政变的工作。[18]

正如人们所料，智利精英商业利益集团很不高兴。给精英们的不满火上浇油的是，阿连德启动了收入再分配，提高工资、控制物价。但他的计划从一开始就遭到了强大的反对，在 1972 年之前，人们看到的结果是严重的经济问题和公民社会急剧分化。1973 年，形势变得更加危险，物价飞涨、食品短缺（在某种程度上是由于外国贷款减少），罢工和政治暴力把智利带到了骚乱

---

[17] Rector, 155～184.

[18] Larry Rohter, "A Torture Report Compels Chile to Reassess Its Past", *New York Times*, November 28, 2004, sec. 1; See also, Larry Rohter, "The Saturday Profile, Shining a Light into the Abyss of Chile's Dictatorship", *New York Times*, February 25, 2006.

的边缘。美国以冷战的标准看待智利，基于基辛格式的国家利益行事，加剧了这场危机。美国致力于破坏阿连德政权的工作。1973 年 9 月 11 日，高潮来临，军队夺取政权。在政变过程中，阿连德总统自杀身亡。

皮诺切特政府[19]

当一个政府像美国那样干涉另一个国家的内部事务并支持政权更迭的时候，存在的问题是它对于后来发生的事情承担多少责任。它是否意味着美国政府至少应该贡献一些资源以解决它所助长的状况？当美国支持政权更迭的时候，它真的可以漫不经心地离开新政权，而不是在新政府建设人权和法治能力的艰苦工作中成为一个伙伴吗？玻利维亚总统莫拉雷斯可能参照美国如何对付阿连德来看待美国对其事务的干预。

235

阿连德之后的奥古斯特·皮诺切特·乌加特（Augusto Pinochet Ugarte）将军动用他所有的秘密警察工具支持精英阶层。皮诺切特生于智利，年轻的时候就成为一名智利士兵，他最贴近军事行动的角色是在一个关押智利共产党人的监狱中担任一名指挥官。在晋级过程中，他似乎想转变成知识分子，不时就哲学和政治学问题发表演讲。尽管他的角色只是个指挥官，他在智利军队中还是一直被提升为将军，并且在阿连德总统任期头些年还保留着这个职位。对于反对阿连德总统重新分配财产给智利穷人的人，他使用军队进行野蛮镇压。

不过，事实证明，阿连德错误地相信皮诺切特的忠诚。皮诺切特是把阿连德赶下台的核心。阿连德自杀之后，军人通过皮诺切特领导的军政府实施统治。政府马上中止了宪法，解散了议会，强制推行严格的检查制度，并取缔了所有政治集会。另外，他开始对这个国家的左派分子采取恐怖行动。成千上万的人被逮捕，很多人被处决、被拷打、被流放，还有些人在监狱里备受折磨或者干脆消失了。在一个特别骇人听闻的事件中，许多人被杀死，他们的尸体被扔进大海。

虽然军政府在 10 年即将结束的时刻采取了一些象征性的缓和措施，但在接下来的几年中仍然保持着对这个国家的铁腕控制。1976 年，智利前外交部

---

[19] Rector, 185 ~ 213.

部长、反对党领袖奥兰多·勒特里尔（Orlando Letelier）和他的美国秘书在华盛顿特区被汽车炸弹杀死。当时，普遍认为这些暗杀是由智利秘密警察操纵的。1978年，皮诺切特似乎改变了主意，解除了戒严状态（虽然紧急状态仍然生效），更多平民进入了内阁。不过，智利仍是一个警察国家。在军事政变的第七个纪念日，由公民投票同意的一部新宪法，在法律上确认这个政权可持续到1989年，皮诺切特则从1981年3月开始了另一个8年总统任期。

236　　　在1977年至1981年间，皮诺切特政府在经济上进行严厉控制，打击通货膨胀，刺激生产。不过，从1982年开始，世界范围的经济衰退和铜价下跌导致智利经济进入低迷时期。1983年出现了大范围的抗议政府的活动，接着在主要城市发生了一波爆炸事件。不断增加的公众骚乱和持续的经济恶化导致皮诺切特在1984年11月再次实行戒严。当月晚些时候与阿根廷签署的一份条约，正式批准了智利对比格尔海峡（the Beagle Channel）三个小岛的权利主张。1986年9月，皮诺切特经历了一次针对他本人的未遂谋杀之后，开始实行新的镇压措施。

　　　在此期间皮诺切特与玻利维亚进行接触，提出了玻利维亚获得出海通道的可能性。至少在某些方面皮诺切特是要尝试向他的一个邻国换取和平吗？当我们把注意力进一步集中在玻利维亚争取获得出海通道的历史时，我们将再次回到这个问题上。

智利文官统治的恢复[20]

　　　智利人开始认识到皮诺切特在做什么，1989年12月，在19年后第一次智利总统选举中，选民选择了基督教民主党候选人帕特里西奥·艾尔文（Patricio Aylwin）。也是在1990年，皮诺切特宣布，他打算保留其武装部队总司令的职务直到1997年。艾尔文启动了温和的经济改革，并任命一个委员会调查皮诺切特政权侵犯人权的行为。在1993年的选举中，基督教民主党爱德华多·弗雷·鲁伊斯－塔格莱（Eduardo Frei Ruiz-Tagle）当选为总统。为了推动这个国家继续向文官控制的政治发展，弗雷总统提议取消了由军方指定

[20]　Rector, pp. 213~237.

者担任的九个参议员席位，要求制定议会选举中的比例代表制。同年 11 月，皮诺切特政府时期的前警察头子和他的副手因策划了勒特里尔暗杀事件被（分别）判处 7 年和 6 年刑罚。这个案件被普遍认为是对智利脆弱的民主政体的一次考验，经上诉后，1995 年 5 月智利最高法院维持了判决。虽然智利军方领导同意遵守法院判决，但前警察总长发誓拒绝逮捕并呼吁皮诺切特进行干预。皮诺切特谴责了这份判决，并质疑最高法院对此二人判决的权威性。在军方与文官政府之间的紧张对峙以后，这两名已经定罪的人在 1995 年 6 月被逮捕。

1995 年 8 月，弗雷总统提出通过立法重启和加速在军事统治时期全部 542 个"失踪"人口未决案件的调查。同年 11 月，达成了一个折衷的协议，宣布只有在原告提出新证据的情况下，案件才得以重启；已经在军方管辖之下的案件保持不变；即便受害人的命运尚未确定，法官仍然可以结案。

很难夸大皮诺切特政府在此期间所犯的暴行。这不是说美国要宽恕他们所做的一切，而是说南美洲其他国家很难不谴责美国支持皮诺切特。也很难对自由市场哲学充当富人精英以武力夺回再分配财产的借口视而不见。冷战政治使共产主义者成了智利的敌人，随着中情局支持当初的政变，这种暴力渗透到继任者的统治方式当中。

因此，南美国家如玻利维亚在看到智利（和阿根廷）的经历之后，对美国支持的自由市场经济观念持怀疑态度，这难道还有什么可以惊奇的吗？对于一些南美人来说，民主被视为一个坏的字眼，它既是服务于民族主义的智利利益集团的独裁统治的借口，也是为了把持权力制定压迫策略的借口。不过，智利侵犯人权的历史，也会让在皮诺切特上台过程中发挥作用的美国感到惭愧。它还会使美国对待玻利维亚莫拉雷斯的态度变得谦和。对于旁观的玻利维亚人而言，虽然智利的阿连德已相当可怕，可智利的皮诺切特就更糟糕了。

对于玻利维亚，美国人应该重视的是自由选举政府的原则，以及玻利维亚人自己对于持续几个世纪的榨取式开发需要进行财产重新分配的看法。应该尊重玻利维亚人自己的观点，在保护土著居民的政府与推动这些居民为其总体发展与个人进步承担责任的私有企业之间谋求权利的平衡。最为重要的是，美国在该地区的兴趣不应该是它自己的经济利益。美国关心的应该是帮助智利和玻利维亚发展对人民负责、建立在帮助人民自己安排他们所要的生活的市场基础之上的政府。

237

238

正如我们所看到的，人们可以提出一种有力的论据，即美国自己不能调停南美洲国家之间的争端。历史表明，美国是一个不值得信任的调停者。必须让一个非政府组织调停者采取有原则的方法促成这些问题的解决。正是在这种背景下，我们转向玻利维亚、智利与秘鲁之间的争端，以便考察在有原则的非政府组织调停者的协助下，是否能够找到一种方法帮助玻利维亚得到出海通道。

各方之间边界争端谈判的历史

玻利维亚、智利与秘鲁之间地区冲突的根源几乎与这些国家的历史一样久远。冲突是被阿塔卡马沙漠一系列难以置信的资源繁荣所促使，否则这片死气沉沉的沙漠没有任何经济价值。不幸的是，这片土地不论从历史上还是从地理上都一直是玻利维亚进入太平洋的合理通道。记住，在1820～1825年间，西蒙·玻利瓦尔已经开始了把西班牙人赶出殖民地的革命运动。当时，里约萨尔加多河（Rio Salgado River）起着分界线的作用，这片河水流经阿塔卡马沙漠南端，被当作玻利维亚与智利之间的边界。自从独立以后50余年的时间，这条边界一直流淌在那里。它为玻利维亚提供了大约158 000平方公里的土地，沿海岸向北400公里到达与秘鲁的边界。

虽然塔克纳－阿里卡地区直接毗邻玻利维亚，是最合理也最方便的出海   239
口，但这片地区与殖民地时期的秘鲁有着太多的历史联系。所以玻利维亚得
到了南面的阿塔卡马地区。[21]虽然不是很便利，但它还是为玻利维亚提供了
某些出海通道。当时，玻利维亚与智利之间的边界没有争端。两国政府遵照
西班牙与新成立的智利签订的条约中所包含的声明，以及 1822 ~ 1832 年间智
利的各部宪法，确认阿塔卡马沙漠地区为智利北部边界，以南纬 25 度线上的
帕波索河（Paposo River）作为边界线。[22]

1842 年沿阿塔卡马海岸发现了丰富的海鸟粪和硝酸盐矿床，相对平静的   240
状态结束了。[23]这些沉积物最初并没有受到重视。它们是几个世纪以来数百
万计沿海岸筑巢的海鸟粪便堆积的结果。从沉积物中开采出来的硝酸盐特别
是一种硝石、硝酸钠逐渐产生了很大价值。硝石在 20 世纪早期哈伯（Haber）
制氨法———一种人工制造它的办法———在德国发现之前，一直是火药必不可
少的成分，硝酸钠给这个地区带来了财富和来自欧洲的经济资本。海鸟粪沉
积物作为化肥在欧洲也有很高的需求。[24]由于缺少玻利维亚方面的资源，几
乎所有开采和资源开发工作都是智利公司在英国援助下进行的。[25]

由于阿塔卡马地区严格地说属于玻利维亚，不久智利就提出了对该地区
的领土主张。1842 年 10 月，智利国会通过一项法律，专横地宣称："所有在
阿塔卡马海岸省份和毗邻岛屿上发现的海鸟粪沉积物，宣布为国家财产。"[26]
虽然这个地区大部分在边界以南，这个法律还是引起了玻利维亚的抗议。[27]

在 19 世纪中叶，玻利维亚经历了一系列独裁统治，他们把自己的利益置
于国家利益之上。智利利用这一点，以及玻利维亚没有能力从军事上保卫国
土，与玻利维亚签订了一系列对自己有利的条约。[28]1837 年签订的《第一边

---

〔21〕 Dennis, W. J. , *Documentary History of the Tacna-Arica Dispute* (New York: Kennikat Press, 1927), p. 13.

〔22〕 U. S. Department of State, *The Question of the Pacific. American's Alsace and Lorraine. The Conquest by Chile in 1879*, 3. Washington, s. n. , (1919).

〔23〕 Ibid.

〔24〕 Glassner. *Access to the Sea for Developing Land-locked States*, supra note 5, at 96.

〔25〕 Waltraud Q. Morales, *Bolivia, in politics of Latin American: The Power Game* (Harry E. Vanden and Gary Prevost, eds. , 2009), pp. 557 ~ 584, at 563. Hereinafter Morales.

〔26〕 U. S. Department of State, *The Question of the Pacific*, supra note 22, p. 3.

〔27〕 Ibid.

〔28〕 Morales, supra note 25, at 563.

界条约》（The First Treaty of Limitation），确定南纬 24 度线作为智利与玻利维亚的边界，并宣布南纬 23 度至 25 度之间地区为共同商业开发区。[29] 在玻利维亚独裁者马里亚诺·梅尔加雷霍（Mariano Melgarejo）签署之后，这个条约也叫《梅尔加雷霍条约》。由于他的残暴和腐朽，梅尔加雷霍是一系列玻利维亚暴君中最受唾骂的一个。[30] 他与智利硝酸盐公司的秘密交易非常有助于理解他所签署的条约中的显著的不平等。[31] 这种不平等引起了国际社会的注意，包括一位来到玻利维亚的美国部长在写给国务卿的信中指出："在 1866 年与智利的边界条约中，她（玻利维亚）更加不幸，因为她在没有得到任何回报的情况下丧失了领土。"[32] 1871 年梅尔加雷霍被推翻，他的继任者拒绝承认他所签订的条约，以及他作为国家元首的大多数其他行为。[33] 这些，连同沿着争议边界发现的银矿，都引发了智利的进一步挑衅以及就相关问题更多的外交行动。[34]

由于紧张升级，玻利维亚担心智利扩大侵略行动，1872 年求助美国，希望美国保证在智利借机强占玻利维亚领土的情况下进行干预。但美国拒绝提供保证。[35] 这次请求失败以后，玻利维亚与秘鲁在 1873 年签订了一个秘密防卫条约。[36] 这个同盟设计成一种互助担保，并且提出在有可能仲裁的情况下，优先选择仲裁。[37]

在 1879 年之前的 50 年时间里，玻利维亚和秘鲁非常清楚它们与邻国智利或阿根廷相比更加虚弱的状况。它们签订盟约，在一方面临其他国家侵略的情况下另一方将施以援手。1879 年 2 月中旬，同盟经受了考验，当时智利军队在寻求开发阿塔卡马资源的矿业利益集团的推动下，袭击了玻利维亚港

---

[29]　Ibid.

[30]　Morales，at 562.

[31]　Ibid.

[32]　U. S. Department of State，*The Question of the Pacific*，supra note 22，at 4.

[33]　Sater, William F.，*Chile and the War of the Pacific*（Columbia：University of Nebraska Press，1986），p. 6.

[34]　U. S. Department of State，*The Question of the Pacific*，supra note 22，at 4.

[35]　U. S. Department of State，*The Question of the Pacific*，at 5.

[36]　U. S. Department of State，*The Question of the Pacific*，at 5～6.

[37]　Ibid.

口安托法加斯塔（Antofagasta）。智利军队同时攻击了卡拉高莱斯（Caracoles）和梅希约内斯（Mejillones）港。三个地方没有进行抵抗就陷落了。

这并不是因为秘鲁对玻利维亚的求助反应迟钝。秘鲁也向智利宣战，接下来便是五年的侵略战争。智利的装备显然好得多，并且得到了商业利益集团的支持，基本上肆意抢掠。智利当局拥有 13 000 人的军队，而两国同盟累计只有 6000 人，对照之下，军事力量的失衡显而易见，更不用提智利拥有巨大的技术优势。

1904 年，一份条约经所有三个国家批准，确定智利占据的土地永远归其所有。对于秘鲁和玻利维亚来说，是否还有更好的选择不得而知。有证据显示早些时候玻利维亚总统伊拉里翁·达萨（Hilarion Daza）接受了智利人的私人贿赂，作为放弃土地的交换。不论如何，他因为早前与智利的交易而被放逐，并带着玻利维亚国库的很大一部分财产潜逃了。[38]

如果一位玻利维亚总统早前同意智利商业利益集团不需纳税就可以从其土地上得到硝石，那么玻利维亚应该为此承担义务吗？在后来的条约中，玻利维亚将割让给智利 73 760 平方英里的土地，由两个对手最初边界之间的沿海地带组成，足足是它现在面积的 1/3。这就意味着现在智利与秘鲁共有一条边界，玻利维亚则被陆地封锁。作为一个国际法问题，各国之间缔结的条约对于这些国家有法律上的约束力。

这就是持续至今的边界状况，并非玻利维亚没有尝试通过谈判要求其归还。除非因为陷入了与胡戈·查韦斯（Hugo Chavez）的政治斗争，美国回头纠缠于思考它在南美的利益，而把玻利维亚人视为带有斯大林主义倾向的马克思主义者，否则可以在谈判的历史中找到一种调停方案。（查韦斯体验到了把美国描绘成殖民主义剥削者，对于维持他在委内瑞拉的个人地位以及扩大在南美的影响力所带来的好处。）查韦斯的故事能够引起玻利维亚人的某些共鸣。2005 年，在两个南美洲邻居玻利维亚与智利之间的长达百年之久的摩擦，被一个局外领导人、委内瑞拉最有争议的总统胡戈·查韦斯反复的、突兀的爆发从休眠状态中重新唤醒。2005 年，他高分贝地重申他到玻利维亚海游泳的离奇心愿。对于美国观察家来说，这是一个相当奇怪的渴望，因为很显

242

243

---

〔38〕 http://countrystudies. us/bolivia/11. htm.

然，玻利维亚是个内陆国家。玻利维亚没有海岸线可以让查韦斯在外面游泳，但他的话确认了玻利维亚人自己的内心想法。玻利维亚人仍然因为在美国支持下他们被夺走的东西而心怀憎恨。他们感到，出海通道的丧失是这个国家许多经济问题的原因，也是对这个民族自尊的深深伤害。外交努力一直持续至今但收效甚微，因为智利在占据优势的事态下可以按兵不动。

2011 年有了积极的动向，智利可能有意作出某些让步，但查韦斯弄出来的笨拙的、含混的、不得体的噪声，其中很可能是为了个人需要，把玻利维亚人的希望提升到远远超出看似最遥远的可能性之外。查韦斯支持玻利维亚人的事业，但问题是他的支持是否制造了比他所能解决的还要多的问题，以及是否真的存在某种适当的妥协。

在美国还没有闯进来把所有事情搞砸，引起玻利维亚的厌恶而与委内瑞拉、古巴甚至和中国结盟之前，美国需要采取一种既务实又讲原则的方法。在各国之间的合作可以给所有相关方带来重大的、有实质价值的双赢解决方案的情况下尤其如此。

长期以来因银矿和铜矿著名的玻利维亚，也已经发现了大量容易开采的硅矿床。硅和已经发现的油和天然气，让玻利维亚在发展服务于南美需要的市场经济方面成为智利和秘鲁的天然伙伴。存在着对于所有相关方的双赢方案。但非政府组织调停者通过谈判可以实现更多的东西。调停者可以通过推动贯穿玻利维亚、秘鲁和智利经济的自由市场一体化方案的方式，要求实现问题的解决。规划出海走廊的路线方案可以由玻利维亚建筑公司来完成，他们能够得到融资渠道，购买设备修建通往大海的铁轨、公路和隧道。根据目前（本文写作的时刻）形势，唯一的公正站在玻利维亚一方，因为虽然条约与此相反，但玻利维亚并不是自由地放弃了出海通道，而是由于外来金钱商业集团之间的密谋和智利、玻利维亚的精英使用蛮力才使它失去了出海通道。但玻利维亚人也可以通过以前和后来的谈判中智利人所做的让步得到某些认可。（这证明了以前章节提到的观点，当公正站在你这一边的时候，没有对话是不好的对话，如果他们了解以前的谈判，那么谈判可以从以前中断的地方重新开始。）

记住，在 1904 年条约之前，由双方外交官提出玻利维亚和智利之间的第一份协议是《林赛-科拉尔条约》（Lindsay-Corral Treaty），它提高了智利对争议地区的控制，禁止任何一个国家单方面改变对当地商业公司的征税状况。[39]这份协议最后被玻利维亚立法机构否决，但其中包含着玻利维亚对争议地区利益攸关的理解。玻利维亚拒绝征税的权利看来并不令人惊奇，因为这份条约似乎加重了《第一边界条约》（签订于 1837 年）所造成的损害，却没有为玻利维亚提供清楚的附加利益。1874 年签订的《第二边界条约》（The Second Treaty of Limitation）废除了共同开发区，为智利在玻利维亚境内经营的开采公司提供了 25 年的新税豁免。[40]双方同意如果在执行 1874 年条约方面出现任何困难，可提交仲裁解决。[41]这些仲裁权利意味着某些持续的关注或控制。特别是在《第一边界条约》签订以后，由于玻利维亚无力集中资金与人力，智利公司要对在该地区大多数经济发展负责。[42]结果，在《第二边界条约》签订之前，争议地区 93% ~ 95% 的人口归智利管理，或许他们已经把自己当作了智利人。[43]这就产生了在该地区任何长期统治方案中的民主问题（以后章节中将进行考察）。这些问题在某些程度上又是人为的，因为同一群人和他们的家庭居住在这片领土上，但精英们的经济和军事利益使他们的国籍发生了变化。

　　在后来智利与玻利维亚之间的谈判中，智利人似乎承认他们的兴趣仅仅是经济上的，可以制定出一些经济解决方案。1895 年，在塔克纳－阿里卡地区公民投票问题的任何解决方案出台之前，智利和玻利维亚签订了一份着眼于玻利维亚未来经济发展和太平洋通道的条约。[44]条约的主旨是，不管通过全民投票还是通过与秘鲁的其他安排，如果智利最终得到了塔克纳和阿里卡的永久主权，智利将以一大笔银币的价格把它们卖给玻利维亚。[45]除了共同协商尽力得到这些地区并促成这次转让外，智利还同意以同样的价格选择能够满足玻利维亚现在及将来所有贸易需求的另一个港口作为替代。[46]

245

〔39〕　Sater, *Chile and the War of the Pacific*, supra note 33, at 6.

〔40〕　Morales, supra note 25, at 563.

〔41〕　U. S. DEP'T OF STATE, supra note 22, at 9.

〔42〕　Meneffee, Samuel Pyeatt, "'The Oar of Odysseus': Landlocked and 'Geographically Disadvantaged' States in Historical Perspective", *CAL. W. L. REV.*, 30 (1992).

〔43〕　Ibid.

〔44〕　Meneffee, "*The Oar of Odysseu*", supra note 42, at 31.

〔45〕　Ibid.

〔46〕　Ibid.

不过在同一时间，玻利维亚已着手和阿根廷进行秘密谈判，后者与智利存在着严重的争端。当智利发现这些谈判的时候，它停止了与玻利维亚的合作。[47]

智利没有举行《安孔条约》(the Treaty of Alcón) 预想的公民投票，导致秘鲁与智利就以前属于玻利维亚的领土再起冲突。当时塔克纳－阿里卡地区没有什么经济价值，因为硝酸盐矿没有延伸到那样远的北方。智利期望出现一个以前在玻利维亚领土上看到过的智利人的移民潮，但由于没有发现资源，所以在 10 年的占领期内没有什么东西推动预期的智利人向该地区的扩张。[48]这导致了 10 年来一种不太有利于智利人的人口分布，使智利无法控制公民投票的结果。但政府里面的有些人不仅仅把它当作是经济价值的问题。如果这片领土给了其中任何一个国家，智利秘鲁争端双方都会有人把该问题的仲裁当作谁该为太平洋战争承担责任的一种判断。[49]

1898 年，在玻利维亚的袖手旁观之下，秘鲁与智利几乎就《比宁乌士－拉托雷议定书》(the Billinghurst-La Torre Protocol) 达成协议。议定书规定关于公民投票的争议点将提交西班牙女王仲裁。获得争议领土的国家将在 10 年内补偿失败方 10 000 000 智利比索。议定书得到秘鲁的认可，也得到了智利参议院的批准，但被智利众议院否决，后者建议争端应该通过直接的谈判来决定，而不是通过仲裁。1904 年，秘鲁公开反对智利在塔克纳实行的政策，认为这些政策试图将该地区"智利人化"。智利已经在该地区兴建学校、发行报纸、设立法庭，秘鲁认为这违反了条约的规定。[50]

1920 年 11 月 1 日，秘鲁向国际联盟提出请求，要求大会修订《安孔条约》，但在随后那个月收回了请求。1921 年 12 月 12 日，智利就公民投票的安排与秘鲁进行接触，但后来却提议把事情交给美国仲裁。哈丁总统邀请双方政府派代表到华盛顿。当问题最终提交美国总统仲裁时，玻利维亚带着极大的兴趣关注着这一进程。如果秘鲁的领土被归还，它将极大地强化玻利维亚

---

[47] Ibid.

[48] Meneffee, *"The Oar of Odysseu"*, at 14.

[49] Meneffee, *"The Oar of Odysseu"*, at 13.

[50] Robertson, William Spence, *History of the Latin-American Nations* (New York: Appelton & Co., 1922).

的主张。玻利维亚甚至去谋求一个会议席位，却被哈丁总统拒绝。[51]

1922 年 5 月 15 日，智利和秘鲁代表到达华盛顿，美国国务卿查尔斯·埃文斯·休斯（Charles Evens Hughes）主持了一系列谈判。7 月，代表们正式要求哈丁总统充当仲裁人。1922 年 7 月 20 日，双方签订了一个仲裁议定书，指出了关于塔克纳和阿里卡地区领土所有权的唯一分歧，同时声明这些难题将提交美国总统仲裁。一份确定仲裁范围的补充文件同意由仲裁人决定是否举行公民投票，以及有关塔拉塔（智利管理下的塔克纳地区）的主张是否允许依照最终结果进行处置。

1925 年 3 月 4 日，卡尔文·柯立芝（Calvin Coolidge）总统公布了华盛顿仲裁裁决，要求在争议地区举行公民投票。仲裁人保留指派一个特殊委员会确定有关塔拉塔公民投票地区边界的权利。智利将在 1925 年 9 月 1 日根据一份仲裁决定，在公民投票委员会在场的情况下把塔拉塔移交秘鲁。这个委员会在 1926 年夏天安排公投的尝试被中止以前，一直在运作。

美国国务卿弗兰克·B. 凯洛格（Frank B. Kellogg）重新提议在 1926 年 11 月 30 日把争议领土移交玻利维亚，遭到了秘鲁和智利双方的拒绝。凯洛格国务卿建议举行直接的谈判，推动两个国家在断绝关系 18 年之后，于 1928 年 10 月重新恢复了外交关系。最后，在 1929 年 5 月，赫伯特·胡佛（Herbert Hoover）总统的提议为解决提供了一个最终基础。在 1929 年 6 月 3 日签订于利马的条约中，智利保留了阿里卡，秘鲁取得塔克纳的所有权，并得到了 600 万美元的补偿和其他让步。同一天还就条约签订了一份补充议定书，声明任何一个政府都不能把各自主权之下的任何一部分领土，在未经另一国家同意的情况下转让给第三个国家。议定书把港口设施转让给秘鲁，同时声明公民可以从智利领土自由过境秘鲁领土。第二年，安放界标立柱的工作全部结束，1930 年 8 月 5 日在利马（Lima）签署了划界议定书。[52] 最终，智利多少有点出乎意料地成为最大的赢家。[53] 这个仲裁的结果是 1929 年《圣地亚哥条约》（Treatg of Santiago），它按照所罗门式的方法把问题分开，塔克纳还给秘鲁，

247

248

---

〔51〕 INdex-LT4 – 565xIndex-GT1 Robertson, William Spence, *History of the Latin-American Nations*, at 21.

〔52〕 U. S. Department of State, *International Boundary Study*, Chile-Peru (1966).

〔53〕 Ibid.

阿里卡地区留在智利。[54] 条约还允许秘鲁在阿里卡自由过境，最为重要的是它规定任何一个国家都不能把根据条约得到的土地割让给第三方，这个规定显然针对玻利维亚。[55] 它极大增加了解决玻利维亚出海通道问题所面临的挑战。

当然，玻利维亚直接感觉到了美国拒绝一席之地的怠慢。这个国家根本无足轻重吗？或者，事实是美国没有任何可以在玻利维亚开发的商业利益，这让其对于玻利维亚是否能够得到出海通道毫无兴趣吗？

当事人自己都看到了对玻利维亚不公正的地方，并且就玻利维亚自由使用智利港口进行谈判。在第一次世界大战前几年，玻利维亚与智利最终就玻利维亚领土损失问题达成了部分协议。在以土地换现金的安排破裂以后，这份签订于 1904 年的协议内容包括玻利维亚自由使用智利新港口阿里卡（Arica）和安托法加斯塔港。[56] 不过，第一次世界大战后的政治环境，重新燃起了玻利维亚对于出海通道的希望，从那时起，对于一个属于自己的太平洋港口的渴望，就一直保留在玻利维亚的民族意识里。[57]

正如我们早前看到的，在世界大战期间及以后，智利被自己的统治问题所困扰。在皮诺切特时期，玻利维亚出海通道问题被再次摆到桌面上，但那只是皮诺切特在遭到公众舆论反对以后，为了得到某些同盟的假象所做的一次绝望的尝试。这样一来，1975 年智利的提议是玻利维亚自 1904 年以后离得到港口最近的一次。皮诺切特政府提出以其他玻利维亚土地作为交换，为玻利维亚领土提供一个通往太平洋的走廊。这个提议遭到了秘鲁的强烈反对，因为玻利维亚走廊将由以前的秘鲁领土构成，秘鲁仍然希望拿回这些土地，并且《圣地亚哥条约》的《补充议定书》阻止智利在未经秘鲁同意的情况下把阿里卡转让给玻利维亚。[58]

秘鲁提出一个更为复杂的以三方共享阿里卡主权的计划作为反击，但遭到智利拒绝。从那之后不久，玻利维亚断绝了与智利的外交关系，但这只是很短的时间。1985 年两国重新建立外交关系。

---

[54] U. S. Department of State. , *International Boundary Study*, Chile-Peru (1966), at 32.

[55] Ibid.

[56] Dennis, William Jefferson, *Documentary History of the Tacna-Arica Dispute*, supra note 4, at 15.

[57] Ibid.

[58] Meneffee, "*The Oar of Odysseu*", supra note 42, at 32.

1985 年以后，这些国家精英们为之争夺的东西发生了变化。硝酸盐市场的倒闭本该容许更为慷慨的领土让步，因为土地的经济价值降低了，但并非如此。从 20 世纪早期开始持续至今的阿塔卡马沙漠地区铜矿的开采，已经缩减了早期矿产权益的价值。要为玻利维亚提供一个通往太平洋港口走廊的这片地区的潜在资源价值，是时常被忽视的冲突的一个方面。随着争端地区新铜矿的发现，太平洋战争的结果对于玻利维亚的经济和国民士气都是强烈的折磨。现在玻利维亚讲给自己的故事是，由于智利在美国支持下横施淫威，它失去了在该地区的矿产资源。换句话说，在玻利维亚看来，上个世纪他们被窃取的和他们觉得一直被窃取着的东西使他们损失了数不尽的财富。虽然从那时起对于后者的憎恨不容忽视，但重新得到一个太平洋港口的希望成为玻利维亚政治活动的推动力。

要理解这个问题对于玻利维亚的重要性，人们必须要看到政治家们如何利用这个问题为他们的选举争取支持。比如在 1967 年，距皮诺切特提出建议不到十年之前，当时玻利维亚总统巴利恩托斯·奥图诺（Barrientos Ortuno）发表了可能成为赢得这次选举号角的演讲。奥图诺总统根本上是一个民粹主义者，风格可与现任总统埃沃·莫拉雷斯相媲美。[59] 在谈到他的一些外交政策决定背后的理由时，奥图诺反复阐述了一个太平洋港口的道义目标和经济需要。他说，"Su eje realizador sera siemprela salida con puerto propio al Pacifico."[60] 他的大概意思是，玻利维亚的首要重点是得到一个它自己的太平洋港口。

海洋通道是一种不可剥夺的权利的思想弥漫在玻利维亚社会。3 月 23 日是每年的历史假期，名为"海洋日"，用以彰显这个全国性的行动。[61] 玻利维亚用"Salida al Mar"或者"出海口"作为国际邮件的邮戳。[62] 在玻利维亚开往智利的智利火车车厢上甚至出现了故意破坏行为和怀有敌意的涂鸦。[63] 所有这些政治和社会活动都是用来让政府保持目标专注，让支持这种立场的公

250

〔59〕 Morales, supra note 25, at 570.

〔60〕 Ibid. 引自奥图诺总统的演讲。Ortuno, Barrientos, *Nuestro Derecho al Mar; eje Inductor de la Politica International de Bolivia*（February 26, 1967）.

〔61〕 Meneffee, "*The Oar of Odysseu*", supra note 42, at 32.

〔62〕 Meneffee, "*The Oar of Odysseu*", at 33.

〔63〕 Ibid.

众情绪高昂。

　　只要玻利维亚还是一个政治不稳定的弱国，政府就会继续利用这个问题以及反智利人的情绪，"在一定程度上密切团结全国并维护自己的个人地位。"[64]这是 20 世纪 60 年代的形势，直到今天也没有发生显著变化。

　　世界舆论逐渐对陆地封锁的玻利维亚的困境表示同情。在 2003 年的一次访问中，前总统卡特在玻利维亚国会发表演讲，他说："我希望玻利维亚、智利与秘鲁一起找到办法，为玻利维亚提供直接的出海通道。"[65]甚至智利，在几个场合也愿意讨论领土纠纷的解决方案，如果不抬杠的话似乎也承认玻利维亚诉求的合法性。

　　另外，最近的玻利维亚天然气之战，即导致现任总统埃沃·莫拉雷斯收归国有的关于石油和天然气资源的国内争端，把玻利维亚太平洋港口问题带

251　回到外交的聚光灯下。在争论过程中，一个花费数十亿元修建一条通往智利港口的管道的计划招致玻利维亚社会的强烈反对，这是由于复杂的民族主义情绪以及持续争端导致的对智利人的普遍敌意。

　　回顾上个世纪，玻利维亚处理问题的方法从诉诸国际机构要求"无条件归还"太平洋战争中失去的所有领土变为修订 1904 年条约，从与智利进行外交谈判再变为从国内到国际普遍地煽动人心，[66]在所有争取"Salida al Mar"的伟大运动中，玻利维亚从未准确地界定过满足其要求的状况。[67]

　　由于渔业权利的关系，秘鲁在土地争端中的利益也不能被忽视。它也不得不参与该争端的任何一次解决过程。第一次世界大战之后，秘鲁抱有一些希望，就是依照《凡尔赛和约》（the Treaty of Versailles）对于战前所得领土的归还，可以给南美太平洋战争带来相似的后果。[68]由于秘鲁在第一次世界大战中帮助协约国扣押德国船只，帮助对德国实行禁运，秘鲁特别希望能够有一个对它有利的决定。[69]这个先例带给秘鲁某些希望，即作为回报，它将

---

〔64〕　Glassner, Martin Ira, *Access to the Sea for Developing Land-locked States*, supra note 5, at 136.

〔65〕　美国前总统卡特 2003 年 12 月 18 日在玻利维亚国会联席会议上的演讲。Transcript Available at www. cartercenter. org.

〔66〕　Glassner, Martin Ira, *Access to the Sea for Developing Land-locked States*, supra note 5, at 130.

〔67〕　Ibid.

〔68〕　Glassner, Martin Ira, *Access to the Sea for Developing Land-locked States*, at 23.

〔69〕　Ibid.

得到对太平洋战争结果的令人满意的修改。不过，简单地返回战前边界的愿望，被证明是过于乐观了。

法　律

　　现实地检讨当前国际法，对于玻利维亚也提供不了什么帮助。在太平洋战争时期及以后的谈判中，国际法中都没有任何规定，可以阻止国家从事侵略战争并从这些行动中获得领土利益。第一个反对此类行为的广为接受的准则是以《联合国宪章》（the UN Charter）的形式出现的。其他涉及玻利维亚困境的国际法领域是"海洋法"（the Law of the Sea）。不幸的是，《联合国海洋法公约》（the UN Convention on the Law of the Sea）的规定并不能增进玻利维亚的利益。虽然玻利维亚积极参与此问题的起草与立法，但内陆国家所能得到的最大好处是再次确认了现状。

252

　　关于内陆国家海洋通道的权利，联合国海洋法公约规定：

> 　　为行使本公约所规定的各项权利，包括行使与公海自由和人类共同继承财产有关的权利的目的，内陆国应有权出入海洋。为此目的，内陆国应享有利用一切运输工具通过过境国领土的过境自由。[70]

　　条约继而明确规定，过境自由必须通过两国协议才能得到，过境自由不得侵害允许过境国家的合法权益。[71]由智利过境，使用它的港口，不是玻利维亚民族自尊心所需要的。

　　虽然求助于国际立法机构如法院、法庭可以帮助达成一个解决方案，但这样的领土争端很少把注意力集中在法律争议上。不过正如玻利维亚反复表明的，尽管国家不会单独基于法律争论提出领土主张，但是当其夹杂着历史情感、地理和经济诉求的主张失败的时候，确实会尝试使用国际法。[72]

　　每个新的国际权威机构都给玻利维亚带来了对太平洋港口的新的希望。

---

〔70〕 UN Convention on the Law of Sea，（UNCLOS），Article 125，Section 1.

〔71〕 Dennis，William Jefferson，*Documentary History of the Tacna-Arica Dispute*，supra note 21，at 21.

〔72〕 Ratner，Steven R.，"Land Feuds and Their Solutions：Finding International Law beyond the Tribunal Chamber"，*American Journal of International Law*，October 2006，No. 100，pp. 808，819.

玻利维亚向国际联盟（the League of Nations）提出过对太平洋港口的申诉。但政治压力以及由于美国未能加入导致的联盟的软弱，让他们撤回了申诉。[73] 在国际联盟第一次大会上，玻利维亚提出了太平洋战争造成的所有条约都应该重新检讨和修改的要求，但这被认为是不可接受的，理由是修改条约是相关国家的特权，联盟无权这样做。[74]

　　玻利维亚试图在智利和秘鲁的仲裁过程中得到一个席位。[75]他们希望第一次世界大战之后阿尔萨斯和洛林被归还法国，可以为归还太平洋战争中失去的领土提供一个先例。[76]但他们并未如愿。

　　1942 年，玻利维亚在美洲共和国外交部部长协商会议上提出这个问题，在 1948 年成立美洲国家组织的会议上又再次提出这一问题。[77]

　　玻利维亚对联合国寄予的希望也没能实现。这个问题在 1945 年旧金山（San Francisco）联合国成立大会上未能成功提出，在 1962 年联合国大会上再次失败。[78]到目前为止，除了增进内陆国家的过境权利之外，玻利维亚向国际社会提出的这些诉求就其目标而言都失败了。

　　就说服智利提供一个港口遭遇的失败而言，一种更具侵略性的办法是试图从别人手里夺来一个。1932 年，在经历一段时期对其控制的邻国巴拉圭查科（Chaco）地区领土的侵略扩张之后，玻利维亚总统埃尔南·西莱斯（Hernan Siles）把冲突升级为公开的战争。[79]虽然巴拉圭已经愿意分割资源贫乏的争议地区，就像玻利维亚和智利在《第一边界条约》中所做的那样，但玻利维亚坚持以巴拉圭河（Paraguay River）作为边界。[80]尽管与沿海港口不同，但可以通航的巴拉圭河也可以提供进入大西洋的通道。这个要求太高了，以至于巴拉圭无法接受，双方都在这个地区继续建立前哨阵地，直至一连串事件引发公开的战争。[81]

---

[73]　Dennis, William Jefferson, *Documentary History of the Tacna-Arica Dispute*, supra note 21, at 21.

[74]　Meneffee, "*The Oar of Odysseu*", supra note 42, at 31.

[75]　Dennis, William Jefferson, *Documentary History of the Tacna-Arica Dispute*, supra note 21, at 21.

[76]　Dennis, William Jefferson, *Documentary History of the Tacna-Arica Dispute*, at 23.

[77]　Meneffee, "*The Oar of Odysseu*", supra note 42, at 32.

[78]　Ibid.

[79]　Meneffee, "*The Oar of Odysseu*", supra note 42, at 566.

[80]　de la Pedraja, Rene, *Wars of Latin American, 1899~1941* (2006), p. 326.

[81]　de la Pedraja, Rene, *Wars of Latin American*, at 327.

1995 年在智利与秘鲁之间再次出现外交紧张局势，当时智利被指控在秘鲁和厄瓜多尔进行的战争中向后者提供武器，2005 年秘鲁国会全体一致通过一项法律，授予秘鲁 37 900 平方公里的太平洋渔业区，这些地区在智利人控制之下。

这个行动旨在制造争议，为将来秘鲁重新进行边界谈判奠定基础。秘鲁久已滋生了对 1952 年和 1954 年条约设定的海洋边界表示异议的野心。那些条约沿着两个国家之间陆地边界直接向西延伸划定海洋边界，但秘鲁利用《联合国海洋法公约》确立的一项方案重划了自己的边界，提出一条大体上与陆地边界斜线一致的向西南延伸的界线。[82]

随后，秘鲁于 2007 年 1 月 16 日在国际法院向智利提起诉讼，要求解决边界问题，并对智利划定的近海界线正式发出抗议。秘鲁声称 20 世纪 50 年代的条约只涉及渔业权利，而智利实际上吞并了争议水域。秘鲁总统阿兰·加西亚召回其驻智利大使就争议进行磋商，声称事情必须根据国际法原则进行解决。对智利来说，则主张那片水域"无可非议地"处于智利管辖之下，并聘请了一个律师团队为其辩护。[83]

秘鲁外交部部长进一步宣称，智利立法机关批准的设立阿里卡－帕里纳科塔行政区（the Arica-Parinacota Administrative Region）的计划让智利得以对塔克纳地区 19 000 平方米的土地宣称主权。秘鲁政府主张智利试图利用这个边界争端扩张自己的海洋边界，并把争端提交给智利宪法法院。2007 年 1 月 26 日，法院做出裁决，认定根据海事标记划定边界的部分法律是违宪的。[84] 虽然智利政府决定遵守法院裁决，却重申了海洋边界已被国际承认、无须争议的立场。

255

由于两个国家不断就策划海洋争端问题恶语相向，2007 年 2 月 13 日美洲国家组织主席何塞·米格尔·殷索沙（Jose Miguel Insulza）公开呼吁智利和秘鲁通过外交途径解决领土争端。[85]

---

〔82〕 "Peru-Chile border row escalate", *BBC*, November 4, 2005.

〔83〕 "Peru files lawsuit against Chile over sea border dispute", *Xinhua*, January 16, 2007.

〔84〕 "Chilean court ruling averts looming border dispute with Peru", *International Herald Tribune*, January 27, 2007.

〔85〕 "OAS tells Chile and Peru to Talk", *Prensa Latina*, February 3, 2007.

智利秘鲁冲突的现状

2008 年 1 月 16 日，秘鲁援引 1948 年 4 月 30 日《美洲和平解决条约》（the American Treaty on Pacific Settlement）[《波哥大公约》（Pact of Bogotá）]第 31 条的规定，正式在国际法院（the International Court of Justice）对智利启动诉讼程序。该条规定，国际法院有权就国际法、和约、条约的解释事项进行裁决，只要条约有效，不需要任何特殊协议。秘鲁可据此解决与智利（与阿根廷和美国）之间关于沿海渔业权利存在的分歧，获得其沿海以外 200 英里的渔业权利。各种渔业公司可以捕捞的鱼的数量和种类也可以最终通过南太平洋地区渔业组织（the South Pacific Regional Fisheries Organization，SPRFO）解决。通过把主要的经济问题提交南太平洋地区渔业组织，秘鲁得以维持利润丰厚的渔业产业。但这并不意味着秘鲁可以在海里做任何它想做的事情，智利和厄瓜多尔不断就秘鲁的活动向南太平洋地区渔业组织提出申诉。秘鲁没有兴趣代表玻利维亚与智利和厄瓜多尔另起争端，不管玻利维亚得到哪片海岸，它都可能在海岸以外的水域对秘鲁的渔业权利再次造成威胁。

256　玻利维亚再次发现自己处于旁观的境地。在任职期间，莫拉雷斯总统多次宣布他与智利建立外交关系的意图，这个愿望得到了智利总统米歇尔·巴切莱特（Michelle Bachelet）的响应。不过，玻利维亚对于出海通道的要求依然根深蒂固，容易引起政治分歧。一份玻利维亚外交部 2004 年准备的关于玻利维亚出海通道的官方文件称这个问题关系到玻利维亚、智利以及它的所有邻国，它进一步表示：

> 国际环境或许已经发生变化，但经济一体化、世界市场和持续世纪之久的冲突，例如关于巴拿马和毕尔格运河（Beagle Canal）主权问题的解决，对于国际社会而言，是人们能够面向共同未来、找到达成对话与理解的方法的证明……如果玻利维亚和智利不能明确地解决主权问题，那么从大西洋到太平洋，包括巴西、阿根廷、巴拉圭和秘鲁的一体化过程就不可能完成。之所以如此，是因为一旦我们解决了这个问题、这个

妨碍并将继续妨碍无法回避的一体化历史进程的问题，那么，途经我们的领土、连接两大洋的走廊，才能以清晰的、流畅的、有益的并且最主要的是以积极的方式造福于这个地区。[86]

直到最近，智利才逐渐接受了为玻利维亚提供出海通道的想法，但一直不能接受转让任何智利领土主权的主张。皮涅拉总统的前任巴切莱特虽然在公开声明中讲了同样的话，但她还是表达了自己的观点，即存在着"明显的合作气氛"。自 2006 年中以后，莫拉雷斯总统与巴切莱特总统的政府就十三点议程达成一致，"没有任何例外"，包括就玻利维亚出海通道的要求进行对话。不过，皮涅拉和巴切莱特都对做出任何妥协的暗示或者升高解决情感问题的希望感到紧张。2006 年 8 月，玻利维亚从智利撤回总领事，此前他在两个国家发表了一份未经授权的问题"接近"解决的声明，莫拉雷斯说总领事让人民产生了错误的期待。玻利维亚的形势因其国内事务而恶化。它陷入了地区分离主义的国内政治危机。巴切莱特总统提议在 2008 年 9 月 22 日召开一次南美国家联盟（the Union of South American Nations, UNASUR）峰会，希望讨论解决方案并启动一个对话委员会。至少有一位观察家感到，玻利维亚的国内危机让它在近期不可能发起夺回太平洋出海通道的新尝试。[87]

257

皮诺切特的提议是问题的三方构成如何导致一个复杂解决方法的很好的例子。那个提议想用智利最北部的地带包括阿里卡，与玻利维亚领土进行交换，但被秘鲁根据《圣地亚哥条约》（the Treaty of Santiago）所打断，秘鲁提出的复杂的三方管理区的建议又被智利拒绝。[88]虽然许多观察家对玻利维亚有几分同情，但领土争端的三方性质使得让每一方都满意是非常困难的事情。玻利维亚和智利不可能在不冷落秘鲁的情况下达成一项协议，而对秘鲁主张阿里卡的任何可能让步都会直接影响到玻利维亚的希望。需要使用问题解决的调停策略，帮助在立场式议价的三方之间搭建起桥梁。还需要使用旨在创造一体化财富的创造性金融合伙关系，使得任何一种解决方案更具永续性。

---

〔86〕 "The Maritime Claim of Bolivia", Ministry of Foreign Affairs, *Direccion de Informaciones de la Presidencia de la Republica* (2004).

〔87〕 An internal memo prepared by Hanna Camp, The Carter Center, *A History of Border Disputes Between Chile, Bolivia and Peru*, 2008.

〔88〕 "The Maritime Claim of Bolivia", at 33.

折衷安排

在当事人推敲一份对各方都最为有利的解决方案时，调停者可以提供哪些选择帮助他们进行思考？虽然在不做领土让步的情况下已经制定了关于共享主权、为玻利维亚提供通道的各种安排，但任何一个都不可能带来一个长期的令人满意的解决方案，除非各方同意由一个既具有可靠的中立性、又能够带来创造性的问题解决技巧的调停者，帮助调停过程取得成功。调停者必须利用其受到国际法庇护的特殊身份，以便观察它能否让当事人专注于问题的解决方案。

对于太平洋港口的需要在玻利维亚人的思想里变得如此根深蒂固，很难想象任何让百姓稍有不满的事情。它已经成为玻利维亚民族主义的战斗口号。它是这个国家 20 世纪 60 年代国际政治的焦点。[89]港口的需要是前总统卡洛斯·梅萨（Carlos Mesa）的基石，也已经成为接替他的埃沃·莫拉雷斯总统的战斗号角。但这种形势也给任何进行调停的人哪怕是美国，提供了一个在拉丁美洲扮演新角色的机会。这一讨论可以让美国人充当一个中立的调停者，在参与过程中显示其原则性，而在攸关何种方案具有可持续性方面又要展示其务实性。莫拉雷斯需要认同这一点。

虽然玻利维亚的历史算不上成功，但最近的发展意味着其经济前景是光明的。玻利维亚不会两手空空来到谈判桌旁，它可以带来很多贡献，带来为每一方都创造双赢的商业解决方案的可能性。除了石油和天然气的巨大储备，玻利维亚还发现了巨大的锂资源。[90]全球对于锂的需求，已经由于小型电子设备如手机电池的使用而提高，预期还会因为广泛应用于电动汽车而大幅上涨。[91]玻利维亚被认为拥有全世界此类矿藏储备的几乎一半。[92]现在进行的斗争是看谁将被允许开发这些资源，谁将从中获益。美国必须表明自己对拥

---

[89]　Morales, supra note 25, at 570, (quoting, President Ortuno's speech, *Nuestro Derecho al Mar*).

[90]　Romero, Simon, "In Bolivia, Untapped Bounty Meets Nationalism", *The New York Times*, February 2, 2009.

[91]　Ibid.

[92]　Ibid.

有和受益于这些资源毫无兴趣。只有这样，它才能够像一个中立的问题解决者那样去调停，帮助当事人认清自己，接受维持该地区的和平与经济发展所必需的双赢解决方案。

这些财富，加上一个已经对这个国家的油气工业实现国有化的领导人，为玻利维亚在不远的将来提供了一个资金充裕的前景。虽然这些收入的大部分毫无疑问要在玻利维亚国内进行分配，但它也为埃沃·莫拉雷斯总统寻求港口问题的解决提供了财政资源，而这在以前是不可能的。如果美国能在资源问题上保持中立，那么它也能够扭转玻利维亚在其他问题，包括与玻利维亚毒品贸易有关的美国真正的安全利益问题上反对美国的攻击性姿态。如果成功的话，美国可以给玻利维亚展示一条摆脱自怜的境地而成为强大国家的道路。这种新的力量意味着一种新的自豪感，它可以帮助玻利维亚最终实现它的太平洋梦想。

另外，如果美国能够在促进公平与可持续发展中看清它的利益所在，它就能够打破私有化、剥削与政府控制之间对于玻利维亚的假两难推理，保证人权与法治的发展真正服务于玻利维亚人民的长期利益。规章、税收和市场力量的结合，可以确保玻利维亚政府不会剥削它的人民，确保外国利益集团既无法剥削，也不能夺走这个国家的未来。通过富有创造性的伙伴关系和从过去错误中学到的解决方法，这种幸福的状况可以实现，它还可以带来莫拉雷斯所寻求的那种发展。

认识问题的实质

在考虑玻利维亚内陆国状况解决方案的时候，重要的是认识到这并不是简单的连接世界大洋的功能性通道的问题。因为根据国际法的要求，玻利维亚拥有实用的、不受限制的经由智利到达太平洋的通道。但经由另一国家的过境通道不是玻利维亚民族自尊所需要的东西。

玻利维亚的民族感情强烈集中在享有领土主权的世界海洋的通道上，这样它可以共享全球经济所带来的好处。这种感情的潜在思想是玻利维亚将不会再被世界其他国家抢劫和掠夺，而它的全体人民将从自己的资源中受益。人们感觉现在的情况是莫大的非正义的永续化，正义要求它必须被纠正。他们觉得拥有海洋通道是他们这个国家与生俱来的权利。[93]

很难去苛责玻利维亚人。首先,可以理解,太平洋战争令人质疑的动机和理由强化了他们被人错待、受到委屈的观点。其次,玻利维亚的情况是独一无二的。虽然现在世界上有许多内陆国家,但很少有国家曾经并非如此。那些从未有过海洋通道的国家没有机会形成这种历史性权利的感觉。也许和玻利维亚相比,情况最为接近的是在第一次世界大战后分裂的奥匈帝国的残余国家,如奥地利和匈牙利就没有得到世界海洋的通道。

太平洋港口问题之于普通人的意义,已经使其成为玻利维亚领导人的战斗口号,这是任何一个领导人在考虑让步的时候都极为敏感的问题。任何政府可以做出决定的范围都要受到国内民众舆论的限制。[94]玻利维亚政府没有去冒国内激烈反对的风险,而是通过充满激情的语言和包括在的的喀喀湖维持玻利维亚海军的实际行动强化了国内的思维倾向。为了有朝一日重返海洋,玻利维亚海军一直在训练。现任政府维护玻利维亚主张的任何失败都会被国内政治反对派描述为现任政府"外交政策的严重失败"。[95]不再继续申索的政治代价,加上延续这一进程的历史性的、战略性的和经济上的动机,使得玻利维亚领导人想要后退都十分困难。[96]

当前,玻利维亚和它的几个邻国签订了条约,允许它自由地通往太平洋和大西洋。自 1904 年《和平友好条约》(the 1904 Treaty of Peace Friendship)开始与智利的一系列条约,为其提供了不受限制的过境自由,以及在智利港口设立海关部门的权利。[97]玻利维亚也同秘鲁签订了条约,为其提供重要的过境权。[98]

在大西洋那边,1868 年和 1937 年与阿根廷签订的条约允许玻利维亚为贸易目的自由过境其港口和河流,免除其各种税收、关税和通行费的限制,还

261

---

[93] Morales, supra note 25, at 570(引自奥图诺总统的演讲,*Nuestro Derecho al Mar*).

[94] Fisher, Roger et al. , *Coping with International Conflict: A Systematic Approach to Influence in International Negotiation* (Upper Saddle River, NJ: Prentice Hall, 1997), p. 232.

[95] Huth, Paul K. , *Standing Your Ground: Territorial Disputes and International Conflict* (Ann Arbor: University of Michigan Press, 1999), p. 95.

[96] Huth, *Standing Your Ground*, at 101.

[97] Uprety, Kishoer, "Landlocked States and Access to the Sea: An Evolutionary Study of a Contested Right", *Dickenson journal of International Law* (Spring 1994), pp. 401, 456.

[98] Uprety, *"Landlocked States and Access to the Sea"*, at 457.

可以在拉普拉塔河上自由航行。[99] 巴西也允许在它和玻利维亚之间的乘客及行李自由过境，玻利维亚的贸易船只可以在其河流上自由航行。[100]

这些类型的单独条约，大大减轻了玻利维亚被内陆封锁的不便之处。这是国际法为玻利维亚困境提供的解决办法。但是如前所述，这不足以满足玻利维亚受害的感觉。

不幸的是，只要这个问题保留在玻利维亚人的意识里，它就会成为玻利维亚与邻国矛盾的源头。旷日持久的领土要求的代价是昂贵的，因为它常常为巨额军事预算提供理由。相对于其国家资源而言，军费开支水平在像玻利维亚这样的"挑战者"国家是相当高的。[101]

不过，幸运的是，自从太平洋战争以后，智利与玻利维亚的冲突从未发展到玻利维亚威胁使用军事力量的程度。[102] 对于这种状况的一个明白解释是，两个国家之间军事实力的比较阻止了玻利维亚采取这种行动。[103] 只要这种情况继续存在，争端就不可能导致武装冲突。危险在于，玻利维亚的新增财富不是用来减缓紧张，努力寻求解决方案，而是用来追求军事平衡，增加战争的风险。要想阻止这些，地区经济和安全的联系必须得到维持和加强。

三个解决问题的选项

调停人将为玻利维亚、智利和秘鲁提供三个选项。这些选项对于财产争端的当事人都是可以同样适用的。第一个是转让（有时是强制出售），它取决于谁被公正地裁定为所有权人。价款可以即时支付或者在一段相当长的时间内分若干次支付，也可以随着时间推移由当事人根据一个协商的定价程序来确定。这些价款可以抵消一方完全拥有所造成的不公正。第二个是共有权方案，当事人同意共同拥有财产并分享收益。第三个选择是把比"无条件继承的不动产"（普通法称呼完全独有的所有权的术语）较小的利益给予当事人中

262

---

[99] Uprety, "*Landlocked States and Access to the Sea*", at 456.

[100] Uprety, "*Landlocked States and Access to the Sea*", at 457.

[101] Huth, *Standing Your Ground*, supra note 95, at 97.

[102] Huth, *Standing Your Ground*, at 110.

[103] Huth, *Standing Your Ground*, at 111.

的一个。比如，在财产上设定一个租约、地役权或人役权，给予一方土地的所有权，但要从属于另一方基于某种目的对于土地的使用。这些选择的组合也已经做过尝试。

这些选择已经适用于国际财产争端，并取得了不同程度的成功。不同类型解决的例子与不同地方联系起来。一个是以色列，这是强制出售的例子，回乡的权利意味着需要用一定付款对占有做出补偿。另一个是香港，固定期限的租约最终被用来为交还主权设定条件。还有一个例子是耶路撒冷和约旦河西岸，那里正在尝试进行共有权的谈判。再有就是在前南斯拉夫共和国，特别是《代顿协议》（the Dayton Accords），波黑（Bosnia-Herzegovina）统治建立在国家与地方所有权的联邦体制之中，这样既可以顾及地方自治的考虑，也可以满足国家安全的关切。外交官们也把北爱尔兰看作一个混合体，在那里各方实际上同意任何一方都不能拥有、也不能得到这片土地，他们创造了一个全新的国家，新居民将在以后决定他们是否回归到最初争端的一方或者另一方。

263   重温这些选择并不是目的，重要的是看到存在各种各样的方案，可以用来解决土地和边界争端，它们取决于当事人真正的潜在利益与目标。从某种程度上来说，玻利维亚的争端相对简单，其中没有牵涉宗教冲突，也没有一个族群针对另一个族群所犯的暴行。大多数伤害在本质上是经济性的。虽然基本上是经济性的，但我们也已看到影响了玻利维亚领导人认同政治的殖民主义的掠夺恶行。渴望新财富、结束贫穷的梦想已经被激起，它可以为新发展提供动力，而当这些希望遭到拒绝的时候，它也会制造挫折和暴力。调停者最终需要询问当事人，如何才能更好地满足他们高于一切的目标和利益？他们需要什么以及如何才能更好地达到目的？最好是由智利就其领土上的出海走廊为玻利维亚提供一个租约、加上一个事先同意的以特定价格进行购买的选项吗？或者，由三个国家共同拥有某个边界地区作为经济开发区、由三方委派同等的代表进行管理是否更好一些？或者，由玻利维亚统治阿里卡城，给予生活在城区的智利人和秘鲁人以自治的权利，并在玻利维亚最终拥有的某个城市的一部分为其他方提供补偿吗？由于玻利维亚、智利和秘鲁的争端既不是种族的也不是宗教的争端，而在某种程度上是玻利维亚反对过去殖民主义者（美国）榨取其资源的斗争，共有权或者长期租约保有权方案更有可能在这种情况下发挥作用。最后还有一个问题就是，什么样的出海通道能够满足玻利维亚的民族主义感情，以及什么样的决定能够得到智利人和秘鲁人基于其自身商业利益的支持？

正如第一章所述，一个实用主义者不仅要横向考察每一个选择的后果，还要透过表面观察每一个选择的预期反应。共有权如何呢？首先，人们必须区分涉及阿里卡（前秘鲁领土）与安托法加斯塔（前玻利维亚领土）共享主权建议之间的差别。关于涉及前者的任何协议，秘鲁都将不得不成为方案的一部分，一个三方分享主权的计划似乎太复杂了。另一方面，还需要某种适当条款以保证玻利维亚自由使用这个港口。究竟什么样的自由出入的合适架构，可以用来创造出某种秘鲁、智利、玻利维亚共享所有权的治理结构呢？   264

另一方面，如果达成一个涉及安托法加斯塔的协议，秘鲁就不需要牵扯进来。这是一个在地理上更加复杂、对玻利维亚更加不便的选择，但可能更容易达成协议，尤其是因为它与共有权有关。

下一个问题是确定需要涉及多少领土。协议在界定港口城市时给予的限制越多，它所牵扯的有关安托法加斯塔地区矿产资源的复杂经济问题就会越少，但是让玻利维亚满意的地方可能也会越少。如果证明是一个矿产资源问题，那么解决方案就要使用区分表面所有权与底面矿产权的财产法概念。

可是归根到底，除非在措辞上有显著变化，任何一种共享主权的协议都不可能满足玻利维亚民族的希望，因而都不会是对问题的全面的、永久的解决。出售一份长期租约或许可以达到目的，智利可以借此租得这块土地，最终期限是一百年。这也符合玻利维亚的民族利益，而且对于那些认为智利人的身份比经济安全更为重要的人而言，也为治理结构和财产所有权的最终转变设定了空间。

走廊方案

国际惯例提供了各种各样的走廊方案。通常来说，它们的出现是作为连接一国领土两个地区的解决方案，否则的话领土就会分割开来。这种走廊的例子包括为俄罗斯加里宁格勒（Kaliningrad）地区、西柏林走廊和但泽（Danzig）走廊所做的安排。每种情况都是把这个国家同其自己主权领土的飞地联结起来，主要着眼于两块领土之间交通便利且易于管理。如果玻利维亚将来得到一个未连接其领土的港口，那么就需要一个领土之外的过境通道让玻利维亚可以到达港口。同样，如果玻利维亚得到任何一块具有完全主权、   265

把它与海洋连接起来的土地，除非这块土地直接毗连秘鲁，那么秘鲁也会要求某种过境走廊。

所以，虽然让玻利维亚得到一块港口飞地可能使潜在解决方案变得简单，但如果不与领土相连，那么国际上的走廊概念并不能自行为玻利维亚的困境提供一种解决方案。

领土割让或交换

看来唯一有希望永久平息玻利维亚不公平诉求的解决方案是像皮诺切特建议中提出的那样的领土交换。在得到秘鲁响应的基础上，可以采取两种不同的形式。

第一种解决方案是要用一块不特定的玻利维亚领土或其他某种考虑如用水权或金钱等作为交换，对秘鲁做出某种让步，以便把阿里卡这个最自然最方便的选项交给玻利维亚。由于它位于智利边界，牵涉的领土要么是玻利维亚到海边之间的整条地带，要么是带有某种过境走廊安排的单独港口。

近来智利与秘鲁之间就秘鲁扩张其太平洋沿岸专属经济区发生的争端提供了另一个可能选项。这个建议是同意秘鲁扩大其专属经济区的请求，但经济区的增加可能要附加割让阿里卡地区，这足以让秘鲁人同意玻利维亚与智利之间的土地交换。

第二种可能方法是通过只处理过去属于玻利维亚的领土以避免牵扯秘鲁。根据这种方法，玻利维亚以其他领土作为交换，得到安托法加斯塔港。要智利同意割让一整块领土、把它的国家分为两半是不可思议的，安托法加斯塔方案需要一个过境走廊安排。把秘鲁剔除出去的好处在某种程度上被其他非常复杂的状况所抵消。类似方案是 1975 年谈判以前玻利维亚外交部部长非正式提出的建议。这个建议包括，围绕安托法加斯塔正北方的一个小港梅希约内斯（Mejillones）割让一块玻利维亚享有主权的飞地，换取玻利维亚五条小河改道供智利灌溉使用。[104]智利没有跟进这个选项，而是提出一个北方方案，但遭到了秘鲁人的否决。

266

---

[104]　Meneffee, "*The Oar of Odysseu*", supra note 42, at 33.

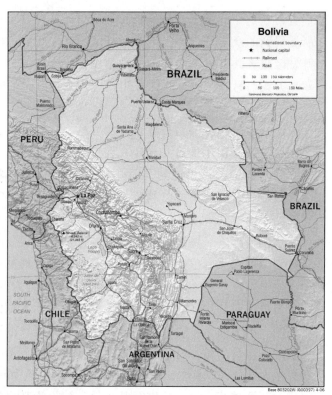

割让或土地交换给当事人带来的一个好处是它为土著居民的土地开发开　267
辟了潜在领域。联想起美国的土地抢购热潮，它通过让那些敢于定居下来的
人群得到土地，为土地改革做了准备。结合使用税收刺激和廉价贷款，智利
和玻利维亚人能够为了本国人民把重新安置转化为双赢解决方案。他们可以
使用复兴中产阶级经济，和发掘《国家为什么会失败》的作者所谓的"创造
性解构"能力等办法，鼓励重新安置和土地开发。

至于割让和交换土地内的矿产资源，可以用于支付重新安置费用，也可
以用于帮助改善重要的基础设施建设，促进这些资源的开发。像在阿拉斯加，
矿产收入用于帮助建设公路、学校，并为土地的利用和发展提供税收激励，
以便做到地尽其用。

除了每一种方法需要面临复杂的国际政治情况外，两个国家还要面对来
自相关港口城市那些未必愿意改换国籍的居民所提出的政治挑战。但如果土
地和国籍可以被视为获得经济利益的手段，那么就可以为这些居民提供某些

替代品，让他们觉得在这个问题上有所选择。他们可以选择是走还是留，取决于他们对于所能得到的众多选项的经济可行性的看法。政府担保的税收激励、免税经济开发区或者共有权策略的创造性使用，也许能够带来克服立场式议价僵局的双赢方案。另外，还有两种可能性（每个都有它的问题）可供考虑。

这另一种选择让人回想起英国在香港采取的办法。智利可以割让一个港口给玻利维亚，条件是智利租用港口几十年。在这个缓冲期内，从事商业者考虑到转手的因素，可以提前做出计划，同样它也为居民提供调整的时间，那些不愿意成为玻利维亚人的公民可以制订其他计划。这样的方案可能还是不受欢迎，但它要比任何一个即时的方案都更加切实可行。

268   最后一种可能是智利割让一块沿海无人居住或近乎无人居住的地带给玻利维亚，这适合玻利维亚白手起家建设一个港口。那么，玻利维亚有责任自己出资建设这个飞地港口，并且建立一条连接玻利维亚其他地方的过境走廊。这将可以大大减少当地反对的声音。由于大多数海岸是荒无人烟的地方，这个方案或许是可能的。不幸的是，适合玻利维亚从零开始建设港口的潜在地点极为有限。沿海的大部分土地，特别是北方，是一条山脉直接毗连海岸线的地方。可用水源地大部分人口稠密，让新港口的水源供应成为问题。不过，某些挑战也可以成为开垦这些土地、并进行基础设施建设为其提供支持的机遇。玻利维亚可以把这些土地视为利用其矿业资源为重新安置提供资金，同时鼓励经济发展的一种途径。如果能够找到一个在地理上合适的位置，这可能是对领土割让最少争议的一种办法。它将是昂贵的，但玻利维亚最近发现的资源财富可以提供使之成为可能的经济刺激。

当前环境下有原则的务实策略

悲观的人会说，这三个国家的政治现实和当前形势让领土交换在不远的将来近乎不可能。在任何一个港口城市居民中，反对意见都会很大。智利已经超越了皮诺切特时代，它的经济（虽然严重依赖世界矿业市场）至少比玻利维亚要好一些。那些已经成为智利公民一百年之久的人们不可能喜欢改变。暴乱和抗议是很容易想象到的。

支持毒品、反对美国的平民主义者埃沃·莫拉雷斯的政府可能会激起玻利维亚人对于任何美国所倡导方案的抵制。领土争端不是可以轻松处理的冲突。资料显示，领土争端比其他类型的纠纷更有可能导致军事冲突。[105] 尽管 269 司法解决有一定吸引力，但这些争端很少通过求助于法院比如国际法院（ICJ）解决。[106] 不过，仲裁倒已经成为一个成功的方法，特别是在国内对转让领土的谈判存在强大反对意见的情况下。[107] 不利因素是仲裁决定被失败方拒绝的情况并不罕见。[108] 最终，这些中立的冲突解决程序的成功往往取决于更多的谈判协商。[109] 当他们达到这一地步时，当事人之间的政治关系对于任何一份协议能否成功执行都会产生直接的影响。[110]

一个南美洲大国合作推动变革并培养更紧密关系的例子是南方共同市场（Mercado Com'un del Sur，MERCOSUR），一个旨在创造共同市场和共同外部关税的区域贸易协定。[111] 这个协定还"提供了一个成员国讨论共同安全问题的平台"[112]。南方共同市场已经证明有助于缓解阿根廷与巴西之间的紧张局势，有助于在成员国内培育民主。[113] 事实上，由于民主是成员国资格的一个必要条件，智利和玻利维亚为了加入都被迫接受了民主进程。[114] 甚至现在，"在南方共同市场内部寻求通过成本分摊就基础设施建设工程（如玻利维亚出海走廊）达成一致"[115]。

由于这些国家之间的政治和经济联系加强，由于在其他事情上的合作缓 270 和了双方的情绪，一个中立调停者可以更加轻易地说服双方参加海洋通道问

---

[105] Hen, Paul. R., "Charting a Course to Conflict: Territorial Issues and Interstate Conflict 1816 ~ 1992", in Paul F. Diehl, ed., *A Roadmap to War: Territorial Dimensions of International Conflict* (Nashville, TN: Vanderbilt University Press, 1999), pp. 115, 130 ~ 132.

[106] Ratner, Steven R., "Land Feuds and Their Solutions", supra note 72, at 813.

[107] Ratner, Steven R., "Land Feuds and Their Solutions", at 814.

[108] Ratner, Steven R., "Land Feuds and Their Solutions", at 816.

[109] Ratner, Steven R., "Land Feuds and Their Solutions", at 817.

[110] Ibid.

[111] Kaufman, Dunniela, "Does Security Trump Trade?", *Law and Business* (Summer 2007), pp. 619, 639.

[112] Ibid.

[113] Ibid.

[114] Kaufman, "Does Security Trump Trade?", at 640.

[115] Ibid.

题的建设性讨论。那么对于调停者来说，重要的是让双方尝试改变他们证明自己立场的方式。政府经常通过说明国内的政治气候，证明他们的立场是合理的。[116] 对玻利维亚来说，很容易诉诸民族感情为他们的港口要求进行辩护。调停的成功部分取决于找到一个对问题采用不同方法———一种少基于权利多基于合作的方法的调停者。让智利更易于合作、不易产生分歧的更好办法，是专注于通过普世的对与错的观念建立正当性，而不是简单地为暴民背书。[117] 基于合法性和可持续性的共同价值之上的诉求更有可能得到别人的认可。[118]

这就需要玻利维亚聚焦于拥有自己港口方面的经济与安全利益，希望这些利益智利能够认可。把这些需求同智利以往的提议联系起来，并且注意智利承认玻利维亚需求合法性的时机，有助于强化玻利维亚的主张。[119] 除此之外，最重要的是玻利维亚必须清楚地阐明它的要求。一个飞地港口够了吗？需要一个完全主权的走廊吗？哪个港口是合适的选择？要求越清楚，另一方越容易回应。[120] 玻利维亚越把问题简单化，问题听上去越合理，智利也就越容易妥协。

中立调停者必须使用一种秘密渠道的方法，在幕后进行工作，帮助各方在民族主义挡住去路之前达成协议。秘密渠道调停是一种提高可能性的过程，玻利维亚会理解它不能免费得到任何东西，应该停止这种要求。好的调停者能够在这一方面促进共鸣。玻利维亚指明智利得到的好处越多，智利也就越容易替这个决定辩护。玻利维亚的要求一直不清楚，对于智利的潜在利益也就一直多变而笼统。通过加强合作、共同发展、培养友谊，总有一天会达成一种互利互惠的协议。

应该鼓励智利认识到，玻利维亚必须得到尊重对待，以便超越其自怜文化达到强有力的地位。现在智利是时候强化和平关系，并且开始与玻利维亚一起致力于达成一种解决方案，例如像香港那样的租借办法，最终为玻利维亚提供一个港口，而不是在更加平等的地位上面对一个长期充满敌意的玻利

---

〔116〕　Fisher, et al., *Coping with International Conflict*, supra note 94, at 232.

〔117〕　Fisher, et al., *Coping with International Conflict*, at 233.

〔118〕　Ibid.

〔119〕　Fisher, et al., *Coping with International Conflict*, at 234.

〔120〕　Fisher, et al., *Coping with International Conflict*, at 244.

维亚了。即便不需要马上去做，但朝着这样一种方案的明显的进步，对于这些国家之间的关系以及整个地区的合作，都有巨大的裨益。

结　论

玻利维亚正站在十字路口。新财富和新政治方向比以往任何时候都为它提供了更加光明的未来和希望，但也存在着危险。如果这种新的实力地位用于强化索取，并且升级智利与玻利维亚之间的负面情绪和消极语言，那将是这个地区危险的开始。

另一方面，如果争端方能够求助于一个适当的调停者，那就有了帮助它们达成一个可持续性协议的适宜工具。[121] 由于美国在这一地区的历史，它不大可能完成调停者的角色，即便这是当事人的自然选择。必须抵制哈丁总统基于美国国家利益做出的宣布胜负的方案。对于当事人而言，它们需要的或许是找到一个既有原则又务实的调停者，利用其技能帮助其解决争端。玻利维亚拥有资源，如果能把资源转向实现自己的经济和文化潜力，它就可以实现自救。虽然在国际调停过程中，调停者进行战略性思考并提出最终决定有时非常重要，但就玻利维亚的出海通道来说，调停者还是需要建构全部问题并为当事人提出许多切实可行的选择。这种建构可以帮助当事人剔除土地所有权问题的神话，摆脱不切实际的以过去边界为基础的立场式议价方案，因为这些边界只是精英分子基于自身的经济利益、人为制造的历史概念。在调停者的帮助下，当事人可以确定它们目前的共同利益和单独利益，新的双赢方案得以浮出水面。调停者可以据此帮助玻利维亚把它的新财富当作一种国家实力，帮助玻利维亚强化自我形象，帮助它在一种更加平等的层面上与它的邻国展开互动。这种新的平等关系，加上乐于合作、易于接受的方法，就会推动智利致力于达成玻利维亚太平洋通道的永久解决方案，这不仅是更加

272

---

〔121〕　人们可能想知道，由于这些国家具有共同的宗教遗产，天主教会能否充当边界冲突调停者的角色。不过，天主教的自然法哲学在拉丁美洲没有得到信任，因为天主教会被认为拥有自己的财产利益，背离了一般民众。比如在墨西哥，它被视为古老的西班牙精英的合作伙伴，通过征服占有绝大部分财富以保护精英的权利，墨西哥革命则是一种抑制天主教会权力的手段。同样的担忧也存在于秘鲁、智利和玻利维亚。

必要的，也是更加易于思考和讨论的。没有事情可在一夜之间发生，双方当事人必须愿意超越过去的痛苦，克制自己不要用消极的言辞破坏任何正在升温的关系。随着调停人不断督促双方专注于共同的利益，转化是可以实现的。

如果相互尊重可以达到新的水平，调停者使用的策略就能够帮助实现一个所有各方从中受益的未来——玻利维亚从拥有一个港口的经济的、安全的和民族主义的优势中获益，智利和秘鲁则从一个强大的经济伙伴的友好关系中受惠。在适当的鼓励下，当事人可以自己接受一个过程，而不是屈从一个答案。在这个过程中存在着答案：使用既有原则而又实用的调停策略，当事人可以发现解决一个世纪之久的边界争端的新的可能性。

5 非洲要事第一：苏丹和乌干达

——把当事人带到谈判桌旁

2008 年夏天，国际刑事法院（ICC）首席检察官路易斯·莫雷诺－奥坎波（Luis Moreno-Ocampo）陷入了困境：是应该起诉苏丹总统奥马尔·巴希尔（Omar Bashir），还是应该等待现场调停人找出办法来挽救达尔富尔和南苏丹的局势。关于达尔富尔发生大规模强奸和种族灭绝的证据堆积如山。莫雷诺·奥坎波向联合国提交了 7 份报告详细叙述了达尔富尔的形势。巴希尔总统让莫雷诺·奥坎波很难无动于衷，坐等调停程序完成。国际刑事法院在 2007 年以在达尔富尔策划大量谋杀为由对许多苏丹军方高级将领发出了逮捕令。[1]但巴希尔拒绝回应国际刑事法院，声称这是出于政治动机。在向巴希尔施压停止杀戮方面，莫雷诺·奥坎波的压力也在增加。国际刑事法院的合法性受到了挑战。[2]

273

---

〔1〕 看起来尤其妨碍国际刑事法院的，是巴希尔对早前国际刑事法院针对直接对种族灭绝负责的苏丹领导人的起诉不予理睬。现任苏丹人道主义事务部长艾哈迈德·哈伦在 2007 年 8 月被起诉 42 项罪状，法院还以 50 项单独罪名向前金戈威德领导人阿里·库沙布发出了逮捕令。巴希尔已多次拒绝与法院合作逮捕两名嫌疑犯。Coalition for the International Criminal Court, Fact Sheet: *The Road to Rome and Beyond: Key Movement in the Establishment of the International Criminal Court A Timeline of the Establishment and Work of the International Criminal Court*, available at http://www.iccnow.org/document/ICC_Timeline_update_0708.pdf.

〔2〕 Id.

274　　国际刑事法院作为联合国永久法院，根据《罗马规约》（the Rome Statute）授权应于 2002 年在荷兰海牙（Hague）开始工作，但直到 2003 年它才正式开始运转。国际刑事法院是联合国开设的特殊刑事法庭，是"二战"后同盟国主持纽伦堡审判经验的产物。在塞尔维亚（Serbs）、克罗地亚（Croats）、波斯尼亚之间的战争过后，联合国成立前南斯拉夫国际刑事法庭（International Criminal Tribunal, ICTY）起诉战争罪犯。此外，还有 ICTR 即卢旺达国际刑事法庭（the International Criminal Tribunal for Rawanda）、塞拉利昂（Sierra Leone）刑事法庭，还有一个设在柬埔寨（Cambodia）。国际刑事法院旨在为此类程序提供一个永久场所，并且把依据《罗马规约》管辖权处理战争罪犯的规则和程序制度化。《罗马规约》授权国际刑事法院起诉犯有战争罪的签约国，同时还任命一名检察官，根据规约管辖对他们收集证据、发出逮捕令。莫雷诺·奥坎波是国际刑事法院在 2003 年聘用的第一任检察官。[3]

　　由于苏丹是《罗马规约》的签署国但不是批准国，所以国际刑事法院对苏丹的管辖权并不明确，直到安理会投票以 11∶0 决定把达尔富尔的情况提交给检察官办公室。安理会绝大多数成员觉得，由于达尔富尔情况的紧急性质，管辖权是根据所有国家对国际刑事法院管辖战争犯罪的"默示"同意授予的。美国提出异议。针对这项异议，安理会通过 1593 号决议。它的移送迫使苏丹与国际刑事法院合作，即便苏丹不是国际刑事法院《罗马规约》的当事国。[4]

　　事件一经提交，莫雷诺·奥坎波便发出了逮捕令，并发布了对巴希尔的起诉书。但巴希尔否认做过任何不当行为。有足够的证据表明巴希尔知道并参与了他的将军们在达尔富尔所干的事情。对达尔富尔形势，莫雷诺·奥坎波的主要手段是发出一张对巴希尔的逮捕令，向世界宣布即便是国家总统也不能在他的将军们实施战争犯罪时袖手旁观。[5]不过，调停界对巴希尔逮捕
275　令的效果依然存在分歧。虽然达尔富尔的形势似乎平静了下来，但南苏丹局势却又升温。这些令状对于调停过程的影响还是让他们自己感觉到了，特别是在对苏丹的注意力从达尔富尔转到南苏丹的情况下。

---

〔3〕 Id.
〔4〕 Id.
〔5〕 Id.

　　这不是莫雷诺·奥坎波第一次面临这种困境。回顾他担任阿根廷刑事法院首席检察官的时候，他就起诉了阿根廷国家中最有实力的人物，证明没有人可以超越法律，只要存在犯罪活动的证据，每个人都必须面对法庭，他也因此赢得了声誉。[6]从1984年到1992年，莫雷诺·奥坎波在阿根廷担任检察官。他第一次受到公众注意是在1985年作为首席检察官胡利奥·塞萨尔·施特雷塞拉（Julio César Strassera）的助理检察官出现在"军政府审判（Trial of the Juntas）"中。这是继纽伦堡审判后高级军事指挥官第一次因为大规模屠杀而受到指控。9名高级指挥官包括3名前国家元首遭到起诉，5名被判有罪。从1987年至1992年，莫雷诺·奥坎波担任布依诺斯艾利斯市（City of Buenos Aires）联邦巡回法院的地方检察官，在此期间他起诉了对福克兰战争负责的军事指挥官、2名军方哗变的领导人和很多备受瞩目的腐败案件。基于这份简历，国际刑事法院求助莫雷诺·奥坎波担任第一任检察官。

　　在一个国家正在发生危机的时刻，国际刑事法院向某人发出逮捕令，这是一种让事情变得更为复杂的方法。[7]特别是美国被推到了左右为难的境地。 276 美国担心《罗马规约》被用于反对它在全球的军事行动、影响它的主权，因而没有在上面签字。美国应该帮助国际刑事法院逮捕被告吗？当一项指控悬而未决的时候，美国应该和被告谈判吗？如果美国能够阻止国际刑事法院实行起诉，那么战争应如何结束？美国在国际刑事法院背后行事如何影响国际刑事法院未来的声誉？美国同邪恶分子对话的意愿会降低国际刑事法院可能具有的威慑效果吗？

　　这些对于任何经过法律训练的调解人或调停者而言，都是十分费力的问题。但在某种程度上美国再次处于一种独一无二的位置。或许以后几年，在

　　[6]　The Foreigh Staff of the Telegraph, *Jose Luis Moreno Ocampo: A Profile*, May 16, 2011, Telegraph.

　　[7]　比如国际刑事法院的前身塞拉利昂国际刑事法庭让所有人大吃一惊的事情，是启动了对利比里亚总统查尔斯·泰勒的指控。它影响了外交官通过谈判用和平方法免除被控在利比里亚犯有暴行的领导人职务的能力。外交官们已经向泰勒做出他不会被逮捕的保证，根据这些承诺他离开了利比里亚，首先到加纳，然后去尼日利亚，在那里他被逮捕，于2003年被送到海牙监狱。这会给将来的谈判带来何种影响还有待观察。外交官没有能力约束国际刑事法院。Jacque Geis and Alex Mundt, When to Indict?: The Impact of Timing of International Criminal Indictments On Peace Processes and Humanitarian Action, Brooking Institution, University of Bern, February, 2009, (hereinafter, When to Indict?), http://www.brookings. edu/~/media/research/files/papers/2009/4/peace%20and %20justice%20geis/04_peace_and_justice_geis.

国际刑事法院赢得声誉的同时，美国可能从它不愿意签字承认国际刑事法院（《罗马规约》授权其成立）、却愿意在这些情况下进行原则性调停中寻求某些利益。[8] 事实上，一旦提交了起诉书，国际刑事法院自己就限定了检察官与被告达成某种交易的能力。而美国作为联合国安理会的一个成员，却具有更多的灵活性。美国可以与不良分子达成潜在协议，然后利用它在安理会的地位说服其他成员搁置令状的执行。但这样的行为伴随着无法预期的后果。如果美国与一名它已经认定的战犯进行正式和谈，这是否违背了它自己不与邪恶分子进行对话的立场呢？尤其是在美国出于自身利益行事的时候，它可能被认为鼓励不良分子。所以，如果美国采取行动，就必须通过向安理会其他成员展示一种既讲原则又务实的理由来处理这种政治分歧。[9]

277 对于美国以调停人的身份解决问题而言，处理此类情况的一种办法是派遣特使尝试进行斡旋。另一种选择是美国可以建议当事人加入一个由国际社会选择的、巴希尔可以接受的第三方调停者帮助探讨创造性解决方案。让我们首先分析美国作为调停者的作用，然后我们再考虑利用其他非政府组织调停者尝试进行调停。我们将特别观察利用"长者会"（The Elders）进行调停的情况，这是一个由纳尔逊·曼德拉发起的退休政治家的组织，他们现在在国际舞台的调停中扮演着一个更加引人注目的角色。[10]

另外，苏丹总统奥马尔·巴希尔的情况，可以和该地区另外一位人物约瑟夫·科尼相对照。约瑟夫·科尼是北部乌干达叛军的领导人，莫雷诺·奥坎波致力于将其绳之以法。国际刑事法院已经发出了对他的逮捕令。这些情况都是探讨美国在国际刑事法院已经发出逮捕令的情况下能否采取既讲原则

---

〔8〕 事实上，《美国服役人员保护法案》（HR 4775）授权总统对于解救任何被逮捕和关押在海牙的美国武装部队成员提供军事援助。

〔9〕《罗马规约》第16条规定安理会通过所谓"第七章决议"可以推迟一项指控，推迟这项指控的期限为一个可续展的12个月。http://www.globalpolicy.org/images/pdfs/0411lrauganda.pdf.

〔10〕 长者会包括：科菲·安南（Kofi Annan），联合国与阿拉伯国家联盟（the League of Arab States）共同特使；戴斯蒙德·图图（Desmond Tutu），开普敦（Cape Town）荣誉退休大主教，诺贝尔奖获得者，长者会主席；玛丽·罗宾逊（Mary Robinson），爱尔兰首位女总统，前联合国人权事务高级专员；格拉萨·马谢尔（Graca Machel），国际妇女儿童权利律师，莫桑比克首任教育部长；吉米·卡特，美国前总统；费尔南多·恩里克·H. 卡多佐（Fernando H. Cardoso），前巴西总统；格罗·布伦特兰（Gro Brundtland），挪威首任女总理；拉赫达尔·卜拉希米（Lakhdar Brahimi），前阿尔及利亚自由战士和总理；埃拉·巴哈特（Ela Bhatt），印度女权运动开拓者；马尔蒂·阿赫蒂萨里（Martti Ahtisaari），芬兰前总统。

又务实的调停办法的很好的研究案例。另外，由于苏丹与乌干达冲突部分重叠，尽管美国对待被告巴希尔和科尼的策略很不相同，但这些案件还是提供了在全面和平协议谈判过程中如何采用综合性的问题解决方法给整个地区带来持久和平的例子。考察这些研究案例，可以帮助我们理解以有原则的实用主义为基础的外交政策，如何根据相关环境和个人特征给国际刑事法院的逮捕令带来截然不同的结果。

关键的调停总是从详细考察突出的历史事实开始，奥马尔·巴希尔的情况也不例外。巴希尔总统出身卑微，他凭借军事成就上台掌权并且实现了苏丹独立。1944 年奥马尔·巴希尔生于浩什班纳哥（Hoshe Bannaga），这个地方后来成为埃及和苏丹王国的一部分。[11] 他是一个农民的儿子，年轻时就读于开罗和喀土穆的国家军事学院，22 岁毕业。他在埃及军队中作为一名伞兵参加战斗，军衔晋升很快，在 1973 年 10 月他加入埃及军队经历了阿以战争。在早年反对叛乱的苏丹人民解放军（the Sudanese People's Liberation Army）的内战中，他至少在南苏丹服役过一个任期。

他的军事生涯直到 1989 年，当时的巴希尔将军领导一个军官组织进行了反对平民政府总理萨迪克·马赫迪（Sadiq al-Mahdi）的不流血政变。他的组织宣称其动机是"把国家从腐朽的政党手中拯救出来"。政变的第二个动机是终止一份旨在结束南方战争的和平协议，它将允许南方实行世俗的法律。巴希尔取缔了所有政党、工会和政府机关，宣布自己是"救国革命指挥委员会主席"。四年以后，他决定授予自己总统职位，解散了以前领导的军政府，让苏丹回归了平民统治。他找到了一个同盟哈桑·图拉比（Hassan al-Turabi），这位与阿拉伯激进组织有联系的伊斯兰政治家邀请基地组织领导人奥萨马·本·拉登（Osama bin Laden）在苏丹建立了一个基地。[12]

最终巴希尔与图拉比决裂，因为他牵扯基地组织致使很多西方国家和邻国疏远了苏丹。[13] 在 2000 年以前，巴希尔总统变得不那么极端，并且开始配合美国进行反恐战争。[14] 对于许多人来说，他的合作是与结束南方战争的强

278

---

〔11〕 Xan Rice, "Profile: Omar al-Bashir", *The Guardian*, March 4, 2009, http://www.guardian.co.uk/world/2009/mar/04/omr-bashir-sudan-president-profile.

〔12〕 Id.

〔13〕 Id.

〔14〕 Id.

大国际压力亦步亦趋的。卡特中心（TCC）是在此期间与巴希尔打过交道的组织之一。一些国际观察家声称南方战争导致了将近 2 000 000 人死亡。[15]虽然达尔富尔形势严峻，但南方的情况更加糟糕。[16]总共有数百万人在巴希尔政权统治下经受苦难。不论如何，巴希尔支持 2000 年选举并轻易赢得了大选。

在国际刑事法院起诉巴希尔的两年前，在卡特中心和其他国际非政府组织的推动下，经过广泛协商，巴希尔和反叛领袖约翰·加朗（John Garang）于 2005 年 1 月在内罗毕签署了和平协议。协议授予南苏丹地区自治权，6 年后就独立进行全民公决。当时约翰·加朗是一个南苏丹组织即所谓苏丹人民解放军（SPLA）的领袖，已经与巴希尔战斗多年。民主政治似乎呈上升势头。

协议签订以后，巴希尔在他的政治伙伴关系上再一次走向极端。那时达尔富尔的战争已经开始，在国际社会上它比南方冲突给巴希尔带来了更多的麻烦。一些最恶劣的袭击发生在与约翰·加朗签订内罗毕（Nairobi）协议后的几个月时间内。[17]使我们对巴希尔的分析复杂化的是，他在达尔富尔的行为动机可能与南方正在发生的事情有关。巴希尔似乎一手与南方讲和，另一手在达尔富尔升级战争。[18]现在我们回到之前停下来的地方，2005 年联合国安理会把达尔富尔的情况提交国际刑事法院进行调查。[19]

达尔富尔是非洲最偏僻的地区之一，在 2003 年伊拉克战争的阴影下，那里的情况一开始似乎并未被人察觉。在 29 个月的时间里，350 000～400 000 人在 21 世纪第一次种族灭绝的暴行中死于暴力、营养不良和疾病。受害者是达尔富尔非阿拉伯或非洲部落族群，主要是富尔人（the Fur）、马萨利特人（the Massaleit）和扎加瓦人（the Zaghawa），还有通朱尔人（the Tunjur）、比尔吉德人（the Birgid）、达乔人（the Dajo）以及其他族人。这些居民在政治上和经济上已经被长期边缘化，总部位于苏丹首都喀土穆的"全国伊斯兰教阵线（the National Islamic Front）"政权，拒绝对阿拉伯民兵针对非洲村庄越

[15] Jason McClure, October 7, 2009, *Africa's Last, Next War*, Newsweek, The Daily Beast, http://www.the dailybeast.com/newsweek/2009/10/07/africa-s-last-next-war.html.

[16] Id.

[17] BBC, "Sudan Profile, Chronology of Key Events", Last Updated, October 2012, http://www.bbc.co.uk/news/world-afraid-14095300.

[18] Baltrop, R., *Darfur in the International Community: The Challenges of Conflict Resolution in Sudan*, New York, I. B. Tauris & Co. Ltd., (2011), pp. 20~35.

[19] Baltrop, R., (2011), pp. 20~35. （下面四个段落我依据巴尔特洛普提供的历史事实。）

来越多的暴力袭击予以管控。由于整个萨赫勒地区沙漠化的发展，阿拉伯人与非洲部落族群对达尔富尔地区稀缺的主要资源——可耕地和水的竞争更加激化。

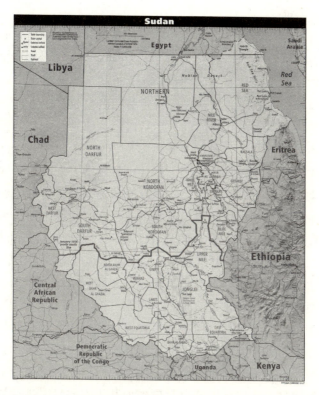

对于这片广大地区（它的面积与法国一样大）迫切的经济需要、腐败的司法体系、政治代表的缺失，特别是对于阿拉伯袭击者越来越多的免予处罚所导致的全面种族屠杀，喀土穆没能做出反应。 281

达尔富尔叛军也有一段与喀土穆进行斗争并在对抗喀土穆正规军时取得最初成功的早期历史。但这个胜利带来了可怕的后果。喀土穆政权一改直接进行军事对抗的策略，变为有组织地破坏被当作支持叛乱的民间基地的非洲部落族群。执行喀土穆政策的主要工具是金戈威德（Janjaweed），这是一只骑在马和骆驼上、组织松散的阿拉伯民兵部队，大概有 20 000 人。

这支部队在军事实力、特征和目标上与先前的民兵袭击者有明显的不同。喀土穆确保金戈威德特别配备重型武器，供给充足，积极配合政府的正规地面部队和空军。事实上，人权观察组织（Human Rights Watch）得到一份苏丹政府 2004 年 7 月的秘密文件，直接暗示高级政府官员执行支持金戈威德的政策。据说这份资料显示，民兵的活动不只是得到纵容，而且还特别得到了苏丹政府官员的帮助。

在南苏丹工作的调停者遇到了与莫雷诺·奥坎波相似的问题。巴希尔积极介入种族灭绝了吗？正如在第一章所述，巴希尔是否直接导演了事件，不仅提出了与"邪恶"分子打交道的隐患问题，也给调停者带来了在调停期间对巴希尔提出何种类型要求的问题。这与质疑和巴希尔打交道是否违背了美国不与邪恶分子、无论他们是恐怖分子还是国家总统进行交易的原则不同。在美国担任调停者的情况下，美国必须考察它所知道的关于被指控者的事情，以便帮助确定可能涉及邪恶的程度，并且比照鼓励未来其他领导人从事类似行为的风险来判断和平谈判的风险。非政府调停人提出这些问题，以确定为合作提供理由的共同利益的领域，还可以通过这些问题帮助当事人理解任何建议方案所包含的隐患，不管它们是处于确保其善意履行的监控设计之下，还是为了它们的长期效应帮助当事人预见任何已达成的解决方案的萃取性质。在国际刑事法院介入之后，不论是美国还是非政府组织调停人，都要提出这些问题，以便预见就巴希尔起诉的搁置问题可能和检察官达成的任何交易。就像一个典型的地方检察官一样，调停者通过达成一个带有刑事司法意义的交易，要求巴希尔进行谈判合作，尽管它并没有权力约束国际刑事法院执行这个交易。调停者必须进行和平斡旋，但要在国际刑事法院的庇护之下。

许多专家声称，达尔富尔暴力与更多地基于宗教界限进行战斗的南方内战不同，它具有种族和部落动机。在达尔富尔，袭击是种族灭绝性的，即便是在隶属于同一宗教组织的成员之间。除了依照巴希尔的命令支持金戈威德（游牧的阿拉伯民兵）发动马背上的进攻外，苏丹军方还发起空中轰炸行动，并动用武装直升机对达尔富尔人进行打击。据说巴希尔指挥了这些攻击，最起码，他没有惩罚执行这些攻击的军方领导人。他在达尔富尔的动机似乎只是为了确保他的个人权力。为此，他的动机看起来与我们以前定义过的邪恶相似。从莫雷诺·奥坎波的观点来看，国际刑事法院发出逮捕令显然是合理的。

不过，我们将会看到，对于国际刑事法院具有诱惑的事情，是想观察一下仅仅从其能够依据《罗马规约》对巴希尔进行成功起诉的角度，能否发出一张对巴希尔的逮捕令和起诉书。它没有充分考虑其他人多年来已经一直在南苏丹致力于对巴希尔的调停工作。对他的逮捕令将会具有衍生效应。国际刑事法院没有考虑到它的行为将对苏丹与南苏丹政府、乌干达和利比里亚和平与民主联盟（LURD）间达成的《全面和平协定》产生何种影响。[20]

283

[20] 参见第一章关于制定策略图表的论述。

外交选择	和平优先	低代价	易于执行	最少公开曝光	总 分
军事行动	5	2	3	5	15
支持国际刑事法院程序	1	3	3	2	9
支持真相与和解委员会程序	1	3	4	1	9
苏丹特别法院（针对将军）美国专家混合程序	1	4	3	3	11
非洲法院	1	2	5	1	9
调 解	1	1	2	1	5
什么都不做	1	1	1	4	7

虽然给每一栏指定一个数值的依据多少有点武断，但它可以迫使调停者和当事人仔细思考就每一项选择达成一致的后果。关于这个过程的更多内容及其如何用于帮助当事人达成一个包含第一级原则的协议，见之有关制定法律决定的部分。See, Zwier, P., Legal Strategy, Boulder, Colorado, (NITA, 2005).

	这里主要事实错误的风险	彼时结果没有实现的风险	时间风险（关于时间量）	金钱风险（关于需要的投资）	总 分
军事行动	5	5	5	5	20
支持国际刑事法院程序	4	4	4	1	13
支持真相与和解委员会程序	4	3	4	2	13
苏丹特别法院 美国专家混合程序	2	2	3	4	11
非洲法院	4	5	4	1	14
调 解	4	2	3	3	12
什么都不做	2	4	4	2	12

对于每一个选择的分析不能停留于表一。调停者和当事人必须基于主要事实错误的风险（比如巴希尔下令种族灭绝和大屠杀）、结果没有实现的风险（比如巴希尔在一场军事行动中被杀死，或在一个法庭程序中被证明有罪，或达成一种符合调停原则、并创造了长久和平的协议）、关于它所需要的时间量的风险（真相和调停委员会可能只是拖延时间，让以后审问巴希尔变得更加困难）、付出成本乃至生命试图执行该选择的风险，尝试评估与每一项选择相关的风险。关于这个过程的更多指定的风险，参见 Zwier, P., *Legal Strategy*, Boulder, Colorado, (NITA. 2005).

284　　　　不幸的是，苏丹国内民众似乎从一开始就把国际刑事法院的令状看作对于他们主权的侵犯。喀土穆的苏丹人组织了反对法院的街头抗议。在指控宣布后的第一周，巴希尔同情者的抗议几乎每天都要举行，但来自苏丹平民的支持似乎很快就减弱了。对于某些人来说，对巴希尔的起诉出于政治动机，旨在向巴希尔传递一个明确的信息，即国际司法体系是不容轻视的。[21] 对于其他人而言，巴希尔的拒绝就是他达尔富尔战争罪犯身份的一个迹象。[22]

　　　　除了制造动荡以外，起诉还削弱了苏丹政府进行合作达成和平协议的意愿。国际刑事法院的令状破坏了苏丹国家的主权，并树立了一个不好的先例——该地区其他国家或许把后来的统治视为出自一个政治化的法院。非洲国家特别指出，当国际刑事法院指控一个国家元首的时候，它让人联想起新殖民主义对发展中国家事务的干涉。[23] 国际刑事法院可能被当作一个政治机构。拥有

285　穆斯林人口的非洲国家开始提出与其他国家行为者待遇的比较。阿拉伯国家则会提出几个重要的问题：对于一个在加沙犯有战争罪行的以色列总统的起诉在哪里？对于未经授权入侵伊拉克的美国总统的起诉在哪里？

　　　　不仅是其他穆斯林国家，作为安理会成员国，俄罗斯和中国对于这些担忧也变得非常敏感。特别是中国，正是基于这些理由反对国际刑事法院的指控。作为苏丹最紧密的经济、军事和政治伙伴，中国是最能够给苏丹施加压力，终结达尔富尔以及其所支持的乍得暴力的国家政府。在北京随后发布的

---

　　〔21〕　When to Indict?, supra, note 7.

　　〔22〕　Id.

　　〔23〕　Alex de Waal, 14 July, 2008, Sudan and the International Criminal Court, A Guide to the Controversy, Open Security: Reconciliation and Conflict, http://www.opendemocracy.net/article/sudan-and-the-international-criminal-court-a-guide-to-the-controversy. 从人权组织到国家政府，那些相信法院会破坏对于和平与安全的追求的人多种多样。2008年7月15日，星期二，总部设在布鲁塞尔的人权组织国际危机组织（International Crisis Group）在一份新声明中表示担忧，起诉将"对苏丹脆弱的和平与安全环境构成重大风险，很有可能加剧大量民众的痛苦"。在华盛顿，一直有人担心国际刑事法院的指控会使奥马尔·巴希尔总统失去通过谈判解决冲突的意愿。前美国驻苏丹特使安德鲁·纳齐奥斯（Andrew Natsios）在起诉宣布后不久发表了一份书面声明，表示担心"这个政权现在将会避免任何妥协，或者任何可能削弱他们已经被削弱的地位的事情，因为如果他们被赶下台，他们就会面临国际刑事法院的审判"。Rumbidzai Maweni, *Sudan's President Omar al-Bashir Indicted by the ICC: What's the Next?*, Citizens for Global Solutions, July 2008, Washington D. C., http://archive2.globalsolutions.org/issues/sudans_president_omar_hassan_al_bashir_indicted_icc_what_s_next. See also, Sudan Tribune, *Former US special envoy to Sudan warns against ICC Darfur indictments*, June 26 2008, Washinton, http://www.sudantribune.com/spip.php?article27670.

简报中，中国外交部发言人表达了对国际刑事法院起诉苏丹领导人的关切和忧虑。他说："国际刑事法院的行动必须有益于达尔富尔地区的稳定和问题的适当解决，而不是相反。"〔24〕中国外交官说他将就这一问题与联合国安理会其他成员进行磋商，但没有表示中国政府是否会利用安理会永久成员国的地位中止这项指控。

不过，中国并没有处在一个公正调停者的位置上。中国一直向喀土穆出售武器，并且是苏丹石油的主要投资者。毫无疑问它需要苏丹的自然资源。中国还试图在非洲和全球范围内把自己定位成一个不干预主义者，可以取代西方在人权和政治问题上的教条主义。中国外交官强调中国主要担心指控将危及调停者的部署，并希望进行谈判。〔25〕

从巴希尔的观点来看，中国的介入和它在苏丹的石油利益对于任何关注和平的调停者来说都制造了一个新的支点。如果巴希尔失去了向中国运送石油的能力，他就失去了依靠中国在联合国安理会对于任何行动行使否决权的机会，否则中国有可能行使否决权，同时也失去了中国对这个政权的支持和保护。那么石油可以代表一种理由或共同利益，用来帮助在南苏丹其他问题上对巴希尔施加影响。

286

2008 年，起诉引起了巴希尔的注意。巴希尔企图策划一种解决方案，让联合国安理会将令状推迟一个可以续展的 12 个月期限。他开始了一场外交行动，包括派苏丹官员访问许多国家，竭力为搁置起诉争取支持。最为重要的是，巴希尔已经显示出对那些应该接受审判的暴行负责的意愿。随后巴希尔提出了一个不错的法律主张，他利用国际刑事法院的互补原则，指出如果有关国家的法院能够审理战争罪犯，那么国际刑事法院对此没有管辖权。巴希尔说他需要时间在苏丹建立国家级的特殊法院以便调查达尔富尔的罪行。他是在拖延时间还是真的试图通过谈判终结达尔富尔的暴力？对于美国来说，这是一

〔24〕 Nora Bustany, China Expresses "Grave Concerns" over ICC indictment of Sudan's Bashir, *The Washington Post*, July 16, 2008, http://www.washingtonpost.com/wp_dyn/content/article/2008/07/15/AR2008071502657.html (hereinafter, "Grave Concerns").

〔25〕 "联合国正在使用这些不同的方法，它应该确保自己的优先权，一种方法的使用不应该削弱其他方法。"中国外交部发言人告诉记者。Nora Bustany, "Grave Concerns", http://www.washingtonpost.com/wp_dyn/content/article/2008/07/15/AR2008071502657.html.

中国外交部发言人刘建超 2008 年 7 月 17 日例行新闻发布会，中华人民共和国驻纽约外国领事馆，http://www.nyconsulate.prchina.org/ehg/fyrth/t47600.htm.

个与苏丹携手发展法治、并以此为起点致力于南苏丹持久和平的机遇吗？

巴希尔善于利用联合国其他成员支持他的立场。几个阿拉伯和非洲国家政府加入了巴希尔的解决方案。起诉宣布后，非洲联盟（The African Union）立即在亚的斯亚贝巴（Addis Ababa）召开会议，会后要求国际刑事法院"推迟"任何针对巴希尔的行动，并批评国际刑事法院的起诉。[26]非洲联盟声称起诉无助于解决达尔富尔危机。阿拉伯联盟（The Arab League）在接下来的

287 周末在开罗举行紧急会议，很快同意支持巴希尔。阿盟秘书长阿姆鲁·穆萨（Amr Moussa）说："我们不相信刑事法院采取的措施是经过深思熟虑的。"[27]埃及和也门各自发表声明表达了对巴希尔的支持。伊朗外长马努切赫尔·穆塔基（Manouchehr Mottaki）也参与进来，声称伊朗认为国际刑事法院检察官的行动是"令人不安的"。[28]

另一方面，国际刑事法院的令状在某种意义上产生了预期的后果。在2012年，巴希尔没有像许多人相信的那样拒绝达尔富尔和平谈判，他一直固执地强调他在为此进行准备。可能因为他担心苏丹将失去对于来自南苏丹的石油的控制，尤其是在南苏丹得到支持通过替代线路而不是经过苏丹输送石油的情况下。为了阻止这样的行动，巴希尔迅速采取措施提升与其备受折磨的邻国之间的关系，宣布最近将恢复与乍得的外交关系。乍得是苏丹的长期对手，因为苏丹指责乍得支持达尔富尔叛乱。

问题依然存在——在苏丹与南苏丹之间的外交努力中，美国将扮演何种角色？南苏丹的形势很快恶化。部落族群再次开始行动，他们在不断升级的恶性循环中相互袭击。这些袭击似乎主要是想夺取敌对族群的牛和其他家畜。其他袭击则关乎石油以及谁将控制收入来源。

对于观察家来说，这种暴力模式与后殖民地时代的非洲独立运动很相似。在新的独立国家建立以后，新领导人在某种程度上往往基于用新的平等主义取代旧的剥削制度的豪言壮语而夺取权力。这些新领导人专注于维护和延长他们的领导职位。他们开始为使用暴力剥削人民寻找借口，以便压制他人而

288 赢得某些族群的支持。这个领导层开始执行一套越来越独裁的政策，制造了

---

〔26〕 Grave Concern, supra, note 24.

〔27〕 Grave Concern, supra, note 24.

〔28〕 Ibid.

一个剥削的恶性循环。[29]

适当而讲原则的调停者能否利用对巴希尔的起诉以及苏丹事件把自己在北非定位成一个有原则的实用主义者？如果美国能够这样定位，那将对其改变与其他北非及中东国家的关系大有帮助。但是，自从国际刑事法院起诉以后事情并未止步不前。在南苏丹发生的事情让美国与巴希尔打交道的立场更加复杂化。巴希尔显然支持南苏丹独立运动，这让美国在对和平的需要与坚持自己的原则之间保持平衡变得更加困难。

美国或者任何一个试图在该地区斡旋的调停者，都必须在巴希尔的逮捕令与苏丹和平之间制造两种联系。第一是就苏丹政府（GoS）与其他南苏丹领导人之间的情况得到巴希尔的合作。[30]他的介入可以作为催化剂，让各方当事人利用石油争端就该地区领导权问题制定一个更加一体化的解决方案。通过恰到好处的接触，调停者能够帮助当事人把石油看作属于所有苏丹人的资源。不能为了个别领导人或精英集团的好处而攫取这些利益，应该把它用于开发打破该地区恶性循环的一体化因素——公路、学校以及所有苏丹人都可以不受限制地获取融资的权利，不论他们居住在达尔富尔还是南苏丹。

第二是巴希尔与约瑟夫·科尼之间的联系。通过适当的调停者与美国之间的协调，巴希尔能够提供结束约瑟夫·科尼在南苏丹、北乌干达和刚果的屠杀与绑架所需要的权威。这些联系对于南苏丹、乌干达（甚至刚果）的全面和平是至关重要的，作为交换是推迟对巴希尔的起诉。但是，我们的故事又讲过头了。

289

调停中面临的问题

如果不了解南苏丹，就不可能对达尔富尔进行成功的调停。但是要理解苏丹政府、达尔富尔与南苏丹之间的关系，我们就需要了解整个苏丹的历史。苏丹在分裂之前是非洲最大的国家，与 8 个国家接壤，居住着两个不同的族

---

[29] Acemulu D. Robinson, J., *Why Nations Fail*, Chapter 8; Meredith, M. (2005), *The Fate of Africa: A History of Fifty Years of Independence*, p. 686, New York, Public Affairs.

[30] Grave Concern, supra, note 24.

群。非洲血统的苏丹人主要住在苏丹南部，阿拉伯血统的人住在北部。苏丹最初沦为英国殖民地，后来又被埃及人殖民。[31] 南苏丹的非洲人大多数是丁卡（Dinka）和努尔（Nuer）部落人，讲班图（Bantu）方言和英语。这些部落受到基督教和泛灵论信念的影响，有着相近的文化。北部阿拉伯家族的人肤色较白，讲阿拉伯语，是穆斯林。政治、种族、宗教、语言和文化的差异构成了苏丹人的特征。但是，这种多样性没有被当作文化财富的资源，却被认为是苏丹 43 年战争的根源，这是非洲持续时间最长的民族政治冲突。[32]

迄今为止，人们已经为解决冲突进行了许多并不成功的尝试。当地土著的办法、地区和国际的努力除了达成短期停火协议之外一无所获，只是给交战方提供了一个休整和重新武装的机会。交战方的残暴行为毁坏了南方地区的社会和经济结构，让南方地区的文明几乎倒退了 100 年。尽管存在国际干

290 预，南苏丹的奴隶制、饥荒和疾病还是几乎每年都要见诸报道。[33] 南方形势的复杂性在于如何从各种族群中获得授权以便解决他们的不满。考虑到族群身份的多样性，如何界定一个族群？是根据它的地理位置（北方或南方），种族（非洲或阿拉伯），宗教［基督徒、泛灵论者（Animist）还是穆斯林］还是部落（丁卡或努尔）？虽然把每一个族群的代表都带到谈判桌旁是处理问题的一种方法，但是达成和解的更好办法是回顾苏丹冲突的历史，聚焦于两个主要的历史事件：1956 年第一次战争的起因和 1983 年第二次战争的导火索。

在 1956 年苏丹独立期间，埃及人和他的殖民同伙英国人通过分配政治权力的方式在不同种族之间制造了分裂。（残存的与英国人的同盟——开始和乌干达境内的天主教徒作战，然后和德国人，再然后是法国人——导致英国人与苏丹的阿拉伯穆斯林勾结在一起。）统治苏丹的所有政治权力集中到阿拉伯血统的苏丹人手里。这赋予阿拉伯血统的苏丹人凌驾于非洲血统的苏丹人之上的种族优越感。结果，在政府与南方人民之间爆发了内战。战争一直持续到 1972 年，政府与阿尼亚尼亚（the Anya Nya）（南苏丹反抗者）之间达成了

---

〔31〕 Deng, F. M. (1978), *Africans of two Worlds*: *The Dinka in Afro-Arab Sudan*, New Haven Connection: New Haven Connecticut: Yale University Press; Deng, F. M. (1995), *Wars of Visions*: *Conflict of Identities in the Sudan*, Washington D. C. : Brookings Institute.

〔32〕 Deng, 1995.

〔33〕 Weeks, D. (1992), *The Eight Essential Step to Conflict Resolution*. Los Angeles: Jeremy P. Tarcher, Inc.

停火协议。[34]

在另一场内战开始以前，苏丹和平只存在了 11 年的时间。虽然南方与北方之间就经济和统治问题一直存在许多小的争端，但诱发第二次内战的主要事件是政府推行沙里阿法（Shari'a Law）。沙里阿是以《可兰经》（the Koran）教义为指导原则的穆斯林法律。它用当众鞭笞、切断肢体等方式惩罚违法者，对其中包括盗窃、通奸等罪犯则处以死刑，被认为是非常严厉的法律。这个法律不论犯罪者的宗教信仰，将统一适用于苏丹。其结果是，南方的基督徒于 1983 年发起第二次革命即"第二次阿尼亚尼亚"进行反抗。[35]

今天，进行任何调停涉及的主要当事人是：苏丹政府、苏丹人民解放军、苏丹人民联合解放军（the SPLA-United）和南苏丹政府。辅助当事人是美国，乌干达，埃及，利比亚，埃塞俄比亚，厄立特里亚，非洲统一组织（the Organization of African Unity，OAU），政府间发展组织（the Intergovernmental Authority on Development，IGAD），联合国、阿拉伯联盟和欧盟。另外，在 2000 年以前，一些私人经济利益集团也开始发挥作用，比如一家在中国和马来西亚都很活跃的名叫塔利斯曼（Talisman）的加拿大石油公司在苏丹取得了一个重大发现。中国和马来西亚由于它们在塔利斯曼的股份，由于它们参与了苏丹的石油开发，可以被确认为冲突的辅助当事人。苏丹反对党和国际社会已经批评塔利斯曼、中国和马来西亚，因为其从事经济活动带来的金钱最终被苏丹政府用于维持战争。中国和塔利斯曼公司的利益需要加以考虑。但是同样，任何长期的解决都需要结束萃取性的统治政策，这种政策榨取石油资源并剥削生活在这个地区的苏丹人民，却在改善本地区生活条件方面无所事事。目前，从这个地区获取资源就没有给予任何形式的回报，既没有修建基础设施、学校和公路，也没有落实政府对当地人民的责任。

苏丹冲突持续时间如此之长，以至于有人说它是难以治愈的，几乎抗拒所有形式的第三方外交干预。第三方干预者的范围包括个人、政府、地区组织、非政府组织和国际组织。尽管名单无法一一列举，但特别需要提到的是下列第三方干预者：前总统吉米·卡特、利比亚、埃及、政府间发展组织和联合国。美国不是第一个尝试干预的当事国。

---

[34] Deng, F. M.（1995），*Wars of Visions.*

[35] Deng, 1995.

虽然大多数人把苏丹冲突看作源于权力分配不均的政治冲突，那些最接近冲突的人却把它视为一种身份冲突。最近南苏丹独立并没有真正改变事态。南苏丹人把权力分配不均视为北方人种族优越感的表现。北方人把南方人当作反对伊斯兰教和政府的叛乱。所以，需要带到谈判桌旁的主要问题包括：

- 脱离北方后独立的南苏丹人总数。
- 苏丹与南苏丹人民对于每个族群获得平等的政治权力以及对种族、文化和宗教差异给予尊重的需要。
- 政府（主要由北方人组成）对南方停止战争、发展经济的要求。
- 政府对于沙里阿成为这片土地或者留在苏丹的非穆斯林族群的法律的要求。
- 当地人民对于水、农作物灌溉系统、食物、学校和电力等基本生活需要的要求。

不过，必须指出，虽然这个单子里面提及的问题对于分析冲突非常重要，但还是存在一些其他的第三极问题，削弱着苏丹的和平努力。这些问题包括北方在整个苏丹推行伊斯兰教的愿望，阿拉伯世界对苏丹政府的影响和支持，一些撒哈拉沙漠以南国家对南苏丹暴力运动的影响和支持。我们将会看到，在苏丹和平、乌干达和平甚至中东和平之间存在着密切的联系。

自 1983 年第二次战争爆发以后，苏丹政府、苏丹人民解放军和现在的南苏丹政府（冲突的三个主要当事人）展示了一种被其外交和军事策略的战略愿景所指引的行为模式。既然南苏丹已经独立，重要的是看到这种模式是否发生了变化。最近的事态表明不会发生变化，除非各方之间某些新的行为得到了斡旋。任何调停者必须清楚当事人之间的历史以及其策略模式。

人们注意到在大多数情况下，当军事形势对苏丹政府不利的时候，它就会追求外交谈判。比如在雨季，当反抗的游击队得以利用树木茂密的地形而政府军的重型装甲车辆无法进入沼泽地区时，他们就会寻求协商。另外，当国际社会针对苏丹政府侵犯人权提出强烈抗议时，政府往往会做出致力于谈判的姿态，以洗清受到损害的形象。

另一方面，苏丹人民解放军（现在的南苏丹政府）一旦在战场上占据上风，他们就渴望谈判。可以假定他们认为这给了他们在谈判时讨价还价的权力。巧合的是，这通常发生在雨季，也是政府想要谈判的时候。从这种行为模式可以演绎出各方的谈判风格。历史上，苏丹政府在处于军事劣势的时候想要谈判，苏丹人民解放军却在拥有军事优势的时候希望谈判。可以相信，新的南苏丹政府会像之前的苏丹人民解放军一样认为，带着满满一袋战利品走到谈判桌旁会给苏丹政府带来心理影响，因为它向苏丹政府表明，对南苏丹的军事胜利并不是结束战争的方法。因而，他们会沿用苏丹人民解放军的战术，希望苏丹政府软化立场，做出南苏丹可以接受的让步。

与南苏丹的思维方式和谈判策略相反，苏丹政府把谈判当作一种诱使南苏丹签订停火协议、为其在战场上提供喘息之机的办法。然后苏丹政府可以利用停火扩充军事机器、开发新的军事策略。这意味着政府并没有谈判的诚意，只是在滥用谈判过程和第三方的努力。这种不和谐的谈判目标产生的停火协议总是遭到破坏。这些非输即赢的谈判战术也总是导致冲突升级。所以，冲突表现出长时间战斗的特征，尽管有时会被个人、人道主义组织、国际和地区政治组织发起的短命的停火协议所打断。

尽管这些年来对谈判缺乏热情，但各方围绕独立投票似乎终于找到了一条结束战争、实现目标的方法。不过，在独立投票之前他们的问题是要选择 294 解决冲突的方式。在 1999 年卡特中心和渥太华苏丹人社团（the Ottawa Sudanese Community）进行的会谈中，人们形成一致意见，即苏丹政府相信结束冲突的唯一办法是在军事上全部消灭苏丹人民解放军。另一方面，苏丹人民解放军相信通过强大的军事压力，苏丹政府会改变他们的态度，接受南苏丹人民为平等的政治伙伴。所以，双方在某些事情上存在共同之处——相信战争会帮助结束冲突。这一毁灭性的伙伴关系让冲突变得更加棘手，因为双方提出的解决方案全都行不通。对于调停者来说，问题是南苏丹独立能否真正改变双方之间的这些态度。

一些政治学家提示，找出最适当最持久的冲突解决方案的能力在于准确地识别其动机。[36]虽然通过倾听苏丹人民讲述他们的故事，以及他们如何描述自己的状况，可以实现这一目的，但重要的是使用一个理论框架来确定人们以自己的行为方式来行动的理由。说冲突源于种族主义、部落主义或者宗

---

〔36〕 Haus, Charles (Chip), "Addressing Underlying Causes of Conflict", *Beyond Intractability*, Eds. Guy Burgess and Heidi Burges. Conflict Information Consortium, University of Colorado, Boulder. Posted: July 2003 <http://www.beyondintractability.org/bi-essay/addressing-underlying-causes>.

教哲学的分歧，而没有提及人们为什么以及怎样成为种族主义者或部落主义者是不够的。为了防止两个国家重新滑向战争，需要继续进行调停。如果没有转化型调停策略，古老的战争计谋和部落主义就会有重新浮出水面的危险。

因为苏丹的民族政治冲突发生在棘手的族群之间，所以使用诸如社会认同理论（the Social Identity Theory，SIT）等社会心理学理论有助于更好地加以理解。"我们必须把基于身份的冲突同那些主要源于利益的冲突区别开来，因为处理基于利益的冲突的传统办法通常只会恶化身份冲突。"[37]诺斯若普（Northrup）这样解释身份：

> 身份可以定义为一种永久的自我以及自我与世界关系的意识。它是一种诠释世界的信念或方法的体系，让生活变得可以预知而不是漫无目的。为了正常运转，人类必须具备合理水平的能力，以便预测其行为如何影响发生在他们身上的事情。[38]

以前提到，苏丹人被种族、文化、宗教和部落界限分隔开来。一条可以把所有这些类别连接起来的共同线索就是族群身份。[39]着眼于种族划分，我们看到北方大多数人是阿拉伯血统，而南方人多是非洲血统。由于想当然地认为北方人优于南方人，北方人的政治和经济决策已经使南方人被边缘化。这种族群内族群外的划分导致了1956年他们之间的第一次战争。南方人感觉受到抛弃、不被认同、被剥夺了人性，这不是因为他们做了什么，只因为他们是谁（非洲人）。由于意识到他们被肤色决定的共同承担的命运，南方非洲人进而巩固了他们的团结。这导致他们拿起武器反抗北方人，因为他们感受到被压迫、被忽视。对于北方人而言，南方人在社会上是无形的，这意味着他们的社会身份在政治版图上已经被抹去。为了让自己在社会上被看得见，南方人不得不通过战争显示其身份。

〔37〕Rothman, J. (1997), *Resolving Identity-based Conflict in Nations, Organizations, and Communities*, San Francisco: Jossey-Bass Publishers. p. 9.

〔38〕Northrup, T. A. (1989), "The Dynamic of Identity in Personal and Social Conflict", in L. Kriesberg, T. A. Northrup & S. J. Thorson (Eds.), *Intractable Conflicts and Their Transformation* (pp. 55~82), San Francisco: Jossey-Bass Publishers, p. 55.

〔39〕Fisher, R. J. (1990), *The Social Psychology of Nternational Conflict Resolution*, New York: Springer-Verlag.

北方人拒绝改变，他们相信自己比南方人更优秀，因而配得上享有更多的国家资源。改变，过去是、现在也是对北方人身份意识的一种威胁。这么多年来，他们的阿拉伯身份伴随着一种优越于非洲人的信念。改变这种状况意味着迫使他们改变身份，对于他们而言，这是令人恐惧和不可接受的。因为身份是北方人存在的理由，唯一的选择就是为了保卫它而战斗。这就是冲突如何发展到难以驾驭的地步的原因。

这种解释也适用于宗教，它是北方苏丹人文化中不可或缺的部分。1982年苏丹政府推行沙里阿法是维护穆斯林身份的一种方式，非洲人对此却一无所知，更不用说尊重。伊斯兰教在北方人的日常生活中有着很大的影响，人们要把北方宗教同北方文化分割开来是件很困难的事情。换言之，对伊斯兰教的威胁也是对北方人文化的威胁。为了保护他们的身份，北方苏丹人（政府）不得不把宗教推广到国家的各个角落。

北方人越觉得他们的宗教得到保护，南方人越觉得他们的文化和宗教受到威胁。就像他们通过第一次阿尼亚尼亚战斗对于种族身份的抑制做出回应，南方部落在1983年发起第二次阿尼亚尼亚防止自己"伊斯兰化"。他们觉得推行沙里阿法忽视了他们的价值和文化。这使得本已脆弱的南北方之间的关系更加恶化。两个族群都发誓战斗到底，因为没有人准备放弃自己的身份。

经过长时期共同努力与苏丹政府作战后，苏丹人民解放军的努尔战士（Nuer SPLA）指责丁卡（Ra SPLA）指挥官在领导职位方面偏袒丁卡战士。这引发了一场族群内冲突并导致苏丹人民解放军分裂，努尔战士建立了自己的派别（SPLA-United），丁卡战士则留在最初的苏丹人民解放军内。从那时起，这两个派别以一种族群外与族群内的维度来看待自己。这里，问题是由族群部落身份导致的族群内的任人唯亲。努尔人觉得由于部落身份，他们在苏丹人民解放军的行动中被拒绝给予权力。为了维护他们的身份，努尔人决定进行斗争，他们需要得到丁卡族群的尊重。在苏丹冲突中，社会身份不是固定不变的，而是不断变化的。这种族群身份的动态变化让苏丹冲突变得更加复杂。除非并且直到所有当事人相互承认、尊敬和重视个人乃至共同的身份，否则冲突永远都得不到解决。

努尔反抗组织后来重新加入了苏丹人民解放军。2003年苏丹人民解放军组成了名为南方人民解放运动（SPLM）的政治武装，南方人民解放运动与苏丹政府致力于通过在政府间发展组织监督之下的谈判过程寻求他们问题的解决方案。[40]

全面和平协议：独立的前奏[41]

不可低估 2003 年在处理南方问题方面争取巴希尔配合的调停努力所产生的影响。2003 年，南方人民解放运动（SPLM）领袖约翰·加朗博士与苏丹副总统阿里·奥斯曼·塔哈（Ali Osman Taha）签署了《全面和平协议》（the Comprehensive Peace Agreement，CPA）。这个西方支持的和平协议通过就南北方之间长期存在的分歧，即宗教在国家中的地位和南方的自决权达成一致，从而结束了非洲持续时间最长的内战。协议需要一个长达 6 年的过渡期限，在此期间双方将致力于让苏丹统一成为一个诱人的方案。协议承诺南北方共享石油财富的收益，允许南方人在 2011 年就南方是留在苏丹还是完全脱离举行全民公决。在过渡期间，所有层级的所有职位都要进行选举，包括民族团结政府（the Government of National Unity）的总统。

298　　最让人担忧的是落实《全面和平协议》的缓慢进程。直到 2005 年 8 月《全面和平协议》似乎才真正兑现。约翰·加朗，前苏丹人民解放军领袖，被选为苏丹副总统，他似乎是把苏丹人民的利益放在心上的人（通过在内战期间允许基督教教士提供人道主义援助，他展示了自己的温和形象）。不论如何，他在离开乌干达时突然死于直升飞机坠毁事件［他在那里与乌干达总统穆塞韦尼（Museveni）会面］。他的去世使南方失去了最强大的统一主义的声

---

[40] Deng, F. M. (1978), *African of Two Worlds*; Deng, F. M. (1995), *Wars of Visions*; Fisher, R. J. (1990), *The Social Psychology of Intergroup and International Conflict Resolution*, New York: Springer-Verlag. Northrup, T. A. (1989), "The Dynamic of Identity in Personal and Social Conflict", in L. Kriesberg, T. A. Northrup & S. J. Thorson (eds.), *Intractable Conflicts and Their Transformation* (pp. 55 ~ 82), San Francisco: Jossey-Bass Publishers. Rothman, J. (1997), *Resolving Identity-based Conflict in Nations, Organizations, and Communities*, San Francisco: Jossey-Bass Publishers. Weeks, D. (1992), *The Eight Essential Steps to Conflict Resolution*, Los Angles: Jeremy P. Tarcher, Inc. Wehr, P. (1979), *Conflict Regulation*, Boulder, CO: Westview Press.

[41] 我在这一节的分析在很大程度上得益于我与国际谈判高级研究班的辅助教师汤姆·克里克的交流。汤姆在卡特中心与卡特总统一起工作，他出席了《全面和平协议》的谈判。

音，有些人认为那是让《全面和平协议》生效的唯一可能。[42]

在准备独立投票期间，包括南方北方分界、阿卜伊耶（Abyei）地区和努巴山脉（Nuba Mountains）的地位以及土地所有权问题在内的大部分决定被推迟（甚至在独立以后也没有达成）。安全协议大致维持，然而南方正在迅速重新武装，边界双方的军队都已经动员起来，准备在各种紧要关头重新开始战斗。

在此期间，现场工作的调停人在为南苏丹人提供建议方面面临着困难的选择。自从失去约翰·加朗后，在苏丹或其他地方都没有就如何使长期和平治理的可能最大化达成精英共识。埃及显然担心事情正在恶化。但是对于南苏丹来说，像约翰·加朗最初设想的那样留在苏丹就更好吗？有人觉得，最好还是维持南苏丹作为苏丹的一部分，因为否则的话，留在苏丹的部落族群就会得不到保护。另外，比起独立后在南方留下的权力真空，合作可以更好地承担本地区共同的健康风险（如几内亚虫），并分享石油收益。即便解决了南苏丹地位问题，苏丹也一定会争取分享南方的经济权力，这几乎必然引发战争。

另外，北方的发展似乎只会巩固巴希尔的权力。他会让南苏丹独立，还是会用最初的借口加强对南部的控制？即便独立，许多人想知道巴希尔是否会随意动用武力保护石油收入，并煽动南方的叛乱。从最近的事态来看，情况真的如此。 299

美国至少存在另外一个战略问题，使得有关苏丹政府和南苏丹之间的形势的国家利益分析变得更加困难。许多人认为美国在阿拉伯之春、伊拉克、阿富汗之间有足够多的问题缠身。既然2012年举行选举，美国也许会禁不住从南苏丹脱身的诱惑，否则它可能要卷入国家重建，那是一件特别难以完成的事情。在这里，非政府组织调停者可以帮助争端方得益于平静的调停与支持、沿着制定可持续协议的图谱向前推进。因为我们随后将要讨论的原因，当事人之间达成的任何协议，如果没有背负来自美国的声誉，都更有可能是可持续性的。

如果调停者能够遵循美国的原则秩序（和平优先，之后是选举，之后是法治），那么美国可以鼓励当事人服从并支持一个调停程序。它可以采取一种

---

〔42〕Id.

支持在南方建立民主政府的原则姿态，为南方能够和北方讨价还价创造条件。它可以鼓励当事人加入一个调停者为解决遗留问题提供帮助：为该地区输出石油争取足够的补偿，换取安全并摆脱南方人认为对其身份构成威胁的沙里阿法。

美国可以使用策略处理巴希尔起诉书的最终结果问题。这对于为当事人达成协议创造条件是必要的。毕竟，需要有人在任何与南方达成的和平协议中代表苏丹政府。美国可以暂不把手伸向巴希尔，以便调停者可以拟订出双方协议的条款。它对于指控巴希尔的反应也可以被看作是为南方建立一个民主政府创造稳定的环境，这将使更加平稳地解决经济问题的条件变得更加成熟。

这里，美国的原则可以阻止美国的自私干预使事情变得恶化。通过调停，美国可以成为程序中沉默的一方，而且，由于为南苏丹人民也为苏丹政府创建了民主制度，美国的政策也得到了推动。当这些包容的政策由于其自身的可持续性而起伏的时候，它的说服力就会得到增加——一个为所有部落和宗教提供保护的政府，比起一个为政府精英或内部集团的利益试图榨取地区财富的政府更有可持续性。通过支持一个有原则的调停，美国的行为就能够符合民主原则，确保个人权利，北方与南方也能就经济资源问题达成平等互利的和解。并且，更为重要的是，如果美国在石油如何分配问题上没有被视为追求自身利益，当事人就能够达成一个关于石油的更加持久的解决方案。

这里，我们需要拿博茨瓦纳（Botswana）领导层作为成就某种可能的例子。[43] 它可以提供一个非洲国家利用其矿产资源致富的实例。在 1966 年独立时，由大片沙漠构成的博茨瓦纳是非洲最穷的国家之一，严重依赖英国的援助。不过，独立后不久，丰富的金刚石矿层的发现改变了它的前途。它的领导人塞雷茨·卡马（Seretse Khama）摒弃了过度开发的计划，而是宣布金刚石作为一种资源归全体博茨瓦纳人所有。博茨瓦纳投资于基础设施、卫生和教育，以开发财政资源促进商业成长。过了一段时间，博茨瓦纳人均收入翻了一番，成为非洲最繁荣的国家之一。

---

〔43〕　Acemgolu, D. & Robinson, J., *Why Nations Fail*, Chapter 8; Meredith, M., *The Fate of Africa*, p. 686.

　　对巴希尔总统问题进行调停的一种既有原则又务实的方法，是对巴希尔介入达尔富尔进行一次全面的考察。要认识到与巴希尔进行谈判可能会使一个无情的善于操弄的领导人合法化，而他似乎有能力为了维护自己的职权而策划种族灭绝。另一方面，使用这样的方法还要理解一个事实，巴希尔已经表明他是可以讲道理的，他通过这种方式对指控做了回应。他承诺触犯战争罪的军方参与者将在苏丹法庭受审。他在有关恐怖主义分子在苏丹定居的问题上与美国合作。他在乌干达与约翰·加朗之间磋商的《全面和平协议》带来了选举和独立的南苏丹的建立。在以后，他也是解决苏丹与南苏丹之间遗留问题的必不可少的一方。在有关确定边界、赋予留在苏丹的少数族群权利和分享石油收益的任何协商中，他都是至关重要的一方。

　　可以帮助巴希尔把石油协议当作是结束剥削性政策恶性循环的一种方法，后者只能给该地区带来贫穷和越来越多的暴力。他的合作和来自北方的例子可以给南方领导层树立榜样——像博茨瓦纳利用金刚石那样利用石油兴建基础设施，投资于市场、卫生和教育——能够成为在苏丹和南苏丹缔造持久和平的杠杆。

　　不论是在达成新国家共识之前，还是把它们作为其中的一部分，都需要在以下方面采取重要行动，包括南方人民解放运动和南苏丹政府内部的战略决策、新的南苏丹政府组建工作的顺利完成、达尔富尔问题的解决以及《全面和平协议》突出问题的处理。考虑到大量工作必须赶在权力真空导致暴力回归之前完成，时间对于当事人不利。

　　2012 年，在苏丹和南苏丹之间交界地区的形势迅速恶化。让情况更加糟糕的是，食品短缺和饥荒威胁着南苏丹以及撒哈拉沙漠以南横跨非洲的整个萨赫勒（Sehal）地区。美国进行了干预，坚持争端方进行调停。在南苏丹有很多问题提交讨论，包括对巴希尔的起诉，以及苏丹是否愿意与国际机构合作设立一个让国际刑事法院满意的法庭，依法惩处那些在达尔富尔犯有种族屠杀罪行的人。然后还有新的南苏丹独立及其可持续性问题。如果北苏丹和南苏丹可以在石油丰富的南方采取问题解决的方法，那么还存在着人人皆是赢家的希望。调停者必须推动双方以民主为基础建立政府，保证基本的宗教自由。最后，调停者必须帮助各方解决自治问题，公正地分配石油收益，以便在南方建立一个持久公正与民主的社会，同时也不放弃喀土穆文化的穆斯林特征。

对约瑟夫·科尼的指控

　　如果还不觉得事情已足够困难，那么苏丹与南苏丹双方之间的调停程序还必须意识到与巴希尔达成任何长期解决背后附加的不稳定因素——苏丹政府与南苏丹领导人还必须要与约瑟夫·科尼打交道。约瑟夫·科尼是过去 25 年一直活跃于这个地区的圣主抵抗军（LRA）领导人。他也遭到了国际刑事法院的起诉。因而，讨论科尼在该地区的影响为我们提供了一个对国际刑事法院发出的针对巴希尔（一个国家的总统，不管我们喜欢不喜欢，对于他的处理必须旨在帮助为本地区带来永久和平）与科尼（一个叛乱组织的领导人）的逮捕令进行比较的机会。我们将会看到，科尼正是邪恶分子的典型，他大概已经失去了与调停者进行谈判、在该地区谋求和解的任何合法身份。即便对于非政府组织调停人而言，与科尼对话都将是对谋求和平的终极挑战。

　　具有讽刺意味的是，巴希尔可以把协助缉拿科尼作为因未能采取行动移送自己的将军而向国际社会寻求救赎的一种方法。务实地说，巴希尔的合作或许是帮助国际社会找到科尼并将其从该地区"清除"的一个必要因素。这些年来，巴希尔一直受到为科尼提供避风港的指责，因为允许科尼在南方活动、破坏稳定对他自己有利。科尼最初住在乌干达，当乌干达的形势对他变得很糟糕的时候，他可以随意逃入南苏丹高大的草丛中躲避各方的追踪。国际刑事法院对科尼的逮捕令早于巴希尔，是在 2005 年 10 月初发布的。他的逮捕令使南苏丹的局势进一步复杂化。其复杂因素在于，科尼需要一个不正常的南苏丹——一个缺乏任何有能力政府的南苏丹——以便继续逃避乌干达逮捕他的努力。巴希尔在南方的战争为科尼的生存创造了必要条件。在某种程度上，一个民主的、团结的、安全的、稳定的南苏丹，对于科尼不利。随着与乍得和解、配合美国反对恐怖主义，巴希尔已经朝着获得该地区合法调停者的角色向前迈了一大步。如果他还能配合孤立科尼并将其绳之以法，那么搁置国际刑事法院对巴希尔的逮捕令就是合理的。通过帮助乌干达和国际社会找到并抓住科尼，巴希尔可以表明他与南苏丹进行谈判的诚意。

　　约瑟夫·科尼受到 33 项反人类罪和战争罪的指控，包括下令强奸、奴役、大规模谋杀平民，绑架和征募儿童士兵，下令和参与大屠杀以及非法杀

303

害和掠夺成千上万乌干达平民的人身和财产。这些冰冷的、严厉的指控并不足以显示他对该地区的影响是何等恐怖。

北乌干达与南苏丹一起，是世界上另一个发生最严重人道主义灾难的地区，这在很大程度上是因为科尼。在过去的 20 年中，北乌干达有 20 000 人被杀害，多达 2 000 000 人在国内流离失所者（Internally Displaced Person，IDP）营地中被迫流亡。

这场浩劫是臭名昭著的圣主抵抗军（LRA）制造的，后者的计划和目标充其量仍是模糊的。叛军指挥官约瑟夫·科尼宣称圣主抵抗军的政治计划是根据"十诫"（the Ten Commandments）制定的，但事实上圣主抵抗军一贯违反其中的大多数规定。

约瑟夫·科尼现在五十多岁。他出生于一个农民家庭，那是在干旱到来之前，这个地区相对比较繁荣。在天主教学校里，老师嘲笑他又大又笨。他跟着哥哥学习巫医，并在哥哥死后接手了这个职业。根据另一个在北乌干达、刚果和南苏丹地区引人注目的人物艾丽丝·奥玛（Alice Auma）的说法，约瑟夫·科尼很好理解。奥玛是阿乔利圣灵运动（Acholi Holy Spirit Movement）的领导人，据说可以通过一个灵媒拉奎那（Lakwena）和圣灵对话。她以艾丽丝·拉奎那的名字而为人所知。拉奎那召集了一支军队，他们在战斗之前往自己身上喷散圣水。这支军队与穆塞韦尼的政府军乌干达全国抵抗军（the Ugandan National Resistance Army，NRA）进行作战，穆塞韦尼从乌干达总统蒂托·奥凯洛（Tito Okello）、一个阿乔利（Acholi）人手中夺取了权力。

起初，作为叛乱组织乌干达人民民主军（the Ugandan People's Democratic Army，DPDA）的一部分，拉奎那招募了一支 7000 人的部队与乌干达全国抵抗军作战。经历了与乌干达人民民主军残酷的内部斗争，拉奎那的圣灵运动变得更加强韧，成为对抗乌干达政府的主要力量。在 20 世纪 80 年代，圣主抵抗军赢得了许多不太可能的胜利，开始认为他们的成员得到了圣灵的保护。后来，拉奎那领导的部队在接近首都坎帕拉（Kampala）时被乌干达国家抵抗军击败，她的部队解散，只能在约瑟夫·科尼的领导下重组。

从那时起约瑟夫·科尼一直和约韦里·卡古塔·穆塞韦尼（Yoweri Kaguta Museveni）作战。穆塞韦尼在成功地领导了一场长达 5 年的解放战争后，1986年 1 月 29 日成为乌干达共和国总统。在 1981 年，穆塞韦尼和 26 名青年一起进

304

305

入丛林，组织了全国抵抗运动（National Resistance Movement，NRM）和全国抵抗军（National Resistance Army，NRA），反抗伊迪·阿明（Idi Amin）残余势力的专制统治，后来又反抗乌干达总统密尔顿·奥博特（Milton Obote）。

在1971年伊迪·阿明举行政变后，穆塞韦尼在组建救国阵线（the Front for National Salvation，Fronasa）过程中发挥了重要作用。救国阵线构成了乌干达一个抵抗组织的核心，后者与坦桑尼亚人民国防军（the Tanzanian People's Defense Forces）一起，在1979年4月驱逐了阿明政权。在接替阿明的政府中，穆塞韦尼短暂地出任过国防部长、地区合作部长和军事委员会副主席等职。1980年12月，这个国家20年来第一次举行大选，却被密尔顿·奥博特领导的乌干达人民大会党（People's Congress Party）所操纵。在选举活动中，穆塞韦尼发出警告，如果选举被操纵，他将反抗奥博特政权。1981年2月6日，穆塞韦尼发起游击战争。他只带了26条枪进入丛林，组织了全国抵抗部队，反抗奥博特政权带给人民的暴政。全国抵抗军（现在改名为乌干达人民国防军）据说是非洲独一无二的游击力量，他们在没有多少外援、没有在邻国建立后方基地的情况下夺取了政权。它的主要营地建在离首都坎帕拉仅6英里的地方。对于一些国际主义者来说，这显示了全国抵抗军领导层在极端困难的环境下实现组织纪律的先进水平与处理军民事务的高超技巧。

不论如何，与穆塞韦尼相比，约瑟夫·科尼以一种极为不同的方式招募抵抗军。自1986年穆塞韦尼上台以后，约瑟夫·科尼招募了估计104 000个男孩和女孩，他的方法是进入村庄，逼迫男孩们杀死自己的父母，让他们为了生存不得不依附于他。女孩们则被他当作"丛林新娘"。在整个90年代，他先后依托刚果、乌干达和南苏丹的基地进行战斗，每当军方抵近他以便直接交战，他就消失在高高的草丛里。

很明显，在20世纪90年代，巴希尔协助科尼一起恫吓和搅乱南方。和各方一起在那里工作的卡特中心的代表发现苏丹军队似乎与科尼协调行动，有时及时警告他躲避追捕，有时好像还武装科尼赶走南方人民解放运动的部队（SPLM）。

应穆塞韦尼的要求，卡特中心从90年代晚期开始一直在北乌干达工作。卡特中心没有被科尼的暴行传闻所吓倒，而是不知疲倦地致力于把各方召集在一起。首先，卡特中心尝试获得巴希尔的支持，找到科尼并与之建立起协商。然后，它成功地把穆塞韦尼和巴希尔一起带到内罗毕。苏丹和乌干达政

306

府在那里采取的第一个措施是在南苏丹恢复某种秩序。不过最后，卡特中心还是没能让科尼走出丛林签署协议。[44] 穆塞韦尼难以决定是与科尼进行谈判

---

[44] 内罗毕协议，1999 年 12 月 8 日，内罗毕协议规定如下：

苏丹与乌干达政府间协议

为了增进我们两国之间的关系，促进地区和平，我们做出如下承诺：

1. 我们每一方都尊重另一方的主权和领土完整，遵守联合国宪章和非洲统一组织章程。

2. 我们宣布放弃使用武力解决分歧，并将采取措施阻止任何相互敌对的行动。

3. 我们将尽一切努力解散恐怖组织、解除其武装，并预防可能出自我们的领土、对其他国家安全构成危害的任何恐怖主义或敌对行动。

4. 我们同意决不包庇、赞助或提供军或后勤援助给任何叛乱组织、反对组织或来自彼此领土的敌对分子。

5. 我们将共同努力促进地区和平，主动全力支持、决不损害或干预政府间发展组织在结束苏丹内战中发挥作用。

6. 我们将避免针对彼此的敌对和负面的宣传活动。

7. 我们将所有战俘归还他们各自的国家。

8. 我们尤其谴责任何针对无辜平民的虐待与伤害，我们将做出特殊努力找到每一个被绑架者，特别是过去被绑架的孩子们，让他们返回家园。所有这些案件的情报将与卡特中心、联合国儿童基金会和其他国际组织共享；我们将从那些可以确认的人开始，全力配合搜索和营救这些受害者。

9. 我们将尊重国际法关于处理难民、非政府组织活动和跨境运输的规定，根据联合国难民署的规章（联合国人权理事会）促成难民回家与重新安置。

10. 我们将对那些宣布放弃使用武力的所有前战斗人员提供大赦和重返社会的帮助。

11. 如果条约的所有其他条款得到了令人满意的兑现，我们期望重新建立两个国家之间的正常关系。在这个日期后的一个月内，我们将在两国首都互设办公室，委派低级别外交人员开展工作。在 2000 年 2 月之前将互换大使，并全面恢复外交关系。

为了落实此项协议，我们联络组的指定成员将充当过渡委员会。一俟情况许可，将组建一个部长联合委员会，和至少三个小组委员会，处理政治、安全和人道主义问题。

我们理解，卡特中心会在需要时公布这份协议，并将继续在落实协议中发挥作用。

签字人：

约韦里·穆塞韦尼

乌干达共和国总统

奥马尔·巴希尔

苏丹共和国总统

见证人：

吉米·卡特

前美国总统，卡特中心主席

丹尼尔·阿拉普·莫伊

肯尼亚共和国总统

307
308

还是把他杀掉,这让科尼受到了惊吓。科尼没能出现,削弱了乌干达和苏丹签订的《全面和平协议》在南北苏丹的执行情况。随后科尼游荡于南苏丹、乌干达,并进入刚果招募童子军,在这个地区实行恐怖统治。保持南部动荡似乎对巴希尔有利。

但是,如我们所看到的,由于达尔富尔形势已经引起了国际刑事法院的关注,巴希尔对科尼的支持似乎发生了变化。在巴希尔遭到国际刑事法院起诉后,科尼首当其冲受到了来自巴希尔的压力,这让他自己变得有所收敛。

要理解这种转变,我们就必须考察一下达尔富尔暴力和南苏丹独立之前南方的形势。20世纪90年代乌干达与苏丹走到一起开始相互对话。结束北乌干达危机的希望寄托在朱巴(Juba),即现在南苏丹首都举行的时断时续的和平谈判上。从2006年起,双方加强了对话。独立运动前在朱巴举行的会谈中,乌干达政府代表是由内政部长鲁哈卡纳·鲁贡达(Ruhakana Rugunda)博士带领的团队。圣主抵抗军代表团由圣主抵抗军政治部门的代表组成,由大卫·马桑加(Matsanga)博士领导。主要调停人是南苏丹政府副总统里克·马查尔(Riek Machar)博士。官方观察员是美国政府、欧盟、联合国和四个非洲国家政府[在冲突的早期阶段,主要调停者是前美国和平研究所(United States Institute of Peace)高级研究员贝蒂·拜贡比(Betty Bigombe)]。

2008年,一阵乐观主义的微风在会谈中短暂地吹过。考虑到2008年之前冲突的残酷,观察员们觉得两个代表团之间的温和互动是异乎寻常的。在谈判开始后的头几小时就达成了一个协议,将停战延长到2月底。接受这个时间表是基于在2008年2月底以前达成全面和平协议的假定。这个短暂的延时体现了最初对于和谈成功的乐观预期。圣主抵抗军代表团的长期计划是十分令人鼓舞的——在2月底签订和平协议之后,圣主抵抗军将不复存在。

但现在已是2012年,关于边界及分享石油收益仍然没有达成任何协议。不过,南苏丹独立可能给与科尼和解带来了新的机会。有一些非常复杂的问题需要解决,包括遣散圣主抵抗军部队,建立过渡期的司法机制,包括建立

309

一个真相委员会对于暴行进行调查(特别是针对妇女和儿童),当然还有对圣主抵抗军领导层的惩罚。不过,任何协议必须得到科尼的认可。与科尼磋商需要圣主抵抗军的代表团奔赴刚果民主共和国的里克瓦姆巴(Rikwamba)森林地区,那是科尼及其军队的藏身之所。

就在独立之前,科尼的行为变得更加不可预测。2009年11月,在副指挥

官温森特·奥蒂（Vincent Otti）显然已经与联合国调停者通过谈判达成协议后不久，他杀害了奥蒂。奥蒂本身也是国际刑事法院逮捕令的一个目标，科尼杀死奥蒂是因为奥蒂过于积极地为调停进程施加压力。[45] 在 2008 年筹备上述谈判过程中，科尼拒绝与主要调停人里克·马查尔、联合国北乌干达特使莫桑比克前总统若阿金·希萨诺（Joachim Chissano）举行会面。就在谈判开始前一周，科尼枪杀了圣主抵抗军谈判团队的领导人和其他三名成员。据称科尼认为他们与奥蒂过于亲密。在和平谈判的第二天，科尼枪杀了他的团队的另外两名成员。[46]

正如所料，这些会谈的一个危险因素是科尼已受到来自国际刑事法院的指控。科尼无论如何都不想被逮捕并接受这个机构的起诉。谈判者面对的挑战是确定一种审判科尼的替代性司法程序，或许在乌干达，这才有可能让国际刑事法院搁置或撤销其指控。但是没有迹象表明科尼愿意让自己接受乌干达的审判，特别是在一个让国际刑事法院满意的法庭。乌干达已经做出了对圣主抵抗军次要战斗人员大赦的规定，但不论乌干达还是国际社会似乎都不愿意接受对科尼的大赦。事实无法回避，美国必须面对和解与国际刑事法律发展之间的两难选择。甚至使用有原则的务实决策方法也无法就何去何从给出一个清晰的答案。 310

基本选择与美国在南美洲思忖如何对付智利总统阿连德时所面对的问题相同。在第四章，我们看到，对美国而言，阿连德象征着一个冷战时期同情苏维埃的马克思主义的领导人。这导致美国策划了一个政变，让皮诺切特的独裁统治上台。虽然科尼不是国家元首，但美国在南美洲活动的历史表明了策划强行抓捕科尼的危险。

不可否认，这样的方法是诱人的。具有讽刺意味的是，参照和平优先的原则，采取军事行动逮捕科尼当然是合乎情理的。科尼在苏丹和乌干达都是极其有害于稳定的力量。巴希尔在与南方的战争中利用科尼帮助他破坏南方人民解放运动。由于巴希尔被国际刑事法院的起诉所孤立，并被切断了与伊朗的联系，他现在明白配合美国反对恐怖主义、与科尼保持距离对自己有利。

---

〔45〕 Dcember 21，2007，BBC World News，Otti 'executed' by Uganda Rebels.

〔46〕 David Smock，*USI Peace Briefing：Uganda/Lords's Resistance army Peace Negotiations*，February，2008，United States Institute for Peace，www. usip. org.

我们还必须理解乌干达总统穆塞韦尼所扮演的角色。穆塞韦尼对于是否愿意与科尼和解犹豫不决。在《全面和平协议》谈判期间，他的行动显示了与这样一个无辜乌干达人的冷酷杀手媾和时的内心挣扎。穆塞韦尼似乎愿意讲和，却一直在抓捕科尼。这让科尼更加不相信任何对话的企图，怀疑任何声称只要他放下武器，他和他的士兵就可以回归和平生活的承诺。

穆塞韦尼的反复无常让调停者丧失了任何以建设性的方法与科尼会面或者沟通的能力。现在巴希尔也停止了他的支持，科尼会更加疑心。一种颇具诱惑力的想法是，将来唯一合理的办法就是追捕并杀死他。

如果美国军队策划杀死科尼，就会制造一个权力真空。这样的权力真空会导致两个主要的非预期后果。首先，穆塞韦尼可能觉得有了国际社会的支持，他就可以巩固自己的权力，根据他决定的条件进行控制（皮诺切特的效应）。其次，由于科尼逝去，哪一位叛军领导人取代他将不得而知。如果科尼被认为是美国暗杀的，那么作为一个必然结果，人们一定想要知道殉道的结果会是什么。

美国想要继续下去的另一种方法是进行幕后工作，安插一个调停者从《全面和平协议》停止的地方重新开始，协议包含一条与科尼进行和解的规定。为了弄清和平协议哪些地方可能制造错觉，人们需要回顾1999年《内罗毕和平协议》（the Nairobi Peace Agreement）。这是乌干达和苏丹之间通过谈判达成的协议，但同时也对约瑟夫·科尼放下武器做出了规定。科尼从未在协议有关他的那部分上面签字，因为穆塞韦尼改变了与科尼和解的意愿。科尼得到了风声，他恢复了凶残的面目，甚至变得更加残暴。

所以，恶性循环仍在继续。正如我们所看到的，2006年穆塞韦尼在是否谈判的问题上再次改变心意，决定尝试与科尼的圣主抵抗军协商和解。[47] 不过在此之前，科尼武装已经壮大，变成一支野蛮可怕的杀人部队。他们在乌干达毫无防备的村庄席卷而入，杀死所有的居民，迫使男孩杀掉自己的父母然后招募为兵，他们把女人当成"新娘"，随后科尼一伙越过边界，消失在刚果高大的草丛里。

在2008年朱巴和平会议重启的时候，筋疲力尽的穆塞韦尼接受了与圣主

---

[47] Henry Wasswa, *Uganda*, *Endless Peace Talks*, Institute for War and Peace Reporting, Kampala, Uganda, October 9, 2007.

抵抗军进行和平协商的想法。谈判面临着另一个缺陷。里克·马查尔（Riek Machar）是一个精力充沛、天资聪明的领导人和调停者，但是由于南苏丹政府副总统职务的诸多需求，他不断地被分散注意力。联合国特使若阿金·希萨诺也是位富有效率的调停人，但在那轮和平谈判期间他实际上没能出现在朱巴。[48] 会谈的秘书人手不足，只有一个南苏丹官员全心投入管理工作起草文件。

美国政府被邀请介入，在要么与科尼进行和谈、要么参与对他的抓捕之间进退两难。困境的起因在于事实上圣主抵抗军已经被宣布为外国恐怖组织，而国务院的政策是不与恐怖分子进行谈判。基于看到和平谈判将带来圣主抵抗军尽快解散的希望，国务院接受了官方观察员的职位。最近国务院做出了一个重要承诺，通过任命一位对北乌干达负有特殊责任的精明能干的特使蒂莫西·肖特利（Timothy Shortley），要为北乌干达带来和平。在最初的几天里，肖特利积极穿梭于两个代表团之间。

人们只能希望普遍的乐观情绪可以让谈判战胜这个过程中遇到的诸多障碍和束缚。然后还必须面对一个最大的障碍，即说服科尼接受他的团队谈判达成的任何协议。

对巴希尔与科尼政策的比较

为什么美国可以致力于搁置国际刑事法院对巴希尔的起诉，却还是与穆塞韦尼一起致力于把科尼移送到或是乌干达法庭，或是国际刑事法院进行法办？有原则的实用主义者可以指出调停策略的局限。

正如我们所看到的，和平优先的原则支持搁置实际逮捕巴希尔的行动。不论他与国际社会进行新的合作的原因是什么，他已经停止了在达尔富尔的暴行，通过分享有关基地组织的情报配合美国进行反恐战争，并停止了对科尼的援助。除掉或进一步孤立巴希尔不仅会破坏达尔富尔形势的稳定，还会在南苏丹制造一个权力真空——当南苏丹、北乌干达和刚果的混乱结合在一起的时候——就会极大地增加整个大湖地区陷入战争的可能性。

---

[48] Id.

另外，巴希尔是目前苏丹民主选举产生的领导人。他具有合法性。一种讲原则的方法必须尊重一个地区对于民主的希望，否则就要承担公民对除掉他做出的反应所导致的局势恶化的风险。美国会对外国法院除掉一个即便不大受欢迎的任期中的总统做何反应？美国国会预料到国际刑事法院可能起诉美国军方领导人，已经采取了先发制人的行动。国会宣布自己愿意侵入海牙拯救任何一位国际刑事法院控制的军方领导人。[49]就美国国会大多数人而言，美国服从《罗马规约》是对全体选民、国家主权和民主政治的公然冒犯。

如果美国利用这个原则作为与巴希尔对话的理由，反对国际刑事法院的指控，就会引发更宽泛的外交政策联想。比如，美国应该承认哈马斯在其政府以及巴以和谈中代表巴勒斯坦人的合法权利吗？毕竟，在阿拉法特经过正当选举后，美国就是这样对待巴解组织的。对于美国而言，在其他国际争端中检验其适用原则的情况，是对其宣称依原则行事的真实性的很好的考验。虽然承认巴希尔并不必然意味着美国将与哈马斯谈判，但是尊重民主选举产生的代表意愿的原则，意味着它必须有一个强大的原则或务实的理由对这二者加以区分，否则，美国作为和平调停者进行操作的合法性就会受到实质性的伤害。

我们应该承认巴希尔已经同意在南苏丹实行民主。通过签署《全面和平协议》，他同意南苏丹享有自治权。巴希尔似乎愿意就该地区发现的石油制定出分享收益的安排。这样一份协议有助于提供南苏丹所急需的资源，为其发展基础设施带来基本支持，以便抵抗干旱和兴建学校。

实际上在国际刑事法院发布逮捕令之前，约瑟夫·科尼呈现出了一种不同的状况。[50]在乌干达及其活动的毗邻的非洲国家进退两难。科尼绑架这个地区村子里的孩子们迫使其当兵，随后杀掉他们的父母。乌干达和周边国家的人民是在和平与正义之间做出困难交换的最佳人选。调停能够帮助当事人探究这些困难的交换，可以帮助乌干达人探讨科尼是否应该接受"阿乔利风格（Acholi fashion）"的审判，然后判处"软禁"在一个边远地区孤立的院落，让他失去恐吓乌干达人的所有能力，否则的话他会重建一个新的叛乱组

---

〔49〕 2002 年 7 月，《美国军人保护法》由布什总统签署。http：// www. usaforicc. org/facts_ news. html.

〔50〕 Mwanki, D. , et al. , *The（Northern）Uganda Peace Process：An Update on Recent Developments*, The Institute for Security Studies, Situation Report, February 2, 2009.

织。这些能够让乌干达人、特别是认为其他部族暴行是穆塞韦尼的支持者在1982～1983 年他第一次夺取权力时所犯的那些人满意吗？虽然距离现在已超过25 年，但能否从科尼和他的支持者对穆塞韦尼从奥博特手中夺取权力所做的最初反应开始，对于某些妥协的理由给予理解呢？

最后，非政府组织调停者可以和当事人一起探讨利用真相与和解委员会（TRC）作为与科尼进行和谈的一种方法。调停者应该提醒真相与和解委员会并非万灵药。乌干达人可能对科尼及其支持者接受真相与和解委员会的处理，以提供他们在恐怖统治期间对那些村庄所犯暴行的信息来换取大赦的建议保持警惕。尽管那些儿童士兵需要极大关注，以防止他们重回科尼风格的道路，但还需要建立一种转化型辅导程序来处理这些士兵。真相与和解委员会在掌权的人犯有暴行，但指挥链（即关于谁对何事、何时、因何下命令）悬而未决的情况下能够最好地发挥作用。这就是南非的形势，在那里戴斯蒙德·图图主教代表南非黑人讲话，放弃个体正义以求得对于所发生事情真相的集体认识。在乌干达，1985 年科尼在他的支持者战败之后撤退到丛林中，决定无所不用其极地保住自己的权力。他自称为神。然后着手绑架儿童，建立了一支他所召集过的最残暴的一帮——他们虐待、强奸、杀人，抢走他们想要的一切，毁灭剩下的所有东西。这是战争罪中最严重的一种，这么做不是代表一个民族或某个原则，而是为了个人权力。

当然，辨别在何种情况下为了个人及其支持者生存的合理动机被个人权力和剥削的动机所取代，是一个不易确定的问题。在那些儿童士兵后来自己变得像野兽般残忍的情况下，就更难做出这种区分。但科尼很明显转向个人权力与剥削一边，特别是从 2006 年开始，他杀害了自己的谈判代表，这让哪怕最善意的调停程序都变得徒劳无益。

在国际刑事法院起诉之后，用一种强硬办法对付科尼的理由变得更加有力。如果乌干达撤回对国际刑事法院的请求，自己审判科尼，那么美国在原则上支持其立场的转变。在科尼与巴希尔之间有一些主要的区别。显然，科尼不是乌干达、甚至北乌干达人民的合法代表，当他开始绑架儿童充当士兵以维持自己在这个地区的权力时，他就失去了或许在他与穆塞韦尼作战时曾经有过的任何合法性。他的恐怖统治显然使其在不法分子中与众不同。

根据和平优先的原则，必须阻止科尼继续恐吓自己的人民，破坏北乌干达、南苏丹和刚果的稳定的行为。不过，应该由乌干达人决定和平的代价。

315

换句话说，由乌干达人决定他们是否想用正义换取和平。任何调停者的角色，是在穆塞韦尼与科尼之间进行斡旋，是制订出让乌干达人满意的和约。还要让科尼看到，他的唯一希望是帮助乌干达在其审判与惩罚自己的能力满足国际刑事法院关切的条件下与穆塞韦尼进行和解。

也就是说，美国可以不正式插手与科尼进行调停的任何角色。这可能是一个典型的利用非政府组织调停者的帮助进行幕后工作的例子。非政府组织调停者可以通过斡旋达成一份协议，而无须把美国摆在一个看起来削弱国际刑事法院的位置上。幕后的调停者可以发挥作用，把这些选择放在科尼面前：与乌干达政府媾和，做到：①放下你们的武器，根据军人回归平民生活需要提供的资助，尽量为你们的军人制订最好的协议；②同意在乌干达国家法院或专门法庭接受审判，可能判处终身监禁（监禁地点和刑期待定）。如果科尼不同意这个条件，调停者可以透露，美国将保证他所面对的是国际社会致力于将其逮捕并移送海牙进行审判。

非政府组织调停者可以消除美国的疑虑，它是在用最高原则与科尼进行谈判。在这里，调停者可以根据民主原则为这第一个选项辩护。它可以表明，乌干达当初要求国际刑事法院行使管辖权是基于乌干达军队没有能力逮捕科尼，而不是基于它没有能力在乌干达法院审判科尼。对于一个专注团结的国际社会，科尼没有什么地方可以逃匿藏身。在巴希尔的帮助下，南苏丹不再是安全的避风港。剩下的事情留给乌干达。虽然刚果越来越多地被科尼当作藏身和实施恐怖的地方，但刚果人也可以联合起来反对圣主抵抗军。

这种策略允许调停者提出非传统的选项，但仍依赖美国帮助落实这些选项。美国可以与刚果合作在保护边界中发挥作用。或者，美国可以帮助一支非洲部队去一起抓捕科尼。事实证明，这正是美国决定要做的事情。美国总统奥巴马命令一批一百人的美国特种部队士兵为乌干达和刚果军队提供建议和特殊援助，"把科尼从这个地区清除"。[51]虽然美国仍然试图通过扮演援助角色而不是在杀死科尼过程中发挥积极作用，以此来保持中立，但美国已不再适合在科尼和乌干达或苏丹之间直接地居中调停。在本地区的政府与非政

---

〔51〕 White House, October 14, 2011, "Letter from the President to the Speaker of the House of Representatives and the President Pro Tempore of the Senate Regarding the Lord's Resistance Army", http://www. whitehouse. gov/the-press-office/2011/10/14/letter-president-speaker-house-representatives-and-president-pro-tempore.

府组织之间存在一个共识，即美国的军事介入是正当的。但这还是会给美国带来一些关于为什么针对科尼采取军事行动，而对国际刑事法院逮捕令的其 317他目标却拒绝如此的麻烦问题。美国还可能遭到"打地鼠"式的外交政策的批评，正如它在也门和巴基斯坦所做的那样。[52] 就像小孩子玩"打地鼠"的游戏，美国杀死一个领导者只是让另一个出现并取代他。[53]

结 论

最后，就巴希尔和科尼来说，美国将通过使用一个既讲原则又务实的调停者而受益无穷。美国的实用主义必须在干涉主权国家时产生的惨痛教训中加以塑造。把叛乱者变成自由战士，把恐怖分子变成殉道者是很容易的事情。美国一定不要重复它在拉丁美洲所犯的错误，要从英国人、英格兰人、比利时人、德国人、法国人在非洲所犯的错误中汲取教训。美国必须进行战略分析，使用说服的力量而不是动用它的军事力量。它还必须借助一个有原则的调停者来使用其说服的力量，而这个调停者必须具备促成与不良（甚至邪恶）分子争端问题解决的外交技巧。美国必须隐身幕后，让调停者暗示得到了它的支持，与当事人进行对话，以便帮助他们拥有自己的问题解决策略，这样做将会带来一个可持续的解决方案。

对巴希尔来说，调停者可以通过使用幕后策略，寻求搁置（或者封存）他的起诉，对巴希尔的合作给予奖赏。作为交换，美国应该坚持调停者在谈判中提出，巴希尔必须移交策划达尔富尔暴行的其他军方领导人。实质上，它应该与巴希尔协商一个辩诉协议，其中巴希尔同意承认对恶行负责，并配 318合对其他诸如和科尼一样违反《罗马规约》规定、实施大屠杀的人进行调查。特别是，调停者应该通过规定公正地分享石油收益、重建基础设施、建立一个监督南方新选举的过渡政府，与巴希尔协商稳定南苏丹的条件。最后，调停者应该使用有原则的方法，与巴希尔商讨进一步从军事上孤立科尼，阻止武器流入科尼的战士手里。巴希尔应该理解，确保南苏丹不再成为科尼继续

---

[52] Acemulu, D. & Robison, J. , *Why Nations Fail*, Chapter 8. Meredith, M. , *The Fate of Africa*, p 686.

[53] 与卡特中心（TCC）冲突解决项目副主任汤姆·克里克的谈话。

实行大屠杀和奴役的避风港符合苏丹的利益。美国愿意为巴希尔打击南方恐怖主义提供战术建议和支援，包括清除科尼，并帮助苏丹保护南部与乌干达之间的边界。

对科尼而言，美国应该扮演一个非官方的角色。它应该利用一个调停者在科尼、乌干达和联合国之间进行斡旋。美国需要一个与其原则相同的调停者的配合——一个能做莫雷诺·奥坎波所不能的事情的人——在乌干达确定审理科尼罪行的条件下为推迟逮捕科尼提供支持。这里穆塞韦尼应被纳入调停中，考虑协商在北乌干达审理科尼或予以其他裁决所带来的好处，并为科尼针对乌干达人的犯罪情况提供证据。国际刑事法院的证据可以帮助乌干达检察官提起诉讼。但调停者应该主张，起诉和判决科尼是乌干达人的责任。

如何说服科尼接受乌干达的管辖？调停者应该居中促成一次问题解决会议，其中为科尼提供的选择是，或者面对一支由美国特种部队支持的、致力于将其逮捕并送交国际刑事法院审判的非洲联盟部队，或者听任乌干达法庭处理。调停者应该说服科尼，在乌干达接受审判对他最有为利，如果证明有罪，接受终身监禁的判决，这将是他在国际刑事法院判决中得到的最高刑期。在乌干达的实际期限将受到调停者的影响，这样就会给科尼一个机会，明白放下武器对其最为有利。调停者将就终身监禁进行斡旋，根据互补原则（如果乌干达有能力适用自己的法律终结战争犯罪，国际刑事法院不适于行使管辖权），乌干达履行自己的司法责任将打消国际刑事法院的疑虑。在这个过程中，科尼可以就其士兵投降、武器费用和监禁或软禁的形式等条件进行协商，这样就可以解除其战斗力复苏、实施暴行的能力（换句话说，他可以作为一个军事领导人，以其军队代表的身份得到适当的尊重）。进行审判将得到要么来自美国要么来自别的地方的国际专家的支持，乌干达人能够了解科尼所作所为的真相，作为交换，是在防止他再犯暴行的条件下判处其终身监禁。

对巴希尔和科尼的不同处理，可以根据美国的原则进行辩护。它可以表明这种差别与每个人获得不同的民主支持有关：巴希尔支持选举，科尼强征孩童充当支持者。另外，通过配合美国反对恐怖主义，巴希尔已经"转为污点证人"。如果他能够在南苏丹继续依照民主原则行事，他就能进一步得到国际社会的支持。如果他现在同意把他的官员移交国际刑事法院管辖，这也是国际刑事法院当初就巴希尔在达尔富尔行动所持的立场，他的逮捕令也会得到无限期的推迟或撤销。

　　科尼的情况必须首先让他不那么绝望，然后乌干达必须介入，展示其遵守法治的能力。科尼必须得到法律辩护的机会。由于科尼在国际刑事法院将被判终身监禁，乌干达的处罚必须是终身监禁。终身监禁的含义必须由科尼和乌干达人进行协商。只有乌干达人才能在和平、真相与正义之间进行交换。在调停过程中，国家自治的原则，包括通过民主选举穆塞韦尼所体现的乌干达式的民主，必须得到尊重。

　　美国以一个幕后调停者、中间人和战略外交家的全新角色，与有原则的调停人通力合作，就能够真正成为一种可持续的民主政治的力量。在此过程中，美国可以着手修复多年来欧洲和美国利用非洲民主羽翼未丰给他们造成的伤害——再次成为在国际法的庇护下行动的有原则的实用主义者。

320

6 2007 年选后暴力之后肯尼亚法治的发展[1]

321　　　　　　　　2007 年 12 月 27 日，肯尼亚内罗毕。齐贝吉（Kibaki）

总统的主要反对派候选人拉伊拉·奥廷加（Raila Odinga）正

---

　　〔1〕 下面大部分事实，主要依据 2008 年 10 月 15 日瓦基委员会选后暴力最终调查报告（the Waki Commission Inquiry into Post Election Violence Final Report）（Hereinafter PEV Report）。该报告可见于对话肯尼亚网站，http：// www. dialoguekenya. org/commission% 20reports/October – 15th – 2008% 20-% 20Report% 20of% 20the% 20commission% 20of% 20Inquiry% 20into% 20Post-Election% 20Violent% 20 （CIPEV）. pdf. （它依据一个早前公开的维基解密文本。维基解密文本参见 http：// wlstorage. net/file/full-kenya-violence-report – 2008. pdf. ）瓦基委员会由下列成员组成：委员会主席是菲利普·瓦基（Philip Waki）法官，肯尼亚上诉法院法官；另外两名委员会成员是：加文·阿利斯泰尔·麦克法迪恩（Gavin Alistair McFadyen），一位新西兰前警务处助理处长；帕斯卡·K. 坎贝尔（Pascal K. Kambale），刚果民主主义共和国的一位律师，正在为开放社会研究所非洲治理、监测和宣传项目工作。委员会秘书是乔治·蒙阿·凯格罗（George Mong'are Kegoro），肯尼亚高等法院律师，国际法学家委员会肯尼亚科主任。助理律师是大卫·希考迈拉·马赞亚（David Shikomera Majanja），肯尼亚高等法院律师。

　　和 PEV 报告一样，我也依据下列引文：
　　本章引自 2008 年 8 月 26 日瓦基委员会协商小组会议上肯尼亚专家讨论问题的综论，也引用了以下资料来源，包括编辑著作中的文章：Republic of Kenya-NEPAD, APRM: Country Review Report of the Republic of Kenya （May 2006）; Africa Watch, Divide and Rule: State-Sponsored Ethnic Violence in Kenya. New York: Human Rights Watch, 1992; Republic of Kenya, Report of the Judicial Commission Appointed to Inquire Into Tribal Clashes in Kenya （heveafer refered to as the "Akiwumi Report"）, Nairobi: Government Printer, 31 July 1999; Republic of Kenya. Report of the Parliamentary Select Committee to Investigate Ethnic Clashes in Western and other Parts of Kenya, Nairobi: Government Printer, September 1992; Susanne D. Mueller, "The Political Economy of Kenya's Crisis", Journal of Eastern African Studies, Vol. 2, No. 2, July 2008, pp. 185 ~ 210; M. Katumanga, "A City Under Siege: Banditry and Modes of Accumulation in Nairobi, 1991 ~ 2004", *Review of African Political Economy*, No. 106, 2005, pp. 505 ~ 520; Peter M. Kagwanja, "Facing Mount Kenya or Facing Mecca?: The Mungiki Ethnic Violence and the Politics of the Moi Succession", 102, No. 406, January 2003, pp. 25 ~ 49; David Anderson, "Vigilantes, Violence, and the Politic

在号召他的支持者尽量出来投票。他们的战斗口号是玛金波（*Majimbo*）（斯瓦希里语"区域"——译者注），要为"土地的儿子"把肯尼亚从齐贝吉总统的精英亲信手中夺回来。它号召肯尼亚人收回他们的"家园"。[2]很少有人知道，就在几天以后，这个号召将成为那些实施肯尼亚人所见过的最为严重的部落间暴力的人们嘴里发出的号叫。[3]

322

　　具有讽刺意味的是，就在 18 年前，姆瓦伊·齐贝吉（Mwai Kibaki）总统使用一个类似的运动口号反对时任总统丹尼尔·阿拉普·莫伊（Daniel arap Moi）。现在，根据奥廷加的观点，齐贝吉已经像莫伊一样迷失了方向，正在像非洲任何地方的领导层"大人物"一样厚颜无耻地实行任人唯亲。[4]这个政府被许多人认为是贪腐的政府，用肯尼亚人民的钱填满了自己的口袋。不过，肯尼亚检察官却不会起诉这些政府和商业精英，法院系统过于妥协，不会让这些事情得到改善。

　　另外，腐败已经变成部落性的，像吉库尤（Kikuyu）部落成员组织了叫蒙

323

Order in Kenya", African Affairs 101, No. 405, 2002, pp. 531 ~ 555; Various articles included in the edited works of Godwin Murunga and Shadrack Nasong'o, eds. , Kenya: The Struggle for Democracy, London and New York: 2007; of water O. Oyugi, P. Wangande, and C. Odhiambo Mbai, eds. , The Politics of Transition in Kenya: From KANU to NARC, Nairobi: Heinrich Boll Foundation, 2003; and of Marcel Rutten, A. Mazrui and F. Grignon, eds. , Out for the Count: 1997 General Elections and Prospects for Democracy in Kenya, Kampala: Fountain Publishers, 2001; David Throup, "The Construction and Decontruction of the Kenya State", In The Political Economy of Kenya, edited by Michael Schatzberg. New York: Praeger, 1978, pp. 33 ~ 74; Susanne D. Muller, "Government and Opposition in Kenya, 1919 ~ 1969", Journal of Modern African Studies, Vol. 22, No. 3, 1984, pp. 399 ~ 427; Danniel Branch and Nic Cheeseman, "The Politics of Control in Kenya: Understanding the Bureaucratic Executive State in Kenya, 1952 ~ 78", Review of African Political Economy, 107, 2005, pp. 325 ~ 336; International Crisis Group, Kenya in Crisis, International Crisis Group, 21 February 2008; Killing the Vote: State Sponsored Violence and Flawed Elections in Kenya, Nairobi: Kenya Human Rights commission, 1998 (Submitted to the Commission as Exhibit 21B); Behaving Badly: Deception, Chauvinism and Waste During the Referendum Campaign. Nairobi: Kenya Human Rights Commission, n. d. (Submitted to the Commission as Exhibit 21 C); Human Rights Watch, "Ballots to Bullets: Organized Political Violence and Kenya's Crisis of Governance", Vol. 20, No. 1, (A), March 2008 (Submitted to the Commission as Exhibit 21 M); Kenya Human Rights commission, "Election and Human Rights Bulletin", No. 1, 2007 (Submitted to the Commission as Exhibit 21 G); Kenyans for Peace with Truth and Justice, "Post Election Violence in Kenya", 2008 (Submitted to the Commission as Exhibit 21 H).

〔2〕　PEV report, 25.

〔3〕　Id. Chapter 3.

〔4〕　Id.

吉基（Mungiki）的帮会，把自己的意愿强加给其他肯尼亚人。选后暴力调查委员会（The Commission of Inquiry into Post-Election Violence，CIPEV），也称瓦基委员会（the WASI Commission），详细叙述了 20 世纪 80 年代莱基比亚地区（Laikipia District）的青年如何"流离失所"，来到内罗毕组建了蒙吉基。最初，这个组织在一种大规模文化、其实是宗教仪式中走到一起，形成了他们共同的大裂谷吉库尤部落出身的认同。不过，在来到内罗毕之后，他们发展成为一种黑手党风格（Mafioso-style）的帮会，逐渐演变为内罗毕贫民区和中央省（Central Province）部分地区的影子政府。

起初，那些与蒙吉基一起住在贫民区的人认为他们可以提供基本公共服务。他们可以帮助居民获取公用设施连接、水、坑厕和医疗运输。后来，帮会成员开始胁迫个人和企业，包括房地产主和出租面包车（内罗毕周围充当出租车的小巴士）主，为蒙吉基所提供的服务包括伸张正义支付费用。消息传开以后，全国其他帮会在社区里纷纷效仿。在政府外的暴力得到容忍和使用的政治文化背景下，这些帮会［包括塔利班（Taliban）、新克罗（Chinkororo）、坎杰什（Kamjeshi）、巴格达男孩（Baghdad Boys），还有许多其他帮会］组织成长和繁衍起来。

选后暴力调查委员会发现这些帮会和民兵继续在全国扩散，因而在选举期间乃至选举之后，制度化了的政府外暴力不断增多。这种模式一直持续到2007 年选举，即便是在 2002 年姆瓦伊·齐贝吉总统掌权以后。

齐贝吉和他的政府认识到出现了问题，试图正式取缔蒙吉基，但禁令收效甚微。蒙吉基在领袖马伊纳·宁加（Maina Njenga）的指挥下，只是使用新名字进行了重组。另外，选后暴力调查委员会发现，马伊纳·宁加告诉他的手下进行更多的抢劫，以补偿他们传统的出租面包车敲诈活动收入上的损失。这些帮会在受到政府的压力之后，扩大了对于同胞的暴力袭击。随着政府外暴力帮会的扩散，他们得以支持自己的政治竞争者，从而完全改变了政治格局。暴力渗透到日常生活，政府不再掌握对于武力的垄断。政府外暴力扩散到国家的各个地方，它可以随时被加以利用，甚至是被政府。选后暴力调查委员会报告说，一旦政府为了党派政治的目的开始利用自己的权力以及政府外暴力以后，它便已失去了合法性。政府结构和选举过程不再中立，因此，政府不能维护和平与安全，或者改变自己。

在外界观察员看来，奥廷加的战斗口号似乎是一种直接的反腐败的信息，但对肯尼亚人而言，它含有部落的联想。因为齐贝吉隶属的蒙吉基与吉库尤部落联系在一起，当奥廷加号召人民夺回他们的家园时，在他的许多支持者听来，是鼓动他们从拥有和控制着绝大部分肯尼亚的吉库尤那里夺回土地。奥廷加提及肯尼亚人从霸占他们土地的精英手里夺回财产，但每个人都知道他话语里的密码是从齐贝吉及其部落手中夺回他们从其他肯尼亚人那里抢来的东西。特别是东非大裂谷（the Rift Valley），那就是一个有权和有钱人的政府如何窃取肯尼亚人的土地和家园的例子。据奥廷加所说，如果他能够当选，人民可以收回他们的家园。

选民们满腹狐疑地观察着媒体报告选举结果。开始，从支持奥廷加的地区传来了结果。但是很奇怪，齐贝吉的大本营却没有关于结果的报道。随着夜幕消逝，齐贝吉的策略变得清晰了。他正在延迟报道来自其支持者的选举结果，直至他知道总共需要赢得多少张选票。最后，政府官员报告齐贝吉获得了胜利，赞成他的投票数量超过了支持他的地区的总人口数。

奥廷加的支持者极为愤慨。他们走到一起，开始集会和呐喊。他们的口号就是选举的口号，他们发誓要从吉库尤手中夺回大裂谷。形势变得与部落相关，因为要夺回大裂谷，奥廷加的支持者就需要把吉库尤从他们的家园中赶出去。奥廷加的支持者被选举中厚颜无耻的盗窃所刺激，变得极为暴戾。

齐贝吉总统的支持者做出了反应。齐贝吉在多大程度上策划了这种反应尚需确认，但不论如何，吉库尤夺回了被奥廷加的支持者抢走的东西。选后暴力在肯尼亚史无前例，超过 1300 人被杀死，上千名妇女被强奸，超过 250 000 人被赶出了他们的家园。

肯尼亚最高法院首席法官约翰逊·埃文·吉彻鲁（Johnson Evan Gicheru）试图通过让齐贝吉尽快宣誓就任总统使这个国家平静下来，但这一行动被许多人视为法院效忠齐贝吉的证明。这使得由吉彻鲁和法院就所发生的事情进行裁决的能力受到了质疑。[5]

现在距离 2007 年选后暴力已足够遥远，可以评估用于尝试帮助肯尼亚实现和解、有效处理罪恶分子、朝着更持久的法治前进的各种不同选择、参与者以及争端解决程序。首先，我们来分析科菲·安南与联合国的调停努力。其次，我们将考察国际刑事法院及其以重罪和轻罪对四个肯尼亚人提出指控的利弊。再次，我们来分析 2008 年美国所失去的以顾问和援助的角色参与适用肯尼亚司法程序，实现对选后暴力主要犯罪者审判的机会。我们将比较一下这个失去的机会与美国所做的选择：无所作为。我们还将特别考察肯尼亚选后暴力中的一个潜在问题：环境问题与土地改革需要之间的冲突。另外，我们将对在南非使用过的真相与和解程序的尝试进行考察［肯尼亚的称做真相与司法和解委员会（the Truth and Justice Reconciliation Commission，或 TJRC）］，以帮助确定这样一种程序是否有助于建立法治，或者防止形势恶

〔5〕 International Center for Policy and Conflict, Nairobi, Kenya, (2010), *Monitoring Report of the Truth and Reconciliation Commission* (2008 ~ 2010)*: A Case of Concealing Truth and Rewarding Impunity*, http: // www. icpcafrica. org/index. php/component/content/article/37-news-a-press-release/68-tjrc-reports. html (here in after TJRC Monitoring).

化。最后，我们再回过头来讨论一种或许已经得到美国或国际社会很好支持的肯尼亚混合法庭程序，确定混合法庭是否还能使用，并分析它能否适用于其他情况。

在肯尼亚的调停经历为我们提供了一个机会，可以把注意力从谋求和解的调停策略转向对于谋求持久和平非常重要的替代性纠纷解决（Alternative Dispute Resolution）办法。它使我们现在得以考察由个别领导人所达成的和解，如何被他们所代表的群体以及对落实协议承担责任的机构执行。通常，和解（停火、放下武器、为当事人提供安全、分享权力）之后，调停者将寻找机会处理过去领袖和代表其行事的个人所存在的潜在司法问题。选择纠纷解决方案需要考虑的因素，包括分析如何运用调停程序反对有罪不罚、打破暴力的恶性循环、建立法治并带来持久和平。

327

科菲·安南与联合国

联合国介入了调查。前联合国秘书长科菲·安南前来为各方调停，他所使用的问题解决技巧带来了令人难以置信的成功的（短期内）、分享权力的和解。[6]安南强调两个敌对派别之间共同的目标和需求。每一方都说要建设一个公平的、平等的新肯尼亚，肯尼亚人能够实现繁荣是通过教育机会和丰富的自然资源的发展，而与部落或政治立场无关。调停者要求候选人对他们的竞选承诺负责，以共同目标为基础，去构建能够为所有肯尼亚人带来和平与繁荣的分享权力的安排。安南根据他们对肯尼亚的共同愿景，在总统和总理之间分配了权力，从而打破了关于谁将成为领导人的立场式谈判。

这不是一件小任务，它说明了一个好的问题解决者通过谈判所能实现的东西，尽管在两个主要参与者之间还存在着个人敌意。[7]奥廷加与齐贝吉之间有一段过节。2005 年，齐贝吉解除了奥廷加的政府职务。齐贝吉窃取选举

---

〔6〕 Jonathan Steele, The Guardian, Thursday 14 February, 2008, *Kofi Annan and the art of Intelligent intervention*, http://www.guardian.co.uk/commentisfree/2008/feb/15/kenya.unitednations.

〔7〕 Kofi Annan, *Interventions: A Life of War and Peace: Chapter V*, The Penguin Group, New York (2012) (hereinafter Annan, *Interventions*).

结果让奥廷加觉得受到了双重委屈——不仅在 2005 年失之于个人权术，而现在当他光明正大地赢得选举时，却被告知又输了。

328   虽然实现真正的平等执政是很困难的事情，奥廷加还是决定共享权力。

除了为奥廷加创造的总理新职位，立法机关的大多数人投票同意把政府职位的数量从 34 个增加到 42 个，为奥廷加的支持者提供官职。一些新职务看来无足轻重，为了政府运作，支持者只需借此领取报酬。齐贝吉保留了绝大多数有实权的职位（财政和外交事务），但奥廷加的二把手穆萨利亚·穆达瓦迪（Musalia Mudavidi）被提名为副总理。齐贝吉的支持者，独立总统乔莫·肯雅塔（Jomo Kenyatta）的儿子乌胡鲁·肯雅塔（Uhuru Kenyatta）也被提名为副总理。这个国家还设了一个"2030 年远景规划"部长，其工作尚不明确。

虽然安南成功地在奥廷加与齐贝吉之间斡旋了一份权力分享协议，但他能够让双方达成一致主要是因为他推迟了追诉犯罪的问题。他通过谈判组建了一个选后暴力调查委员会（CIPEV）。这个委员会由肯尼亚著名法学家和政治家联合组成，但也受到了国际社会成员的支持。[8] 安南和委员会花了将近 18 个月时间提出选后暴力的调查结果，但实际上当时他并没有把委员会的调查结果公之于众，而是把一份未披露姓名的肯尼亚高级政治家的名单转给国际刑事法院的检察官路易斯·莫雷诺·奥坎波。不过，安南公布了名单［称为信封（the Envelope）］中被指控在选后暴力过程中犯有反人类罪的人。［它被托付给阿桑奇（Assange）和著名的维基解密（Wikileaks），以推动名单上人名的披露。维基解密之后，选后暴力调查委员会将所有报告公之于众。］[9]

起初，安南的工作传达了肯尼亚将会追诉那些责任人的希望，并为立法
329   机关设定了采取行动的最后期限。它预见到肯尼亚政治领导人可能不愿意让肯尼亚法院接手处理这个问题。所以包括一些杰出的肯尼亚人士在内的安南团队，建议成立一个特殊法院，与国际参与者合作，调查选后暴力，将那些责任人绳之以法。问题要向前推进，肯尼亚立法机关就需要批准这样一个机构，肯尼亚宪法需要为即将发生的事情做出修改。可以预见，肯尼亚立法机

---

［8］ PEV report, Supra, note 1.

［9］ Onyango Oloo, A Digital Essay, Talk: Kenya: *Waki Commission of Inquiry into Post-Election Violence final report* Nairobi-October 25, 2008. http://wikileaks.org/wiki/Talk: Kenya:_Waki_commission_of_Inquiry_into_Post-Election_Violence_final-report, _15_Oct_2008.

关不会及时采取行动。

从那时起肯尼亚的政治形势开始恶化。联合国秘书长防止灭绝种族罪行问题特别顾问办公室（The Office of the Special Adviser of the United Nations Secretary-General on the Prevention of Genocide，OSAPG）一直在跟踪这里的情况，并就评估这里脆弱的形势提出了一个分析框架，因为它想判定肯尼亚是否正在接近临界点。[10]它的分析包含了关于种族屠杀行为倾向的指标，包括暴行和法外处决的盛行、非法武器的出现、围绕特殊身份的族群形成武装分子、族群间关系的破裂和排外的政治行动。不过，在特别顾问办公室分析框架中最重要的因素是对犯下的暴行、特别是那些针对特定族群所犯的暴行坚持免予惩罚。[11]

就这个分析框架而言，肯尼亚的政治形势，尤其是 2007 年和 2008 年选后暴力之后的形势，囊括所有上述指标，且有过之而无不及。安南调停以后，在肯尼亚是否还有党派在将来倾向于使用灭绝种族的暴力行为，以及国际社会是否需要密切介入以防止另一轮暴力行为和严重犯罪等问题依然存在。这不是毫无根据的推测。伴随着肯尼亚边界卢旺达胡图族（Hutus）对图西人（Tutsis）的大屠杀，种族屠杀的问题出现在许多国际观察家的脑海里。[12]还会有一个卢旺达事件将在肯尼亚爆发吗？

肯尼亚人自己清楚如果他们不采取行动将会有什么后果。2008 年 2 月 28 日，肯尼亚两个主要政党——民族团结党（the Party of National Unity，PNU）和橙色民主运动（the Orange Democratic Movement，ODM）签订了《民族和睦与和解协议》（The National Accord and Reconciliation Agreement）。这个协议确认采取一些必要措施防止将来族群间暴力的发生。早前提到，选后暴力调查委员会（也称瓦基委员会）不仅提交了一系列调查结果，还提出了防止、控制和消灭类似发生在选后期间的暴力行为的建议。报告最重要的是建议依法

330

---

〔10〕 防止种族灭绝罪行问题特别顾问办公室（Office of the Special Adviser on the Prevention of Genocide），http://www.un.org/en/preventgenocide/adviser/.

〔11〕 Id.

〔12〕 Annan, Interventions, supra, note 7. Chapter 5. (titled, one million Rwandan Ghosts, Crisis in Kenya.) See also, Honsby, C. (2012), *Kenya, A History Since Independence*, I. B. Tauris & Co., London; Embassy of the United States, Nairobi, Kenya, http://nairobi.usembassy.gov/key_reports.html; Kenya website, Human Rights Report, http://www.state.gov/j/drl/rls/hrrpt/2011/af/186208.htm; http://www.genocidewatch.org/kenya.html.

惩处那些对犯罪行为负有责任的人，杜绝有罪不罚，促进民族和解。

问题是《民族和睦与和解协议》的执行大部分没有达到预期效果。[13] 没有人被混合刑事法庭送交法办，真相与和解委员会大多无能为力。[14] 下一个话题我们将分析为什么会这样。

肯尼亚混合法庭？

特别需要注意的是，肯尼亚人包括肯尼亚法院首席法官都建议设立一个特别法庭。这个特别法庭一旦成立，它将由肯尼亚人和国际专家组成，并就被控嫌犯的裁决与司法管理提供法律框架。报告的起草人希望肯尼亚人能够积极参与到这个程序之中，而不是把权力交给国际刑事法院，以便为肯尼亚将来创建和实施法律程序提高自身的能力。[15] 这也让肯尼亚人得以尽其所能，终结有罪不罚的状况，否则这种权利就会被肯尼亚政治家因为他们过去在选举暴力中的同谋关系而利用。选后暴力调查委员会的肯尼亚人担心真相与和解委员会的结果会伴生全体大赦，因而坚持有一个裁决程序。

不幸的是，在 2009 年 2 月 12 日，当提交表决的 2009 年《肯尼亚宪法法案（修正案）》[Constitution of Kenya（Amendment）Bill 2009] 被肯尼亚国会以 101 票对 93 票否决时，大联合政府（the Grand Coalition Government）没能建立特别法庭。瓦基委员会规定的最后期限已过，大联合政府似乎不可能再次讨论这个问题。有些人指出了一个简单的理由和后果：在民族团结党和橙色民主运动阵营中都有一些高级别政治人物涉嫌与组织和煽动选后暴力有牵连。[16] 肯尼亚人尤其反对特别法庭中包括来自大裂谷省的卡伦金（Kalenjin）领导人，他们涉嫌资助和组织对民族团结党支持者的袭击。还包括一些中央省领导人，他们涉嫌对卡伦金、卢奥（Luo）、卢希亚（Luhya）和该省其他支

---

〔13〕 TJRC Monitoring, supra, note 5.

〔14〕 TJRC Monitoring.

〔15〕 PEV report, supra, note 1.

〔16〕 International Center for Policy and Conflict, Nairobi, Kenya, (2010), *A Trail of Lies and Deception, Impunity: Constraints to Justice*, http: // www. icpcafrica. org/ annual-reports/A% 20TRAIL% 20OF% 20LIES% 20AND% 20DECEPTION. pdf.

持橙色民主运动的族群进行报复袭击。根据分析家的观点，肯尼亚双方的政治家都担心当地法庭受到操纵，因此更偏爱国际刑事法院的选项，或者就是所谓海牙选项。[17]

对于肯尼亚和美国外交决策者而言，问题在于，这样一个选项是否已经永远失去，能否再做些事情来重启特别法庭，以阻止国际刑事法院或真相与和解委员会接手。2010 年通过的新宪法也许会重启这种可能，但全面落实需要几年的时间，因为这得依赖肯尼亚议会通过许多法律。[18] 不过，与此同时，国际刑事法院已经参与进来，所以混合法庭的选项似乎已被搁置。[19] 但是依法惩处那些卷入选后暴力的低级别参与者的需要，还为将来暴力和报复的爆发制造了令人不安的可能性。[20]

遗憾的是，瓦基委员会中的肯尼亚法官和领导层宁愿肯尼亚人与国际社会合作成立一个法庭，把参与选后暴力的肯尼亚人付诸审判，而不是交给国际刑事法院。[21] 如果美国能够成为它的合格伙伴，展望未来，肯尼亚人或许会清楚看到自己将建立起一套透明而诚实的司法及法律制度。

那么，2008 年美国在肯尼亚执行的政策中的问题是：①为迎接 2013 年选举，如何更好地帮助防范另一轮暴力；②就国际刑事法院试图插手惩处 2007 年暴行参与者持何种立场；③是应该更好地支持真相与和解委员会，还是应该鼓励肯尼亚适用自己的司法制度，阻止对那些过去犯有暴行的人有罪不罚。选举以后两年过去了，在惩罚那些犯下暴行的人方面几乎毫无进展。两个重要的委员会召开会议并提交了报告。令人沮丧的是，巴拉克·奥巴马总统在当选后拒绝去肯尼亚访问。国务卿希拉里·克林顿来到肯尼亚后，反而严厉谴责肯尼亚人没有采取措施惩治那些对选后暴力负责的人，她似乎支持国际刑事法院解决这件事情。

不过，这样一种战术，忽视了对于这种情况采取一种更加原则性的和务

332

---

〔17〕 Trail of Lies, Supra, note 16.

〔18〕 Xan Rice, The Guardian, *Kenyan Constitution Signed into law*: *Tens of Thousands Join a Host of African Leaders to Celebrate "Birth of the Second Republic"*, August 27, 2010, Nairobi, Kenya, http://www.guardian.co.uk/world/2010/aug/27/kenya-constitution-law.

〔19〕 TJRC Monitoring, supra, note 5.

〔20〕 Trail of Lies, supra, note 16.

〔21〕 PEV report, supra, note 1.

实的方法的重要性。切记，正如第一章所述，有原则的实用主义从和平与选举开始，然后是建立法治。美国已经做了调停工作，即将到来的选举过去和现在仍然处于一种脆弱的状态。如果美国想插手帮助扭转形势，防止将来的种族屠杀，那最好是帮助肯尼亚人建立法治。建立混合法庭追诉主要参与者，是一个已经错失的帮助美国与肯尼亚合作谋求和平的机会。

333　　鉴于暴行悬而未决，美国还是要考虑使用一种法律策略，以确定肯尼亚现在的状况、将来的目标，以及什么是让他们实现目标的最佳选项。对肯尼亚法律或者国际刑事法或者真相与和解委员会程序，将那些选后暴力责任人交付审判所面临的挑战形成清晰的理解，对于考查何为最佳选项是至关重要的。一旦这些选项的后果和风险得到评估，美国决策者就能更好地决定采取何种做法。

采用一个检察官的视角

　　对于检察官来说，辨别选后暴力责任人的准确性质是任何形势评估的第一站。检察官会马上告诉你，对暴行进行裁决将是一项艰难的任务。就像我们早前看到的，到底谁做了什么，出于什么意图，需要一个模糊而复杂的事实调查程序。不论事实调查者如何构成，他们怎样确定政治领袖及其代理人是否带着必要的故意、实施了针对他们对手的行为？暴行是如何策划的？暴力是如何发生的？即使在意图上是疏忽大意的，他们的行为在事实上构成犯罪吗？

　　国际刑事法院不顾这些案件的强度，着手向6个违反《罗马规约》的肯尼亚人发出了逮捕令。国际刑事法院在其是否对肯尼亚选后暴力拥有管辖权的问题上采取了一个大胆的方法。它没有收到肯尼亚人自己的要求，也没有收到另一个成员国发出的控告。[22]它的决定是根据《罗马规约》中某些措辞似乎授予国际刑事法院检察官对《罗马规约》签字国的个体公民发出逮捕令

---

　　[22]　正如我们在第五章关于管辖权的讨论中看到的（关于苏丹总统奥马尔·巴希尔和圣主抵抗军的约瑟夫·科尼），国际刑事法院可以根据来自《罗马规约》其他签字国的移送，或者由于肯尼亚是个签字国，可基于补充原则（如果肯尼亚自己不愿或不能依法惩治战争罪犯）行使管辖权。

的自由裁量权。国际刑事法院检察官莫雷诺·奥坎波决定起诉 6 个肯尼亚人。 334
在肯尼亚新闻界，这些人以"奥坎波的 6 个人（the OCampo Six）"而
闻名。[23]

莫雷诺·奥坎波调查的两个案件即亨利·基鲁罗诺·科斯盖（Henry
Kiprono Kosgey，工业化部部长）和穆罕默德·侯赛因·阿里（Muhammad
Hussein Ali，警察总监）的案件被搁置，剩下还有 4 个人面临指控：弗朗西
斯·穆索乌拉（Francis Muthaura，国家安全咨询委员会主席，被控支持民族
团结党青年组织，下令警察对橙色民主运动成员过度使用武力），威廉·鲁托
（William Ruto，教育部长，被指挥为选后暴力期间针对民族团结党青年过度
使用暴力的主要组织者），乌胡鲁·肯雅塔（Uhuru Kenyatta，现任副总理兼
财政部长，在选后暴力期间动员蒙吉基袭击橙色民主运动支持者），约书亚·
阿拉·桑（Joshua arap Sang，在选后暴力期间担任广播员，组织针对民族团
结党支持者的犯罪行为）。剩下的这 4 个人在国际刑事法院面临着 2008 年肯
尼亚选后暴力期间犯有反人类罪的指控。[24]

让国际刑事法院来处理

美国决策者"无所作为"的第三种变体是让国际刑事法院来处理这种情
况。联合国已斡旋了联合政府，完成了初步调查，然后把"信封"交给了国
际刑事法院。"信封"是肯尼亚新闻界对可能参与选后暴力的官员名单使用的
术语。对于美国而言，一个选项是让国际刑事法院帮助肯尼亚人找到所发生
事件的真相，找到犯罪行为的责任人，并且成功地起诉这些案件。这个选项
的一个很大好处是，国际刑事法院是全新的，虽然有人觉得它过于受到西方
利益的支配，但它似乎在肯尼亚局势中没有什么特殊利益。这种中立性提供 335
了一个巨大优势。

---

〔23〕 Walter Menya, December 24, 2010, Daily Nation, *Kenyans Want Ocampo Six Tried in Hague*,
http://www. nation. co. ke/News/politics/Kenyans + want + + Ocampo + Six + tried + in + Hague +/-/1064/
1078458/-/51krdyz/-/index. hyml.

〔24〕 Judie Kamberia, May 24, 2012, *Trial fate of Ocampo 4 sealed*, Capital FM News, http://www.
capitalfm. co. ke/news/2012/05/trial-fate-of-ocampo − 4-sealed.

　　管辖权问题总是有些棘手——只有某些因素起作用，国际刑事法院才能够获得管辖权。有两个因素看似容易：被指控的人是签字国的公民，并且（或者）犯罪行为发生在签字国领土内。签字国可以自己要求国际刑事法院行使管辖权，或者联合国安理会要求国际刑事法院调查案件，或者另一个签字国要求国际刑事法院调查并行使管辖权。另外，国际刑事法院检察官可以自己启动调查程序。即便每一个因素都符合要求，国际刑事法院也只有在根据《罗马规约》有足够的理由相信发生了犯罪行为的情况下，才能行使管辖权。

　　如果一个签字国承认该国不能或不愿追诉被指控者，而同意国际刑事法院管辖时，管辖权问题就变得容易了。肯尼亚是个签字国，被指控者是肯尼亚公民，有足够的理由相信发生了大屠杀、强奸，或者种族屠杀（屠杀是由部落分歧所引发）。真正的争执点在于，肯尼亚是否因为它的司法系统不能审判这些案件而同意国际刑事法院进行审理。

　　这是一个法学者称之为互补（Complementarity）的问题。只有当一个国家的法院即将或已经失败的时候，国际刑事法院才能被当作调查和起诉的终极手段。《罗马规约》第 17 条规定，如果具备四个条件中的一个，国际刑事法院便没有追诉权。

（1）对案件具有管辖权的国家正在进行调查或起诉，除非这个国家不愿意或不能够切实进行调查或起诉。

（2）对案件具有管辖权的国家已经对该案进行调查，并且这个国家已经决定不对有关的人进行起诉，除非做出这个决定是因为这个国家不愿意或不能够切实进行调查或起诉。

（3）有关的人已经由于作为控告理由的行为受到审判，根据第 20 条第 3款本法院不得进行审判。

336

（4）案件缺乏足够的严重程度，本法院无采取进一步行动的充分理由。[25]

《罗马规约》第 20 条第 3 款明确规定，如果一个人已经由另一个法院审判，国际刑事法院不能就同一行为再次审判，除非另一法院的程序：

（1）是为了包庇有关的人，使其免负本法院管辖权内犯罪的刑事责任；或者

---

[25]　《罗马规约》第 17 条，http://www.preventgenocide.org/law/icc/statute/part-a.htm.

（2）没有依照国际法承认的正当程序原则，以独立和公正的方式实行，而且根据实际情况，采取的方式不符合将有关的人绳之以法的目的。[26]

如果肯尼亚确定自己不能胜任，国际刑事法院可以接手。但是肯尼亚法院和立法机关承认这样一件事情存在着很现实的麻烦。

即便国际刑事法院拥有管辖权，这些案件也远不是那么简单。老练的检察官及法律战略家警告说，关于是否发生了《罗马规约》规定的罪行，导致选后暴力的事实将会带来困难的证据和实体问题。证明谁知道什么、什么时候以及领导层是否知道当时大裂谷发生的暴力达到何种程度，是件困难的事情。也许试过了，虽一无所获，但总好过无所作为。

不过，根据适用的国际刑法原则，故意可以通过总统或政治、军事领导人未能在事后惩罚或开除那些犯有暴行的人而体现出来。[27] 这个理论是，被告在得知暴行后，没有惩罚那些实行种族屠杀的人，这表明他期待这种暴力或指令如此。如果当权的人没有惩罚那些犯有暴行的人，那么最起码，他们认可所做的事情。这个原则，称为上级责任原则，它是用暴力发生后的失职来证明对于实施严重罪行的明知和故意。

当然，每个人的情况不同。候选人奥廷加确实知道他的帮派会以暴力夺取大裂谷地区土地所有人的土地吗？齐贝吉总统确实知道支持者会求助于暴力手段吗？齐贝吉总统知道谁密谋或策划了暴行吗？齐贝吉总统和奥廷加总理真的有权约束那些以他们的名义、使用他们的口号进行杀人和强奸的帮会成员吗？如果总统、总理或其他领导人妨碍了帮会成员，他们自己会受到暴力威胁吗？那些低级别官员是在夺取或保护个人权力、财产和声望的个人动机驱使下实施暴力的吗？

虽然国际刑事法院的实体法原则或许会有所帮助，但这些案件在国际刑事法院起诉在某种程度上会更加困难，那里有更加健全的"传闻"规则，禁止把证人报告的别人告诉他们的见闻当作证据。虽然它也规定了一些重要的

³³⁷

---

〔26〕《罗马规约》关于管辖权的规定见第 8 条，http：// www. icrc. org/ihl. nsf/WebART/585 - 08？ OpenDocument.

〔27〕 Cartsen Stahn & Goran Sluiter, ed. , *The Emerging Practice of the International Criminal Court*, 329, Konninklijke Brill NV, Leiden, The Netherlands, （2009）.

例外，但在普通法传统中，它还是很严格的。[28] 肯尼亚的证据法典虽然也是从普通法发展而来，但它有一个更具渗透性的传闻规则，甚至在被告没有被授权对陈述人进行交叉盘问的情况下，肯尼亚法庭也还是更愿意依据为所主张的事实提供的法庭外的陈述。在这方面，对于检察官来说适用《肯尼亚证据法》更容易些。[29] 比如，一个调查员可以证实被告说了什么或做了什么，或者另一个证人所述的被告说了什么或做了什么，而不需要在法庭上对证人进行交叉盘问。鉴于这些证据根本不会被国际刑事法院法官考虑，如果肯尼亚法官能够真正诚实和独立地对待起诉，如果事实和环境能够支持这些证据，那么法官们可以依靠他们认为可靠的证人。[30]

最好的选择是无所作为吗？

由于选后暴力的性质，2008 年对于美国而言最好的选择或许是完全远离肯尼亚。毕竟，存在着困难的证据问题。检察官能够证明那些参与者在 2007 年犯了种族灭绝罪——在部族仇恨的驱使下杀人吗？2008 年的问题是，主要的总统候选人自己是否参与了选后暴力。说到齐贝吉总统，以策划暴力为名起诉一名国家元首，兼有哲学的和实践的意义。作为一个开创先例的事件，齐贝吉的行为与巴希尔甚至科尼有着怎样的不同？齐贝吉真的是一个策划部族暴行、保护自己总统职位的"邪恶分子"吗？奥廷加又怎么样？如果齐贝吉遭到起诉，美国（或者现在的联合国）难道不像是挑选一个胜利者吗？现在，由于两人分享权力的安排，如果他们使用法律伎俩阻止任何针对他们本

---

〔28〕 Cartsen Stahn & Goran Sluiter, ed., *The Emerging Practice of the International Criminal Court*, 479, Konninklijke Brill NV, Leiden, The Netherlands, (2009).

〔29〕 特别是证据法（KEA）第 63 款要求口头证据必须是直接的，似乎禁止传闻。但又允许来自任何证人（包括一个足够级别的警官，证据法第 29 款）针对被告的传闻，条件是该陈述为被告自白，或者法庭判断该陈述不利于被告的利益（分别依证据法第 17、21 款之规定）。Kenya Law Reports, www. Kenyalaw. org, The Evidence Act, (2009), http://www.icrc.org/ihl. nsf/WebART/585 – 08? Open-Document.（作者在肯尼亚"无国界律师"项目中，就证据法及其体系的各项改革对肯尼亚法官进行了大量训练，实习中的法官在刑事案件中非常愿意考虑传闻。）

〔30〕 Kenya Law Reports, www. Kenya. org, The Evidence Act, (2009), http://www.icrc.org/ihl. nsf/WebART/585 – 08? OpenDocument. (while section)

人及其支持者的刑事程序又会怎么样呢？面对如此明目张胆的腐败、权力滥用甚至战争犯罪，美国又将采取何种政策？美国干脆什么都不做，让国际刑事法院来解决是不是更好呢？

基于诸多理由，2008 年美国不应该从肯尼亚脱身。首先，作为美国的外交政策，如果美国能够致力于阻止更多暴力甚至可能是另一轮种族屠杀，它就应该这么做。[31]其次，美国在发展法治方面具有优势，它拥有同世界许多地方的政府包括伊拉克、阿富汗、意大利、墨西哥、哥伦比亚，以及亚非政府一起工作所获得的专门知识。这为美国与其他国家合作提供了足够的经验，在尊重这些国家的风俗和法律的同时，建立起目前国际刑事法院所缺乏的透明度和责任感。

此外，美国与国际非政府组织在许多方面，特别是在法律方面似乎正在推进与肯尼亚政府之间的关系。比如，美国提供帮助使肯尼亚能够审判在亚丁湾（the Gulf of Aden）犯罪的索马里海盗。有人估计美国因为在亚丁湾的活动已独自支付索马里海盗将近 2 亿美元赎金，因为大型非政府组织如世界粮食组织（the World Food Organization）通过亚丁湾运输将近 90% 的食品援助，如果海盗不受惩罚地继续活动，很多非洲人都要挨饿。[32]美国以法律专家的形式向肯尼亚派出援助，帮助肯尼亚审判索马里人。美国推断，如果它能够让肯尼亚人审判海盗并吓阻将来的海盗，就会把其他人支付赎金的钱节省下来。因为大部分食品进入肯尼亚蒙巴萨（Mombassa），肯尼亚自然也就成为打击海盗的伙伴，而且它是这个地区唯一有能力在阻止海盗方面有所作为的非洲国家。海盗形势不仅提供了帮助肯尼亚人追诉海盗的机会，还可以帮助肯尼亚人提高审理选后暴力犯罪者的能力。[33]

对应页边码：339

---

〔31〕 国务卿希拉里·克林顿 2008 年 12 月 8 日的演讲。http：// ipsnorthamerica. net/news. php? id-news = 1884.

〔32〕 Bowden A, and Basknit, S. , *The Economic Cost of Somali Piracy in* 2011, One Earth Future Foundation, The Oceans Beyond Piracy Project, http：// oceanbeyondpiracy. org/sites/default/files/economic_ cost_ of_piracy_2011. pdf.

〔33〕 美国参与帮助一个国家审理严重犯罪的情况以前已经存在。通过美国司法部，美国出借律师给意大利提供帮助。See, Repetto, Thomas（2006）, *Bringing Down the Mob：The War Against The American Mafia*, New York：Henry Holt and Company. 作者亲身经历过在哥伦比亚、墨西哥帮助培训检察官［无国界律师组织（Lawyers Without Borders），以及美国的法治组织同样为国际刑事法院检察官办公室提供这些专门知识］。

最后，美国自己参与帮助审理选后暴力的肯尼亚人可能会更好一些，因
340　为美国带来了针对这种情况的中立的专家。另外，美国能够帮助肯尼亚人提
高处理嵌入争端的潜在环境和土地使用问题的能力。国际刑事法院和真相与
和解委员会都不能做到这一点。

土地改革知识

2007 年肯尼亚选后暴力的原因，在某种程度上与大裂谷中的一块叫茂森
林（the Mau Forest）的珍贵土地所引发的环境和土地使用问题有关。[34] 土地
使用问题是在肯尼亚精英间的权力斗争中所固有的。茂森林处于个体农场主
之间的斗争与他们对肯尼亚国家公园集体影响的中心。此外，茂森林里的居
民点还被出售，以换取政治家部落其他成员在政治上的支持。虽然它最终被
说成是政治家所操纵的部落争端，但实际上它是一场肯尼亚穷人反对精英，
以及那些购买控制土地、在损害肯尼亚普通民众的情况下开发肯尼亚自然风
光的外国游客的阶级争端。

换言之，把这场争端简单地看作土地所有者与偷窃土地的帮会之间的争
议就会忽略了争端中的环境因素。如前所述，茂森林是大裂谷的一部分，这
是一条古老的从北非延续至莫桑比克的山谷。茂森林对于茂河（the Mau Riv-
er）是至关重要的地区，而茂河对马赛马拉（Masai Mara）（肯尼亚西南方的
一个大型野生动物保护区）和赛伦盖蒂（Serengeti）（与马赛马拉相连的坦桑
尼亚国家公园）又极为重要。[35] 每年 8 月初，数十万只角马冲过马拉河奔向
新鲜的牧场。如果角马能够在河里的鳄鱼中得以幸存，他们一路还要面临其
他的危险。跟随角马（还有斑马、瞪羚、羚羊和犬羚）的是他们的天敌——
鬣狗和狮子。这是典型的非洲展示的世界上最大规模的迁徙之一。

341　横跨大裂谷南部的 400 000 英亩茂森林，约有 1/4 已经被政治动机驱动的

---

〔34〕 PEV report, Chapter 3, supra, note 1.

〔35〕 马赛马拉（Masa Mara）的官方网页是：http://www.maasaimara.com/.

土地掠夺、非法伐木和木炭生产所破坏。[36] 茂森林是肯尼亚最重要的集水区，像一块巨大的海绵吸收降雨，并控制其排放到江河。没有这种控制，河水就会泛滥或者干涸。2007 年茂河水泛滥导致 15 000 头迁徙角马被淹死，就归因于茂森林遭到破坏。没有茂森林就没有马赛马拉。没有茂森林也就没有赛伦盖蒂，这个肯尼亚最著名的野生动物保护区和旅游胜地。

森林的破坏不仅威胁到东非的野生动物园，甚至还威胁到观光业之外的经济前景。茂森林的降水为 12 条河流及 5 个湖泊，包括维多利亚湖提供水源。河水灌溉农田，驱动水力发电涡轮，推动肯尼亚经济发展，湖泊是大批鸟类和野生动物的家园，森林覆盖的峭壁保证了肯尼亚最大宗出口商品之一——茶叶的生长所需要的持续的潮湿空气。

茂森林居民点自从被丹尼尔·阿拉普·莫伊（1992）用于收买选票取得权力以来，一直成为政治家的一种手段。[37] 奥廷加也受到了同样的诱惑。但现在，由于多达 150 000 名居民住在森林里，从空中鸟瞰森林砍伐导致树木日渐稀少，奥廷加改变了策略。他表示，政治上的打包处理应该结束了，通过列出大约 49 个非法获得 18 000 公顷森林的个人和公司名单，奥廷加和环境保护主义者交上了朋友。政府批准了逐出移居者的计划，其他人——如果能够出示合法的产权证书——将获得补偿，但要搬出茂森林。

肯尼亚的形势是一种包括价值观、经济发展、土地在过去开发者之间的重新分配、环境关怀和游客利益在内的冲突。[38] 具有讽刺意味的是，美国，这个已经砍伐了大部分自己土地上的森林、杀光了构成其动物迁移基础的野牛的国家，竟然在肯尼亚找到了自己在支持环境保护与养护方面的利益。这只是为了古典的殖民游猎的利益，对于一般肯尼亚人的经济福祉并不关心，美国的利己主义看来是剥削性的。高尚的环境和人权对话遭到质疑。美国在肯尼亚的利益是什么，为什么肯尼亚人决不应该用怀疑的态度看待美国发展经济和司法制度或保护环境的努力？

---

〔36〕 PEV report, Chapter 3, supra, note 1.

〔37〕 PEV report, Chapter 3, supra, note 1.

〔38〕 Erin O'Brien, *Irregular and Illegal Land Acquisition by Kenya's Elites: Trends, Processes, and Impacts of Kenya's Land-grabbing Phenomenon*, January, 2011, International Land Coalition, http://www.landcoalition.org/sites/default/files/publication/906/ERIN-KLA_Elites_web_14.03.11.pdf.

这里，美国外交政策的建议和努力再次充斥着意料不到的后果。美国在起诉海盗方面发挥指导作用，可能会被认为对肯尼亚法院系统干预过多，想把肯尼亚变成它的代理人。美国抑或在土地争端中扮演调停人的角色，有人可能会觉得它要为自己夺取土地。它的目标被人怀疑，因此表达上述观点可能会适得其反。尽管如此，美国也不应该袖手旁观，而应该使用一种既讲原则而又务实的方法介入肯尼亚。它的外交政策应该在两个领域得到指导：首先，为肯尼亚农场发展提供可持续的农业技术，这一关切超出了本书范围；其次（对于我们的目标更为重要），与肯尼亚律师合作，帮助肯尼亚建立法治。

最后，两个权力集团（橙色民主运动和民族团结党）之间的接合部发生的摩擦可能为每一方诉诸暴力提供了很多理由。在 2013 年大选前夕，或许有太多企图分享权力的失败者，以至于最终无法维持和平。此外，悬而未决的问题是选后暴力：作为其结果的杀人和强奸，以及肯尼亚惩罚那些责任人的需要。

如果美国还能在帮助肯尼亚人惩处那些实施种族灭绝暴行的人方面发挥作用，并且找到一种方法帮助肯尼亚公正处理土地使用中潜在的环境问题，它就可以极大地帮助肯尼亚伴随着繁荣运行的经济进入到现代民主政治。这是因为肯尼亚人似乎已经准备摆脱旧有的方式。他们在经济上准备以一种实现可持续发展的方式利用其能源和旅游业优势。肯尼亚需要两件事情：能够诚实运行的司法体制，以及把公正当作首要也是唯一关注点的人组成的透明的决策机构。美国特别适合在这方面提供帮助。它可以带来经验，并战略性地利用援助发展法治，同时提高在这个体制中工作的人们的能力。

美国可以成为肯尼亚人的国际伙伴，与其致力于创建一个至少与国际刑事法院的管辖权平行的司法程序。下一节我们将会看到，美国错以为最好由肯尼亚人自己起诉。就像选后暴力调查委员会所推荐的那样，帮助他们起诉本来会更好一些。[39]

---

[39] PEV report, supra, note 1.

让肯尼亚人自己解决

美国"无所作为"选择的第二种变体，是对国际刑事法院采取由肯尼亚最高法院自己审理选后暴力被告人的立场。肯尼亚人似乎担心他们能否做到这一点。新闻界相当固执——2008～2010 年报纸的评论版报道，太多肯尼亚人相信总统齐贝吉控制法院。[40] 新闻界担心有罪不罚及其对肯尼亚灵魂的影响——那些站在齐贝吉一边掌握权力的人将被认定为无罪。也许民众对法院的诚信看法太多，法院也无法解决。民意测验显示，只有 20% 的肯尼亚人相信肯尼亚司法。[41]

也许令人担忧的是如何打破导致肯尼亚资源被精英剥削、进而由新精英取代旧精英导致更多剥削的恶性循环的文化。创造一个可以释放一般民众力量的一体化市场、为多数人而不是少数人创造财富的困难是巨大的。法治似乎与建立一体化市场经济有关——在那里普通肯尼亚人可以看到私有财产能够得到真正的保护，而免于被执政者贪腐的权力所攫取，在那里他们能够轻易得到进行投资的融资渠道，他们进行建设、投资和创造的努力将会得到奖励，而不是在开始获益的时候被人掠夺。连篇累牍的关于个人丑闻的新闻报道，精彩地讲述了打破这种剥削循环是如何艰难的故事，其中包括一些政府领导人和各种外国企业领袖因开发肯尼亚资源而被抓，但似乎没有承担任何后果就逃脱了。

在新闻界上演的肯尼亚法院腐败的历史，不可能激发人们对肯尼亚审判结果诚实性的信心。肯尼亚政府不断被一个接一个的丑闻所困扰，法院却不能依法惩治那些责任人。这些丑闻被肯尼亚新闻界、特别是被英国领事馆广泛报道。仔细研究这些丑闻，对于了解腐败如何植根于肯尼亚的治理方式中是十分重要的。

这些丑闻之中持续时间最长的是著名的戈登伯格（Goldenberg）丑闻，肯

344

---

〔40〕 Walter Menya, December 24, 2010, Daily Nation, *Kenyans want OCampo Six Tried in Hague*, http://www. nation. co. ke/News/politics/Kenyans + want + + Ocampo + Six + tried + in + Hague + /-/1064/1078458/-/51krdyz/-/index. html.

〔41〕 Id.

尼亚政府涉嫌补助黄金出口，付给出口商超过他们黄金外汇收入 35% 的肯尼亚先令，据传这些黄金是肯尼亚卖来筹集资金的。在大多数情况下，黄金被肯尼亚政府的刚果合伙人走私了。据说戈登伯格丑闻带来的损失相当于肯尼亚年国内生产总值的 10% 以上。[42]

345　　20 世纪初，在肯尼亚工作的非政府组织（而不是当地检察官）成为腐败的主要监督者。透明国际（Transparency International）当地分会与一个政府机构——肯尼亚全国人权协会（the Kenya National Commission on Human Rights, KNCHR）在 2006 年 2 月发出一篇报道称，在 2003 年 1 月至 2004 年 9 月之

---

　　[42]　Peter Warutere, International Development Research Council（IDRC）and the Kenya Leadership Institute, Corruption and Elite Wealth, Money Power and Winded Path of the Goldenberg Deals, www. ipocafrica. org/index. php? = com_docman. 接下来还有其他的丑闻。在 20 世纪 90 年代末福特基金卷入丑闻之后，另外两件涉及军购的丑闻震惊了肯尼亚媒体。先是一家南非肯尼亚军事合资企业，后来是 2003 年，军方在购买捷克战斗机计划上发生分歧，购买喷气式战斗机计划可能要花费纳税人 12.3 亿先令。第二件丑闻涉及一个 4.1 亿先令的军舰交易。一份海军项目经中标程序提供给尤若玛林（Euromarine）公司，这个程序被批评是不合常规的——军事分析家说一般相同船只的建造费用大约是协议数额的 1/4。英国是自二战以后介入肯尼亚的殖民国家，它也注意到肯尼亚警察和私人企业领袖陷入腐败。最著名的一个是印度商人查曼拉尔·卡马尼（Chamanlal Kamani），据报道他染指了坎普森汽车公司（Kampsons Motors）的一份供应合同。在 20 世纪 90 年代中期坎普森投标为警察部门供应马辛德拉吉普车的合同，每辆将近 1 000 000 先令（13 000 美元），当时展销厅对消费者要价是这个价格的 1/6。而且，这些车辆由政府部门购买可免税进口。数年内进口的超过 1000 辆汽车，在购买后没有几辆还在使用，似乎已被个别官员打折卖到了他们自己手里。John Githongo report BBC: Full report on Kenya corruption, from the Ethics secretary（3.3 Meg PDF, 22 pages）.

　　警察还卷入了卡马尼家族与其执法机构的其他丑闻。卡马尼家族介入一单建造刑事调查局（Criminal Investi-gation Department）法医实验室的生意。2004 年 6 月，一笔 4 700 000 美元的资金电汇回卡马尼家族，作为支付刑事调查局法医实验室资金的退款。另一笔 5 200 000 欧元用于支付电子警察项目，包括警察部队的计算机化以及由安弗泰伦特系统私人有限公司（Infotalent Systems Private Limited）在内罗毕安装监视录像。几年之内为肯尼亚政府接到的主要合同，付给卡马尼家族的回扣对某些人似乎意味着，警察将不能调查任何涉及卡马尼家族的合同。

　　英国人的下一个关切更是触到痛处。2005 年肯尼亚计划花 20 000 000 英镑从法国购买身份证技术。这个技术是护照设备系统软件。这份合同最初由巴黎弗朗索瓦·查尔斯·奥贝尔公司（Francois Charles Oberthur of Paris）——世界领先的签证和万事达卡供应商报价 6 000 000 欧元，但却以 30 000 000 欧元给了一家英国公司，而它原本就是转包给同一家法国公司做这份工作。一年内英国人在肯尼亚受到第二次腐败指控。尽管缺少竞争性投标，安格鲁租赁公司（Anglo Leasing）还是收到了超过 600 000 英镑的"承诺费"。安格鲁租赁公司的代理商是一家设在利物浦的萨加尔联合公司（Saagar Associates），一位其家族与莫伊政权高级官员有着密切关系的女人拥有这家公司。公司记录显示萨加尔联合公司属于鲁帕莱尔女士（Mrs. Ruparell），一位 47 岁的肯尼亚妇女。她是一个 72 岁的百万富翁、与莫伊政权高官联系紧密的商业家族族长查曼拉尔·卡马尼的女儿。同样的报道见于维基解密：http://wikileaks. org/wiki/The_looting_of_Kenya_under_President_Moi.

间，全国彩虹同盟（the National Rainbow Coalition）政府花了大约12 000 000 美元购买汽车，绝大多数归高级官员个人使用。[43]这些车辆包括 57 辆梅赛德斯奔驰，还有陆上巡洋舰（Land Cruisers）、三菱帕杰罗（Mitsubishi Pajeros）、路虎（Range Rovers）、尼桑特兰诺（Nissan Terranos）和尼桑途乐（Nissan Patrols）。报道说，这 12 000 000 美元大大超过了政府在 2003/2004 财政年度花在控制疟疾——"肯尼亚主要发病及致死原因"上的费用。[44]

346

肯尼亚新闻界似乎是政府腐败的监督者，但自己并非没有风险。2006 年 2 月末，肯尼亚主要报纸《旗帜报》（*The Standard*）刊登一则报道，声称姆瓦伊·齐贝吉总统与反对党高级人物卡隆佐·穆西约卡（Kalonzo Musyoka）在举行秘密会议。就在报道几天之后，几个携带 AK－47 冲锋枪的枪手袭击了《旗帜报》多个编辑室，以及它的电视台肯尼亚电视网（KTN）。他们痛打员工，将电脑和传输设备拖出电视台，收集和烧毁了刊登报道那一版的所有复件，一气之下，他们还捣毁了出版社。随后同一伙人关闭了肯尼亚电视网电源，使电视台停播。结果显示，肯尼亚警察对此负责。国内安全部随后声称这一事件是保卫国家安全。"如果你惊吓一条蛇，你必须准备被它咬一口，"约翰·米丘基（John Michuki）说。在那篇批评报道刊载以后，《旗帜报》3 名记者被逮捕，随后在未经起诉的情况下被关押了几年时间。[45]

2006 年 11 月，政府被控未能就一项 1.5 亿美元的银行诈骗采取行动，其中包括洗钱和逃税，而早在几年前就已经有揭弊者报告了此事。调查人员确信涉及金额价值接近肯尼亚全国收入的 10%。一份最新的审计报告称，操作规模"威胁了肯尼亚经济的稳定"。[46]

直到最近，大多数腐败事件都有一个英国主题。2006 年 11 月英国外交大臣金·豪威尔斯（Kim Howells）警告，在肯尼亚的腐败越来越多地曝光了英国的毒品买卖和恐怖主义。"人们可以被收买，从在蒙巴萨码头工作的人一直到政府官员……这种脆弱性已经被毒品贩子认识到，大概也已经被恐怖分子

347

---

〔43〕 http：// www. ipsnews. net/2006/02/development-kenya-vehicles-saga-shows-parliament-has-few-budgetary- teeth/.

〔44〕 Id.

〔45〕 Sasha Simic, *If You Rattle a Snake, Prepare to Be Bitten*, The Guardian, co. uk. , January 25, 2007, http：// www. guardian. co. uk/commentisfree/2007/jan/25/post988.

〔46〕 http：// news. bbc. co. uk/2/hi/africa/6123832. stm.

认识到了。"[47]

尽管存在着对前莫伊政权官员和许多英国企业之间大量腐败的指控，立法部门就算不是同谋的话，对此也似乎漠不关心。比如，在 2007 年 9 月，议会通过《成文法（杂项修订）草案》[Statute Law（Miscellaneous Amendments）Bill]，限制肯尼亚反腐败委员会调查 2003 年 5 月之前实施的犯罪行为，包括戈登伯格、安格鲁租赁公司和其他主要案件。这一举动受到了反腐败活动家的谴责。姆瓦利姆·马堤（Mwalimu Mati），前透明国际肯尼亚地区分会首席执行官宣称："巨大的腐败已经吞噬了政府和 2002 年肯尼亚人民选举争取的议会。"[48]作为对这一举动造成的众怒的回应，齐贝吉总统声明将否决这项法案。但从那以后，再没有提出过起诉。

每当一位新总统接掌权力，都会带来驱除腐败和丑闻的巨大希望。当齐贝吉总统带着为肯尼亚人拿回属于肯尼亚人的东西的承诺上台时，也给人们带来了打破剥削循环的巨大希望。在经历了 2007 年 9 月的诸多丑闻后，2008 年 6 月发生了格兰德丽晶丑闻（the Grand Regency Scandal），其中肯尼亚中央银行（the Central Bank of Kenya）被控以低于市场评估价值 4 亿多肯尼亚先令（大约 6 千万美元），将内罗毕的一座豪华酒店卖给了一个身份不明的利比亚投资人的集团。财政部长阿莫斯·基蒙亚（Amos Kimunya）谈成这笔交易，肯尼亚国会近乎全体一致通过一项动议予以谴责，但他强烈否认这一指控。[49]这件事发生在由基蒙亚监管的萨法利通信公司（the Safaricom）首次公开上市之后，由于交易执行中可能存在腐败，后者受到人们选择性的赞扬或是质疑。作为肯尼亚最大的移动电话服务供应商，萨法利通信公司以一种近乎政府式的垄断经营了几年时间。在首次公开上市过程中，肯尼亚政府卖出了它在萨法利通信公司 50% 的股份。[50]

348

---

[47]　Id.

[48]　Transparency International Archive Cite，Mwalimu Mati Executive Director. *It's time to tell the Kenyan people the truth about the anglo-leasing scandal*，Transparency International Kenya，January 22，2006，http：// archive. transparency. org/news_ room/latest_ news/press_ releases_ nc/2006/2006_01_23_ kenya_ githongo.

[49]　Matt Brown，*Hotel Scandal Shakes Kenyan Politic*，The National，July 7，2008，http：// www. thenational. ae/news/world/africa/hotel-scandal-shakes-kenyan-politics.

[50]　Albert Muriuki，*Kenya：Safaricom Share Offer Rocked By Irregular Bids Opening Scandal*，All Africa，August 20，2007，http：// allafrica. com/stories/200708201686. html.

英国选择放弃，并撤出了所有财政援助，只等肯尼亚整顿其行为。新的腐败危机被英国驻肯尼亚高级专员爱德华·克雷爵士（Sir Edward Clay）在一次晚餐会上的讲话所触发。他慨叹他所描述的齐贝吉政府高级官员对于公共资金的"大规模掠夺"。英国特使告诉目瞪口呆的听众，他已向肯尼亚当局递交了一份包括 20 个可疑合同和涉嫌诈骗采购的企业的卷宗——这是在他抱怨腐败的肯尼亚部长们"像暴食者一样贪吃"并且"吐在外国捐赠者的鞋子上"的 6 个月之后。[51]

几天以后，肯尼亚主要反贪官员约翰·吉松葛（John Githongo）辞职，说他没有能力继续为肯尼亚政府服务。随后，美国和德国采取行动，宣布它们将中止所有对肯尼亚反贪机构的援助——几百万美元。[52]欧盟和日本也警告如果肯尼亚不进行自我整顿，可能会危及它们的援助。[53]

对于某些人来说，这一连串丑闻威胁到了这个政府的合法性。[54]肯尼亚人自己看到了这个问题。齐贝吉内阁的 4 个高级官员对政府发出尖锐抨击，敦促齐贝吉开除卷入新腐败丑闻的部长，以挽救政府形象。许多人想知道如果这个政府一直无力进行自我整顿，它会不会垮台。2007 年选举前，奥廷加拥有一个批评齐贝吉的平台。不过，自从选举及达成权力分享协议之后，他似乎并没有采取什么行动，将过去的腐败官员和商业领袖诉诸法庭。

349

肯尼亚公众过去和现在都怀疑肯尼亚法院能够审判选后暴力的犯罪者，这一点并不奇怪。任何肯尼亚人运作的司法程序都需要公开（电视直播），法官需要进行仔细的事实调查做出合理的法律决定，以便公众和新闻界能够接受审判结果。如果这些能够成功，那么对于肯尼亚司法系统的提升将是巨大的（有助于打破剥削性文化，强力推动更加一体化的经济），但是另一方面，能力和腐败问题或许在审判之前就已经注定了任何一宗案件的结局。

---

〔51〕　Michela Wrong, 2009, *It's Our Turn to Eat: The Story of a Kenyan Whistleblower*, Harper-Collins Publishers, New York, 2010, pp. 183～204.

〔52〕　Jeevan Vasagar, *EU Freezes £ 83m Aid to 'Corrupt' Kenya*, The Guardian, July 21, 2004, http://www.guardian.co.uk/world/2004/jul/22/eu.kenya.

〔53〕　Jeevan Vasagar, *EU Freezes £ 83m Aid to 'Corrupt' Kenya*, The Guardian, July 21, 2004, http://www.guardian.co.uk/world/2004/jul/22/eu.kenya.

〔54〕　Id.

真相与和解选择

　　美国决策者的另一个选择是只需要支持真相与和解委员会，大体模仿南非在种族隔离政策结束后所使用的程序。南非真相与和解委员会由戴斯蒙德·图图主持。在主教序言中，他对南非人同时也代表他们说，他们应该做出一种权衡，用放弃完美惩罚来换取对真相的了解。[55]他们宁愿从未达成的起诉中发现遭遇的挫折和失败。南非委员会在最后的报告中宣称，他们已经成功地获得了种族隔离暴行的真相。[56]只是就主动出来坦白罪行的人太少这一点来说，他们承认失败。[57]这样一种程序能在肯尼亚起作用吗？

350　　　真相与和解委员会具有某些优势。[58]起码最初的证明标准更低，因为真相与和解委员会关心的是发现真相，而不是判处被告自由刑。所以真相与和解委员会可以在优势证据标准下有效地运作，而不是通常的在排除合理怀疑后确定罪行。[59]作为一个机构，真相与和解委员会可以就是否实施了某种犯罪，以及认罪者的供述是否完整准确，自己决定调查事实或提出建议的证据标准。[60]

　　根据真相与和解委员会的大多数情况，如果被告悔罪，都有可能得到大赦。委员会成员决定是否对被告个人予以大赦。[61]委员会还可以建议审判某个被告人以弄清犯罪事实，这将导致刑事起诉。[62]至于委员会是否建议起诉，

---

〔55〕　Promotion of National Unity and Reconciliation Act（South Africa，1995），available at http：// ftp. fas. org/irp/world/rsa/act95_034. htm. Hereafter Unity Act.

〔56〕　Id. Unity Act Preamble.

〔57〕　Truth and Reconciliation Committee of South Africa，Final Report，vols. 1~5（1998），hereafter 1~5 Final Report. See United States Institute of Peace，Truth Commission：South Africa，United States Institute of Peace Wed site，available at www. usip. org/resource/truth-commission-south-africa. Hereafter，USIP.

〔58〕　Compbell，P.，*The Truth and Reconciliation Commission*（*TRC*）：*Human Rights and State Transitions_The South Africa Model*，Arican Studies Quarterly | Volume 4，Issue 3 | Fall 2003；http：// www. africa. ufl. edu/asq/v4/v4i3a2. pdf.

〔59〕　Id.

〔60〕　Id.

〔61〕　Id.

〔62〕　Id.

取决于被告的参与程度和事实（根据优势证据）调查结果。[63]

最近另外一个非洲国家的经历，对于在肯尼亚使用真相与和解委员会程序并不是一个好兆头。利比里亚利用真相与和解委员会处理 15 年内战期间所犯下的罪行。[64] 委员会显示了挑战权力精英的意愿，他们在最近公开的调查结果中指名埃莉诺·约翰逊·瑟利夫（Eleanor Johnson Sirleaf）总统对支持查尔斯·泰勒的早期暴行负有责任。[65] 利比里亚真相与和解委员会建议禁止她在以后 30 年谋求公职。[66] 显然，这种建议没有什么效果，因为她不仅重新当选，还获得了诺贝尔和平奖。[67]

另外，利比里亚委员会也没有成功向利比里亚公民表明，他们得到了被告人非常广泛的参与。[68] 他们在报道认罪或者告知公众会有许多责任人主动站出来这一事实上没有达到预期效果。[69] 它根据《利比里亚刑法典》（the Liberian Penal Code）定义了一套新罪名，建议推进对这些不同犯罪的指控。[70] 其最终结果严重依赖于另外建立刑事法庭去起诉委员会工作期间确认的被告人。[71] 利比里亚真相与和解委员会能否实现南非真相与和解委员会实现的东西非常值得怀疑。[72] 大多数批评家担心，委员会没有将指名的人正式诉诸法

———————————

〔63〕 Id.

〔64〕 参见第 7 章关于利比里亚真相与和解委员会经历的论述。

〔65〕 Id.

〔66〕 Id；利比里亚真相与和解委员会最终报告所在网页是：http：//www. nobelprize. org/nobel_ prizes/peace/laureates/2011/press. html（hereinafter Liberian TRC Final Report）.

〔67〕 宣布瑟利夫获得诺贝尔奖所在网页是：http：//www. nobelprize. org/nobel_ prizes/peace/laureates/2011/press. html.

〔68〕 Patrick Vink et al. , *Talking Peace*: *A population based survey on attitudes about security*, *dispute resolution and post-reconstruction in Liberia.*（Berkeley：Human Rights Center，University of California Berkley，June 2011），available at：http：//www. law. berkeley. edu/HRCweb/pdfs/Talking-Peace-Liberia – 2011. pdf（accessed 05 July, 2011）.

〔69〕 Randall, Lawrence, Pulano, Cosme R. and International Center for Transitional Justice, *Transitional Justice Reporting Audit a Review of Media Coverage of the Truth and Reconciliation Process in Liberia.* International Center for Transitional Justice；UNESCO，2008. Available at http：//ictj. org/publication/transitional-justice-reporting-audit-review-media-coverage-truth-and-reconciliation（accessed May 12, 2011）.

〔70〕 Jonny Steinberg, "Liberia's Experiment with Transitional Justice", *African Affairs*, Vol. 109, No. 434（2009），pp. 135 ~ 144.

〔71〕 Amnesty International, Liberia：Toward the final phase of the Truth and Reconciliation Commission（London，July 2008），p. 29.

〔72〕 Id.

院的能力，对于最严重的犯罪行为者有罪不罚将会造成现政府的脆弱性。[73]

自从南非真相与和解委员会之后，人们已经尝试建立了 30 多个另外的真相与和解委员会。[74]（它们似乎成了最时髦的争端解决方法。）真相与和解委员会一般会得到被告的支持，因为他们可以进一步拖延起诉，被告相信，如果他们坦白自己的罪行，并且对发生的事情表示悔罪，他们就会得到大赦。公平地讲，如果所有重要的行为者全部参与，而且参与过程公开，这样的程序会促进情感创伤的愈合。从理论上说，羞辱代替了惩罚。它的主要好处是用一种和平的权力放弃来代替有罪不罚。尽管如此，它还是有罪不罚。特别是在很少有人自告奋勇，而政府检察官缺乏起诉那些仍然掌权的人的能力和意愿的情况下，肯尼亚所面临的危险是，真相与和解委员会得到的一切只是两年多的拖延与伤害。[75]

人们建议用真相与和解委员会程序来解决肯尼亚选后暴力的局势，是因为像南非一样，肯尼亚族群之间的问题是长期存在的。另外，裁决可能无法确定个人责任，因为在某种程度上，选后暴力与齐贝吉上台以前 20 世纪 90 年代的种族冲突相似，它只是多年来肯尼亚暴力制度化趋势中的一个插曲。事实上，大多数武装民兵是由于 20 世纪 90 年代的种族冲突发展起来的，但他们从未被解散，以至于政治和商业领袖可以为了 2007 年选后暴力让他们重新出来活动。

有多少暴力责任可以归咎于总统齐贝吉和总理奥廷加？就齐贝吉而言，人们普遍相信总统职位为其族群带来了好处。这种信念让公众愿意使用暴力去得到并维持权力。从人种学的观点来看，不平等和经济边缘化在诸如内罗毕贫民区那样的地方，通常会对选后暴力发挥很大的作用。暴力的根源在于族群之间的冲突，有些族群一直在剥削他人，他们害怕在被剥削族群获得权力的情况下，他们自己和他们的生活方式所将遭遇的事情。

真相与和解委员会在暴力自然发生的情况下会是一种很好的程序，但这里的情况太复杂了。委员会的一项主要调查发现，在某些地区内选后暴力是

---

〔73〕 Id.

〔74〕 Sunga, L. , "Ten Principles for Reconciliation Truth Commission and Criminal Prosecutions", in The Legal Regime of the ICC, Brill (2009) 1071 ~ 1104.

〔75〕 Id.

自然发生的，在其他地区则是政治和商业领袖参与规划和组织的结果。[76]有些地区则证明是两种形式暴力的结合，起初是发现选举舞弊后所做的自发的暴力反应，后来演变成为经过良好组织与协调、针对现任总统相关族群成员发动的袭击。[77]选举之后不久，齐贝吉把这些族群成员组建为一个新的政党，并且聪明地命名为民族团结党（PNU）。[78]这是在预计不论选举结果如何、暴力都不可避免的情况下所发生的事情。[79]

经过一个事实调查程序后、在某种程度上是由肯尼亚人撰写的瓦基报告，断言选后暴力不只是公民对公民的机会主义袭击的简单组合。[80]他们是基于种族和政治倾向对肯尼亚人进行的有计划的攻击。袭击者根据种族进行组织，配备大量后勤工具，经长途旅程去焚烧房屋，残害、杀戮、性侵里面的居民，只因为他们是特定的族群、具有不同的政治信念。联合犯罪是致命的"报复"袭击背后的主导力量，受害者被其他施暴者锁定不是因为他们做了什么，而是因为他们的族群组织。[81]

警察通常被大量袭击者及相对协调有效的袭击行动所压制。[82]不过，在暴力波及的全国大多数地区，肯尼亚警察和省政府方面未能根据情报和其他早期预警采取行动，助长了暴力的升级。在发生这种情况的地方，警察也应承担责任。[83]

瓦基委员会最为重要的一个调查结果是，选后暴力也是一个不同国家安全机构之间缺乏准备、协调不力的故事。虽然国家安全情报部（the National Security Intelligence Service）看来掌握了全国许多地区可能发生可予起诉的暴力的情报，但尚不清楚是否以及通过何种渠道让正在运作的情报机构分享了这些情报。肯尼亚警察部队（the Kenya Police Service）和行政警察（the Administration Police）的效能受到缺乏清晰的管理和运作程序，以及政治私利对

353

354

---

[76] PEV report, Supra, note 1.

[77] Id.

[78] Id.

[79] Id.

[80] Id.

[81] Id.

[82] Id.

[83] Id.

警务优先事项不利冲击的消极影响。[84]

总之，所有这些选择都不足以为美国的支持提供理由。另外，未来在肯尼亚真的有可能发生种族屠杀。[85]下一节将表明，美国可以在一种混合司法合作中与肯尼亚人进行交流，以便结束有罪不罚，让肯尼亚人提高赢得公众信任的能力，表明过去的路已走到尽头，法治将在这里生根。

国务院外交与美国援助相结合

一种混合特别法庭的选择可以让美国在自己拥有专门知识的领域与肯尼亚进行交流。美国在通过建立征募机制、增加人员数额、培训警察口头查询和证据收集的基础知识来提高警察能力方面具备专门技能。从意大利到南非，最近在伊拉克、阿富汗和利比里亚，美国一直在从事这种警察训练工作。美国在通过进行司法培训、帮助建立管理制度来提高法院能力方面同样具有专门知识。美国已经通过出借律师与检察官展开战略性合作，帮助那些国家将罪犯绳之以法。此外，美国还可以与肯尼亚配合，去做那些国际刑事法院所不能做的事情——国际刑事法院限制检察官与服从逮捕令的人进行交易的能力。[86]美国可以指导肯尼亚检察官如何利用检控裁量权与各种证人进行辩诉交易，以便更好地保证将适当的人以正确的罪名绳之以法。最后，美国在肯尼亚争端涉及的土地改革方面具备专门知识，这也使它处于一种独一无二的地位，可以帮助肯尼亚处理私有产权与环境关注之间的平衡。

355

美国在全世界范围内参与训练警察和军队。瓦基报告推荐了提高国家安全机构的绩效与责任，以及国家安全机制之间相互协调的具体办法，包括强化联合作战准备安排、加强综合业务审查程序、合并两个警察机构并建立独

---

〔84〕 Id.

〔85〕 TRJC Monitoring, supra, note 5.

〔86〕 《罗马规约》第 64 条第 8 款和第 65 条都没有规定法庭可以接受辩诉交易。有些人主张，如果法庭确定潜在判决是公正的，它自己可以接受辩诉交易。Anna Petrig, *Negotiated Justice and the Goals of International Criminal Tribunal*, 8 Chi-Kent J. Int'l & Comp. L. 1, （2008）（hereinafter Petrig.）http：// www. kentlaw. edu/jicl/articles/spring2008/Petrig_ negotiated_ justice_ final. pdf.

立警方投诉机构。[87]这些关切也是美国专门知识的重点内容。

美国需要保证特别法庭与肯尼亚法官和律师界谨慎合作。瓦基委员会报告提供了这个独一无二的开端，因为它要求肯尼亚立法机关与国际参与者合作成立特别法庭。[88]为了打破处于选后暴力核心的有罪不罚的循环，报告建议创建一个特别法庭，授权起诉选后暴力导致的犯罪行为。[89]法庭将具有国际成分，在形式上没有肯尼亚人出任高级调查和检控人员。

另外，美国必须明确它的原则，即最好是通过选举产生的负责任的政府，而不是通过暴力促成权力争端的和平解决。由于只有6%~7%的肯尼亚人相信肯尼亚司法，宣告被告无罪可能被看作偏袒，并制造出对某些最有权势的行为者免予惩罚的感觉。即便美国介入，某些人仍有可能被判无罪。因而存在一种危险，即肯尼亚人相信美国是为了自身利益做出了让步。

尽管如此，对于美国来说，还是值得为帮助肯尼亚人传播正当程序和法治承担风险。如前所述，发展法治是打破恶性循环的关键，在这种循环中，新领导层试图通过剥削其他民众对它的支持者予以酬谢，并收买现在精英的忠诚。通过致力于调查和起诉被告，美国可以帮助肯尼亚司法部门实现独立和廉洁，借此帮助肯尼亚打破这种循环。美国已经做了许多事情，帮助肯尼亚法官和律师在他们的法院公正地起诉被告人。比如，美国检察官一直培训肯尼亚法官和律师审理海盗案件。另外，在过去三年，美国司法部与非政府组织如发展中国家研究院（IDN）、无国界律师（LWOB）和国家庭审辩论学会（NITA）一直在训练法官和律师进行审判。这是一个有能力和诚信去完成这些事情的正在成长的法官、检察官和辩护律师的群体。

也许至关重要的是，任何一种司法程序都需要证人能够承担加在他们身上的政治压力。美国检察官已帮助意大利和哥伦比亚检察官起诉了有组织贩毒集团的大人物。他们已经学会如何通过策略性的工作去转化证人、为他们提供保护并通过某种交易换取他们的诚实证言。正如我们所看到的，国际刑事法院无法做到这些事情。国际刑事法院起诉以个案为基础，必须根据个人罪行以及与罪刑相适应的刑罚提出指挥。这种限制让国际刑事法院无法利用

356

---

〔87〕　PEV，Supra，note 1.

〔88〕　Id.

〔89〕　Id.

辩诉交易换取追踪"高层"。尽管这些交易会带来风险，但其他正当程序的保护可以保证这些程序的诚实性。美国在检控方面的专门技能可以创造知识与动力，帮助肯尼亚人把资源用在最受谴责的人的审判上。他们能够帮助肯尼亚人提高透明度和司法诚信，激励将来的肯尼亚律师、法官和检察官承继法治的衣钵。

另外，还有许多事实因素，有利于美国帮助肯尼亚建立特别法庭，起诉
357 2007 年选后暴力罪犯。与简单地让国际刑事法院接手或把起诉移交给现任检察官相比，人们需要的是一种类似美国现任总统被指控不当行为时的特别检察官程序。通过让司法部任命一个受人尊重的、具有特别传唤权与事实调查或报告功能的特别检察官，给予其单独预算和独立性以帮助其从事此项工作，特别法庭就可以运转起来。

为了建立这样一种特别司法程序，肯尼亚人需要专门知识和建议。肯尼亚人已经等到许多力量的支持，可以让这一程序获得成功。肯尼亚人有一个执着能干的新闻界，可以全面报道法庭程序，通过这个程序展示司法系统的透明与独立。另外，肯尼亚人已经开始改革并正在修订刑事诉讼及证据法，以便更好地保证公正审判。肯尼亚可以考虑的另一项改革是为选后暴力案件创立一个陪审团，以便保证事实调查者在被要求履职前接受偏见审查。否则可以像在美国，弹劾程序开始以后，把事实调查职能交给立法机关。

一种既讲原则又实用的方法可以引导美国帮助考察这些选择，它不是基于立场的非此即彼的选择，而是以较低代价、更好地促进和平与自治原则的一系列易于执行的措施，因为肯尼亚人需要自己拥有这些原则和程序。自治原则尤其有助于说明这一点。如果肯尼亚人拥有这种把暴力和剥削的犯罪者绳之以法的司法程序，他们或许会开启一个保护私有财产免受精英领导层剥削的进程。这样一来，肯尼亚可以面向市场经济一体化采取初步措施，自下而上地释放创业的力量。如果他们能够把终结剥削无罪的进程与法治发展结合起来，肯尼亚就会有希望实现文化的成熟及可持续发展。

最后，在国际刑事法院干预与美国介入肯尼亚特别法庭之间只是一念之
358 差。虽然国际刑事法院是对付司法系统不公正感的一种选择，但它可以被暂时延缓，以考察肯尼亚检察官（在美国支持下）如何根据肯尼亚法律把问题向前推进。肯尼亚人应该设立一个特别检察官，让他得到"信封"里的名单。然后国际社会可以观察检察官对那些被委员会指名的人是否寻求起诉，向可

持续发展的法治进程迈出第一步。

最终，美国比国际刑事法院、甚至比肯尼亚真相与和解委员会（TRJC）更适合处理土地改革问题。由于特别法庭和特别检察官已经到位，根据互补原则，国际刑事法院将缺乏管辖权，没有办法处理可能"失败"的政府代理人。虽然真相与和解委员会可以得到这种授权，但它缺乏专门技能并且（特别是在涉及英国人的情况下）缺乏处理各种相关利益的客观性。

肯尼亚人自己出来面对这个问题，他们已经在建立处理土地改革问题的框架。他们已经组织了一个土地改革委员会（Land Reform Commission），颁布立法处理这种情况。他们需要的是一个伙伴。土地委员会可以授权调查侵犯人权的事件，包括社区搬迁、定居、逐出、历史遗留的土地冤案，以及不合法、不正常的土地收购，特别是由于后者与冲突或暴力存在着联系。有争议的土地取得通常被视为肯尼亚暴力重要的结构性原因之一。不过，政治人物已经把土地问题操纵和歪曲到了一种程度，以至于它似乎已经成了一种借口，而不是合理的申诉。要靠肯尼亚人自己处理土地问题，把它们从族群观念中解脱出来。他们需要建立统一的土地所有权登记制度，必须让每个人都能得到土地。

这样一套制度还没有确立，因为私有财产所有权观念传入肯尼亚的时间较晚。当牧民和游牧民族穿越人为边界时，许多肯尼亚人都没有单线土地所有权的意识，他们觉得有权在不同的地方停留和居住，因为他们总是从一个地方迁移到另一个地方。

在 19 世纪，肯尼亚的英国殖民政权造成这个国家土地持有方式的严重混乱。事实上，他们的法律是造成今天土地问题的根源。根据英国法，肯尼亚部落根据保有习惯持有的土地被殖民政权视为"空闲"土地，并被白人殖民者侵占为牧场和农地。即便殖民政府创立"土著保护区"，土地依然处在女王控制之下，在任何时候对于由国家进行的土地转让而言都是十分脆弱的。359

牛津学者克里斯·哈金斯（Chris Huggins）清晰描述了在肯尼亚土地使用争端中的英国遗产：

> 中央高地的大部分，历史上是吉库尤和其他部落的家园，被殖民者侵占用于农耕。这些地区从前的居民被迫到这个国家其他地方的农场去劳动。大裂谷的部分地区也受到很大影响。在抵抗战争期间，土地自由

军成员为恢复土地权利而战，这是更广阔的殖民地解放运动的一部分。根据在兰开斯特官（Lancaster House）谈判达成的独立协议的规定，肯雅塔总统的政府发誓尊重"私有财产"，却没有考虑取得土地的方式。政府接受了一种"愿买愿卖"的方式，而不是归还被白人殖民者侵占的习惯保有的土地。

以前的农场工人，他们中的多数是吉库尤人，利用肯雅塔总统提供的买地计划，购买了小块土地，买地的地区在今天一直是不满和间歇性暴力的焦点。就像以前的殖民总督一样，总统在分配土地方面拥有很大的权力，缺少限制与平衡。根据习惯拥有的土地被留作政府私产，畜牧土地被推定成政府为当地部落"托管"。不过，实践中这些信托土地经常被抛售，不管出售是否符合公众利益。官方政策总是想用自由保有地产权制度代替习惯保有。这让许多部落特别是大裂谷的畜牧族群觉得，根据习惯被其部落"共有的"土地相对于转让而言太脆弱了。[90]

不过，肯尼亚精英使这个问题更加恶化。政治精英非法分配土地以收买各种选民的忠诚。个别家族在肯雅塔和丹尼尔·阿拉普·莫伊统治下积聚了大量农地和牧场。贪婪也影响到政府中的个人，他们构建了旨在填满自己口袋的重新安置计划。1992年，一个特别无耻的事件引发了可怕的暴力。[91] 当时，肯尼亚非洲民族联盟（KANU）的政客在族群杂居的地区组织了针对吉库尤部落的暴力活动，以赶走潜在的反对派选民。大约1500人被杀死，许多家庭失去了土地。2007年肯尼亚非洲民族联盟政客再次迫使数十万人离开了他们的家园。没有人为纠正这种土地掠夺做任何事情，这进一步导致了土地占有的不公正状况，对于任何寻求土地改革的组织而言，解决这个问题都是非常困难的。[92]

另外，腐败甚至渗入到土地测量员的工作，人们对某些追溯到30年前的土地产权效力的合法性产生了质疑。尽管有些人批评在对这些侵占的长期解

---

〔90〕 Chris Huggins, *Land*, *Tenure and Violent Conflict in Kenya*, 2008, Nairobi, http://www.academia.edu/835633/Land_tenure_and_Violent_conflict_in_Kenya.

〔91〕 Id.

〔92〕 Id, See also Hornsby, C. (2012), *Kenya*, *A History Since Independence*, 697, I. B. Tauris & Co., London; Embassy of the United States, Nairobi, Kenya.

决方面无所事事，但肯尼亚人对此并非全然无动于衷。[93] 有迹象表明他们试图改变这种状况，并改革土地使用问题，以便纠正造成这种状况的政治和环境方面的原因。肯尼亚人成立了阿基武米委员会（the Akiwumi Commission）调查 1997 年后的暴行，并建议对个别行政人员和政治人物在策划杀戮过程中所起的作用进行调查。

不过，肯尼亚政府和检察官缺乏跟进的能力。另外，这些土地问题是多维的——不仅个人住所与私有财产相关的安全岌岌可危，建立在土地使用基础上的集体所有权经济也危如累卵。肯尼亚人需要考察各部落如何使用土地，因为土地使用影响着环境，进而影响着国家公园观光业。在大片土地为私人所占有，为国家公园使用土地而向个人支持费用的地方，许多人认为支付给私人所得的利益应该属于肯尼亚全体民众。

361

肯尼亚人希望土地回到土地的儿子手里，或者回到生活和工作在这片土地上的人的手里。他们的口号是"为了玛金波"。不过，这个问题并非简单地由"土地的儿子"控制土地的问题。当土地使用发生改变——比如牧场转变为农田，反之亦然——对肯尼亚所有地方都会产生真正的社会和环境的影响。这种影响绝不是一个真相与和解委员会所能补救的。这些问题需要真正结构性的调整，对非法占有进行裁决，在具体问题具体分析的基础上对个人给予补偿，建立分区制或其他土地使用限制，并且为了更好地使用土地，基于国家优先对于那些限制做出补偿。

有迹象表明肯尼亚人已经为构建这种结构做了准备。记住，拉伊拉·奥廷加的全国彩虹同盟（NARC）是在一个反腐败的平台上开始执政的。在一定程度上通过国家彩虹同盟与齐贝吉做出妥协，政府成立了一支流亡人口特别工作组（Task Force on Displaced People）。尽管其工作受到严厉的批评，齐贝吉总统的政府还是创建了恩敦古委员会（the Ndung'u' Commission），调查土地的违法分配。委员会建议土地问题的最终责任应该是一个国家土地委员会而不是总统的权限，并建议开始核查土地产权。

恩敦古委员会的调查结果深受肯尼亚土地专家的欢迎。委员会认识到处理过去肯尼亚人从受到保护的森林地区如茂森林和埃尔贡山森林被逐出的问

---

[93] Chris Huggins, *Land*, *Tenure and Violent Conflict in Kenya*, 2008, Nairobi, http://www.academia.edu/835633/Land_tenure_and_Violent_conflict_in_Kenya.

题的需要。人们发现这种驱离以过度暴力的方式实施，并且为选后暴力提供资金。但是报告提出的建议几乎没有被落实。2006 年政府还建立了一个知名人士委员会（Committee of Eminent Persons），来汇集肯尼亚人的主要关切以及他们对于宪法改革的建议，这个报告完成了却从未发布。

362　　　迄今为止，建立这些有关土地改革的肯尼亚委员会的用途只在于确立一些原则，凭借这些原则肯尼亚人得以团结在一起制定出平反冤屈的框架。这些报告在公众领域内的存在也为宣传、讨论和进行公众教育提供了基础。问题被公开化，主要的土地掠夺者和冲突的爆发点也就为众人所知。所以，如果要肯尼亚真相与和解委员会处理土地问题，那它不是只会制造更多空洞的注定要被忽视的建议吗？在世界其他地方的几个真相委员会，像东帝汶已经认识到与土地相关的不公正和侵犯人权是冲突的根源，但他们采取进一步行动的呼吁并不总是能够得到落实。那些介入土地掠夺和其他侵权行为中的人是典型的政治精英团体中的人物，他们有能力阻挠改革。

　　希望是存在的，肯尼亚准备通过被称为"国家土地政策"（the National Land Policy）的立法行动起来，该法 2006 年起草，2009 年通过。它规定保护那些公共保有制度下的部落用地，要求对那些历史上的不公正进行补救和赔偿，它被许多人视为一份进步文件。现在这个国家已经有了一套切实可行的框架，去落实委员会关于土地的建议，它需要的是把这些建议转化为现实的能力。另外，在肯尼亚政府和民间社会有着足够多的致力于土地保有制度改革的技术人员。而且也有理由期待，那些支持肯尼亚土地政策发展进程的国际捐赠机构将会利用他们的影响确保土地改革得以进行。在面对 2008 年暴行的时候，这些捐赠者团结了起来；他们将在土地改革问题上再次团结起来，不让意识形态的立场妨碍肯尼亚人急需的改革。

　　对于美国来说，在既务实且具原则性的基础上，帮助肯尼亚人全面处理土地问题有着令人信服的理由。正如牛津学者克里斯·哈金斯所说：

　　　　改革将减少民众的不满，消除那些煽动暴力的人的一个最有效的战斗口号。没收"抢夺的"土地，将消灭腐败的政客和商人用于付给失业青年从事暴力活动的收入来源。惩罚那些与土地相关的犯罪将是加强法治的具体步骤，同时也代表所有那些自独立前土地自由军（the Land and
363　　　Freedom Army）的岁月、一直为主张他们的权利而斗争的人们伸张正义。

对那些主要的土地掠夺者适用法律制裁，也可以化解土地问题被理解为"种族"的方面。毕竟，那些围绕着土地实施的侵权犯罪主体不是整个种族部落，只是特定的滥用政治与经济权力的精英成员。[94]

肯尼亚与美国合作建设法院，并提高肯尼亚检察官、法官和辩护律师的能力，可以帮助肯尼亚防止政客利用土地为其竞选活动提供资金，并建立起在美国离开以后仍然可以长期持续的法院系统和法治。如果美国进行战略性的思考，它就能够协助肯尼亚建立起土地改革司法系统，这样不仅可以减少部落间的敌意，还可以在法院系统建立法治，为肯尼亚人带来稳定的民主政体。

肯尼亚最高法院首席法官吉彻鲁再次看到了依靠法治公正解决茂森林争端的重要性。许多肯尼亚评论员注意到，肯尼亚真正的争端不是部落之间的，而是精英和穷人之间的。[95]肯尼亚精英长期以来利用当地肯尼亚人，剥削他们的土地，掠夺民众的资源。新的肯尼亚立法创造了打破这种循环的可能性。一种真相与和解委员会风格的委员会不可能适当地发挥作用，因为其中许多人有着迥然不同的主张。人们需要的是由肯尼亚人运作的宪法征用程序，对政府征用做出合理补偿。这种安排需要当地法院具备解决土地纠纷的能力——个人可以去当地法院起诉政府不公正不公平地占用土地。在政府中的个人为了政治利益交易土地的情况下，受到伤害的人也可以诉诸法院。良好的法院系统可以帮助各种当事人解决所有权问题，调查政治精英的非法剥削，并为正当的当事人提供补偿。

最后，美国可以把肯尼亚人训练成为处理最糟糕的多方面争端的中立的辅助型调解者。美国可以帮助肯尼亚提高能力，建立法院认证的调解制度，为当事人真正平反冤情提供所需要的灵活性。好的调解者能够与当事人和政府一起创造双赢方案，达成问题的解决。比如，调解者可以凭借在肯尼亚茂森林建立护林工人的基地，促成一种补救方法，保证吸引许多外国人的自然风光得到很好的养护。

364

---

〔94〕 Chris Huggins, *Land, Tenure, and Violent Conflict in Kenya*, 2008, Nairobi, http://www. academia. edu/835633/Land_tenure_and_Violent_conflict_in_Kenya.

〔95〕 Madeleine Bunting, *The Violence in Kenya May be Awful, but It Is Not Senseless 'Savagery'*, The Guardian, Sunday 13 January, 2008, http://www. guardian. co. uk/commentisfree/2008/jan/14/kenya. world.

肯尼亚人认识到，国家公园更需要像商业公司一样运作，让所有肯尼亚人分享收益。这意味着肯尼亚必须带着对于环境的敏感行事。对于必须离开家乡的人一定要给予补偿，对于留下来的人要培训他们如何看管剩下的一切。国际刑事法院（太不相干）还有真相与和解委员会（太短暂）都不能帮助肯尼亚提高解决这些争端的能力。

结 论

在本章，我们把肯尼亚形势当作一个非洲国家如何尝试克服一种失败国家的嵌入式结构的研究案例。在考察导致 2007 年选后暴力原因的过程中，帮助国际社会理解，肯尼亚暴力循环正是政治领导层延续不变的剥削本性的产物。不能简单地把领导层确认为"邪恶"，并且用惩罚性的立场式议价方法对付他们，肯尼亚所展示的是需要用一种既具原则性又有实用性务实的合作，利用群众对暴力的强烈抗议，造成打破导致（也许还会导致）暴力的剥削循环的意志。需要在下一代精英、新闻界和国际社会之间进行合作，塑造出能够带来可持续发展的新循环的特征。

虽然真相与和解委员会也能够帮助打破暴力与报应的循环，但在这个案件中它不大可能起决定作用。国际刑事法院的参与也一样。需要的是一个特别检察官领导的特别司法程序，和一个量身定制的事实调查机构。这个选择的好处是帮助肯尼亚沿着这个道路向法治发展。虽然这只是一小步，它却可以带来其他重要的一体化力量的解放。通过展现每个人的所有创造都不会被现在掌权的集团剥夺，可以激励普通民众的创业精神。接下来的是一系列广泛改革肯尼亚法院的创造性力量，可以帮助它进行土地改革，可以着手激励普通民众投资教育，着手创造导致任何有着令人尊重的想法的人进行投资与增加融资渠道的力量。

虽然在萃取式的精英主义与一体化经济之间的步骤是独特的，但肯尼亚可以拥有独一无二的支持阵容，帮助它步入正轨——一个强大的专家伙伴（美国）有兴趣看到肯尼亚摆脱过去，一个受到良好教育充满活力的新闻界勇于揭露精英中存在的腐败，帮助指导一般民众向领导层提出更多的要求，选民的政治成熟度可以约束领导层在投票中承担起责任。尽管还需要许多别的东西，（虽然不像支持一个特定激进组织或一个和解程序那样快速，）但美国的法治发展战略还是在帮助为肯尼亚带来和平与可持续发展方面大有裨益。

肯尼亚人需要一个对所有人公平适用的有诚信的裁判制度，它也需要逐步发展一套调解制度，在法院监督之下为那些最急需的人提供有创造性的双赢方案。有了美国的专门知识与援助，这些帮助肯尼亚剔除腐败、完成土地改革的构架是能够达成的。

国务卿克林顿已经认识到美国的援助必须更好地与美国外交政策相结合。通过呼吁在美国国务院与美国国际开发署（the U. S. State Department and U. S. Agency for International Development，USAID）之间进行更多的交流与合作，她在整合美国外交政策与对外援助方面已经迈出了重要的一步。理解法治及如何利用美国在提高能力方面的专门知识，可以在帮助肯尼亚人自助方面，把美国放在既讲原则又务实的位置上。肯尼亚是一个以兼具原则性与实用性的方式采用一体化方法的最好的地方。美国的教育和法律培训是世界上最好的。如果它能够带来这种训练，并以讲原则的和中立的方式加以传播，肯尼亚自己就能够在创造一种防止未来暴力的民主政体方面迈出重要的步伐，也许还可以为其他在生存斗争中失败的国家树立一个典范。

最后，我们将把目光转向几乎被内战和失败的领导层毁灭的一个西非国家。下一章我们开始讨论利比里亚和查尔斯·泰勒的遗产。它为我们考察当利比里亚寻求发展一体化经济、通过保护妇女和儿童来保护其公民时所触及的敌对力量，提供了另一个研究案例。

366

7 利比里亚（和西非）妇女人权：把正式与非正式的法治改革结合起来[1]

引　言

367　　利比里亚法治发展的主题使我们的注意力从使用调停策略在国家之间或在一个国家为权力而斗争的双方之间进行斡旋，转向使用调解策略在一个更"微观"的层面上解决体制问题——在一个国家创建一个可以促进法治的公民社会。

　　利比里亚是一个冲突后的社会，自从查尔斯·泰勒在 2003 年逃离这个国家以后，一直处于相对和平状态。这个国家仍然与战争的创伤进行斗争，法治极度贫乏。[2]与把

---

　　〔1〕　本章的写作动机，在很大程度上是为了更好地理解埃默里大学发展中国家研究院（Emory University's Institute for Developing Nations，IDN）工作的理论基础，特别是它支持卡特中心在利比里亚采取针对性别暴力的法治行动的需要。发展中国家研究院，顾名思义，是一个跨学科的研究院，为那些在第三世界国家寻求经济和文化进步的政府、非政府组织和其他参与者提供研究支持。它在为这些战略行动者提供科学的依据。发展中国家研究院，或者任何非利比里亚的行动者都一样，能够为卡特中心在那个国家进行的反性别暴力法治行动提供足够的"科学"依据吗？

　　作为背景资料，由于最近我与无国界律师组织在利比里亚的经历，我受邀加入了埃默里大学发展中国家研究院赴利比里亚代表团。在无国界律师组织的旅程是 2007 年夏在利比里亚向法官和律师传授庭审辩护技巧的一次会议。发展中国家研究院的发现印证了我自己以前在利比里亚的经历中得到的印象。

　　〔2〕　我们在美国使馆的简报中了解到，失业率直逼 80% 以上。财产犯罪和暴力犯罪非常普遍。卡特中心的工作人员证实军队、警察和法庭正在努力提高自身能力。

法律变成文字并且让法院去执行适用于每个人的规则相比，法治的内容更加 368
宽泛。它意味着利比里亚人要慢慢地从在战争中产生的"适者生存"心理，
或者把拿走想要的一切当作精英的特权（因为他们的权力使他们有资格去剥
削他们控制下的人口和资源）的态度中转移他们的注意力。本章将特别考察
法治、社区调解程序之间的关系，以及如何更好地同内战余波中针对妇女和 369
儿童的性别暴力进行斗争的重要话题。

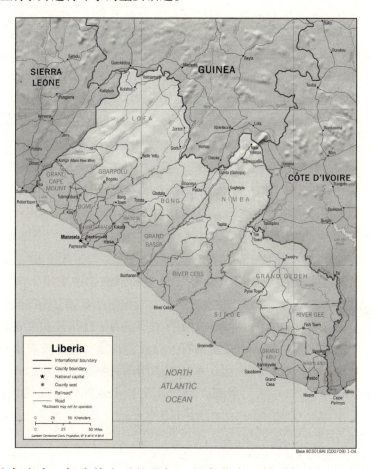

当人们考察一场内战之后的强奸、猥亵儿童和针对妇女、儿童的暴力行
为，以及个别领导人在他们影响力范围之内对其他民族或族群实施的种族灭
绝或其他战争罪行时，利比里亚形势提出了相似的问题。本章将考察邪恶的
问题，以便理解那些人所从事的此类行为的性质。考察战争及战争导致的贫

穷状况的影响，并且确定那些影响是否可以被归结为针对妇女和儿童暴力的原因。接下来，我们将考察与这种暴行做斗争的策略，考虑传统法治策略及其替代选择，以便进行更及时的补救。是否等待普通法系统在利比里亚准备就绪，以便发展出自己的妇女保护制度，或者非政府组织是否应该在社区进行更加富有创造力的工作，以便努力带来人们所需要的更多变化，都是本章讨论的一部分。

这里，问题对于国内调解者而言又是非常熟悉的——需要一种放弃适用正式法律规则解决纠纷的优势、不大公开但更加细致的调解策略。[3]换句话说，虽然它的威慑效果和教育效果一样不太显著——因为每个人都可以从一个正式司法机关的判决中得到学习，但是这个国家的法院可能缺乏执行法律的能力，特别是在内战以后。它极度贫穷，缺乏正常运转的警力和调查犯罪所需的资源。地方法官把强奸和家庭暴力视作私人事情，不适合法庭处理。一心生存的人们诉诸丛林法则：适者生存。除非当地社区能够建立解决争端的方法，否则这些争端就得不到解决。因此，这一主题对于国际社会试图建立推动冲突后社会进入国家共同体的最佳实践的探索，是非常重要的。法治越是得到发展，和平也就越能够持久。接下来，我们开始讨论利比里亚所面临的困难。

370　美国大使馆 2007 年夏天的简报和（作者）2008 年 3 月和 10 月对利比里亚的访问披露了利比里亚妇女人权令人沮丧和不确定的未来。虽然内战在 2003 年结束了，新选举在 2004 年举行，但这个国家的基础设施已经被内战破坏，[4]留下的是不可靠的电力供应和被劫掠一空的法院及政府大楼，警力无法运转，司法系统功能失灵，几乎没有医疗保健设施。前总统查尔斯·泰勒由于他在塞拉利昂内战中的角色在塞拉利昂问题特别法庭（the Special Court for Sierra Leone，SCSL）接受审判。2008 年利比里亚的失业率仍然在 85%。

---

〔3〕　调解相对于正式公开的争端解决方法的优势。

〔4〕　利比里亚的历史在某种程度上是二战后西非国家所面临的典型的麻烦。由于解放的奴隶移民（称为美国裔利比里亚人）自 19 世纪 40 年代到 1980 年塞缪尔·多伊政变以前统治利比里亚，他们的历史也是独一无二的。See Meredith, M., *The Fate of Africa*, Chapter 29. 作为对多伊总统任期的回应，反抗运动几次兴起，包括查尔斯·泰勒的利比里亚全国爱国阵线（National Patriotic Front of Liberia, NPFL）。多伊一经免职，这些组织便相互斗争，其中有些人试图从泰勒的专制政权下"解放"利比里亚。这些晚期内战很像其他西非国家在第一次摆脱"殖民地似的"贵族统治残余后，在新阶段或独立运动过程中的斗争。

贫穷是普遍性的，某些地区发生了暴力。2007 年来自美国大使馆的消息称，埃伦·约翰逊·瑟利夫（Ellen Johnson Sirleaf，非洲国家第一位女国家元首）刚刚从一场未遂政变中幸存下来。随着联合国利比里亚特派团（the United Nations Mission in Liberia，UNMIL）计划逐步减少他们在利比里亚的存在，利比里亚局势充其量是脆弱的，与其他西非国家、从塞拉利昂到刚果的妇女面临的形势没什么不同。[5]

　　作者在回程时了解到的特别可怕的情况是，虽然提高供电量和增加铺面化道路带来了一些表面上的变化，但利比里亚妇女和儿童面临问题的范围——在性别暴力（Gender-Based Violence，GBV）[6]的标题下被利比里亚非

371

---

[5] 全国性别暴力统计（*National Gender Based Violence Statistic*），*From the Liberia Demographic Health Survey*（2007）：①身体暴力：44%的妇女在她们 15 岁以后经历过身体暴力。29%的妇女在调查进行的前 12 个月之内经历过身体暴力。②性暴力：10%的 15 岁至 49 岁曾经发生过性交的利比里亚妇女称，她们的第一次性经历是违背她们的意愿强迫的。17.6%的 15 岁至 49 岁妇女遭遇过性暴力。对于 25 岁至 39 岁的妇女，这个比例提高到 22%。32%的性暴力经历，来自于她们现在的丈夫或伴侣的报告，10.2%来自于她们现在或前任男朋友，8.1%来自于警察或士兵（注意，调查对战争年代的士兵与现在的警官或士兵未作区别）。③配偶暴力：38.6%的 15 岁至 49 岁已婚妇女经历过身体及（或）性暴力，36.3%的人是在过去 12 个月内经历。10.8%的 15 岁至 49 岁已婚妇女经历过来自配偶的性暴力，35.8%经历过情感暴力，38.6%经历过身体暴力。④生殖器切割（FGM）：89%的 15 岁至 49 岁利比里亚妇女听说过萨德社会（the Sande Society）。58.2%的 15 岁至 49 岁利比里亚妇女（39.5%的城市妇女和 72.0%的农村妇女）是萨德社会的成员（经历过生殖器切割）。经历过切割的这些妇女，45.2%的人认为这个习俗应该终止了。

在塞拉利昂和刚果性别暴力的统计数字，see publications at Global Solutions. com，http：// globalsolutions. org/human-rights/gender-based-violence. In particular see，WHO Multi-country Study on Women's Health and Domestic Violence against Woman：Initial results on prevalence，health outcomes and women's response.

[6] 帕姆·史高丽，埃默里大学非洲研究教授，发展中国家研究院团队成员，在给研究院的备忘录中提到关于性别暴力术语的使用：

性别暴力作为我们调查的一个潜在焦点，在其中可以发现许多超出异性框架的暴力行为。从历史上看，性别暴力研究的出现是出自对流行的性暴力模式的不满。强奸和家庭暴力倾向于在异性框架下被理解，如男人用暴力惩罚女人。这样的概念掩盖了妇女因为其性别遭受的大量暴力方式，包括社会的、经济的和肉体的。另外，异性焦点忽视了虐待儿童以及男人被其他男人所虐待。这就是为什么性别暴力这个概念可以用于思考利比里亚冲突后暴力问题。我们需要探讨为什么性别暴力可以成为处理各种暴力问题的较好的概念模式，并确保这些种类事实上已在性别暴力的讨论中得到说明。

不过，性别暴力，在利比里亚就如被非政府组织和其他人所使用的那样，似乎聚焦在强奸上。在我们与非政府组织女性领导人的讨论中，她们强调需要囊括性别暴力环境下发现的许多潜在的暴力行为。

至少在利比里亚的使用方式上，性别暴力往往聚焦于妇女如妻子和女友的地位——在她和一个男人的性关系中的地位［memo on file with author，January（2008）］。

政府组织团体描述的问题——似乎更加糟糕了。作者访问的行程包括参加一个埃默里大学发展中国家研究院资助的利比里亚工作组，一个 10 月份召开的由发展中国家研究院提供资金的讨论会和一个协调非政府组织和利比里亚教育机构努力的规划会议。（另外发展中国家研究院也为作者的旅行安排了自己的议程——探讨形成研究伙伴关系带来"研究干预"的可能性，以便帮助开发发展中国家防止性别暴力的最佳实践。）[7]

372

这次访问使我们意识到，利比里亚人包括政府人员，都对非政府组织打击性别暴力的努力存在戒心，[8] 至于他们为何抗拒西方在他们的国家实现"法治"和"人权"的努力，他们给出了一些政治上的和理论上的原因。首先，利比里亚人似乎出于政治理由而猜疑。[9] 约翰逊·瑟利夫总统的政府在走钢丝，她既想着手进行急需的法院和制度改革，又不想引起部族权力结构残余的强烈抵制，以至于这些不得人心的改革强化了民众对反对派的支持，而削弱了民众对政府的支持。我们在与利比里亚不同政府部门首脑的谈话中了解到，他们担心任何改革的努力都会给反对派提供一个削弱民众支持的拐点。结果，发展中国家研究院处于要求得到其"正确"建议的沉重压力之下。

其次，利比里亚人表达了抵制打击性别暴力努力的理论原因。这些疑虑证明不是利比里亚人唯一的担心。该领域的文献研究显示，法治行动作为针对性别暴力进行改革的方法，尤其受到质疑。[10] 利比里亚的非政府组织表示，抵制来自西方的进一步努力，是因为他们怀疑现有数据是否言过其实，其目的是反对这一问题吸引更多的捐助资源。另外，还有人担心，书本上的法律与

373

实践中的法律相分离将会削弱法治。对于一些利比里亚人和在利比里亚工作的非政府组织而言，在能源和基础设施用于法院重建并保证法官独立之前，

---

〔7〕 卡特中心在利比里亚首次展开法治行动。卡特中心的动机，在某种程度上是因为他们确认了 1999 年查尔斯·泰勒的当选，导致了利比里亚四年多的内战和针对许多人的人权暴行。受约翰逊·瑟利夫总统之邀，卡特中心为利比里亚发展法治的努力提供帮助，借此机会探讨帮助利比里亚建立一个公正的可持续社会的策略。由于对这些努力缺乏经验，卡特中心求助发展中国家研究院对其努力进行评估，特别是在性别暴力领域寻求帮助。

〔8〕 利比里亚最高法院首席法官刘易斯（Lewis）也在怀疑者之列。

〔9〕 当然，美国解放伊拉克被当作一个主要的例子。但是人们只需要考察传教士活动的历史，或者美国干预南美和中美洲的历史，就可以认识到干预的隐患，不论其意图多么美好。

〔10〕 所举事例，参见 Kelly, T. E., "Export Western Law into the Developing World, the Troubling Case of Niger", 7 Gobal Jurists 3 Frontiers, Article 8.

强调妇女人权只会适得其反。

此外，还有来自人类学家的阻力。比如，他们认为，哪怕是对善意的宣教活动的反应，往往都会恶化这些国家妇女的条件和待遇。[11] 难道所有来自国家外部的干预都注定会失败？人们究竟怎样才能知道一种法律或特定干预是否产生了预期后果？干预者应该小心尊重文化差异，以防西方价值观和研究偏见破坏利比里亚人的文化价值观。此外，捐赠者坚持他们的妇女人权概念，可能会剥夺利比里亚妇女在一个冲突后的社会中更好地处理生活难题的权利。一些利比里亚妇女或许宁愿选择接受殴打和暴力，来换取食物或对其子女的抚养。非政府组织对于法治发展的这种执着似乎是强迫性的，违背了自治和自决的基本原则。

但是非政府组织如卡特中心与美国国务院拥有共同的规范性视角。他们希望根据发展中国家的法治必须包括妇女人权的规范性原则行事。同时，这些组织寻求使用务实的方法发展人权，试图确保妇女地位的实际提高，而不是因为他们的介入使事情恶化。最终，卡特中心和其他民间服务机构在利比里亚发展"法治"的努力——特别是为妇女——必须要探讨战胜文化相对论反对意见的最佳方法。

对于在利比里亚代表妇女和儿童工作的国际机构，除了要询问他们是否应该干预之外，还需要他们提供能为建立妇女人权法治带来最佳效果的策略。应该把焦点放在发展传统的法院和刑事司法制度上吗？还是应该把焦点放在恢复解决有关对妇女使用暴力争端的传统或习惯做法？应该培训和招募一个新的社区调解和法律顾问组织来改善妇女的条件吗？也许最好的策略是执行所有这些选项。

本章将考察一种综合方法是否更适合利比里亚。毕竟，利比里亚以保证每一个公民都具有平等权利的宪法为基础，开启了普通法对抗制的历史。目前的问题是，长期以来利比里亚为内地适用法律制定了许多例外。虽然利比里亚最高法院表明现在宪法适用于内陆，虽然已经制定了反对强奸和配偶虐待的新法，但新法并没有得到执行。需要战胜对于正式法律架构的抵制，特

374

---

〔11〕 Moran, M., "Uneasy Images: Contested Representations of Gender, Modernity, and Nationalism in Prewar Liberia", in *Gender Ironies of Nationalism: Sexing the Nation*, ed. by Tamar Mayer (Oxford: Routledge, 2000); Moran, M., *Liberia: The Violence of Democracy* (Philadelphia: University of Pennsylvania Press, 2005).

别是在内陆地区。替代性纠纷解决方案（Alternative Dispute Resolution, ADR）——可能首先应用于利比里亚的交涉茅屋（the Palava Huts），[12] 然后融入美国文化——作为一种法治发展的选择性策略，正在西非尤其是利比里亚被重新使用。考虑到这种策略在马拉维和塞拉利昂的成功，本章将分析这种方法是否有可能为利比里亚妇女发挥作用。在此过程中，本章将把调解作为在西非发展妇女人权的策略进行细致的研究。

最后，人们最好找到一种方法，能够提高利比里亚法官和律师的能力，同时增强部落首领们的领导及和平解决争端的才能，尊重利比里亚有关妇女的优秀传统，更好地促进利比里亚妇女条件的改善。为了提高这些能力，必须进行关于针对妇女和儿童的暴力伤害的教育，但更为重要的是，需要熟练的警察工作和律师辩护，针对暴力犯罪者建立坚实的案例，而决策者愿意约束自己对他们的行为负责。本章建议，人们同时进行的建立正式和非正式争端解决程序的努力，应该为整合社区化方法与正式制度做好准备，以便为妇女权利计划提供合法性，保证社区调解者不会堕落为保护男性支配规则和继续虐待妇女和儿童的团体。

本章提出，替代性纠纷解决方案是提高妇女人权所急需的工具，但不是一个长足的手段。这种观点是，虽然替代性纠纷解决方案的策略应该得到支持，但从长期来看，这种方法需要整合到国家的正式法律制度之中。如果法院一开始就介入，确认这样的替代性制度，收集它们处理案件的资料和报告，监督它们在妇女健康和安全方面的效果，并最终把这种争端管理机构融入国家家庭法院系统，那么就能够很好地完成上述整合。

我们的第一个主题是利比里亚的历史。有必要理解导致内战与当前形势的历史背景，这与任何一种开发法律策略或理解争端的方法相一致。然后我们开始讨论"邪恶"问题，更好地理解那些针对妇女和儿童实施暴力行为的人的本性。作为这个分析的一部分，我们需要考察文化与宗教的关系，以便理解某些行为者是否邪恶。另外，分析邪恶问题将提高对于非政府组织干预冲突后社会的性质的理解。它将显示非政府组织的干预不同于传统的"传教士"活动，但与他们遇到了相同的困难。本章表明，宗教思想的历史和文化

---

〔12〕 Richards, P. et al., "Community Cohesion in Liberia: A Post-War Rapid Social Assessment", 21 *Social Development Papers* 38 (2005).

如何对"世俗"干预在非洲法治发展过程中所遇到的问题产生影响。在考察宗教的世界和生活观念与世俗的自然主义之间的争论过程中，本章将分析非政府组织干预冲突后社会的规范和法理的基础，而不是留给利比里亚人民自己去解决这一问题。

在了解历史和理论之后，在考察我们希望达到的目标以及如何更好地到达目标之前，与任何涉及调解的策略一样，我们将分析事情现在所处的状态——"这里"的形势。至少从西方人的视角，我们需要认识到利比里亚妇女和儿童形势的紧迫性以及改革的需要。在这方面，本章借鉴了埃默里大学发展中国家研究院及其与卡特中心在评估利比里亚性别暴力方面所做的工作。在分析了发展中国家研究院从其"国内评估"中获悉的情况之后，我们将开始讨论替代性纠纷解决机制、特别是社区调解者和法律顾问的训练，是否有助于带来利比里亚妇女条件的改善。

376

利比里亚简史[13]

利比里亚故事的一个版本是，美国与利比里亚有一种特殊的历史纽带，因为利比里亚作为非洲最早的共和国，据说是由解放的美国奴隶在19世纪初期建立的。20世纪70年代，一些利比里亚人看到，他们自己与美国如此密切一致，以至于他们把自己当作第五十一州。美国篮球协会（National Basketball Association，NBA）中的一些黑人篮球运动员包括著名的波士顿凯尔特人队（Boston Celtic）的比尔·拉赛尔（Bill Russell）在利比里亚拥有度假屋。利比里亚是由解放的奴隶建立起来的观念，唤起了人们对自由奴隶的浪漫想象，他们无视以前的主人，团结起来扬帆回到故土，寻求没有种族主义、没有偏见的更好生活。不过，根据历史学家的观点，真相要黑暗得多。他们认为利比里亚不是由解放的奴隶建立起来的，更准确地说是由一个私人的白人组织美国殖民协会（American Colonization Society，ACS）创建的。美国殖民协会在某种程度上由白人奴隶主操控，"鼓励"主要居住在马里兰（Maryland）和弗吉尼亚（Virginia）的自由奴隶移民到非洲。美国殖民协会所做的不只是鼓

---

〔13〕 Adopted from Meredith，M.，*The Fate of Africa*；其他历史参见相关网页（后面注释中标明）。

励移居国外，它还可能强迫自由黑人离开美国，因为它把黑人视为经济负担和潜在的麻烦制造者。[14]

377　　　不论如何，那些首次从美国移民到利比里亚的黑人在到达的时候，他们的行为更像是殖民主义者而不是土著居民。1816 年，第一艘载有美国黑人的船只登陆利比里亚。甲板上有 88 个"自愿"的移民和 3 个白人公司官员。他们在利比里亚海岸附近登陆后马上开始建设新的定居点。不过，悲惨的是仅仅在 3 个星期之后，22 个非裔美国人和所有白人官员死于黄热病。第二艘船只接踵而至，带来了更多的乘客和补给。

　　　其间发生的另一事件也为利比里亚提供了人口。鉴于美国已有了 400 万奴隶，1807 年美国国会采取行动停止从非洲进口奴隶。结果，数千名"殖民者"被沿着非洲海岸拦截奴隶船只的美国海军扔在利比里亚岸边。这些人的
378　后代有时还被称作利比里亚"刚果人"。1832 年，以迁居利比里亚作为条件获得自由的奴隶构成了移民的绝大多数。正是在这些早期移民的融合中，诞

---

　　　[14]　"利比里亚由自由奴隶创立的这个标准线既不准确，又以恩人自居，"玛丽·泰勒·麦格劳 (Marie Tyler-McGraw)，一部即将问世的关于美国殖民协会和利比里亚建立的著作的作者这样说，"19 世纪（白人）美国公民认为，他们可以通过为自由黑人提供一个替代的共和国，把美国的种族和公民权利问题最小化。"历史学家声称，有一个共同的错误认识，即内战以前所有美国黑人都受到奴役。事实上，在 19 世纪早期美国就已经有了成千上万的自由奴隶，美国的几个州被认为是"没有奴隶"的。

　　　在那些州，奴隶获得自由要冒着生命的危险。这些以前的奴隶没有受过教育，没有一技之长，他们发现自己在大城市里生活贫困，加入到不断膨胀的黑人下层社会。把非裔美国人遣返回非洲的想法源于罗伯特·芬利 (Robert Finley)，一位来自新泽西州 (New Jersey) 的白人长老教会 (Presbyterian) 牧师。他觉得美国自由奴隶没什么融入社会的希望，应该为他们提供一个到他们真正自由的土地上管理自己的机会。芬利从赞成奴隶制的保守党人中找到了一个不太可能的盟友。"奴隶主们急于摆脱麻烦制造者，害怕不断增加的自由奴隶将导致仍处于奴隶制下的人们要求自由并最终反抗。"在加利福尼亚萨克拉门托 (Sacramento, California) 过着流亡生活的《利比里亚：黑暗的中心》(*Liberia: Heart of Darkness*, Trafford Publishing, 2002) 一书的作者利比里亚人加布里埃尔·威廉姆斯 (Gabriel Williams) 说。这个运作导致了 1816 年负责处理移民问题的美国殖民协会的建立。它的首任主席是布什罗德·华盛顿 (Bushrod Washington)，他是华盛顿总统的一个侄子。协会代理人很快前往西非去寻找和购买合适的土地。在家乡，美国殖民协会鼓励奴隶主为奴隶提供自由，条件是接受自由的人将移民利比里亚。一些非裔美国人支持这个想法，把它视为在一个自由国家重新开始的机会，然而许多人对此极度怀疑。大多数北方自由黑人反对殖民，继续施压要求完全的美国公民权。

　　　绝大多数启航前往非洲的非裔美国人都是受过教育的自由黑人，他们来自马里兰和弗吉尼亚，拥有自己的财产。"是美国的种族主义驱使有文化的、有成就的自由黑人前往利比里亚。"泰勒·麦格劳说。利比里亚的建立基于一种独一无二的模式：使非洲文明化和基督教化。它有一种特殊的宗教历史和使命，塑造了它的统治方式，影响了它对自身及其在非洲角色的看法。http://www.pbs.org/newshour.bb/africa/jury-dec03/liberia_8-06.html.

生了利比里亚的领导人。

当然，利比里亚已经有土著居民定居，他们的数量大大超过非裔美国人。与非洲其他地方的欧洲殖民者非常相似，一些来自美国的早期移民认为自己给蒙昧的非洲带来了文明、基督教和贸易。他们拥有一种文化优势的信念。这意味着他们不会羞于从事不断的土地掠夺，从而导致了美籍利比里亚人（Americo-Liberian）与土著族群之间持续的摩擦与冲突。不幸的是，这些自由奴隶使用他们当奴隶时别人对待他们的方法对付土著非洲人。换言之，他们使用了内战前南方对待奴隶的他们那个时代最坏的经验。[15]

1841 年约瑟夫·詹金斯·罗伯茨（Joseph Jenkins Roberts）成为殖民地的首位黑人总督。在美国殖民协会的督促下，1847 年美籍利比里亚人宣布独立。美国殖民协会的动机是复杂的，充其量是因为他们渴望结束对利比里亚的所有援助。新领导层似乎对美国没有心存恶意。新利比里亚国旗采用了美国国旗的红白条打底，左上角是一颗蓝方底上的白星。直到 1862 年美国才承认利比里亚。亚伯拉罕·林肯总统在政治层面上看待它的承认，后来才逐步阐明了支持已经解放和正在解放的奴隶的原则性基础。

在 1820 年，总共只有 10 000 名到 15 000 名美国人浮海到利比里亚，只占美国全部 1 700 000 名非裔美国人的很小的比重。虽然有些人成功了，但整个国家还在努力奋斗。不过，加之于殖民者身上的邪恶，导致了更多的邪恶。主要居住在蒙罗维亚（Monrovia）附近的美籍利比里亚人，拒绝根据新宪法赋予土著部落选举权，甚至把他们当作强迫劳工使用。那只是超过一百年的殖民者专制统治的开始。[16]

379

---

〔15〕 "来自美国前往利比里亚的黑人带去了内战前南方的最坏经验，"威廉姆斯说，"他们像美国南方奴隶主对待他们那样对待他们在那里遇到的非洲人。"他们还在努力奋斗。他们在宾夕法尼亚和北卡罗莱那学到的农业技术在利比里亚的热带气候中并不适用。没有"母国"为他们提供财政援助，那些殖民者只是从美国殖民协会那里得到很少的援助，总是负债累累。

〔16〕 根据《利比里亚历史辞典》（*The Historical Dictionary of Liberia*）一书的合作作者卡尔·P. 伯罗斯（Carl P. Burrowes）的说法，行政部门的官员和地方传统统治者结成联盟帮助美籍利比里亚人保持对权力的掌控。在选举期间，地方首领为城市领导人运送集团选民。1923 年移花接木达到顶峰，当时只有 6000 名合法登记的选民，但现任候选人 D. B. 金（D. B. King）却得到了 45 000 张选票。"由于这是世界上最舞弊的一次选举，它为利比里亚在吉尼斯纪录中赢得了一个不大好的位置。"伯罗斯通过电子邮件写道。

奴隶制所产生的邪恶种子在利比里亚成立期间植下了根。奴隶制和剥削的实践，被亚伯拉罕·林肯总统描述成上帝通过多年内战惩罚美国的滔天罪行，[17]被自由奴隶输出到利比里亚，用于对待土著居民。就像虐待儿童会导致儿童虐待下一代，利比里亚人把土著居民当作缺乏教养的未开化的野蛮人，觉得把他们当成财产、剥削他们是理所当然的。在此过程中，利比里亚人给他们试图剥削的土著居民造成了巨大的伤害。

很多年来，美国对利比里亚除了把它当作一个军事情报的前哨外，并没有多大兴趣。1926 年，美国凡士通轮胎和橡胶公司（Firestone Tire and Rubber Company）在利比里亚开办了它最大的橡胶工厂。它很快成为利比里亚经济的支柱。按照今天的标准，凡士通对土著人进行剥削。公司把种植园建在内陆，可以无视国际上关于雇工待遇的标准，使用廉价劳动力主宰世界橡胶市场。因此，土著人认为美国公司加重了对他们的剥削。

到 20 世纪 70 年代，利比里亚人均收入与日本相同。但是土著人的待遇终归赶不上美籍利比里亚人。普通利比里亚人对于美籍利比里亚人"真正辉格党（True Whig）"的腐败统治越来越怨恨。1979 年，当总统威廉·R. 托尔伯特（William R. Tolbert）的家族作为利比里亚最大的大米进口商，打算提高大米价格时，骚乱震动了蒙罗维亚。这导致其以"米骚动（Rice Riots）"而闻名。20 世纪 80 年代，在一次政变中，托尔伯特被杀死，他的 13 名部长被射杀于海滩。政变是由塞缪尔·多伊（Samuel Doe）军士长所领导。古老的美籍利比里亚人的统治被终结，开始了一个将导致超过 15 年内战的暴力运动的循环。[18]

380

---

〔17〕 林肯第二任期就职演讲，http://www.teachushistory.org/second-great-awakening-age-reform/approaches/lincolns-second-inaugural-address.

〔18〕 自从托尔伯特在 20 世纪 70 年代接受了苏联的援助以后，美国就提高了对他的警惕，并立即启动了对多伊的幕后援助。美国驻利比里亚使馆公共事务主任告诉我们，为了在联合国以色列问题上也有一个投票权，利比里亚没有支持美国在以色列问题上的立场。这可能最直接地促成了托尔伯特的毁灭。历史学家和作家伯罗斯认为，考虑到两个国家之间长期存在的复杂关系，美国有义务帮助利比里亚从目前的危机中恢复过来。"美国训练的军队在 20 世纪 80 年代夺取权力后，美国每年的军事援助从 1 400 000 美元增加到 14 000 000 美元，有效地使社会军事化，并且让扩张的军队在试图保持权力的过程中变得越来越具有压迫性，"他说，"尽管存在这些长期关系，但冷战末期非洲战略价值的贬值导致美国突然撤出利比里亚，这促成了这个国家的破产。"

尽管利比里亚独立运动卷入了黑人针对黑人的暴力，但在很多方面它类似于"二战"后其他非洲国家的独立运动。[19]不过，塞缪尔·多伊是一个独一无二的故事。他认识字但智慧有限。他领导了一次政变，只是基于个人对兵营恶劣的生活条件的不满，而不是基于矫正美籍利比里亚人对土著部落待遇的政治意图。他来自内地西南部与科特迪瓦（象牙海岸）[Cote divoire（the Ivory Coast）]交界的克兰（Krahn）部落。这个部落处于利比里亚社会阶层的最底层。

多伊没过多少时间就采取野蛮的办法维持自己的权力。在和他的政变同伙成员发生争吵之后，他很快有了大约五十个对手试图主张他们的领导权。他通过进行秘密审判然后处决的办法对付来自对手的威胁。他把许多记者、学者和其他社团领袖——任何敢于批评他的人扔进监狱，借此控制平民百姓。随着权力膨胀，多伊很快开始认为自己拥有神的力量。他相信自己刀枪不入，万一遇上坠机或其他危险，他也能化险为夷。他从非洲各地（最著名的是多哥）聘请有"魔法（juju）"的人来主持仪式以保护他的力量。他以喝血和吃年轻妇女的胎儿保护神力而臭名昭著。在他掌权的 10 年间，他在近四十起政变和未遂暗杀中幸免于难。[20]

381

要探讨邪恶与权力的关系——或者更准确地说，是某个掌权的人物可以维持其权力的时间长短——只需要分析一次未遂政变。那是在 1985 年 11 月。在多伊关押和释放了一些自己政府的官员（包括埃伦·约翰逊·瑟利夫，一位在哈佛受到过教育的经济学家，后来成为利比里亚总统），接下来又一场选举闹剧之后（据称是近年来非洲历史上最无耻的选举骗局），托马斯·奎翁巴（Thomas Quiwonkpa），一位利比里亚部队中的前军事指挥官，领导了一场针对多伊的政变。奎翁巴和他的追随者抵达蒙罗维亚，他们占领兵营，通过广播电台发布了多伊垮台的消息，然后做出了自由选举的承诺。街道上的反应是史无前例的——多伊的广告牌被拆毁，人们涌上街头进行庆祝。人们对多伊和克兰人的痛恨程度可见一斑。

但是庆祝被证明太早了。奎翁巴被抓获，被多伊的支持者打得面目全非。随后他在公共广场被阉割，再后来是他的尸体被切成碎片，被多伊的

---

〔19〕 Meredith, M., *The Fate of Africa*, pp. 162~178.

〔20〕 Meredith, M., *The Fate of Africa*, p. 550.

追随者吃掉。尽管政变被镇压，但克兰人认识到，复仇的信念藏在大多数其他利比里亚人的脑海里。克兰人只构成人口的 4%，据说他们生活在不断的恐惧当中，害怕邻居们造反、要求报仇。于是多伊领导的克兰人对他们的利比里亚同胞采取越来越残酷的行动——他们针对平民百姓实施恐怖、设立关卡和任意杀戮。盖欧（Gio）部落（奎翁巴的部落）和马诺（Manos）部落首当其冲引起了克兰人的注意。数百名盖欧人被集合在宁巴州（Nimba County）杀死。在蒙罗维亚，也有数百名盖欧和马诺人被逮捕并杀死。

在奎翁巴未遂政变后的 5 年间，美国对多伊的援助最终结束了。不过，多伊设法运用他的权力在利比里亚资源开发中强取贿赂。他发现石油和硬木最为有利可图，在他统治期间积聚了估计有 300 000 000 美元的财富。[21]

塞缪尔·多伊符合对一个邪恶行为者的所有定义。他为了个人利益行使权力。他剥削掠夺他所统治的人民。他和他的追随者残忍对待平民百姓。他自称这样做是基于神授的权利。

让美国懊恼的是，多伊曾享受过美国的援助，特别是在 1980 年到 1985 年间。他和他的忠实团伙接受过美国绿色贝雷帽（Green Berets）的训练。在某种程度上由于他在联合国反对苏联的立场，美国用军事援助来酬谢多伊，并在利比里亚建立了一个军事基地，建立了巨大的监听站来监控这一地区的利益和威胁。美国为其发展提供了数量巨大的援助（每年 80 000 000 美元）和支持（包括支付军用住房的 40 000 000 美元）。[22]

有意思的是，这种个人行为只是间接地导致了多伊的失败。他对克兰部落密友的提携，激怒了其他部落寻机促成他的垮台。盖欧人和马诺人公开谈论他们的复仇计划。有一支 100 人的部队越过边境在科特迪瓦集结。他们创立了一个叫利比里亚全国爱国阵线（the National Patriotic Front of Liberia）的组织。科特迪瓦总统，由于他的女儿嫁给了奎翁巴，为这个组织提供财政援助。查尔斯·泰勒就在这些成员当中。[23]

由于今天利比里亚妇女和儿童的状况，部分原因是塞缪尔·多伊之后的

---

〔21〕　Meredith, M., *The Fate of Africa*, pp. 548～552.

〔22〕　Ibid.

〔23〕　Ibid.

内战所致，我们必须分析查尔斯·泰勒在内战中的角色。杀人和强奸，枪支走私和血钻，绑架和使用儿童兵，涉嫌与恐怖主义有关及越狱——神气活现的利比里亚总统查尔斯·泰勒的邪恶行为纪录，读起来像个被定罪为重犯的人的犯罪清单。不过，公平地说，必须小心体会其言外之意。因为许多他以前的士兵，以及那些反对他的人，都是他执政时期的产物，必须花时间去了解泰勒，因为这些人可能已经了解了他。这可以提供泰勒与那些今天要为利比里亚大部分针对妇女和儿童的暴力负责的人之间关系的看法。

383

1948 年，查尔斯·泰勒生于一个美籍利比里亚人家庭，他们是从 19 世纪初移民到利比里亚的前美国奴隶中产生的少数精英。泰勒还是个孩子的时候，就赢得了"麻烦制造者"的名声。如果学费交得晚了，年轻的泰勒还经常殴打自己的父亲。有一次他在学生会选举失败后，扬言要烧光学校。[24]像许多美籍利比里亚精英的孩子一样，泰勒来到美国读大学。在美国的 9 年间，他就读于波士顿的宾利大学，然后到新罕布什尔学院攻读研究生。不幸的是，在美国的时间似乎没有改变他对于暴力及滥用权力的嗜好。1980 年在塞缪尔·多伊发动政变后不久，他就回到利比里亚。显然泰勒看到了多伊政变制造的混乱所带来的机会。一天早晨，据说当控制着利比里亚大部分预算的政府服务机构主管离开办公室的时候，泰勒走进主管办公室，宣布自己是这个机构的头儿。一经掌管了这个机构，泰勒便显然利用职权强行索取贿赂将近 1 000 000 美元。

多伊起初很喜欢泰勒。但泰勒被查出贪污，当多伊指责泰勒拿了他的东西时，两个人发生了争吵。泰勒逃回美国，在那里根据一张利比里亚的引渡令状他被拘留，并监禁在马萨诸塞州（Massachusetts）的一个刑事拘留中心。接下来发生的事情不太清楚。有人说他锯断牢房窗户上的钢筋逃离了监狱。[25]其他人相信他从有影响力的利比里亚侨民（那些逃离多伊之后生活在美国的美籍利比里亚人，希望泰勒回到利比里亚推翻多伊政权）那里得到帮助才得以逃脱。

这些侨民当然可以从多伊对待他们的方式中找到很好的理由。在 20 世纪

384

---

〔24〕 根据乔治·昆（George Kun）的说法，他是一个利比里亚难民，曾经担任华盛顿特区国际难民（Refugees International）组织的成员。

〔25〕 BBC News, "Profile, Charles Taylor-Preacher, Warload", *President*, July 13, 2009. *Liberia: The Violence of Democracy*, University of Pennsylvania Press, 2006.

80 年代初期，利比里亚的暴力和腐败日益猖獗。回到利比里亚之后，泰勒花了一年多的时间在西非从一个国家前往另一个国家，从加纳到科特迪瓦，从布基纳法索到塞拉利昂，他与反对多伊的各种组织进行会面。通过这些会面，泰勒很快成为一个反抗领袖，组织了利比里亚全国爱国阵线。他成了人们崇拜的偶像，开始指挥一支将近一万人的部队。在此期间，他招募儿童士兵进入部队。他的招募方法包括进村杀戮以及恐吓那些家庭。在杀掉他们的父母之后，他绑走村里的孩子，然后使用毒品进行强化训练，把许多这样的孩子变成了反社会的战士。

在 1989 年经历了一个大胆的开端之后，运动很快分裂。1990 年在叛乱者抓获并处决多伊以后，这个国家完全陷入了混乱。叛乱者最初与军队的残余势力作战，转而又与被请来恢复稳定的尼日利亚维和部队作战。然后，叛乱者又开始相互厮杀。泰勒再次利用混乱建立起与外国的联系。他与激进的利比亚领导人穆埃玛阿尔·卡扎菲（Muammar Qaddafi）上校交了朋友，据信在 1987 年帮助推翻了布基纳·法索（Burkina Faso）总统。最主要的受益人布莱兹·孔帕奥埃（Blaise Campore）总统，作为泰勒的一个朋友，允许泰勒把布基纳法索当作一个活动基地。[26] 在此期间他的活动成为后来塞拉利昂国际刑事法庭对他进行刑事指控的主题。

1992 年，泰勒发起"章鱼行动（Operation Octopus）"，对首都蒙罗维亚进行全面攻击。这花了大约 3 年时间，其结果是泰勒成为利比里亚总统。1995 年，泰勒签署和平协议，为在 1997 年举行的总统选举创造了条件。泰勒以压倒性优势赢得了选举。观察员们包括卡特中心，称这次选举是"自由而公正的"。其他许多国际观察员怀有疑虑，称大多数利比里亚人为泰勒投票只是出于恐惧。[27] 他制作的大部分集市竞选口号是："他杀了我爸，他杀了我妈，但我要选他。"这显示出他的信念程度，尽管为了建立起追随者的队伍他做了某些事情，但他还是有资格成为领袖。

让卡特中心懊恼的是，泰勒一经掌握了权力，他的政府不仅转向恐怖和

385

---

[26]　Williams, Gabriel I. H. , *Liberia: The Heart of Darkness. Amounts of Liberia's Civil War and Its Destabilizing Effects in West Africa* (Traford Publishing, 2002)："泰勒有一种讨好那些掌权人的方法，"历史学家威廉姆斯说，"他与美国、欧洲特别是法国的企业建立了稳固的国际联系，并与非洲政府最高层建立了关系。"据报道，泰勒叛军占领的地区一度成为法国第三大热带木材供应地。Id. pp. 93~115.

[27]　Meredith, M. , *The Fate of Africa*, pp. 548~557.

暴力，还转变成一个非法的赚钱机器。泰勒不满足于通过控制利比里亚硬木和钻石生意所赚的钱，他还开始主张对塞拉利昂这些资源的控制。他在那里支持一场对杀害数万人承担责任的野蛮的反叛运动。他的军队（或者逐渐闻名的叛军）带着泰勒招募的正在长大的儿童士兵，除了暴力一无所知。这些叛军对残暴虐待及砍掉无数塞拉利昂及附近地区无辜平民的肢体负责。泰勒和叛军之间的协议条款很清楚。叛军通过洗劫塞拉利昂矿区，为泰勒政权源源不断地供应钻石。作为回报，泰勒供给叛军从东欧弄来并运至利比里亚的武器。[28]

这个时期关于泰勒涉案的消息开始浮出水面。一个国际非政府组织全球见证（Global Witness）对于非洲的暴行进行监测，指控泰勒与基地组织恐怖分子的网络进行合作，《华盛顿邮报》（*The Washington Post*）也提出了这一指控。一份欧洲人的调查发现了泰勒招待恐怖组织高级工作人员的证据，后者狂买 2000 万美元的钻石，有效地垄断了该地区的钻石贸易市场。人们也许想知道泰勒的所作所为如何能够长时间逃避惩罚。可能是因为他把自己定位成一个虔诚的浸信会（Baptist）教徒。他在浸信会教徒集会上时常布道，据说是一个有造诣的浸信会传统的传道者。他甚至吸引了著名的美国民权律师杰西·杰克逊牧师（the Reverend Jesse Jackson）的支持。尽管事实上泰勒结过三次婚还有几个私生子，但不知为什么他还是赢得了这些。

386

泰勒具有个人魅力。他否认了所有刑事犯罪的指控。他坚持他只是被人误解了。一些利比里亚观察家说，泰勒之所以能长时间逃避惩罚，是因为他得到了主要非洲领袖、法国商业伙伴和重要的非裔美国人包括一些名人的支持。后来那些支持消失了。不论如何，敌对的部落组织也开始出现。在 1999 年选举后不久，利比里亚形势重新回到内战。

在 2003 年，尼日利亚为泰勒提供政治避难。随着叛乱部队平稳地接管蒙罗维亚，泰勒别无选择，只好再次逃离利比里亚。2004 年，泰勒逃到尼日利亚。之后没多久，泰勒就被国际刑事法院起诉。于是他前往肯尼亚，在那里他被引渡并被送到海牙。（2012 年他的审判最终结束，泰勒因为帮助和煽动暴力反对塞拉利昂人民的叛乱而被判战争罪。他被判 50 年监禁。）

---

〔28〕 Id. at 559. 非法交易专家说利比里亚变成了一个巨大的武器市场。"泰勒提供金钱和联络，利用利比里亚为武器交易商和钻石走私者主办一个盛大的聚会，"总部设在伦敦的人权组织全球见证主要领导人爱丽丝·布朗德尔（Alice Blondel）说，"只要遵守泰勒的规则，每个人都受到欢迎。"

泰勒担任利比里亚总统的时期给利比里亚人带来了灾难性的后果。在他离开以后，叛乱者取得了胜利，他们强奸、抢劫，消灭几乎所有妨碍他们的人。政府建筑被洗劫，叛乱者和平民抢走了他们能够搬走的一切，然后将剩下的付之一炬。其结果是利比里亚人陷入了极度贫困状态。接下来的几个月，失业率持续维持在85%，很少或没有电力，没有公共卫生系统，缺少公路，没有政府记录，没有警察，没有军队。

美国在迫使泰勒逃亡尼日利亚（之后去肯尼亚）过程中起了作用。利比里亚内战已失去了控制。2004年美国总统乔治·W. 布什要求泰勒在美国派出维和部队稳定西非国家局势之前离开利比里亚。起初，泰勒说他只有在维和部队到达之后才离开。[29] 随后美国航空母舰停泊在海岸附近，泰勒重新考虑了一下，作了一个动情的告别，然后便逃走了。

关于查尔斯·泰勒还能说些什么呢？他似乎是邪恶的典型，为了个人利益运用权力剥削他人。他利用孩子，利用恐怖，利用宗教，他假装被他的浸信会信念所推动，却一直在残酷虐待及恐吓塞拉利昂与利比里亚人，以维持他的权力和财富。另一方面，他是塞缪尔·多伊野蛮暴行的一个产物，而塞缪尔·多伊则是以前100多年美籍利比里亚人对土著人实施剥削和暴力的产物。美籍利比里亚人自己则是奴隶贸易的产物。泰勒是否邪恶再次提出了据称因多年虐待和虐待文化所致行为的个人责任问题。

重要的是理解泰勒的领导与其制造一大批拥护其政权、被改造成反社会杀手的利比里亚儿童兵之间的关系。如何更好地处理这些年轻人？在对待妇女和儿童的方式上，他们是邪恶的吗？如第一章所述，理解他们行为的性质——他们是否邪恶、罪恶或者别的什么——可以帮助调停者理解是进行对话还是寻求处罚，以及如何更好地说服这些年轻人改变他们对待妇女的行为。问题是调解策略能否用于对话、谈判，并最终创造出保护利比里亚妇女儿童等弱势群体所需要的法治。我们需要更加仔细地探讨利比里亚的性别暴力的成因。

---

[29] Id. at 561. 泰勒留下来有很好的理由。利比里亚断断续续的内战让他成为一个很富有的人。与其他许多非洲国家的冲突一样，利比里亚的动乱主要源于像泰勒一样的人的野心和贪婪。"泰勒是一个无耻无畏的人，"在加利福尼亚萨克拉门托过着流亡生活的《利比里亚：黑暗的中心》（*Liberia：Heart of Darkness*）一书的作者利比里亚人加布里埃尔·威廉姆斯说，"他魅力非凡、令人着迷，又挥霍无度。他是一个以权谋私的人，知道采取什么手段围绕自己建立细密的忠诚网络和坚实的支持基础。"

分析利比里亚性别暴力的成因

利比里亚性别暴力问题无处不在的原因，被国际无政府组织的观察员普　388
遍认为是利比里亚男人对待妇女和女孩的观念问题。[30]战争塑造了这种观念，
但这种观念也具有很浓厚的文化成分。可以被当作理由的那些因素在某种程
度上是事实问题，而且是一个与圣经一样古老的伦理问题。一个人要对他或
她的行为负责意味着什么呢？另外，什么时候说他们在这个问题上别无选择、
只是由于文化和环境因素导致了他们的行为才更加准确呢？回答这些问题，
对于帮助确定使用何种策略来挽救形势是十分重要的。

2007～2010 年，作者作为埃默里大学发展中国家研究院赞助的一个组织
的成员，多次有机会参加一个代表团前往利比里亚。发展中国家研究院应卡
特中心之邀，帮助对利比里亚性别暴力进行评估。在我们代表团内部以及利
比里亚的非政府组织之间，都存在着关于男人对待利比里亚妇女观念原因的
热烈的讨论。一些人主张传统观念是问题的根源。有些人则认为前殖民时代
的观念有所不同——前殖民时代的妇女有权拥有财产，有独立的继承权，如
果她们被强奸或受到身体上的虐待，她们有能力把案件提交给"交涉茅屋"，
在那里由一个长老委员会（通常由 45 岁以上的男人组成）来调解当地的争
端。[31]妇女可以说服首领，或者在某些州由一个行使与首领相似权力的妇女
委员会，下令停止那种虐待并做出赔偿。[32]根据后一种观点，男人从 1949 年
开始以不同方式对待妇女，当时杜伯曼（Tubman）政府（自由奴隶殖民者寡
头政体的一部分）与内陆首领们进行谈判，通过赋予首领们根据殖民者所假　389
定的某种公平来处理家庭纠纷的权力，与首领们达成了合作。这些殖民者的

---

〔30〕 这是与我们会谈的几个非政府组织利比里亚人所表达的信念 [发展中国家研究院访问的非
政府组织名单包括：利比里亚教会理事会（Liberian Council of Churches）、利比里亚女律师协会（Li-
berian Women's Bar Association）、利比里亚传统妇女团体（Liberian Traditional Women's Group）]。

〔31〕 Pajibo, E.（2008），*Traditional Justice Mechanisms*：*The Liberian Case*，International Institute for
Democracy and Electoral Assistance, p. 18.

〔32〕 Moran, M. , *Liberia*：*The Violence of Democracy*（Philadelphia：University of Pennsylvania Press,
2005）.

假定不是记录传统文化的实践，而是可能采取了一种前所未有的性别歧视态度对待妇女，并且引发了不断增加的对于妇女的歧视。这种主张与人们在文献中看到的亚洲妇女人权的真实状况相同——据说在前殖民时代，菲律宾和印度尼西亚妇女具有原始的权利，但后来被殖民主义者关于正当法治的假定所歪曲。[33]

　　其他人主张，导致对妇女使用暴力的观念至少是被利比里亚内战严重恶化了。在战争中走向成熟的年轻人，他们的父母可能被人杀死在孩子面前，他们自己常常被人从家里抢走，成为儿童兵，被人教会了恐吓、强奸和杀人，这些都是战争及政府控制的一种策略。非政府组织报告称，这些年轻人是内战后时代最为残暴的行为者。许多人公开表示对妇女和女孩的鄙视，甚至描述战后约会的困难——"不带枪'约会'"是如何的困难。这些年轻人所表达的观念据说源于 15 年内战所塑造的反社会病态人格，并非利比里亚土著文化的一部分。

　　从某种程度上说，因果关系问题对于法治行动是多余的。[34]一些非政府组

---

　　〔33〕 Panditaratne, D. (2007), "Towards Gender Equity in a Developing Asia: Reforming personal Laws within a Pluralist Framework", 32 *N. Y. U. Rev. L. & Soc. Change*, p. 83.

　　〔34〕 毕竟，卡特中心作为当事人，也可以说"拥有"决定权。它自己决定要超越对冲突后选举监督的关注，大概是因为选举本身对于真正改变撒哈拉沙漠以南的非洲独立国家无能为力。另外，卡特中心想要支持真相与和解委员会，到目前为止它有一种混合效应，因为真相与和解委员会在某种程度上依赖于法治发展所取得的进步。

　　基于已经安排同意的事情，卡特中心推动以法治为基础策略的道义努力似乎大势已定。利比里亚过渡政府已签字同意了关于对待妇女的国际规范。参见《世界人权宣言》，G. A. Res. 217A, UN GAOR, 3d. Sess, at art. 22~27, UN doc. A/810；女性生殖器切割、家庭暴力和婚内强奸，都归入第一代权利适用范围内的人权禁令之列，导致了政府的改革行动。参见《消除对妇女一切歧视公约》(Convention on the Elimination of All Forms of Discrimination Against Women, CEDAW), Dec. 18, 1979 1249 UN. T. S. 14 (1979)（利比里亚是签字国）。

　　那么，既然有政府的认可，有国际和国内法律依据，有当事人的要求，为什么还要追问有关这些工作的哲学基础？

　　在人们所研究的表象下面，是哲学问题。卡特中心是应该参与这个计划，哪怕只是作为一个伙伴，还是应该由利比里亚人自己去处理妇女是否被当作财产、被拒绝给予平等的法律保护和平等机会的问题？我想展示一下芭芭拉·布里恩特（Barbara Brilliant）提出的问题：从文化相对主义的角度，当一个国际非政府组织面对一种相信女人是男人的财产的文化，依法促进妇女"人权"时，它能够做出什么样的假定？作为反对暴力伤害妇女的策略形成的依据，试图影响国际上关于妇女人权的共同观念的理论基础是什么？难道土著居民不该根据他们自己关于如何最好生存的理解，选择他们想要遵循的"传统"或文化价值观吗？

织认为，无论出于何种原因，这种观念是如此根深蒂固，以至于被当作了利 390
比里亚男人的一种自然权利。[35]一个非政府组织特别主张，把性别暴力变成
法治行动会适得其反——它应该被看作是一个公共卫生问题，而不是一个对 391
或错、道德或宗教问题，或者与此相反的一个刑法问题。[36]

　　性别暴力并非利比里亚土著文化产物的观点还提供了一个附加的影响，
通过把男人的行为归咎于战争后遗症，男人可以为了保全面子的原因放弃他
们凌驾于妇女之上的权力。结合一种源自历史的主张，即真正的利比里亚文

---

　　[35]　我们在利比里亚行程中遇到的一位颇有影响力、值得信赖的人物提出了这些关切。母亲模
型建构保健科学学院（the Mother Patern College of Health Sciences）护理学校校长芭芭拉·布里恩特修
女坚持法治计划注定会失败。她表达了一些反对意见：①由于利比里亚法院系统本身腐败无能，任何
法治策略都将无能为力；②非政府组织的努力也将无效，因为他们无法保证资源，也不能"坚持到
底"，足致带来持久的变革；③法治行动不如"公共卫生"工作，因为公共卫生工作真正尊重利比里
亚的文化和价值观，以及利比里亚人自己改变这些规范与行为的能力。

　　最后一点理由我们应该尤为谨慎地加以关注。卡特中心应该支持仅仅寻求治愈对妇女使用暴力的
健康后果的策略，从而放弃协助利比里亚政府把对妇女使用暴力"犯罪化"的努力，任由行为变化在
利比里亚自身文化内漫无目的地发展吗？根据布里恩特修女的想象，应该创建护士、医生和心理学家
的诊所，去治疗损坏的骨盆底肌，性病包括艾滋病、瘀伤、骨折以及留在妇女儿童身上的心灵创伤。
她还想象采用一种公共卫生方法，不仅可以结束对身体伤害的治疗，还可以训练心理咨询师，通过赋
予病人们某种力量，使她们能够与暴力做斗争，然后再从她们现在与其他妇女或家庭成员（包括她们
社区中的其他非警察组织）的关系中去寻找这些力量。她幻想这种培力策略能够阻止性别暴力，并将
导致暴力犯罪者行为的改变。

　　布里恩特修女的方法正确吗？当然，回答这个问题的方法是依靠研究。人们可以评估这种策略
的后果，相信社会知道如何更好地"改造"自己的能力，只需把操作信息提供给利比里亚人。卡特
中心可以帮助利比里亚机构进行研究，评估流行的关于暴力是否带来更多暴力的理论：是不是如果
一个利比里亚人自小受到虐待，他或她就更有可能虐待他或她的配偶或孩子（我认为这些是另一码
事）。或者人们可以询问，如果儿子们知道他们的父亲殴打自己的母亲，或者强奸年轻女孩，那么
当他们成年时就更有可能从事相同的行为吗？答案似乎相当明显，它会导致对妇女使用暴力，但是
如果能够凭经验证明的话，那么这些证据或许可以帮助利比里亚政府与男人就他们对妇女和儿童造
成的伤害进行对话。另外，掌握了这些信息，利比里亚人就可以尝试评估公共卫生策略相对于法治
策略的好处。

　　布里恩特的主张同时引发了法律是否引起行为变化，或者法律是否只是遵循共同体自身产生的规
则的理论问题。把那些行为定罪真的可以阻止它们吗？如果不能，卡特中心可以建议司法部推迟在内
陆执行刑法典。卡特中心还可以选择评估，公共卫生策略与建议能否导致利比里亚妇女形成减少性别
暴力的自我应对机制。另一种选择是不把这些策略看成是矛盾的，而是把它们当作与针对妇女暴力做
斗争的总体策略的一个必要组成部分。（在做完一些理论工作以后，我还要回到这最后一点。我希望
能够提出一种策略，把从哲学与宗教中得出的某些假定与研究需要紧密结合起来。）

　　[36]　Ibid.

化赋予妇女平等的人权，就可以暴露出目前男性观念的本质，而不是给予他们土著文化遗产的认可。

另一方面，历史的论据也有问题。一个人类学家如何发现利比里亚社会妇女真实的传统角色？很难追溯1949年之前的内陆文化，发现妇女受到何种对待。人们还想知道是否真的应该回顾1840年以前，去理解殖民者归来之前土著人是如何生活的。现在对于妈妈和奶奶们在不同社区中充当何种角色的回忆进行可靠性评估、并且从完全个别的经历和回忆中归纳出一种角色是十分困难的事情。多么久远的多少资料中的多少回忆，才足以构成确定利比里亚社会妇女角色和地位的真实文化状态的基础？就可能的调查结果而言，这样的研究工作值得吗？

在利比里亚，对于促进妇女人权的法律的抗拒，依然和这些人类学与历史学的主张一样强烈。[37]许多非政府组织表达了对于通过法治促进妇女人权的悲观态度。[38]一个利比里亚非政府组织尤其怀疑卡特中心反性别暴力的工作。它的发言人告诉代表团："回家吧，省了你们的时间和麻烦。法治行动把妇女当作牺牲品，对她们的伤害多于好处。"[39]在本章后面的部分，将对妇女"牺牲"的实际含义进行更详细的探讨。

利比里亚男人普遍表示，歧视利比里亚妇女——把殴打妇女当作他们爱情的标志，称妇女没有权利因为她们是财产，认为婚内强奸理所当然（"因为"你不可能强奸自己的财产），去约会（甚至带着枪）——是他们的文化权利。[40]那些鼓吹妇女国际人权的人被视为不值得信任的西方殖民主义干涉者。这就是目前利比里亚男人和女人的观点，任何忽视这些观点的策略都会遇到极大的抵制。

---

〔37〕 利比里亚教会理事会会员芭芭拉·布里恩特修女。

〔38〕 我们在一次利比里亚教会理事会的会议上发现男性教会领袖对此表达了怀疑的态度。另外，利比里亚女律师协会、利比里亚传统妇女团体，还有美国大使馆工作人员都对我们的努力持怀疑态度。

Thomas E. Kelly, Export Western Law into the Developing World, the Troubling Case of Niger, 7 Global Jurists Iss 3 Frontier, Art. 8.

〔39〕 芭芭拉·布里恩特修女。

〔40〕 2008年3月11日焦点小组与卡廷顿大学利比里亚学生的访谈。

妇女人权的性质

当前的法理学

也许问题并不在于那些行为是邪恶还是自由意志的产物，而在于法律或者合法性。"显而易见"或者说"不言自明"的是，利比里亚男人对待女人的方式违背了妇女的权利。难道我们只是简单地假定妇女拥有那些权利，并且在此基础上向前推进?[41]问题是双方面的。首先，现代知识学家在今天似乎都要回避任何关于自然的或者固有人权的观念。[42]他们认为那些使用"人权"概念的人只是在表达一些语言学上的权利用语，意味着"只是在那个时间和地点需要用那些术语描述的某些特定制度性安排的存在"[43]。这种想法的一个突出例子是阿拉斯泰尔·麦金泰尔（Alstair McIntyre），他这样解释：

> ……所以有关的权利总是那些被制度性地授予、制度性地认可并制度性地执行的权利；当然，所有这样的权利要么被成文法或习惯法授予，要么在实践中执行，要么作为承诺而出现。不会也不可能拥有独立于制度性安排之外的自然权利。[44]

不过，这种观点的问题在于，人权不过是主观的东西。制度可以授予他们认为适合于那个时候和地点的任何权利。没有诸如与生俱来的权利之类的东西。当然也不会存在并非制度赋予的诸如自然的固有权利之类的东西。只要被统治的人民同意他们存在，或者只要制度能够强制其存在，这些权利就会存在。所以，主张人权在一种特定文化或者一套国家制度之外而存在的观点，失去了大部分说服力。

---

〔41〕 如果我们这样做了，那么我们将会有绝佳的伙伴，因为约翰·罗尔斯正是这么做的。See Woltersdorf, N., *Justice: Rights and Wrongs* (Princeton, NJ: Princeton University Press, 2008). 沃尔特斯多夫写道："虽然罗尔斯的正义理论是一种与生俱来的自然权利理论，但他根本没有对这样的权利做出解释，只是这样假定。"

〔42〕 Woltersdorf, N., *Justice*, supra, note 41, p. 32; quoting from MacIntryre, A., *The Charles E. Adams Lecture*, p. 12, February 28, 1983.

〔43〕 Ibid.

〔44〕 Ibid.

394 　　质疑人权存在假定的第二个理由，源于以能力为本位理解人权的缺点。[45]
如果一个人被赋予人权是通过展示其具有思考及与他人形成共鸣的能力，那么
一旦这些能力不复存在或者减弱，对于那个人的人权支持也将减少。结果，不
论基于何种原因［比如受伤、营养不良或者那些患有阿耳茨海默氏病（Alzhei-
merv）的人］，能力本位论在对那些只有很少智力的人提供支持时就会遇到麻
烦。那些缺乏思考能力的人就会失去人权，还有那些患有痴呆症的人，那些很
年轻的智障人士也是如此。另外，能力本位的方法过于复杂，它使区别人权与
动物权利成为不可能的事情。[46]对于人权来说，谁重要、谁不重要，这种理论
不能提供理由。作为其结果，政治制度可以在谁有权利谁没有权利之间任意划
定界线。由于文化制度基于能力解释谁重要、谁不重要并界定人权，它不能为
所有人规定一套基本权利，只能以年龄、种族、健康、力量为标准划定界线。

　　如果基于"与生俱来的人权"、基于"能力"的理论并不充分，那么，
对于一个西方非政府组织的代表来说，回答利比里亚人关于妇女受到歧视
是因为她们缺乏拥有人权所需的足够推理能力的主张就会变得十分困难。
当利比里亚人辩称妇女被视为财产就是利比里亚人的习惯时，情况尤其困
难。利比里亚人通过主张他们凭借经验形成这种信念，并且认为这种权利
依据利比里亚文化价值观与传统而存在，为自己的观点进行辩护。人们很
难回答利比里亚男人关于他们固有的价值观与西方价值观同样正当，也受
到联合国保护土著人民文化宣言保护的主张。[47]最终，它不就是一个文化相

---

〔45〕　Woltersdorf, N., *Justice*, supra, note 41, p. 36.

〔46〕　Woltersdorf, N., "Can Human Rights Survive Secularization? （Part II）", Vol. 23, No. 4, Per-
spective 12 （April 2008）; Woltersdorf, N., *Justice*, supra, note 41, p. 32.

〔47〕　引自《联合国土著人民权利宣言》（United Nations Declaration on the Rights of Indigenous Peo-
ples），第 8、9 条。

第 8 条　土著人民及个人有权不服从强制同化或毁灭他们的文化。

国家将提供有效机制，防止和纠正：

（a）任何旨在或实际上破坏他们作为独特民族的完整性，或剥夺其文化价值或种族特征的行动；

（b）任何旨在或实际上剥夺他们的土地、领土或资源的行动；

（c）任何形式的旨在或实际上侵犯或削弱他们权利的强制人口迁移；

（d）任何形式的强行同化或融合；

（e）任何形式的旨在鼓动或煽动针对他们实行种族或族裔歧视的宣传。

第 9 条　土著人民及个人有权按照一个土著社区或民族的传统和习俗，归属该社区或民族。此项
权利的行使不得受到任何形式的歧视。

对主义的问题吗？

关于科学自然主义的认识论问题[48]

也许科学自然主义可以提供人类行为何时沦为邪恶的洞见，或者至少为妇女人权提供依据，以便战胜从现存文化信念的角度对于这些主张的抵制。毕竟，学术界在回答有保证的人权信念性质问题上流行的认识论是"科学自然主义"。[49] 根据这种认识论，关于人权的信念是试验性的和假设性的，需要经过科学的检验，要么在受控环境中，要么拥有足够统计学上的保证，以便这些信念在可以称之为真实之前，予以实证的检验与证明。它们被说成是自然的，是因为物质世界或者自然界是可以评估的资料的唯一来源。所以，科学自然主义与进化理论联系在一起。

科学自然主义似乎暗示，我们应该进行简单的世界人口调查，以确定有关妇女权利人们相信什么。不过，这样一种方法并没有提供人权倡导者所寻

395

396

---

〔48〕 我想区分科学自然主义与世俗主义。世俗主义意味着"非宗教性"。Kosmin, B. A. （2007）, "Contemporary Secularity and Secularism." In Secularism & Secularity: *Contemporary International Perspectives*, Ed. Barry A. Kosmin and Ariela Keysar, Hartford, CT: Institute for the Study of Secularism in Society and Culture. 世俗主义还意味着"不同于宗教"。Feldman, N. （2005）, *Divided by God.* Farrar, Straus and Giroux, New York, p. 25. "早期的原初世俗主义者［杰弗逊（Jefferson）和麦迪逊（Madison）］和原初福音派教徒［巴克斯（Backus）、利兰（Leland）和其他人］一起把争取非建制性［的宗教］作为共同的事业，但明显基于不同的理由。"也就是说，非宗教性如果不是社会普遍性的，也至少处于"公共领域"，而且它的信念也可以说是基于科学的。Kosmin, B. A., "Hard and Soft Secularists and Hard and Soft Secularism: An Intellectual and Research Challenge." A paper given Annual Conference of the to the Society for Scientific Study of Religion, http://www.trincoll.edu/NR/rdonlyres/9614BC42 – 9E4C – 42BF- A7F4 –0B5EE1009462/0/Kosmin_paper.pdf:

　　我要为下面的立场留出余地，即世俗主义可能意味着一种制度的公共宗教基础，类似于宪法，它不是经过科学检验的，只是基于对宗教多元主义的社会共同信念。当我使用这些术语时，世俗主义也总是关联自然的本质——即它本来是什么——但还要包括一些公共宗教信仰。除了世俗主义，我想关注与流行的进化论有关的生存范式，而不是专注于科学自然主义。我们知道我们可以通过研究、通过评估与观察人类行为进行学习而了解到什么，这和生物学家了解植物、人类学家通过研究他们所观察到的以及所能评估的人类行为来了解人类文化使用的是同样的方式。

28 Patricia Churchland, *Neurophilosophy: Toward a Unified Science of the Brain* （1986）.

〔49〕 下面的讨论我主要依据阿尔文·普兰丁格（Alvin Plantinga）在其论文中所述的分析哲学，这些论文见于: James F. Sennett, ed., *The Analytic Theist: An Alvin Plantinga Reader* （Grand Rapids, MI: B. Edermans Publishing, 1998）. 我特别依据普兰丁格的论文: "Is Naturalism Rational", Chapter 4 in Sennet's book, that reprints Plantiga's work from Chapter 12 of Alvin Plantiga, *Warrant and Proper Function*, （New York: Oxford University Press, 1993）.

找的答案。世界民意调查数据显示，关于妇女拥有或应该拥有何种权利的人类共同理解并不存在。[50] 事实上，如果它只是一个简单的民意测验问题，那么世界范围内男人对女人的歧视似乎是一个大多数人支持的物种进化状态。

此外，即便根据科学原则，民意测验结果是相反的情况（或者人们依靠联合国《人权宣言》签署国的投票），人们又如何判断这些态度和信念是不是真实的、有保证的或者是错误的？这些信念会不会只是意识世界里随机出现的？用以判断这种信念真实与否的标准需要深思熟虑。

这里是科学原则需要依赖自然主义的地方。判断信念的真实性基于这种信念是否更加适合特定种族的生存，顺其自然，或者至少有助于其生存。那么问题在于，关于妇女没有权利的信念是不是比她们有权利的信念更加适合物种生存。根据科学自然主义的假定，没有诸如道德之类的事情——只有根据一个包罗万象的生存原则加以衡量的不同的文化规范。[51] 其论据如下：随着社会进化，不同文化为了保护自己并确保生存尝试了不同的规范或价值观。利比里亚人拥有自己选择的规范和价值观体系的先例。这包括一些想法，诸如给予男人在家庭中的优势地位，允许男人娶几个妻子或有几个女朋友、成为几个孩子的父亲，要求妇女顺从他们的丈夫，包括不反对丈夫的多个妻子及女朋友，除非她能找到办法偿还他为"买"她付给她的家庭的彩礼，否则即便丈夫殴打她和孩子也不能离开。另外，殴打妻子是一个可以接受的爱的象征。和年轻女孩发生性关系也是一个男人的权利——即便是和八九岁的小女孩。（根据他们的信念，和这样年轻的女孩做爱有用，因为一些利比里亚人相信，它可以防止他们感染艾滋病，而且的确有治愈的可能。）[52]

397

---

[50] Pew Survey, 2007 Muslim Values Survey.

[51] Patricia Churchland, *Neurophilosophy*: *Toward a Unified Science of The Brain* 28, (1986).

[52] 关于国际刑事法院对查尔斯·泰勒在利比里亚内战期间反人类行为的定罪方案，也可以提出这些同样的问题。

查尔斯·泰勒和其他实施暴行的领导人用来辩护的理由的核心就是生存。"生存"的本能可以用来为许多恶劣行为进行辩解——从种族屠杀到对妇女使用暴力——作为进一步保护其种族的策略。重要的是看清种族灭绝者如何使用策略激发针对妇女的暴力。图西族（Tutsi）妇女被描述成为了图西人的利益一直在劳碌，包括偷窃胡图族（Hutu）男人。图西族妇女不能被信任，不能被善待，不能被录用为秘书，也不能成为情妇。任何胡图族男人与图西族妇女结婚都会被视为背叛。Meredith, M., *The Fate of Africa*, p. 116.

但是，作为一个方法论问题，"科学自然主义"是否导致了应该遵守某种社会规范的"有保证的"或"真实的"信念？[53]回到我们的公式，自然主义证明是自我指涉的，它不能为随机经验更有可能保证经验"真实性"的主张提供任何东西进行辩护。[54]鉴于艾滋病的迅速传播，等待"科学进化"为利比里亚文化带来关于男人与9岁女孩之间强制性行为道德的有保证的信念，看来会有很多问题。但即便这样的证据得到了展示，它也不能带来识别更大范围的计划——基于妇女享受尊重、尊严及依法与男性享有同等待遇的信念、打击暴力侵害妇女计划真实性的能力。问题在于，针对妇女暴力所造成的健康影响的经验证据，能否提供妇女人权效力的证明。不幸的是，由于进化理论是在随机的基础上展开，作为一种方法论，进化生存范式永远不可能提供

当然，非洲不是使用这种策略的唯一地区。人们只需要想一想土耳其人对亚美尼亚人的大屠杀，纳粹大屠杀，以及伊拉克人对库尔德人（the Kurds）、塞尔维亚和克罗地亚人对波斯尼人还有美国人对自己的美洲土著居民的大屠杀。虽然有时候暴行发生在同一种族的成员之间——比如，金边（Phnom Penh）陷落后柬埔寨共产党红色高棉（communists Khmer Rouge，KR）对柬埔寨平民——但在每一种情况下，相似的妖魔化和非人化的宣传都会用来推动种族灭绝。女人总是首当其冲遭受暴行。Meredith, M., *The Fate of Africa*, p. 116.

谁又能说生存本能不应该来为恐怖主义策略、甚至为哪怕是针对妇女和儿童实施的种族灭绝进行辩解？毕竟，自卫、保护他人在刑法与侵权法中都是杀人的正当理由。个人或他们的族群行使自卫权通常被视为一种自然法则，因为他们认为适当，并且不受国际社会事后审查的限制。为战胜生存法则以及为起诉、判决、惩罚种族屠杀与针对妇女和儿童的犯罪行为提供法律地位的法律基础及其道德基础是什么？

要回答这些争议，法治运动已经为国际法学者提供了回到关于法律[作者原文用 law（with a big "L"）来指代社会结构中存在的未成文法，有时称之为自然法，或者在制定颁布之前就已经存在的法律——译者注]本质的首要问题的机遇[See, Dinusha Panditarane, "Towards Gender Equity in a Developing Asia：Reforming Personal Laws within a Pluralist Framework", 32 *N. Y. U. Rev. L. & Soc. Change* 83 (2007)]和更好地理解国际"人权"观点的哲学和宗教基础的可能。人权与宗教的关系也是这些争论的关键。在试图为妇女设定权利，使其不仅免受战争、强奸和其他暴力行为的伤害，同时也为冲突后社会在家庭暴力、生殖器切割甚至使重婚非法化等方面带来某些改革时，情况尤为如此。

宗教在实现法治发展，特别是在影响针对妇女的犯罪中所起的作用，远不只是一个理论探讨的问题。妇女所受到的伤害在某些国家是真实的也是普遍的。而且参照这些领导人出身的宗教和部落文化，男人的行为被认为是合乎情理的。法律能够战胜这些习惯吗？法律是什么意思？需要对法律进行宗教的理解使之战胜或改变部落规则和习惯吗？在这些国家进行法律改革的最好策略是什么？

第一步是要仔细考察那些基于生存本能产生这些习惯的信念。作为一个哲学问题，什么是产生"真实的"或者有保证的信念的生存本能的力量？对基于生存思想的主张应给予何种考量？

〔53〕下面大部分来自阿尔文·普兰丁格在帕洛伊特学院（Belloit College）为美国哲学学会（the American Society of Philosophy）所做的讲演，讲演音频可见于 http：// www. hisdefence. org/onlineLectures/ tabid/136/Default. aspx.

〔54〕 Plantinga, Chapter 4, at 94.

任何一种可靠信念。科学进化不能为了解（保证）关于其他人类本性真实信念的理由提供充足的基础。

399　　要明白为什么会这样，我们必须要问这个问题：可靠的或真实的信念根据自然主义 + 进化（科学进化）的条件产生的可能性有多大？或者，用数学方式来表示是 P（R）/N + E，即可靠的信念取决于自然主义加进化的可能性（P）是什么？这个数学表达式可以帮助我们把问题分解，首先界定自然主义与科学进化意味着什么，然后通过使用分析哲学，来展示为什么科学进化确实带来真实信念的可能性不是太低就是难以理解（不可知的）。[55]

　　下面是一份对于自然主义或科学进化定义的哲学研究：进化工作是通过无目的的机制创造生存，或者说变异是意外造成的。[56]如果进化的目的是创造生存，或者适应行为创造人种的生存，那么人类如此具有导向性，这种情况下产生可靠信念的可能性有多大？我们首先注意到达尔文自己对进化能否创造可靠信念的问题表示怀疑，但我们承认后来的哲学家［奎因（Quine）和波普尔（Popper），现代科学自然主义的提倡者］被进化或许会带来我们所持的信念是真实信念的高度可能性所鼓舞。[57]这些哲学家是正确的吗？

　　科学自然主义可以带来真实信念的主张可以赋予三种可能含义。第一种可以称之为副现象论（*epiphenomenalism*）。这种理论，是由约翰·梅纳德（John Maynard）提出来的，认为信念根本不会引起行为；对于进化而言，信念是无形的。如果信念对于进化是无形的、无关紧要的，那么一个人对于国际人权的信念存在着一个科学进化的根据就是不合理的，因为信念对于行为是无形的。那些相信人权在身为人的意义上是固有的那些人们，是在问一个费解的问题，因为身为人的意义在逻辑上与人们所持的信念并无关系。人类只是行为者。

400　　基于这种对国际人权的理解，国际人权的信念对于行为是无形的。当查尔斯·泰勒招募儿童士兵为叛乱事业而战，并且聚敛个人财富时，质疑他是否违背了国际人道主义法或国际人权是没有意义的。询问男人关于妇女是男

---

〔55〕 Plantinga, Chapter 4.

〔56〕 Plantinga, A. , *Warranted Christian Belief*（Oxford University Press, 2000）, p. 185. 普兰丁格讨论哲学家帕特里夏·丘奇兰德（Patricia Churchland）的神经学哲学理论。See Chunchland, P. , *Neurophilosophy*: *Toward a Neurophilosophy of the Mind-Brain*（Cambridge, MA: MIT Press, 1986）.

〔57〕 普兰丁格就自然主义的合理定义同时讨论了哲学家奎因和波普尔的著作，显示出这些哲学家缺憾之处。Plantinga, A. , *Warranted Christian Belief*, pp. 180~190.

人的财产、可以像动物一样对待的信念是否是真实的信念，也是没有意义的。信念对泰勒的行为、对于任何其他人的行为都一样是无形的。同样，利比里亚人关于妇女待遇的信念也是无形的，与进化毫不相干。所以，把信念同行为联系起来的整个计划都是不合理的、没有意义的。

科学自然主义理论赋予的第二种含义是说信念影响行为，但信念只是复杂的化学/物质的神经事件。那么我们可能要问："无关信念内容而由复杂的化学及物质的神经事件所创造的信念，带来可靠信念的可能性有多大？"我们认为，这样的信念带来可靠的、真实的信念的可能性要么太低，要么就是不可理解的。

事实上，男人在这方面可以主张，历史看来支持他们对待妇女的方式，因为它已经为他们带来了生存。一个男人孩子越多，家族生存的可能性就越大。如果男人可以得到更多的女人，那就可以生出更多的孩子。

此外，就连查尔斯·泰勒招募儿童兵似乎也可以得到历史的支持。其他统治者当然理解，如果没有一支军队特别是一支无情的军队，很快就会有人实施针对其政府的第二次政变。根据这种思维方式，使用暴力控制妇女、招募儿童士兵保护专制统治者都是为了生存的合理手段。这样一个复杂的神经反应，可能与禁止使用儿童士兵一样，是从生存本能的化学作用中产生出来。这样一种信念不可能是基于自然主义的真实信念。它不可能比无关信念内容而产生的任何一种其他的随机信念更加真实。

第三种可能性是信念具有一些影响行为的能力，而且信念有些语义学内容。比如，查尔斯·泰勒招募儿童士兵可能基于这样的信念，支持他的毒品和枪支的走私运作、充实自己是他的神圣权利，因为他是利比里亚的统治者，他可以对他的公民做他想做的任何事情。他的信念是一种可靠的真实信念的可能性有多大？利用自然主义加上进化作为人权理论的基础，并不能帮助确定泰勒在信念方面是否正确。如此定义的自然主义要么使泰勒信念真实性的概率很低，要么使这种概率难以理解。经验教导我们，信念并不只是行为的反应器。401

但是关于泰勒信念"真实的"东西对于人权活动分子也是真实的。正如基于科学自然主义的标准，妇女不该受到歧视或者像财产一样对待的信念不可能是真实的信念。

对于自然主义而言，如果在产生真实或可靠的信念方面不考虑那些信念的内容，那么由化学作用——大量复合的神经活动——所导致的信念之间的关系有多么可靠，是一个依然存在的问题。一个著名的知识学家对于科学自然主义不能保证任何信念真实的理由总结如下：

> 自然主义的困难关系到科学和普通语言学实践中隐含的正当理由标准的适当性——有什么理由假定他们指引我们走向真实？考虑到形而上学实在论，这是个实质性问题，并且我认为不可能存在答案；在真实与我们试图认识它的方法之间的鸿沟构成了事实自治的方面。形而上学实在论陷入事实自治达到了一种不可接受的、实际上是不幸的程度：从那个角度来看，没有理由假定科学实践能够提供何者为真实的哪怕丝毫的线索。[58]

我们看到科学自然主义不足以保证任何信念的真实。如果人类只能够依赖生存原则产生有保证的信念，那是因为生存原则不能产生真实的信念，科学自然主义也不能。

所以，我们需要补充用来帮助我们确定人类信念真实性的材料。我们在信念、欲望、记忆、目的和感受之间进行区分，以描述人类为什么会以他们的方式行动。如果我们只专注于信念是复杂的化学神经反应的产物，那么我们无法进一步确定我们的信念是否可靠或者真实。在确定信念是否真实方面我们不止求助于生存。因此我们运用欲望、记忆、目标和感受的某种组合来描述任何一种信念的保证。

到目前为止有如下观点：出于科学自然主义，卡特中心的法治行动是不值得做的。发展中国家研究院使用狭义的方法论（除非经验可以证实，否则信念永远不会是有保证的；进化是偶然的，所以我们的一切考量的都是是什么，而不是应该是什么），确定现在利比里亚文化规范是"好"还是"坏"的计划是徒劳的，其证明妇女人权有利于利比里亚的计划也是一样。

那么，在该地区工作的研究机构和非政府组织有充分的理由带着怀疑的眼光看待"研究"干预。如果学术界流行的方法论是，我们永远不能了解或保证我们在世界上进行干预的信念的真实性，那么研究本身即便不是全然无用，也将总是不完善的。但是，出于为帮助预测生存后果提供证据的目的，

---

[58]　Plantinga, A. (2000), *Warranted Christian Belief*, p. 185.

即使研究工作不能在更广泛的意义上识别一种信念是不是有保证的，至少也应该为有关公共健康的公开辩论提供信息。研究工作还能做更多吗？一种不仅运用科学技术，还使用历史学、人类学、社会心理学、宗教和法律学的跨学科方法能为信念提供保证吗？换言之，如果科学自然主义是不充分的，那么它还能够为在土著文化中确定妇女人权提供支持吗？

尝试把原则性同务实性结合起来，或者把科学同非科学、非理性甚至宗教体验结合起来，同时考察把国际人权视为建立在这种非理性经验基础之上具有何种好处是一种非常诱人的做法。下一节将指出（尽管历史为任何向一个社会灌输人权宗教基础的企图提供了强烈的警讯），文化相对主义理论不能阻止一种精心设计的促进这些权利的计划。本节认为，关于人性的基本"宗教"信念在一种对话程序的支持下，可以为推动改善妇女儿童待遇的努力唤起乐观的精神与希望。

另外，一种精心设计用以衡量这些基于"宗教"或人类非理性经验之上的权利信念的"科学自然主义"，不仅可以为人权提供一种自然法基础，还可以提供促进妇女人权的策略。这些策略可以比纯粹的世俗科学策略提供更多优势——尤其是对于在某种程度上与利比里亚人合作推动社区对话以及促进对人权的宗教理解的计划而言。

非理性经验或"宗教推理"或"宗教体验"能够为人类行为对与错提供有保证的信念吗？换句话说，人类共享某些塑造于其生命中的宗教体验，或者"共同人性"，或者道德直觉的火花，或者"上帝的形象"，可以求助于它们来确定有关应该如何对待妇女的特定信念的"真实性"或正当理由吗？

可以采用许多方法来回答这些问题。[59] 人们可以就创造"妇女人权的有

403

----

〔59〕 在埃默里大学法学院法律与宗教中心（Center for Law and Religion）的教员中，关于宗教、宗教知识论与法治发展之间的关系至少存在三个思想派别。第一种抵制所有以宗教为基础对国际人权与法治发展所做的辩护。第二种反应是主张宗教理由为"了解"或"证明"某种特定的为政府辩护的行为是"错误的"或"邪恶的"或是应受惩罚的，提供了更高的基础。第三种反应是通过把历史当作人类体验的实验室，把宗教与科学结合起来。我就处于这一阵营。我建议理性理由和宗教理由需要携手努力，为法治发展提供更好的理解。我认为，关于"头脑"和"心灵"的认识论可以从历史上的"宗教/道德"体验中最好地平衡"是与非的知识"，并且通过教育过程和在个案中形成的自然法文化的自我实现，在对历史的理解中开发自然法如何为某种文化所接受的策略，就像那些植根于在那种文化自身的历史和身份中的事物一样。

保证的信念"的能力来考察特定宗教的历史。[60]不幸的是，尽管一些人最近 **404** 力主为妇女待遇提供宗教教义的支持，但是，世界上关于妇女的宗教学说的 历史无助于妇女权利的建立。[61]

或者，人们可以拒绝使用宗教推理，而是主张不允许宗教体验作为支持 妇女人权的基础。这使我们置于一种徒劳的科学自然主义立场，除非我们能 够扩充理性的定义，包括为某种形式的非理性、非经验推理提供支持，去证 明任何信念的正当理由。否则，除非人们能够设法让利比里亚人同意界定基 本人性——从根本上衡量作为人的意义，包括妇女享有平等待遇的固有尊 严——否则计划将会失败。

第三种方法是可以采用义务论（deontological）的方法，[62]要么基于女权 主义者的理由，要么基于义务论的演绎推理原则，假定国际人权宣言的真实 性，尝试提出许多类型的诉求或主张，支持反对性别暴力，相信利比里亚人 将会"承认"到这一真实性。

第四种方法把义务论同一种允许对非理性的宗教体验给予某些重视的务 实理论结合起来。我们最好尝试分析人类宗教体验（或道德直觉）的意义， 并考察"他人导向"的共同经验能否为保证妇女人权提供基础。

我认为根据后面三种方法中的任何一个，都能更好地分析我们在邪恶的 **405** 性质、说服"邪恶"行为者改变其行为以及反对性别暴力的法律策略背后所 做假定的优点与薄弱之处。我希望这一理论探讨能够带来指引最佳实践向前 发展的原则。

---

〔60〕 约翰·威特的新书详细论述了植根于加尔文主义的自然权利哲学。Witte, J. (2008), *The Reformation of Rights: Law, Religion and Human Rights in Early Modern Calvinism*, Cambridge.

〔61〕 Witte, supra, note 60; see also, Winter B., "Religion, Culture and Woman's Human Rights: Some General Political and Theoretical Considerations", *Woman's Studies International Forum*, 29. 4 (July-August 2006), pp. 381~393.

〔62〕 Woltersdorf, N., *Justice*, supra, note 41. 义务论方法是一种伦理理论，主张一种行为在道 德上的正确与错误取决于其本身的性质，而不是（如在结果论中）取决于结果的性质。义务论伦理认 为，至少某些行为本身在道德上是错误的（比如撒谎、违背承诺、惩罚无辜和杀人）。它通常表现为 诸如"为了责任而责任"之类的口号。义务论理论经常用这样一种方式来表达，即行为的正确性在于 其符合一种道德规则或命令，比如"不许作假证"。义务论理论的最著名的倡导者是伊曼努尔·康德 （Immanuel Kant）。

保证妇女人权信念时的"宗教"体验

这里，我们的焦点是考察宗教体验能否帮助我们理解某种行为是否应该称之为"邪恶"，以及它能否"保证"妇女人权的信念。如果人类除生存本能之外，共同拥有记忆、动机、情感和道德直觉的体验，那么这些共同的体验有助于构建保证计划真实性和正当性的基础。实际上，这些经验可能是科学评估的主题。它同样可以构成确定妇女平等权利真实性或正当性新的"自然"的基础。

这个问题并不新鲜。宗教哲学家长期以来一直在讨论宗教信念的性质。我们可以通过比较宗教以及他们如何描述宗教体验与宗教信念的性质步入正题。比如，尼尼安·斯马特（Ninian Smart）已经展示了不同宗教所描述的"神秘的"或"精神的"（超自然的或神圣的）体验中的共同因素。[63]有些哲学家描述一种生命，其他人没有描述生命，而是描述所有事物一体的超自然感觉。[64]有些人描述了灵魂出窍或疯狂的神秘时刻。其他人则描述了与作为一个被创造的生命经验有关的宗教体验。[65]

还有些人仍把宗教体验视为个性与人格的丧失。神秘体验发现于埋没和否定自我，以及在他人中丧失自我的过程。[66]同样，它是与生存本能对立的一种体验。在专注于他人或神性的过程中，人们停止出于生存本能的行动，开始意识到美、爱、同感、同情或快乐等感觉或体验。

406

---

〔63〕 Smart, Ninian, "The Nature of Nirvana", in Ninian Smart, *Reasons and Faiths* (1958)；see also Woltersdorf, N., "Can Human Rights Survive Secularization? (Part II)", *Perspective*, 23.4 (April 2008), p. 12；Woltersdorf, N., *Justice*, supra, note 20, p. 32.

〔64〕 Williams James, *The Varieties of Experience* (1902), pp. 292～295. 例如，威廉·詹姆斯（William James）将如何判断一种信念是否是宗教信念列举如下：①不可言说性（无法描述）；②可知性（对于真理的洞察、发现、阐明、揭示）；③短暂性（不持久）；④被动性（观察者个人愿望暂时搁置）。参见 Smart, "The Nature of Nirvana".

〔65〕 一些基督教徒描述疏离感与创造之间的关系。Clements, Keith W. and Schleirmacher, Friedrich, *Pioneer of Modern Theology* (London：Collins Liturgical Publications, 1987), p. 66. 上帝是创造者，人是被创造的生命。人能逐渐了解上帝，但不能成为上帝。人的罪过破坏了他与上帝之间的关系，上帝采取行动使人与上帝和好。人们通过与上帝的个人关系获得个性与真正的人格。Id.

〔66〕 James, *The Varieties of Religious Experience* (1902), pp. 292～295.

一些哲学家讨论一种共享的疏离感，渴望更多的生命之外的意义，而不只是为了人类的保护与生存的简单的物质积累。[67]其他人试图把人类感情与更准确地说是"爱"的体验区别开来。[68]因而，美丽和高尚的事物可以用来作为神的创造的证明，引导人类在生命中寻找超越自身生存的意义；正如人类的悲剧、邪恶及个人失败的体验，引导人类渴望更加充满爱的人生。[69]另外，一些哲学家认为，人类虽然经常被感情、权力、贪婪、偏见和恐惧所驱动，但同时也被植根于所有人类的良知[70]或"自然法"[71]或者道德直觉所支配。

还有人试图描述一种宗教体验的特殊过程——一种开始于疏离和依赖的感觉。[72]这些感觉带来神圣的宗教体验，带来面对神圣之人时人类失败的体验，带来需要引导自己脱离自我去感受真正意义与快乐的体验。

在科学方法与宗教的紧密结合之中，现代哲学家证明了他们关于人类的信念在社会学与心理学上的正当性。比如他们指出，心理学家根据一个人对于其他人所处的环境产生共鸣的能力描述人类的成熟状态。[73]这种共鸣的能力也标志着人类的道德直觉，使人类的道德超越生存，选择为了他人的利益、为了社会的利益而牺牲自我的后果。[74]

这些关于人类体验的描述不会让科学哲学家感到满意，更不用说宗教哲学家。人们还要了解这些描述所具有的"正当性"。它们"只是"作为弗洛伊德（Freudian）"实现欲望"的冲动、为生命赋予意义和价值的心理学现象吗？人们如何把爱或者共鸣的感受，同保护个人地位的需要所带来的感觉，比如对权力、性的需要或"权利"的感觉，或者野心、恐惧和贪婪的感情区别开来？哲学家们已经讨论评价对立的宗教信念体系的标准，以及适用这些

---

[67] Cornelius Plantinga and Woltersdorf.

[68] Edwards, J., *The Religious Affections*, (1746), *Copyright Jonathan Edwards* (1746).

[69] Allen, Traces of *God in a Sometimes Hostile World*.

[70] Woltersdorf, N., *Justice: Rights and Wrongs*, pp. 182~184.

[71] Woltersdorf, N., *Justice: Rights and Wrongs*, pp. 38~41.

[72] Clements and Schleimacher, *Pioneer of Modern Theology*, p. 66.

[73] Woltersdorf, N., *Justice: Rights and Wrongs*, pp. 98~102 [describing the theory of Anders Nygren, A., *Agape and Eros* (London: SPCK, 1953)].

[74] Stephen Pinker, *The Moral Instinct*, January 13, 2008, NY Times Sunday Magazine.

标准来确定那些宗教信念的正当性。[75]诉诸这些类型的体验显示了那些依赖这些体验来证明他或她的信念真实性的人具有诱人魅力的哲学弱点。不过，如果人们具有这样一种体验，它对于那个人依旧是真实的。历史实验室可以提供足够的科学资料，来保证以这些我们可以称之为非基于生存的情感、记忆和经历的共同体验为基础的信念的真实性。[76]

"他人指向"的体验的"真实性"是身为人的意义的核心。它与同感及彼此关爱的感觉，和对与错、善与恶的道德直觉联系在一起。根据这些思想家的观点，所有人一旦受到其他的指引，就能够"洞察"应该如何对待他人。所以这个"体验"可以带来对于尊重他人的需要的理解，带来他人应该得到有尊严的对待的权利，带来人类关系中正义与和平［或者"平安（shalom）"］的愿景。

出自达伦·阿西莫格鲁和詹姆斯·罗宾逊之手的最新著作《国家什么会失败》有助于建立这种联系。这本著作展示了奉行剥削政策的政府——这种政策允许领导人为了自私的个人利益利用他们的权力剥削百姓和资源——和那些采取一体化政策、促进一个国家所有人民共同繁荣的政府之间的关系。通过失败的国家与成功的国家的比较分析，表明——虽然剥削政策可以为那些掌握权力的人带来短期利益——但是要得到长期的、可持续的利益，必须要保证所有公民（包括妇女）享有平等的教育权利，拥有创业的融资渠道，以及由私人财产的所有权与安全所带来的激励。不同于把合法性诉诸生存的世俗自然主义，如果人们能够把可持续性与一体化经济及共享富裕的证据结合起来加以考察，那就可以为所有人主张人权找到证明。也就是说，把出于根深蒂固的个人直觉与为这些观念之于共同繁荣的重要性提供历史证明的长期可持续的成长与繁荣结合起来，就可以为利比里亚妇女人权提供一个令人信服的理由。

---

〔75〕　Supra，note 64 in Ninian Smart（ed.）Reasons and Faiths.

〔76〕　弗里德里希·尼采（Friedrich Nietzsche）相信道德或自然法不能独立于造物主而存在，正如犹太－基督教的理论所理解的那样：

当一个人放弃［犹太］基督教信念时，它就因而剥夺了自己［犹太］基督教的道德权利……［犹太］基督教是一个体系，一套连贯的深思熟虑的关于事物的全面看法。如果一个人突破了它的基本思想，即对于上帝的信念，他就把整个事情打成碎片，人们手里不会留下有任何意义的东西……［犹太］基督教是一个命令：它的起源是先验的——只要上帝是真实的，它就拥有真实性——它与上帝的信念共命运。Nietzsche，F.，"Expeditions of an Untimely Man"，in *Twilight of the Idols*，Section 5.

即使对开发促进妇女权利策略的规范基础有了更加坚实的理解，但进行说服的实践问题仍然是十分艰难的。许多非政府组织自己确信妇女应该享有权利，却并不能保证那些权利，即便他们说服了利比里亚人颁布法律规定了尽可能多的权利，在颁行的法律与妇女状况之间仍然存在着很宽的鸿沟。

用宗教证明妇女人权

409　　有原则的实用主义者可以考察有组织的宗教在帮助男性转变对妇女态度的过程中所起的作用。有一个思考法律与宗教互动的有趣方法。如果利比里亚人有一种占主导地位的宗教，在教义中为改造利比里亚人相信妇女享有人权提供权威（它将禁止男人把妇女当作财产、利用婚姻和法律奴役妇女、让她们遭受身体和心灵的暴力），那么帮助这种宗教宣传其教义，劝说其成员支持打击暴力侵害妇女的法治策略，就是一件有意义的事情。

　　利比里亚关于国家诞生的观点似乎为这样一种宗教基础提供了某种支持。早期殖民者，即解放了的美国奴隶，带来了美国南方腹地的宗教与文化。他们的后代是主要新教教派的信徒，其中最大的一支是卫理公会（Methodist Church）。据估计，在 2002 年，大约 40% 的利比里亚人信奉基督教，或者兼有基督教与传统土著宗教元素的宗教。基督教教派包括：路德教会，浸信会，圣公会，长老会，罗马天主教（2007 年 5.8%），美国卫理会（United Methodist），非洲卫理公会圣公会（African Methodist Episcopal，AME），非洲卫理公会圣公会锡安教会（AME Zionists）和几个五旬节教会（Pentecostal churches）。大约 20% 的人口信奉伊斯兰教。主要居住在这个国家北部和东部的曼丁哥（Mandingo）商人，让许多人成为伊斯兰教皈依者，且自 1956 年之后埃及和巴基斯坦的穆斯林传教士一直很活跃。大约 40% 的人口专门信奉传统的土著宗教。祖先崇拜构成大多数利比里亚传统宗教的核心。还有一个小的巴哈伊社团（Baha'i community）。

　　一种诸如帮助基督教传授有关妇女人权的教义的策略有没有某些正当性？实践中存在某些令人鼓舞的迹象，表明这样一个计划可能结出果实。发展中国家研究院与利比里亚基督教会领袖的有限接触来自于一次利比里亚教会理事会赞助的会议。虽然一些教会领袖作为严格的诠释者，在对待妇女服从问

题上的态度是保守的，但他们也谈论基督关于不要向被指控通奸的女人投掷 410
石头的教导，以及保罗关于"不分男人和女人，他们和基督是一体的"教
导。[77]另外，一些牧师说他们是反对性别暴力的拥护者，宣扬上帝就是爱，
上帝教导我们彼此相爱，包括爱"我们的邻居就像我们自己"[78]。

另一方面，来自这次会议的女性出席者的强烈暗示是，这些男性牧师不
会要求他们的成员改变对妇女的态度。一位牧师承认，他害怕宣传上帝关于
爱的命令意味着像对待男人一样平等地对待女人，因为他的主要捐赠者会感
觉受到威胁并取消他们的捐赠。这些教会表示了某些同情，他们将为放学后
的年轻女孩提供有监管的安全场所，并且教育他们的孩子不要虐待妇女，他
们要宣讲十诫，其中包含一条通奸的禁令。至少一位利比里亚教会理事会的
妇女前辈是起草新强奸法的主力。

当然，这些策略对于在特定信念之外改变利比里亚个人的看法几乎没什
么用处。在对于基督教的国教地位缺乏宪法理解的国家，不会存在为诉诸基
督教义提供正当理由的社会契约理论。在任何文化中，在公共场域使用上帝
都会徒劳无功。在信仰由教会教义与"传统"（正如许多利比里亚基督徒一
样）混合而成的情况下，宣传妇女人权无助于其成员选择何种教义和信念优
先于其他。

一些人认为宗教不应该在公共场域被用于提高任何信念的真实性。[79]

---

〔77〕 Galatians 3：28～29："你们不分犹太人或希腊人，奴隶或自由人，男人或女人，凡跟耶稣
基督联合的，就都是一体的了。"

〔78〕 一个反例是在旧约圣约故事中亚伯拉罕、撒拉（Sarah）和夏甲（Hagar）教导女人可以遵
照上帝指导"频繁"行房，不管男人是否强迫她。

〔79〕 See also Perry, Michael, *Under God*, *religious Faith and Moral Democracy* (Cambridge：Cam-
bridge University Press，2003). 佩里（Perry）不喜欢在社群分裂的情况下使用宗教理由，这种情况下基
于非理性信念的主张不可能很受欢迎，因为它们象征着排斥了信仰之外的人与神的更高联系。不过，
其他人主张，要战胜他们对于法律的宗教解释，人们自己就需要接纳宗教，处于宗教本身对于孰是孰
非的定义范围之内。所以，要反对南非种族隔离的理由，基督教会就需要提供为什么"真正"的基督
教义不支持种族主义法律和歧视的论据。要反对纳粹用基督教作为对待犹太人的借口，"真正"的基
督教义必须抵制它的信念被当权者所同化，并且为战胜这样的法律和政策提出宗教理由。为了打败奴
隶制，废奴主义者必须提出以宗教为基础的论据，揭露另一方在道德与宗教上的彻底失败。伊斯兰教
思想家也必须提供反对沙里阿不当使用的宗教理由。否则，作为一种改变行为和态度的策略，法律改
革就会在为现行法律状况所提供的支持理由的"非理性"性质面前不知所措。

411　另一方面，其他人认为，作为论证任何主张真实性的理由，重要的是区分宗教

以利比里亚妇女的待遇为例。显然，强奸罪违背了长期存在的犹太－基督教的教义。即便有人认为《圣经》摩西五经（Torah）允许把强奸作为战争的战利品，由于《十诫》禁止婚外性行为（就利比里亚是个基督教国家而言），那么以立法禁止强奸就是一个极易提出的主张。另一方面，对于一个主张圣经允许殴打妻子的利比里亚基督徒能说些什么？"毕竟，圣保罗（St. Paul）不是在《歌林多书》（Corinthians）中说过妇女要顺从他们的丈夫吗？"这里，改革者必须肯理解利比里亚人对于圣经的误用，通过对话，为理解相关圣经片段讲授更好的释经学。

当男人提出理由维护其自身行为时，法治计划是否应该回避提供"宗教"论据来改变这些人的观念、为反对这些行为的立法进行辩护？当宗教专注于诉诸神圣文本的含义时，它提出了一个很好的辩护问题，与求助于任何"外国"法规的含义、为改变某种行为提供权威并无不同。如果法规被误译或误解，或者被禁止这种行为的其他法律所取代，那么"改革者"可以显示出对于宗教的尊重（以及以更好的方式诠释文本的信念），并通过参照更高的法律获得力量。一个改革者私下里甚至可以不认同文本的"神圣"性质或者颁布机关的正当性。改革者或许会发现，主张"上帝是爱"以及体现在圣经所记述的基督生活范例中的上帝之爱，禁止向一个通奸的妇女扔石头，这对于自己是有益的。圣经里面没有哪个地方是基督授权体罚妇女。女人对男人顺从并不是要求身体上的虐待。基督的形象是爱的"仆人"、教会的元首，把教会比作基督的新娘，这并不能为男人殴打妻子提供正当理由。

这样一种论证的力量取决于神圣文本的正确诠释与发言者的可信性。至于基督教文本的诠释，个别经文对于那些专心致力于妇女人权的人而言，存在着许多棘手的释经学问题。福音里面最重要的好消息是上帝就是爱。泛爱主义（Agapism）是诠释的首要原则——任何教义或神圣的文本都会被以爱的原则名义取缔禁令的解释所推翻。所以，基督教徒可以在圣经中为无钱无势的人应该得到特殊照顾的建议找到支持。一些人说这种泛爱主义的原则禁止死刑惩罚、堕胎、战争和任何针对其他人包括男人、妇女或儿童的暴力。

最后，难道做"表达爱的事情"的意义取决于对其含意的"公认的"文化理解吗？难道爱的改革者对于根据爱本身的原则、利用他对神圣文本的解释改变人们的行为还要犹豫吗？

就宗教信念帮助南非或美国在反对奴隶制或民权运动中实现了改变这一点来说，在从事法律改革时使用宗教（或以宗教为基础的论据）的有效性是一个悬而未决的问题。对于一个信念坚定的人而言，宗教信念可能成为他或她提供的论据的必要组成部分。改革者会觉得有必要提出这样一种论据，并且认为，如果了解到他或她所持的某个信念是错误的，却因为人们不想冒犯听者对于经文的解释而拒绝进行讨论，那么这是无礼的和不诚实的。

重要的是识别宗教论据的类型。求助于文本的真实含义似乎使论据有了更加客观的基础，但在上帝的命令不受圣经支配的场合，求助于上帝意志或信念的论据就更产生问题了。在基督教信念的语境中，这些论据是由"活着的"基督的教义和圣灵（the Holy Spirit）的引导提供的。以这些权威来源为根据的诉求有着不同的前提条件，在进行说服的对话中更难使用。诉诸上帝的意愿或教会的教义经常会使理性对话陷入僵局。对于许多人来说，"证据"争论将不可避免地发展成为人们对于圣言的理解的分歧，因为这些圣言发现于人们自己的良知和内心之中，或者归因于存在的或先验的圣灵的引导。

另外，特别是在推行殖民虐待政策的历史情况下，改革者可能缺乏被人倾听的可信性，尤其是因为那些男性听众存在心理力量的偏见。改革者最好能够成为利比里亚社区中的一员。在讲话者处于信念共同体及民族文化共同体之外的场合，改革者可信度的缺失将使诉诸道德直觉或者以信念为基础对上帝意志的理解产生适得其反的后果。

提供这些类型的理由（宗教的但具有自然法基础），对于在共同信念共同体语境之外发展妇女人权的改革努力也许会产生相反的效果。

而不是宗教体验。他们主张"宗教"一词应该局限于有组织的权力结构，他   412
们把自己的教义强加于信徒，并参照教义在社会上为他们的政治主张进行辩
护。[80] 比如，南非种族隔离政策的支持者利用一种特定类型的基督教教义——
一种来自南非基督教新教会（the Christian Reformed Church of South Africa）制
度性创造的教义——为保护统治精英的权力提供政治动机，这是错误的和邪
恶的。这样的论据——那些以宗教教义为基础的——应该被禁止。在美国利   413
用基督教为奴隶制辩护，是滥用有组织的宗教为实行种族隔离的法律进行辩
护的另一个例子。但相反的例子（用基督教反对奴隶制）来自林肯总统，他
求助于上帝之手惩罚这个国家奴隶制的罪恶，力主联邦主义者立场的正义性。

    这些学者们没有讨论在为"法治"发展提供正当理由方面宗教承担的角
色，他们宁愿讨论在有关普世人权的性质上说服他人时"宗教"理由所起的
作用。[81] 由于宗教及宗教领袖在改变他们男性信徒心与智的能力方面存在不
确定性，非政府组织团体经常求助于调解作为实现转变的替代方法。这里，
我们再次分析调解程序的特征，以便确定如何利用调解把一种问题解决方法
传授给争端方。如第一章所述，通过使用旨在确认共同价值与需要的"首先
倾听"的方法，通过使用共鸣（通过为他们所面临的问题寻找有创造性的具
体解决方案），争端方或许可以突破他们立场式议价的武断习惯，找到相互沟

---

    〔80〕 Vander Vyver, John D. , "Morality, Human Rights, and Foundations of the Law", 54 *Emory L.
J.* 187, pp. 196~197（2005）. 我的同事，埃默里大学法学院的范·德尔·维维尔（Van der Vyver）教
授第一次展示了这种差别如何在有关发展国际人权论争的核心部分导致了迷惑和误解。

    〔81〕 约翰·范·德尔·维维尔在其著作《道德、人权和法律基础》（*Morality, Human Rights,
and Foundations of the Law*）中参照 H. G. 斯托克（H. G. Stoker）的著作，来描述宗教和宗教信念之间
的差别。宗教信念，或者"虔诚"，来源于每个人与上帝之间的关系。根据斯托克的观点，智人的本
质还没有受到"罪恶"和"堕落"的影响。"如果人们将来揭示了属于人自身的权利——系于存在本
身或者一个人的人性之中——人们说不定从思想中清除罪过及其腐蚀性的影响。"使用这种方法，
斯托克断定，每个人都具有"本体"权利——人最基本的权利——去实现他们特殊的和个人的（"天
赋的"）生命召唤。斯托克反对所有妨碍实现这种"本体权利"的法律和社会制度。

    Van der Vyver, J. D.（2005）, "Morality, Human Rights, and Foundations of the Law", 54 *Emory
Law Journal.* 187, pp. 196~197.

    在下一节中我将采用宗教和宗教的这个区分，尽管我认识到这里还有许多工作要做。难道宗教只
是大概由教会会议和领袖们加以检验和讨论的宗教信念的累积、直到经过一段时间才为了某一特定文
化把这些集合信念定义成一个连贯的整体吗？如果宗教信念可以有保证，为什么这些信念的集合不可
以有保证呢？在与大多数或执政权威结合起来的时候，使用宗教及教义提出一种政治立场似乎更加有
力，并且呈现出一种无法与宗教分离的更加邪恶的和滥用的意义。所以，我不使用宗教这个术语，而
是用宗教理由来描述对于发展普世人权十分重要的证明理由的性质。

414　　通的新方法。调解过程可以传授那些宗教体验传授的东西，但不需要使用宗教语言。它传授那些人类"心灵"已知的东西，即妇女需要得到尊重与尊严、需要得到公正对待，这样整个社会才能繁荣。

　　　　发展中国家研究院代表团的立场是作为比不作为更好。[82]至少对于发展中

---

　　[82]　我们探讨的一种策略是采用人类学的方法，揭穿这些允许和鼓励性别暴力价值观存在的观念。我们提出一些研究计划，可以确定在传统与现代社会中内陆利比里亚妇女享有权力与尊严的事实真相。通过讲述这些事实真相，利用传统还原妇女受到尊敬和重视的地位，对利比里亚人进行再教育，有助于反对性别暴力。

　　另一方面，不论提倡妇女权利的努力有什么积极作用，人类学的画面中必须包含与此"同时"对妇女，特别是对年轻女孩所造成的伤害的严格审视，这些伤害缘于利比里亚人普遍认可的观点，即妇女是男人的财产，她们的存在就是为了满足男人的性需要，她们劳动、做饭和清扫是为了维持男人的其他财产、抚养他的孩子。妇女是男人财产的观点为男人对妇女使用暴力提供了一些明显的理由。它还导致了普遍存在的对于年轻女孩的性虐待、模糊性虐待和虐待儿童，甚至是对很年幼的孩子。

　　当内战和冲突后状态为实施这种犯罪的人逍遥法外创造了条件时，支持这些方法的会怎么说呢？世界的其他人会厌恶地斥问："还要让这种针对无辜妇女的暴力持续多久？"同样一批观察家转过头来看看自己国家存在的针对妇女的暴力犯罪，又觉得惊奇："为什么有这么多暴力行动，为什么它这么普遍，可以做些什么事情来阻止它？"

　　非洲人试图用法治实现针对妇女犯罪及家庭暴力问题的解决，但由于西方企图统治这些非洲国家的历史而被复杂化。西方人"帮助"非洲国家的努力带有殖民主义的味道。非政府组织及其他善意的参与者面临这样一种主张，即任何"教化"或引入新国际人权的尝试，根据历史经验都一定会困难重重甚至失败。当然，"二战"以前英国、比利时、德国、法国和意大利的行为告诫非洲领导人，要非常警惕法治计划可能用来掩饰进一步剥削非洲自然资源的努力（并且贬低非洲文化，轻视非洲人自决权的尝试）。

　　不过，自"二战"以后的非洲独立运动，在一个接一个国家遭遇了惨败。See Meredith, M. *The Fate of Africa.* 在这些国家中，卢旺达、利比里亚、肯尼亚仍在为提供基础设施而奋斗。这些非洲领导人的行为能以文化相对主义和特定部落及部落领导人生存本能为基础提出正当理由吗？或者，这些国家的领导人现在和过去难道不是在他们的权利范围内采取行动，支持和保护他们的部落或族群，防止他人或者以其遭遇过的方式，或者以传统部落战争的方式进行攻击吗？国际法院宣布他们是罪犯意味着什么？不受某个特定国家是否签字同意《罗马规约》所支配，宣称某个行为者是错误的（或邪恶行为者）或犯有反人类罪的根据是什么？

　　非洲的法治行动提供了一个不会受到新殖民主义罪恶的谴责、了解如何更好地阻止未来可能发生的种族灭绝、重罪及轻罪的机会。特别是，法治为考察把宗教和宗教推理作为改变对妇女暴力行为的一种策略提供了重要的机会。通过把法治作为法律改革的一种策略进行审视，为宗教、宗教体验和法律改革之间关系长期存在的问题提供了新的视角。

　　法律文献中充满着关于约束非洲行为者对其行为负责有何法律依据的讨论。那些侵犯人权的政治策略过去曾用于反对殖民时代的这些行为者，或者这样只是掌权的部落对于他们没有掌权时所遭受的同样对待的一种回敬，这是主张那些侵犯人权的政治策略正当性的公平借口吗？换句话说，对于那些掌权的人而言，使用恐怖包括杀人、招募儿童当兵、种族灭绝、驱逐出境等方式，保护自己防止外来攻击并确保其权力地位，都是合乎习惯的（合法的）。

国家研究院而言，重要的是为利比里亚人送去帮助他们更好地预测生存策略　　415
的证据。发展中国家研究院所持的立场是，研究工作即便不能证明一种信念
是否得到保证，至少也要对有关公共健康的公众讨论产生影响，并且根据对
当前环境的仔细分析，帮助利比里亚人设计一种法治策略。

关于人性、自由民主和法治的干预原则

与考虑使用任何非正式调解策略一样，重要的是承认那些必须用来指导
调解的基本原则。否则，调解者只能通过强迫做出虚伪的道歉，或者通过说
服争端方无能为力、只能忍受他们那种处境，让双方和解或者让问题"消
失"。那些基本原则将指导调解者帮助当事人评估处理争端的各种选择。

为了更好地理解策略的优先次序，我们必须再次考察人权团体[83]共同分
享的用以影响利比里亚妇女权利法治发展的基本原则。人类共享以下信念：
作为人意味着有能力与他人形成共鸣，以便发现如何对待他人的"正确"方
法。一旦人们不再被恐惧所控制或者不再专注于生存，那么把个体指向"他
人"的共鸣就能够在人类的经验中出现。通过戏剧、艺术和法律教育可以帮　　416
助与"他人"形成共鸣。另外，共鸣的"共同体验"以及对待妇女的正确态
度，可以在讲述故事的谈话、论坛、会议中得到提升，提倡者发言，听众有
礼貌地倾听，以便进行咨询和协商，直到形成一个"正确"的决定。

从这些原则和价值观出发，可以继续推进干预利比里亚的努力。重要的
是记住，这些正是为古典的普通法通向法治提供支持的原则。普通法为陪审
团提供了一个理解有关妇女在她们的社区中受到何种对待的争端的场所。陪
审员是"他人"导向的，因为他们在结果中没有利害关系，可以就习惯、常
识、良心及个人体验进行讨论和辩论，直到做出一个可以显示社会良心的
裁决。

麻烦的策略问题依然存在。在一个普通法的理想很少能够实现的国家，
由于贫穷给警察（要求调查费用）、陪审员（索要贿赂）、律师（接受贿赂给
法官并贿赂证人）、法官（接受贿赂）带来的腐败影响，普通法理论与法律实

---

〔83〕　Woltersdorf, N. , *Justice*: *Rights and Wrongs*, pp. 312～340.

践之间的差距是巨大的。最终,利比里亚的法庭程序可能存在太多缺陷,以至于不具备有关法治的合法教育功能。[84] 在利比里亚进行的民意调查显示,居民们不相信法院,州里许多人宁愿采用传统的办法解决争端,包括基尼格木 (sassy wood)、热蜡和戳眼睛 (意味着挑衅,如用手指戳对手眼睛的办法让对方生气),而不是把事情提交到法院。[85] 普通法的成功需要等待一个更加景气的经济环境,以及体制内部反腐败的法律实践的改革。此外,还需要等待男人摆脱那种让许多男人把女人当作财产的信念,实现对于妇女权利的价值观和信念的缓慢转变。[86]

那么,通过这种分析可以得出什么结论来指导利比里亚或其他冲突后国家法治改革的努力呢?就法律 (指自然法——译者注) 先于法的实际运行这一点来说,出于不致疏远现有权力结构、以免遇到强烈抵制的策略,改革者一定要谨慎地推动法律的通过。另外,专注于第一代权利 (那些定义为个人和政府之间的权利)[87] 的策略,将缓解人权被政府用于剥夺个人财产与权力

---

〔84〕 Alex Barney's Working Paper (on file with the author). 在利比里亚处理性别暴力问题最重大的挑战之一是缺乏资源。这一点在邦州 (Bong County) 或许可以得到很好的解释。在那里,利比里亚国家警察邦州性别暴力小队 (Liberia National Police's Bong County Gender Crimes Unit) 的成员只能使用自行车和出租车进行调查。邦州青年协会的成员注意到,鉴于典型社区距离警察局需要两三个小时的车程,走路需要 6 到 8 个小时,即便是和他们一起工作的社区成员都不大可能因为性别暴力的投诉而求助于警察。至于强奸受害人进入警局的困难就更为明显,不仅是因为长途跋涉的挑战,还因为利比里亚法院在性虐待案件中强制要求医学检查。人们指望妇女在见到法医之前一直保留性侵犯的证据。

警察和法官的低薪也成为一个问题,因为其结果往往导致受害人的额外费用。有报告称受害人被要求向利比里亚国家警察支付提交申诉的费用。受害人可能和被告一样被要求支付调查的基本成本——比如调查期间使用出租车服务的费用。由于资源缺乏而削弱反性别暴力的努力及利比里亚司法制度合法性的更多状况,通常包括陪审团人选的组成和过于拥挤的监狱系统。陪审团往往只能由社区老年成员组成,他们除此之外不能做别的工作,据说他们很难跟得上争论的问题。

无国界医生组织 (MSF) 开设的医院以为强奸受害者提供良好的照顾而闻名——但一家无国界医生组织的诊所也有自己的问题。和许多国际非政府组织一样,无国界医生组织职位持续六个月到一年。如果体检医生在审判前离开了这个国家 (考虑到法院系统的速度,这是可能的),这个案件可能会因为缺乏证据而被驳回。

〔85〕 Castellani, F., and Nielsen, H., "People's Access to Rights in Liberia", *Danish Institute for Human Rights* (*DIHR*) (2007), at 48; http://www. humanrights. dk/files/pdf/Publikationer/Liberia_ report_ June2007. pdf.

〔86〕 2008 年 3 月与邦州卡廷顿大学 (Cuttington University) 男生的谈话。

〔87〕 卡雷尔·瓦萨科 (Karal Vasak) 在斯特拉斯堡国际人权研究所 (International Institute for Human Rights in Strasbourg)。

的担心。也许积极关注妇女平等待遇的法治改革的努力，需要较少通过正式法律策略，而更多地通过社区教育与对话的策略加以推进。最好的策略是同时开展第一代法治行动与构建妇女平等的第二代实体法。

此外，非常重要的是考察各种非正式的法治策略，它们可以利用以前提到的一些关于人性和自由民主的假定，对受到极为恶劣侵犯的妇女权利提供现实的哪怕是不完美的保护。这些策略可以在替代性纠纷解决（ADR）方案 418 的标题下整合在一起。根据有关人性的普遍认同的原则分析这些方案，我们就能够更好地理解这些方案的优点与缺点，并为它们在利比里亚及西非的使用形成某些中肯的建议。

特殊的法治挑战

如前所述，内战尤其是查尔斯·泰勒逃往尼日利亚之后公众表达的愤慨对于利比里亚是毁灭性的。法院、监狱及法院记录所在的司法部大楼在泰勒免职后发生的暴乱中被破坏。由于曾经受到泰勒的虐待，愤怒的暴乱者抢劫、焚烧和偷走了司法部从第一层到第四层所有有价值的东西（抢劫者停在第五层，留下顶楼的最高法院办公室完好无损）。几乎所有主要政府建筑都受到了这种洗劫。

2005 年以后由于法院遭到破坏，警察力量无法运转，在蒙罗维亚大街和附近乡村社区盛行无政府状态。形势对每个人来说都是可怕的，妇女和儿童尤其困难。尽管还没有对利比里亚性别暴力程度的全面研究，但局部研究显示，对妇女的性虐待达到了很高的程度。1994 年的一份对 205 位妇女的调查发现，49% 的妇女在内战期间受到过战斗人员的身体或性虐待。[88] 2005 年利比里亚政府对全国 15 个州中 6 个州 1628 名妇女进行的调查发现，大约 75% 的被调查人在内战中受到过强奸。[89]

---

〔88〕 Swiss, S., Jennings, P. J., Aryee, G. V. (1998), "Violence Against Woman During the Liberian Civil Conflict", *Journal of American Medical Association*, 279 (8), pp. 625~629.

〔89〕 Bruthus, L., "Zero Tolerance for Rapists", *Forced Migration Review*, 27, p. 35.

看来利比里亚内战导致了各种形式的性别暴力的明显增长。[90]令人失望
419 的是，2003 年战争结束似乎并没有导致其明显意义的下降。世界卫生组织进
行的两份调查发现，超过 70% 的参与者在战争结束后的时间里受到过强奸。
第一份调查（一份 2004 年对 412 名参与者进行的调查）发现，77.4% 的人受
到过强奸，其中 64.1% 的人受到过轮奸。[91]2005 年进行的一份对洛法（Lo-
fa）、宁巴（Nimba）、大吉德（Grand Geddeh）、大巴萨（Grand Bassah）州共
1216 名参与者进行的调查发现，72.1% 的人受到过强奸，其中 70.1% 的人受
到过轮奸。[92]

2007 年由国际救援委员会（the International Rescue Committee）和哥伦比
亚大学（Columbia University）强制迁移与健康项目进行的调查发现，蒙特萨
拉多州（Montserrado County）抽样人口的 1/5 和宁巴州被调查人口的 1/4 遭
受过强奸或其他形式的性虐待。[93]在此期间疾病控制中心也完成了一份调查，
证明了国际救援委员会的调查结果。[94]

利比里亚政府表示，2006 年全国报告了 568 起强奸案，报案数字持续上
升。[95]即便数字上涨是因为更多人意识到强奸，更鼓励报案，或是出于利比
里亚妇女更强烈的权利意识，但这些数字上的增长仍然是可怕的。无国界医
生组织报告，从 2003 年到 2007 年，有 6494 名强奸受害者（包括男人和儿
420 童）到他们的诊所寻求治疗。2007 年，72% 的涉嫌受害者低于 18 岁，其中

---

　　[90]　分析利比里亚内战对性别暴力发生率影响的一项挑战是缺乏战前的数据。杰拉尔德·伊尔
查克（Gerald Erchak）提供了为数不多的关于这一问题的一份战前分析。Erchak, G. M. (1974),
"The Position of Women in Kpelle Society", *American Anthropologist* 76 (2), p. 344. 以 20 世纪 60 年代在
利比里亚度过的时光为基础，伊尔查克得出的结论是，社群向城市迁移导致了保护妇女免受虐待的传
统族群结构的丧失［这些研究处理的是战后性侵犯与性别暴力犯罪的特定问题（SGBV）］。

　　[91]　World Health Organization. (2004), *County Cooperation Strategy: Republic of Liberia.*

　　[92]　Omanyondo, M. O. (2005), "Sexual Gender-Based Violence and Health Facility Needs Assess-
ment: Lofa, Nimba, Grad Gedeh and Grand Bassa Counties, Liberia."

　　[93]　Shiner, C., "New Study Spotlights Sexual Violence", www. allAfrica. com, December 5, 2007.

　　[94]　International Crisis Group, *Liberia: Resurrecting the Justice System*, Africa Report No. 107, 15
(April 6, 2006). IRC Study at http://stoprapenow. org/uploads/features/SGBVemail. pdf; See also Dorsey &
Whitney LLP, *Liberia is not ready: A report of country conditions in Liberia and reasons the United States should
not end temporary protected status for Liberians* 2 (August 2007).

　　[95]　"UN official urges action against rape in Liberia", September 3, 2007, http://afp. google. com/.

42%不到 12 岁。[96]

虽然这些数字已经很高了，但是与卡特中心国内合作者的讨论显示，性别暴力的发生率可能更高，因为许多妇女没有得到卫生护理，以及（或者）因为她们唯恐在社区里受到歧视而不愿意谈及自己的经历。另外，这些调查只捕捉那些最极端的方面，有可能少报了性别暴力。比如，2007 年的一份报告计入了下列附加形式的利比里亚性别暴力："在某些族群中通过切除诊所进行的生殖器切割，婚后将在近乎奴隶状态下工作的未成年女性的'强制'婚姻，还有针对被怀疑通奸和巫蛊的妻子的普遍的暴力。"[97]女性生殖器切割虽然很普遍，但似乎不像在其他非洲国家改革过程中那样被广泛讨论。一位观察家认为这是由于利比里亚萨德（Sande，一个传统的妇女组织）的力量。[98]

2008 年 10 月，发展中国家研究院终于通过联合国警察总署（the United Nations Police，UNPOL）、利比里亚性别部（the Liberian Ministry of Gender，MoG）、非政府组织和其他来源收集到针对妇女性别暴力和性虐待的资料，为以家庭和性暴力受害人的经历为基础进行的"正义之路"研究做好了准备。[99]公共教育运动似乎正取得回报，向警察局报告和在法院提交的案件数量不断增加。不过，报告或提交的数量与得到审理的案件数量之间还是差距悬殊。2006 年，35 个性暴力案件被提交，其中 7 件被审理，它们全部胜诉。2007 年，763 个性侵犯案件报告给警察局，其中 165 件最终提交到法院，只有 25 件得到审理，只有 15 个案件最终定罪。虽然司法部清楚这些数字，并且为筹建一个新的家庭暴力专门法庭找到了资金，但法庭尚未建立运行，在如何审理这些案件方面，只有很少的律师培训（一日辩护计划），而没有相关的法官培训。部分问题是律师太少了，另一个问题是大多数法官没有受过法律训练。书本上的法律在这些法院没有什么用途。另外，法律本身限制其他律师介入。你必须是利比里亚人才能执业当律师。受到正式训练的法官和律

421

〔96〕 "Stories they need to tell supporting of sexual violence in Liberia"，April 16，2008；http://www. msf. org. za/articles/article_ Liberian_ SexualViolenceSurvivors_ 160408. html.

〔97〕 Castellani，F. and Nielsen，H.，"People's Access to Rights in Liberia,"（2007）at 41.

〔98〕 Fuest，V.，"'This is the Time to Get in Front'：Changing Roles and Opportunities for Woman in Liberia"，*African Affairs*，（2008），pp. 1~24 at 21.

〔99〕 Email from Anthony Valcke，Director of the American Bar Association Africa Law Project in Liberia，October 1，2008；UNPOL Daily Situation Reports，January 2007-July 2008.

师的出现对于法庭反对性别暴力的成功至关重要，这样案件得到有力的辩护和成功的审理，法治的效果就会得到最大限度的提高。

许多非政府组织求助于替代性纠纷解决方案，这不足为奇。西点妇女健康与发展协会（The West Point Women for Health and Development）一直与蒙罗维亚西点社区的妇女一起工作，寻找需要引起法院关注的案件，同时还对引起她们注意的案件进行非正式调解。在内莉·库珀（Nelly Cooper）的带领下，5 名妇女担任街道第一反应者，以防家庭暴力和强奸。这些女性与美国难民委员会（the American Refugee Committee，ARC），国际救援委员会（the International Rescue Committee，IRC）和利比里亚女律师协会（the Association of Female Lawyers of Liberia，AFELL）一起，逐步提出了如何处理她们所关注案件的一份备忘录。在过去的一年里，这些女性每周收到 2 到 5 次有关妇女声称受到配偶虐待的电话。假如是强奸和身体虐待，这些妇女负责把受害者送到一个医疗机构。对于更严重的案件，她们打电话给美国难民委员会与国际救援委员会，由后者在医院安排一名社会心理学顾问与那位妇女见面。这位顾问充当办案人员，提供有关庇护所的信息，并就其控告配偶虐待的权利问题提出建议。然后那位妇女将得到关于她在正式起诉中所面临困难的坦率而现实的描述，以及她可以采用的替代策略，比如选择某个人来调解争端的建议。

作为正式法律解决面临障碍的一个证明，2008 年美国难民委员会接到了500 多个案件的咨询请求。据说结果有 350 件、即 75% 到警察局提出控告。不422 过，没有与这些数字相关的成功起诉的资料，尽管存在着关于 150 个案件如何处理的不可靠信息，但没有对于此类案件及受害者遭遇的系统化考察。国际救援委员会办案员保留了关于她所收集的案件信息的表格，但这份资料没有经过分析，以便确定这些案件得到何种处理，以及对被虐待妇女具有何种影响。

替代性纠纷解决机制与国际妇女人权

有三种替代性纠纷解决方法，我们将根据其如何帮助提供妇女人权加以评估：①传统的（有时称为习惯的）解决"个人"争端的办法；②考察社区律师助理或法律顾问程序；③法庭"制裁"程序，包括那些被法庭证明和监控的人。

区别利比里亚习惯法与传统习俗

在习惯法与传统习俗之间需要做出一个重要的区分。在利比里亚，习惯法是国家认可的法律——在政府法院里由地方首领适用的法律。依内陆法律规定，地方首领可以根据地方习惯法裁决争端。另一方面，传统习俗，是社区在国家操纵的体系之外采用的调解方法。虽然像利比里亚这样二元（事实上是多元的）法律体系的假定目标是允许社区延续它的传统习俗，但习惯法与制定法的来源并没有什么不同——都是这个国家的政府。下面这段内容对于这一点进行了很好的概括：

> 历史学家和人类学家最近终于理解……殖民地官员认为永恒不变的习惯法本身就是殖民期间开展的历史斗争的产物。固有法，被斯塔尔（Starr）和柯里尔（Collier）定义为"规划中的本地法"可能对习惯法产生了影响，但它并非同一件事情。［马丁］（Martin）沙洛克（Chanock）已经表明……习惯法是欧洲人关于当地人的看法和非洲人关于自己描述的复杂的相互作用塑造的。而且，他提醒我们，欧洲人自己的看法经常相互矛盾，非洲人的描述也是一样。传教士、殖民者、管理者和人类学家都是在 20 世纪来到非洲，他们自己的兴趣和想法，影响了他们对当地文化的理解，也影响了他们对当地政策的看法。这些兴趣和想法让他们自己在围绕建立殖民时代的法律制度的冲突中精疲力尽。在这些斗争过程中，有影响力的欧洲人创造了他们希望在非洲发现的东西。[100]

423

这种关于非洲习惯法历史的理解有助于削弱其合法性与权威（至少从一个局外人的观点），它还让一个非政府组织处于一种困难的分析立场。如果假定的法律历史证明是虚构，那么我们还剩下什么？这些法律被心安理得地宣布为无效吗？人们还继续使用赋予其合法地位的"习惯"法作为解决纠纷的主要手段吗？

卡斯特拉尼（Castellani）和尼尔森（Nielsen）发现了源于利比里亚习惯

---

[100]　Mann，K. and Koberts，R.（1991），Law in Colonial Africa，pp. 3～58，quote at 21～22.

法的三个主要问题：①习惯法法庭处理超出其管辖权的案件；②首领们经常把征收罚款作为领取内政部应该支付的薪水的一种手段；③一些首领把他们判过刑的人当成个人佣工和苦力。[101]据利比里亚最高法院所说，这些惯例不再是这片土地的法律。利比里亚宪法被认为是最高的权威，利比里亚立法机关不再制定两套法律。所有制定法目前在利比里亚全国适用。

把习惯法问题搁在一边，我们可以考察一下被鼓励使用的各种传统习俗。在处理性别暴力的场合，这些习俗就是替代性争端解决办法。其中第一个是交涉茅屋。交涉茅屋是西非人传统的聚集起来解决争端的地方。这个术语包含了对一种特殊实体结构和一种特殊的纠纷争端程序的描述。交涉茅屋通常是由泥土和竹木建成的圆形建筑，用茅草做屋顶。腐烂的树叶和其他有机物质被涂在茅舍内外，起到保护和修饰作用。在西非农村，交涉茅屋是接待客人的地方。[102]在这里，每一个争端方都受到欢迎，得到食物，[103]根据健康和安全状况受到照顾。如果情况良好，每个人都要接受询问，每个人都受到关照和倾听，以便建立起问题解决所必需的个人尊重和尊严等基本条件。

作为利比里亚人解决不同文化间的争端，以及部落之间和两性之间争端的一种方式，交涉茅屋可以成为一种重要象征，呼唤争端方回忆起他们的传统。正是建立和重建交涉茅屋的行动让利比里亚人走到一起。比如，在利比里亚的卡瓦拉王国（the Cavalla Kingdom），"博迪奥（Bodio）"村的精神领袖们为茅屋选址。在其他村庄，村里的长者或首领也挑选了位置。所有村民都参与了茅舍的建设，并为它的落成开筵庆祝。孩子们尤其盼望着交涉茅屋的时光，因为他们可以轻松嬉戏，把泥和水搅在一起，跳上去溅起水花，一边跟着村中鼓手的节拍跳舞，一边用脚把泥捣烂。[104]

在寒暄过后，精神领袖或首领使用的安排与调解人相似：各方陈述自己的情况，在这一过程中，领袖要确保每一方都感觉得到了尊重和倾听。在交流叙述的时候，领袖要小心翼翼，不要对争端方不得不说的任何事情表示反对或者显示个人判断。然后领袖请当事人讨论何种解决方案较为妥当——赔偿、道歉或关于将来行为的承诺。决定一般通过协商一致达成，而不是领袖

---

[101] Castellani, F. and Nielsen, H., "People's Access to Rights in Liberia", at 48.

[102] http://www.oyepalaverhut.org/palaver.htm.

[103] Ibid. 饭食不是精心制作的，寒暄之后，每一方得到可乐果和一些水。

[104] Ibid.

强加的。当事人可以用起立转身、背对领袖走出去的方式表示反对。

对于妇女人权的拥护者而言，交涉茅屋存在一些问题。茅屋通常由男性主 425
持。在性别暴力争端中，这些男人通常讲到他们对待自己妻子或一般妇女的态
度，包括妇女是财产、惩罚甚至殴打妻子是他们的权利等观点。但这个程序也
有一些优点。社区得以了解相关情况。出席的妇女可以用非正式的行动为受到
虐待的妇女提供支持。她们也可以用走出去的方式表示不赞成领袖的一项裁决。
这种妇女们对首领表示异议的传统习俗，为避免把受虐待妇女当作牺牲品带来
了更多有利条件。它有助于授权妇女们采取集体行动改变一个不公正的结果。
与妇女作为一名犯罪受害者提出刑事控告的法庭裁决不同，传统习俗体现了妇
女在争端中是平等的一方。另外，妇女们可以接近首领。这个程序更便宜，也
更迅速，至少在这种形势下妇女有勇气和胆量让她的情况受到交涉茅屋的关注。

与此相似，另一种新的由身着传统服装的利比里亚妇女运作的传统习俗，
已经出现并赢得了声誉。玛莉·莫兰（Mary Moran），一位在格列博（Grebo）
社区工作的人类学家，描述了传统妇女组织正在改变人们对待利比里亚妇女
的方式。[105]另外，卡特中心和其他国际非政府组织已经与这些传统妇女组织
合作，帮助她们从事非正式活动，以及作为政治行动组织在利比里亚立法机
关促成法律改革，实现妇女财产权利。卡特中心还与一些利比里亚非政府组
织结成伙伴关系，帮助建立诊所、医院、教堂和其他社区组织，以提高人们
对于利比里亚妇女儿童所处困境的了解。通过把对妇女的关切同孩子们的健
康与幸福联系起来，也让一些男性拥护者加入到这些组织的工作当中。

在国际人权团体中，仍然存在着对于这些传统方法在没有外来帮助下能 426
否证明有效的严重怀疑态度。同样引人关注的是西北大学法学院（Northwest-
ern University School of Law）律师助理咨询服务协会（Paralegal Advisory Serv-
ice Institute）做出的努力。它最初在马拉维开展工作，现在在肯尼亚、贝宁、
乌干达和尼日尔。律师助理咨询服务协会在为妇女提供司法救助和法律服务
方面显示了明显的成功。协会最初应用于监狱改革，训练国内律师助理代理

---

〔105〕 玛莉·莫兰是《女人和发展中世界的变化》〔*Women and Change in the Developing World*
(Lynne Rienner Publishers)〕主编；《美国民族学学会著作丛书》（*The American Ethnological Society Mon-
ographs Series*）的总编辑；《人类学研究杂志》（*The Journal of Anthropological Research*）副主编；《文明
的女人：利比里亚东南部的性别与声望》〔*Civilized Women：Gender and prestige in Southeastern Liberia*
(Cornell University Press, 1990)〕的作者。

在押囚犯获取法庭审理的机会。之后它又扩大业务范围，训练律师助理为那些遭受性虐待和暴力的妇女做相同的事情。[106] 卡特中心已经启动了自己版本的律师助理计划，训练社区调解者成为帮助妇女解决争端的信息来源，同时在当事人选择他们担任调解人的情况下充当个人争端的调解者。

对于使用律师助理担任调解人的
一些中肯的建议

为了使律师助理策略能够发挥作用，人们必须小心挑选律师助理并训练他们掌握整部书中论述的调解策略。换言之，为了获得最大效果，调解者需要由利比里亚人担任，他们理解当地文化，了解内战对于社区个人所造成的影响以及他们所安排的任何调解中自愿性的重要意义。他们还要能够评估争端方个人的心理状态，包括他们能否被"说服"改善他们的行为，以及正式的刑事制裁是否更为适当。也就是说，他们需要一定技巧，以便能够识别任何行为者的行为所存在的"邪恶"或精神错乱程度，以及对话是否徒劳，是否需要刑事检察官的干预。

427　　另外，调解者必须使用一些原则来指导试图提高妇女人权的法治策略。[107] 首先，任何提出建议者在坚持为相关个人分辨是非善恶的时候，都应该十分谦逊。任何法治发展的努力必须从认识到调解者会经常出错开始。另一方面，他们必须谨慎地保持平衡，不要通过提示虐待或强奸是普遍的、寻常的，或是他们自己也可能做的某种事情，而使这些行为得到认可。

调解者不要违背第一条原则，这样，不论他们做什么，都不会让事情更加糟糕。如果拿不准，应该通过咨询专家获得帮助。他们需要接触这些专家。在这方面，现代通信技术可以帮忙。作为推论，调解者必须对其个人看法对他们所提建议带来的偏见保持自知之明。他们在社区工作的时间越长，他们的个人声誉越会影响他们解决争端的方式。接下来他们的案件从何而来？他们

---

〔106〕　http://akhilak.com/blog/2011/05/21/feature-friday-paralegal-advisory-service-institute/.

〔107〕　指导大多数战略行动的原则是：①和平（平安）优先，②最简单，③最低代价，④最易于执行。

的支持者如何定义成功？如果对他们的评价基于"成功"地解决纠纷，那么就会存在如何衡量他们的成功的麻烦问题。如前所述，有经验的调解者知道，他们需要非常警惕自己的个人利益在为他人提供建议时成为先入为主的因素。

其次，重申当前的做法，调解者对于提出的建议应该小心谨慎。保持中立至关重要。任何提出的建议都应该承认，面临与争端方相同的困境是这个社区共同的失败。任何建议都需要在反对虐待及其他形式的针对妇女和儿童暴力的共同斗争和失败的语境下加以理解。

一种减低这个程序的自愿性和调解者中立性的办法，是与争端方交流对实施调解发挥作用的这些原则。调解者可以把这些描述为调解的规则：当事人不能说谎；在调解过程中当事人应该相互彬彬有礼；当事人理解对配偶使用暴力是有害的，侵犯了配偶的权利，它所造成的身体上还有心理上的伤害，危害了对于维持婚姻极为重要的信任关系。换句话说，调解者通过预先定义在调解中使用的原则和规则，可以把当事人限定在对于他们所共享的价值观的理解之中。如果当事人仍然同意调解，那么看起来他们承认了这些原则。 428

律师助理调解者还必须留意当事人所达成的任何解决方案的法治方面。任何决定都会被社区里的其他人看作为将来设定一个标准或成为一个先例。承认现有习俗，致力于发展法治的调解策略取决于利比里亚人将来为自己找到应该对待妇女的方式的信念。这并不意味着法治无关紧要，而是意味着将现有的法律解决方案提供给参与者，以便帮助他们理解并指导其达成而不是决定他们的解决方案。

这意味着调解可以就有关法治、妇女权利和强奸者或虐待者依法将面临的惩罚间接地对公众施加影响。这种策略建立在一种信念的基础上，即人类即便是争端方如果是"他人"导向的（如陪审员摆脱个人的偏见和歧视），就可以识别什么是正确的（公平的和公正的）行为。比如，讨论暴力对配偶和儿童造成的结果可以帮助虐待者认识到暴力必须停止，或者他在控制自己行为方面需要得到帮助。

在所谓内陆地区，交涉茅屋聚会可以被社区律师助理所利用。在调解工作中，他们可以尝试指导当地首领或者至少得到他们的帮助。毕竟，交涉茅屋能够被利比里亚人当作社区聚会和"识别"对待妇女儿童正确方法的理想场所，在首领或副首领的支持下，现代调解与传统方法的结合会臻于圆满。

最后，这些调解体系必须理解调解方法的局限和普通法的创造力。普通法的历史重申,非正式程序最终需要正式化。随着有关妇女权利的共识增加,普通法的教育效果可以得到更好的利用。正如国际刑事法院或任何法院最终都能更有效、更公平和更有力地制止恶劣行为,一旦利比里亚法院能力得以重生,它也可以做到这些。此外,法官和陪审团、法律和事实发现者的认识论将显示其如何为法治发展、为法庭提供最好的、最具文化敏感的程序。(最好利用巡回法庭和特别法律工作组把案例带到公众论坛,在理想状态下展示法律应如何运作。)相信陪审团,作为一种他人导向的团体,能够更好地"识别"这种形势下存在的自然法,并且在这种背景下伸张正义,继续在塑造法治方面成为最具独创性的、完全民主的群体。这样的陪审团最能够在它的文化语境下裁决法律。一旦把案件申报制度与上诉程序结合起来,普通法就可以帮助法律(指自然法——译者注)在普通人的良心中"浮现"出来。这样的程序还可以成为最好的制度性程序,使法律能够与利比里亚人自己的是非观念真正地融为一体。[108]

---

〔108〕 这个理论分析显示了在社区强化那些可以给妇女带来实体权利的规则和价值观的法律意义。不论是在为了选举政治和社区论坛的公开讨论,还是在教会、剧院,或者这些论坛的他人导向性为利比里亚的法律发展创造了很好的条件。

促进关于妇女平等待遇需要的立法辩论应该得到广播和报道,以便选民可以开始约束他们所选举的官员在这些问题上为他们的观点负责。可以鼓励候选人在竞选首领、副首领以及立法机关和国民大会代表时,把性别暴力变成一个议题。

如果人类真的拥有为他人着想,并对他人的感觉和状况形成共鸣的能力,那么讨论针对妇女儿童暴力的社区教育和社区论坛应该是持续有效的策略。除了公开审理以及在广播、电视和报纸上对审判的公开报道,其他论坛也可以用来引发对于当前观念及准备改革与重新定向的可选值的讨论。教会的褒奖、村庄和学校的戏剧表演、广播剧和广告牌都应该传播性别暴力的事实和讨论。

此外,卡特中心可以支持在利比里亚教会理事会和世界基督教协会(the World Council of Churches)之间召开会议,鼓励和促进对于法律与宗教之间交集的更好理解。这些讨论的发生对那些并不仅仅为了生存而生活,而是在生活中共享一种承诺的人们具有特殊的益处——受到指引超越生存和恐惧的本能,在对神的崇拜中形成"他人"导向。

观众聚集起来观看戏剧演出为形成某种观点提供了很好的机会。我们已经看到这样的观众如何为了娱乐的目的被召集起来,接受远离对食品及物质利益等生存担忧的指导。在"挑衅戏剧表演"后,引导讨论的利比里亚人可以鼓励讲述妇女和儿童的故事,揭示他们的状况的非正义性,所有这些都是为了让那些持开放态度的人得到启发和领悟。

学校也可以制造这种他人导向的学生观众。学生们在人类发展的全部语境中追求知识,通常最易于接受什么是正确与错误以及什么是个人授权的讨论。这样的教育论坛最好是由受过领导能力和调解训练的利比里亚人领导,无论是青年协会、教师及(或)社区首领都可以领导。这些领导人应该帮助女人和男人一样提高对妇女儿童的暴力给社会造成伤害的意识。改革者可以组织论坛,借此利比里亚人可以自由坦率地讨论男人们由权力和恐惧塑造的观念所养成的行为给妇女和儿童的伤害。

那种被非政府组织视为融入正式法院系统的调解对于其成功也很重要。   430
如果利比里亚法官和律师把律师助理程序当作竞争，他们就会为它的成功
设置障碍。如果利比里亚人把它看成任何一种有限的司法管辖程序，处理
法院要么毫无兴趣、要么不愿意处理的案件，它会进展良好；但需要指导
监督律师助理不要超出范围介入法院事务。法院可以监督律师助理程序，
律师或法官可以对主持社区调解的律师助理进行资格认证。发展法官和律
师骨干进行律师助理培训会有一些附带效益。它可以为培训者传授调解技
巧，逐渐形成处理此类案件的专门知识。随着专门知识的发展，这些培训
者能够在立法机关成为妇女权利的提倡者。最终，他们能够拥有把需要正
式法庭关注的案件，从那些可以通过社区调解成功处理的案件中分流出来
的最好才能。

对于国家之间、国家内不同族群之间的争端进行调解与性别暴力调解有
一些有趣的相似之处。在每一种背景中的第一个问题都是究竟能否对话。一
旦建立了对话的基础，接下来的问题是如何最有效率。这里，调解者需要对
调解的危险与好处一样保持谨慎。需要开发策略，保证调解既有原则性又有
务实性。如果调解者要么不讲原则要么不够务实，调解策略必定会失败。但
如果在适当的人手里，调解不仅可以有助于创造性地公正地解决争端，还可
以撒播法治的种子，最终成长为充分发展的妇女权利。

结 论

在利比里亚，使用一种既讲原则又务实的方法进行调解，可以为性别暴   431
力问题提供很多指导。这个程序对于在国际舞台上理解应对性别暴力问题的
复杂性是十分重要的。它从一开始就存在着匆忙给行为者指定一个"邪恶"
名称的隐患，如果带着暴力方案闯进去，反而只会导致更多的暴力。它再次
表明，虽然人性执着于暴力和剥削的历史叫人泄气，但它也包含了希望的迹
象，（就像在利比里亚）他们是交涉茅屋程序的再生，是埃伦·约翰逊·瑟利
夫总统的当选，还是那些争取利比里亚男女成为利比里亚妇女权利拥护者的
个人。最后，使用一种既讲原则又务实的方法进行调解，彰显了即便是最有
善意的调解者从外部对任何争端施加积极影响时的脆弱性。任何一种法治策

略都需要留意调解需要持续监控的事实。这种监控必须使用所有透明的、负责任的控制方式，以一种最终可使其程序纳入制度化形式的方法进行。否则调解程序本身也会成为在人类谋取权力过程中产生的不当行为的牺牲品，这些力量似乎会带着我们一起奔向剥削和注定随之而来的暴力的恶性循环。

结 论

当然，在目前的历史条件下，世界许多地区的持续动荡威胁着公正和持久和平。在本书写作期间，出现了另外一些研究案例考验着本书使用的分析框架。阿拉伯之春（The Arab Spring）引发了突尼斯、利比亚、伊朗、叙利亚和埃及的冲突，每个冲突都展示了一个失败国家问题的自身版本，也提出了国际社会如何更好地处理那些长期压制人民，那些不论是为了获得、还是为了维持他们的权力而实施暴行的人的行为的问题。[1]

我们在以前章节中讨论过的情况也呈现了新一轮的冲突。以色列再次在加沙采取军事行动，并且违背以前的承诺，继续在耶路撒冷和西岸建设定居点。朝鲜试射可搭载核弹头的导弹。玻利维亚继续采取挑衅行动，寻求出海通道。肯尼亚和利比里亚在摇摇欲坠的同时努力摆脱暴力循环，并且做出新的努力处理有罪不罚与少数族群及妇女的人权问题。

在这些冲突中，每一次新的发展和挑衅都改变着调停者面临的情况。最近的事件总会影响到各方继续战斗的理由，也会影响到调停的理由。这些事件影响着当事人谈判协议的最佳替代方案，或者说 BATNA。它们也改变着国际

433

434

---

〔1〕 Fouad Ajami, "The Arab Spring at One: A Year of Living Dangerously", *Foreign Affairs*, March-April 2012, http://www.foreignaffairs.com/articles/137053/fouad-ajami/the-arab-spring-at-one.

社会关于行为者动机与目的的看法：他们在理性地行动吗？他们会铤而走险吗？他们处于生存危机之中吗？他们是被拒绝放弃权力的动机所驱使吗？他们已经忘了他们的首要义务——保护无辜人民免于死亡和毁灭了吗？

这些冲突对于那些希望帮助和解的人所要求的是一种既讲原则又务实的方法。不存在放之四海而皆准的和解路线图。我们已经看到，国际调停者的问题占据了一个图谱。和平图谱的一端是活跃的冲突，以及如何更好地说服当事人放下武器并声明放弃使用暴力。另一端是冲突后形势下国家的状况，取决于随后的发展，它有可能很快回到冲突前的状况，接着又爆发冲突。这些冲突后的形势为调停者提出的问题是，如何帮助这些国家摆脱失败的状况，为公正和持久的和平与繁荣创造必要的条件。

我们已经看到，在结束冲突与谋求持久和平之间建立了这些连接的桥梁。在缔造和平的时候，当事人可以设定目标并做出承诺，打破以前围绕着他们的暴力循环，设想一条新的前进道路，在那里弱势群体可以并肩生活在一起，在那里可以创造一个保证每个人都能获得正义、都有通向成功可能的空间。

就结束目前的冲突而言，问题在于美国是否应该在挽救局势中发挥作用。在分析选项的时候，它必须适用一套连贯的原则来梳理它的选项。它应该尽量进行调停，但不应该让事情恶化。它需要阻止种族灭绝，但如果别人认为它是企图增进其自身利益时，它就不应该介入。它应该在自身需要与长期发挥作用两方面考虑干预的代价。它应该把使用武力作为最后的手段，并不断意识到它的行为在以后会被诠释为首要促进自身利益的殖民主义者的力量。

435 通常它应该决定不把争端当作正式事务来介入，而是更多地利用一轨半调停，以促进沟通，促成创造性地解决问题，带来更可持续、更有文化敏感、更公平的解决方案。

美国一定不要做的是停止和当事人对话。美国倒不必直接与冲突方进行对话，但一定要与所有当事人保持开放的沟通渠道。

这些案例研究展示的是一种应该给予更高重视的选项，它使用非政府组织调停，以便在面对面的个人调停中接触高层参与者。调停通过一种可以发生转化、可以找到创造性的长期解决方案的程序为各方提供帮助。但这个程序并非易事，需要逐步进行。它从努力把调停变成一种个人责任问题开始。个人领导者可能很容易屈服于精英集团决心不惜一切代价保护其身份和地位的焦虑与恐惧。叙利亚是最新的例子，而在朝鲜、伊朗甚至以色列，幕后进行的某些事情一定也相似，因为每一方似乎都在生存心理的驱动下做着挑衅它们的邻国的事情。

讽刺的是，你不能强迫争端方进行调停。为了使调停得以运转，争端方必须自愿同意这个程序。像卡特中心等非政府组织已经在争端方之间现场开展业务，创建特殊关系，培养已经存在的关系，以便把争端方召集到一起。他们使用与疟疾及河盲症做斗争的策略，与潜在冲突局势的所有各方当事人一起工作。在这些情形下，对美国而言其能采取的所有态度就是表明，当事人可以从调停程序中受益。

另外，调停建议本身往往是可以转变的。调停能够在当事人之间植入他们可以控制自己未来的理念。他们可以参与一种程序，帮助他们检讨过去，从检讨中共同承受痛苦，然后把这种共同的苦难作为一种财富去设想一种不同的前进道路。对于当事人而言这是一种方法，一起回忆他们的故事，分享他们每一方经历的痛苦，然后考察其他人尝试过的和平努力，重新发现他们自己设想某种新事物的机遇和责任。

在调停过程中，需要召集这些国家的领导层进行一场对于结束吞噬着他₄₃₆们恐惧的暴力和非正义的循环所应承担的个人责任的对话：这些恐惧延长了暴力，延缓了为那些在亚群落里受到压迫的个人提供司法救助的制度的建立。在每种情况下，历史分析都是为和解创造条件的十分关键的第一步。简言之，人们理解故事。他们需要倾听彼此的故事。正如保罗·里克尔的方法所展示的，历史分析对于当事人学会移情于每一方的所有体验以及他们所经历的冲突是至关重要的。特别是，他们的叙述对于发现悄悄渗入到每一方当事人描述中的神话是非常有用的。这样的历史分析有助于当事人对他们所讲述的事实持更加怀疑的态度。它还可以帮助去除有关另一方邪恶意图与非理性信念的神话。

里克尔还表明，这样一种历史分析对于尝试确定需要承认的"核心"事实是十分重要的。当事人能够认可对大多数历史事实的使用存在着某种怀疑态度，这将有助于当事人更加坦率地确认他们对争端根源理解上的局限。这并不是说对于发现的"神话"的检讨不重要。如我们所见，里克尔主张在这些神话中，人们发现了正义、仁慈与宽恕，这些主题可以带来新的释放的可能性。每个人都在寻找尊严，这一点其实无一例外。对于人性必不可少的是它分享一种对于仁慈的共同需要。

　　最近的历史显示了在冲突中如果争端方没有得到这些基本的人的认可将会发生的事情。就巴勒斯坦人来说，他们恢复向以色列城市发射火箭弹。他们寻求成为联合国成员国家的认可。他们寻求得到联合国安理会对于以色列建设定居点的谴责。美国和以色列要求巴勒斯坦人自己缔造和平，而在满足某种先决条件之前拒绝进行有意义的对话，这看起来是不合理的。

　　此外，与朝鲜达成一项新协议的窗口似乎很快关上了。在引起世界关注的绝望的尝试中，朝鲜进行了新的洲际导弹试验。人们又想知道，一位前美国总统如卡特或克林顿是否可以进行一次访问，提出一个框架帮助把朝鲜带入国际社会。忽视、孤立和惩罚看来一定不会起任何作用。

437

　　律师谈判和调解理论指导决策者如何在国际层面制定策略。我们已经看到，如果不是一个过去冲突带来的苦难的参与者，任何人想参加有意义的对话都十分困难。尤其对于美国，它很难受到重视，当它在全世界鼓吹民主和人权时，却对各种专制政权关押、拷打、杀戮这些国家的人权拥护者袖手旁观。美国没能采取行动阻止这些暴行，因此它被视为伪善的。它成了这些暴行的替罪羊，当它试图进行调停时，很容易成为怀疑和仇恨的目标。从伊朗到埃及，自由战士开始认为美国制造了这种高压的形势，不愿意就如何创建最好的制度和程序来处理过去的不公并加强法治接受美国的意见。

　　非政府组织调停者的角色可以再次帮助美国贯彻它的原则，而不至于使形势进一步恶化。有原则的调停者可以起到一种特殊作用，特别是在这些调停者建立了在该地区致力于和平的长期承诺的情况下。他们可以帮助指出他们试图阻止当事人之间发生进一步暴力的时间和事件。通过分享冲突双方所经历的痛苦的方式，他们可以帮助争端方感觉受到了某种尊重。正是在分享这些苦难的过程中，调停者可以对回忆那些已经死去，并且没有因为使用武力的失败而受到谴责的人表示足够的尊敬。

　　解决问题的谈判语言对这个过程十分重要。提出选项并根据一套原则进行筛选，精通这一程序的调停者将保证使用一种更好更全面的方式来确定好的外交政策。使用一个辅助型调停者，美国可以帮助当事人把首要的事情放在第一位。它可以协助调停程序而不必放弃自己的原则。在美国的政治和历史危及其保持中立的能力的情况下，它还可以请别人来帮忙。如果邀请一位有原则的调停者来提供帮助，它就可以致力于保证参与者的真诚与合法性，建立确定合法性的民主程序，帮助当事人保证所有族群都能得到公平与法治，

438

都能更好地控制和处理未来的争端。另外，使用调停策略指导外交政策，可以帮助美国赢得时间去评估它所做的任何贡献对于其自身的风险，包括创建一个最终可能导致冲突的不必要的依赖关系所产生的风险。它可以依靠调停程序帮助当事人自己评估落实每一个选项所涉及的代价，更好地为自己选择的解决方案负责。

调停者可以扮演的另一个角色，是帮助争端方评估如何更好地处理过去的暴行。正如我们所看到的，处理已经犯下的恶行需要做很多事情，而不只是理解性倾听。真相与和解委员会最初对当事方中的精英很有吸引力，这种方法搁置了他们对于所做事情的责任，试图处理重大邪恶给公民社会造成的余殃。真相与和解委员会通常被调停者当作把双方谈判代表可能经历的个人和解扩展为一般公众意识的重要方法而加以推动。然而，真相与和解委员会非常难于执行，其目的是使之产生一个伟大的持久的影响。在对过去由他人造成的伤害和痛苦进行有意义的惩罚，与现在当事人怀着暴力已经结束、新规则足以有效地威慑未来邪恶行为者的希望、并肩生活在一起的需要之间，真相与和解委员会在企图实现适度平衡时，经常会失败。

诸如肯尼亚和利比里亚的情况显示，谋求个人和解只是国家重建过程的开始。在齐贝吉与奥廷加之间进行调停，或者让查尔斯·泰勒下台，都是在国际法的庇护下进行的。国际刑事法院使调停复杂化。它使调停者不能为权力精英提供有助于推动冲突结束的保证。或者，在冲突结束的情况下，协议也不能完全公开，而且会带来关于调停程序合法性这个挥之不去的问题。国际刑事法院为调停者制造了在剃刀边缘跳舞的必要，一方面要保护无辜人民免受未来的暴力，同时又不能妨碍旨在结束有罪不罚和建立正式程序的制度和进程，而这个正式程序从一开始便可吓阻未来行为者投入武装冲突。

在这些谈判之后，仍然存在着重新开始建立公民社会的机会，那里可以实现正义，社会本身可以逐步建立纠纷解决程序，以便更好地应对过去。一个第三方调停者更适合帮助当事人把调停推进到创造长期和平环境的讨论。尽管它不需要马上去做，但调停者可以建立监测体系，帮助当事人获得他们为建立民主与法治取得何种进展的信息。在某些情况下，对于当事人而言，解决方案是重建正式司法程序、培养律师和法官、设立独立法官诚实地审理案件。在其他场合，当事人可以选择非正式的争端解决制度，至少作为权宜之计为形成新的价值观赢得时间。对当事人来说，需要推出一种方法，以便在政府领导层中强化新的观念，即认识到为法治发展创造条件的重要性。在这些情况下，非正式的争端解决机制需要纳入到正式司法机制之中，以便当事人最终可以提高解决争端的能力，其中透明性和可靠性的特征对于获得可持续性而言是必需的。

最后，调停策略在微观层面也可以成为一种工具，特别是在冲突后社会作为一种帮助确立妇女权利的手段。由国家培训的中立调解者的使用，可以帮助妇女获得医疗帮助和社区资源，并帮助与男人进行"和解"。不过，从长远来看，不论宏观还是微观层面的调解策略都必须与法治发展的策略结合起来，以便国内和国际社会都可以从正式法律的威慑力，以及这些法律所提供的教育功能中获益。

在利比里亚，使用一种既讲原则又务实的方法进行调停可以为性别暴力问题提供很多指导。这个程序对于在国际舞台上理解应对性别暴力问题的复杂性是十分重要的。它从一开始就存在匆忙给行为者指定一个"邪恶"名称的隐患，如果带着暴力方案闯进去，反而只会导致更多的暴力。它再次展示了不同的历史教训。历史可以传授一种关于人性的消极观点，即所有和平都是暂时的，人类基本上是自私的生物，生来就执拗于暴力和剥削。不过，另一方面，人类历史也包含着反映人性复杂性的时刻：人们不只是渴望简单地生存，人们能够想象以一种更新更好的方式生活在一起。换句话说，人性也是为仁慈而设计的，对于成功及发现个人生存意义所需要的爱心社会，人类拥有共同的利益。

我们研究的世界事件也提供了希望的迹象。我们已经看到，即便是在那些事情看上去最黑暗的地方，比如利比里亚，人们也正在采取重要措施重建国家。打破暴力循环的迹象可以从交涉茅屋的程序中发现，可以从埃伦·约翰逊·瑟利夫总统的当选，以及从那些争取利比里亚男女成为利比里亚妇女权利拥护者的个人身上发现。

最后，使用一种既讲原则又务实的方法进行调停，显示了哪怕是最有善意的调停者，企图从外部积极影响任何争端的努力也是多么微不足道。任何一种法治都需要智慧：注意调停需要持续监控的事实。这种监控必须使用所有透明的、负责任的控制方式，以一种最终可使其程序纳入制度化形式的方法进行。否则调停程序本身也会成为人类在谋取权力过程中产生的不当行为的牺牲品，这些力量似乎会带着我们一起奔向剥削和注定随之而来的暴力的恶性循环，最黑暗的时刻似乎成为我们的宿命。

　　但即便那时，我们仍然鼓励当事人再次尝试，直到他们内心的习性和勇敢仁慈的个人行为把他们共同的历史扭转到正义的方向。

索　引

图书在版编目（ＣＩＰ）数据

与邪恶对话：国际舞台上的原则性谈判与调停/（美）茨威尔著；张德美译. —北京：中国政法大学出版社，2015.4
ISBN 978-7-5620-5634-8

Ⅰ.①与…　Ⅱ.①茨…　②张…　Ⅲ.①国际争端－研究　Ⅳ.①D815.9

中国版本图书馆CIP数据核字(2015)第057244号

出 版 者　　中国政法大学出版社
地　　址　　北京市海淀区西土城路 25 号
邮寄地址　　北京 100088 信箱 8034 分箱　邮编 100088
网　　址　　http://www.cuplpress.com（网络实名：中国政法大学出版社）
电　　话　　010-58908289(编辑部)　58908334(邮购部)
承　　印　　固安华明印业有限公司
开　　本　　720mm×960mm　1/16
印　　张　　23.75
字　　数　　390 千字
版　　次　　2015 年 7 月第 1 版
印　　次　　2015 年 7 月第 1 次印刷
定　　价　　49.00 元